莊 子 新 說

徐 術 脩 集解

文史哲出版社印行

國家圖書館出版品預行編目資料

莊子新說 / 徐術脩集解. -- 初版. -- 臺北市：
文史哲, 民 101.08
面；公分
ISBN 978-986-314-050-4（平裝）

1.莊子 2.注釋

121.331   101014788

莊 子 新 說

集 解 者：徐　　　術　　　脩
出 版 者：文　史　哲　出　版　社
http://www.lapen.com.tw
e-mail：lapen@ms74.hinet.net
登記證字號：行政院新聞局版臺業字五三三七號
發 行 人：彭　　　正　　　雄
發 行 所：文　史　哲　出　版　社
印 刷 者：文　史　哲　出　版　社
臺北市羅斯福路一段七十二巷四號
郵政劃撥帳號：一六一八〇一七五
電話 886-2-23511028　・傳真 886-2-23965656

定價新臺幣七二〇元

中華民國一百零一年（2012）八　月　初　版
中華民國一百零一年（2012）十二月初版三刷

凡　例

　　莊子一書，文詞玄奧，行文蕪雜，人地時顛倒錯亂不俱，惟姿意暢行，俯拾殘枝俱可爲妙文。不避世俗，不畏賢豪，辯切無人能當，在戰國惟孟子堪與匹敵，然語義酸刻有過之而無不及。爲文承道家之旨，以老子爲宗，虛靜樸質爲修道之本，忘我忘言忘物爲心法。神遊天地萬物爲玄妙真道。至唐時改稱南華經。

　　本莊子新義，以清光緒陳壽昌南華經正義爲範本。探淺譯，今注爲釋文：參照歷代道學修真法門爲闡釋基礎，破學術門戶天機，粉碎藏私密說。解兩千多年來的迷團。

　　音義以唐陸德明經典釋文爲主。兼以現代注音。辭海音訊釋注。

　　案經典釋文陸德明序傳各家音訊，義疏，釋文以郭象注爲主：三十三卷，三十三篇，

司馬彪　據漢書藝文誌，注廿一卷，五十二篇。　孟氏注十八
　　　　卷，五十二篇，

向秀注　三十一篇，惟秋水、至樂二篇未完成，被郭象竊爲己
　　　　有。

崔　譔　注十卷二十七篇

李　頤　集解三十卷，三十篇

王淑之　義疏三卷

徐仙民　以郭象本爲注音義

李弘範　亦以郭象本爲主注音義
徐　邈　音三卷
李　軌　音一卷

釋　義：

王　弼　王　逸
稽　康　王　劭
梁　簡文帝
郭　璞　潘　尼
支遁　成瑛
　　字書
　　字林　說文釋義。　廣雅

參考書目：

五經、
道德經、清靜經
文子　抱朴子—葛洪
周易參同契　魏伯陽　陰符經　李筌本
正統道藏
史記　漢書
諸子通考

敘　言

　　莊子名周，字子休，是戰國時代宋國蒙縣人，曾經是蒙縣管理漆園的官吏。與梁惠王、齊宣王、孟子同一個時代。此人雄才大略，宗李耳學說；以脩道著述爲本，著書五十二篇，終身不仕，窮困一生，享壽七十七。（大約）

　　據太史公言，「其學無所不闚，然，其要本歸於老子之言，故其著書十餘萬言，大抵率寓言也。」

　　我對莊子一書鍥而不捨，數十年來，一知半解，不知所云。尤其歷代名家的註解，音義，愈讀愈糊塗，愈解愈不清。爲什麼會如此呢？當然是個人愚魯，所學有限，沒有這份能力。五十年來仍是困惑難解。最後我以悟道的精神，去打破雞蛋，原來是如此。

　　先從上古的筮卜拈卦根源來說，以莊子外物、宋元君得白龜之事，史記在龜策論中說得很明白。蓍龜斷吉凶，要先觀天象，再以龜策斷事。不是今天街頭巷尾的江湖術士所能的。宋元君夢神龜後，召見衛平，解釋此事！衛平「仰天而視月之光，觀斗所指，定日處鄉，規矩爲輔，副以權衡，四維以定，八卦相望，視其吉凶，介蟲先見。」

　　易經繫辭下「古者包犧氏之王天下也。仰則觀象於天，俯則觀法於地，觀鳥獸之文，與地之宜，近取諸身，遠取諸物，於是始作八卦。」有了八卦，才有中國文化的潤育發揚，最先取得成

就的是曆法，其次才是殷商的卜筮巫醫文化，到文王周公重卦，成為六十四卦後，完成了中華文化發展的總綱，故稱易經為百經之王。所有文明的發展源頭都從易經冒出來。因為祂是綜合了天地萬物人事社會的寶典。

道學的起源，直截了當的說：是中華天人合一思想的總體驗發展而來。道家的徽號是玄武。何謂玄武？即龜蛇。龜蛇何來，並不是田野的烏龜長蟲，是人身的經絡主要穴道；玄武穴是背的中心點，往下是神道，再下是靈台。上是身柱，再上是陶道直至大椎。在背部這一範圍內形成一個橢圓形的氣場，—俗稱筲箕背。練功到某一層級，打通玄武，形成氣場，在氣場滿盈後，一股內氣從玄武發出從右下角穿出蜿蜒於氣場冉冉上升，由左上角進入身柱，入陶道，通百會升斗牛。

由於觀斗，以斗柄移動的方向，恰似橢圓形，河漢星雲亦是蜿蜒上昇會於雙星，（牛郎織女）對北斗遙遠玄冥，故稱北冥在壬癸，亦稱黑水。相對是南斗六星，形如雉鳥張翼，由於位在丙丁，故稱朱雀，朱是赤色，代表火神。中心點在任脈的膻中—亦稱中丹田。此穴道亦是人身各大要穴氣場聯接通道的關鍵門戶，黃庭氣場—脾臟，是先從紫宮發起經玄武至大椎形成一股氣柱從膻中至黃庭，來回數度，即是黃庭內景。

至關緊要的是太極，所謂玄之又玄，在人身即是下丹田 —— 氣海，老子云谷神不死。牠是生命形成的源泉。左青龍、右白虎。並不是肝木與肺金。而是左右兩腎，牠必須平衡，是先天之氣的守藏者，牠決定人的身體健康，生命的長短。牠的氣場是風火雷霆。先由左腎發動如螺旋槳，次由右腎轉動，如飛機起飛前，兩只螺旋槳旋轉到極速，一股無比的吸力將兩股風勢由玄牝 —— 命門，呼嘯一聲吸入黑洞。就是所說的太極。這都是愚者親

身修習的氣場心得，其他的奇經八脈、十二大經，不在此贅述。

氣場的振蕩之學，最重要的是下丹田，修習到某一時期，丹田發熱，數日或數週不等，小腹會振蕩，由慢到快，而極速，熱度增加肌肉跳動，並會發出嗶拍的聲音。濟公曾有此說，驗證不虛。其次是海底 ── 會陰煉通後，也會振蕩，肌肉會跳動搐動。再次是腳腫氣場會通亦會發生振蕩跳動。 ── 莊子所謂的踵息。振蕩的功夫好，即是人體磁場功能產生作用。聲、光電則能通天地變化。由於人生在天地間，對環境生存活命有不可分割的關係，即使是情緒六欲均會受到影響。所以莊子說，一個月中，能夠說得上開懷的日子不過四五天而已。

由於銀河系的星雲離我們太遙遠，只是在渺茫中有依希朦朧的影像，故定之爲玄冥，爲太陰，以龜蛇之說名玄武，主管昊天爲玄天大帝，玄武真人，龜蛇二將軍，靈官爲門將。根據一系列的神話，到周穆王與西王母，（仙女）便成了王母娘娘，設一玉皇大帝，而有南天門。那也是無邊無垠天宮，到後來成了道教的祖述之一。（三清、太上、太乙，太清是道教）。

有關南北冥之說：是對銀河的假設，鯤鵬之變，同樣是古人的假設，是從太極陰陽變化的虛擬故事。若以今日之進化論來說：由水生變爲陸生，有魚以後才有鳥，也是合乎進化論的。莊子所言當非出於杜撰，而是在神話故事加以誇張罷了！主要目的是擺脫紅塵煩惱，以神遊逍遙自在於天地之間。提升人格的精神思想，清虛簡樸過日子，我無爲，就沒有人與我爭，我無有，誰也無法搶奪，能盡至誠城，窮困守志終身，是中國歷史上僅有的人物。

莊　子　新　說

目　　次

凡　例 ⋯⋯⋯⋯⋯⋯⋯⋯⋯⋯⋯⋯⋯⋯⋯⋯⋯⋯⋯⋯⋯⋯ 1

敘　言 ⋯⋯⋯⋯⋯⋯⋯⋯⋯⋯⋯⋯⋯⋯⋯⋯⋯⋯⋯⋯⋯⋯ 3

南華經　內篇 ⋯⋯⋯⋯⋯⋯⋯⋯⋯⋯⋯⋯⋯⋯⋯⋯⋯⋯⋯⋯ 1

　　逍遙遊　第一 ⋯⋯⋯⋯⋯⋯⋯⋯⋯⋯⋯⋯⋯⋯⋯⋯⋯⋯ 1

　　齊物論　第二 ⋯⋯⋯⋯⋯⋯⋯⋯⋯⋯⋯⋯⋯⋯⋯⋯⋯ 23

　　齊物論　經典釋文音義 ⋯⋯⋯⋯⋯⋯⋯⋯⋯⋯⋯⋯⋯ 46

　　養生主　第三 ⋯⋯⋯⋯⋯⋯⋯⋯⋯⋯⋯⋯⋯⋯⋯⋯⋯ 55

　　人間世　第四 ⋯⋯⋯⋯⋯⋯⋯⋯⋯⋯⋯⋯⋯⋯⋯⋯⋯ 64

　　人間世　經典釋文音義 ⋯⋯⋯⋯⋯⋯⋯⋯⋯⋯⋯⋯⋯ 82

　　德充符　第五 ⋯⋯⋯⋯⋯⋯⋯⋯⋯⋯⋯⋯⋯⋯⋯⋯⋯ 90

　　德充符　經典釋文音義 ⋯⋯⋯⋯⋯⋯⋯⋯⋯⋯⋯⋯ 103

　　大宗師　第六 ⋯⋯⋯⋯⋯⋯⋯⋯⋯⋯⋯⋯⋯⋯⋯⋯ 108

　　大宗師　經典釋文音義 ⋯⋯⋯⋯⋯⋯⋯⋯⋯⋯⋯⋯ 129

　　應帝王　第七 ⋯⋯⋯⋯⋯⋯⋯⋯⋯⋯⋯⋯⋯⋯⋯⋯ 139

　　應帝王　經典釋文音譯 ⋯⋯⋯⋯⋯⋯⋯⋯⋯⋯⋯⋯ 148

南華經　外篇 ⋯⋯⋯⋯⋯⋯⋯⋯⋯⋯⋯⋯⋯⋯⋯⋯⋯⋯ 153

　　駢拇　第八 ⋯⋯⋯⋯⋯⋯⋯⋯⋯⋯⋯⋯⋯⋯⋯⋯⋯ 153

　　馬蹄　第九 ⋯⋯⋯⋯⋯⋯⋯⋯⋯⋯⋯⋯⋯⋯⋯⋯⋯ 162

胠篋　第十……………………………………………………168

在宥　第十一…………………………………………………179

天地　第十二…………………………………………………197

天道　第十三…………………………………………………221

天運　第十四…………………………………………………237

刻意　第十五…………………………………………………256

繕性　第十六…………………………………………………261

秋水　第十七…………………………………………………266

至樂　第十八…………………………………………………287

達生　第十九…………………………………………………298

山木　第二十…………………………………………………319

田子方　第二十一……………………………………………338

知北遊　第二十二……………………………………………357

南華經　雜篇……………………………………………378

庚桑楚　第二十三……………………………………………378

徐無鬼　第二十四……………………………………………403

則陽　第二十五………………………………………………435

外物　第二十六………………………………………………464

寓言　第二十七………………………………………………482

列御寇　第二十八……………………………………………492

天下　第二十九………………………………………………510

讓王　第三十…………………………………………………538

盜跖　第三十一………………………………………………559

說劍　第三十二………………………………………………579

漁父　第三十三………………………………………………586

莊子新解內篇

目 次

逍遙遊 第一 齊物論 第二
養生主 第三 人間世 第四
德充符 第五 大宗師 第六
應帝王 第七

南華經 內篇

逍遙遊 第一

北冥有魚，其名為鯤，鯤之大不知其幾千里也。化而為鳥，其名為鵬，鵬之背不知其幾千里也？怒而飛，其翼若垂天之雲，是鳥也；海運，則將徙於南冥。南冥者，天池也。

陳注；冥者海也，不曰海，而曰冥，以示窈兮！冥兮。其中有精也。坎位乎北，離位乎南。言魚，言鳥，以類從也。易云：（說卦，解八卦的代名詞），離為雉，飛鵬之象；可類推焉！魚化鳥者，陰盡陽純，所謂坐生羽翼也。海運者，精足而氣自動，化者自化，徙者自徙也。釋南冥以天池者，天為純陽，以喻精，非凡水也。漆園開宗明義，寄喻精深，鍊氣化精，取坎填離，大道盡在是矣！」

【譯】此說可從兩方面解釋；一、從天文學說，北冥即是銀

河系的北斗星；南冥者，即宇宙的黑洞；鯤鵬之變，是說明宇宙萬物的產生在渺冥寥寂的無限不知其止的空間中，由核子爆炸產生不同的物質元素，粒子運動、變化成不同的物種，而地球在水火相生相剋中，互利互輔，由水生動物到禽鳥之屬的演化，是宇宙中，無中生有的概說而已！

二、從修鍊的演法來說；人體即是一小宇宙，其天人合一之說即由此推論而來。所謂北冥，即是玄武。根據銀河系北斗星日月星辰推演的方向，形成一個氣場，其形式如龜背，成橢圓形，其氣道路徑，如蛇纏繞龜背，故玄武的標示是龜蛇二將軍，其中心點在背心，即稱玄武穴。這是道家立論的基礎，故稱玄天大帝，亦稱真武將軍。是易經坎卦的由來，故北方壬癸水。由於暗晦不明，故又稱黑水。南方丙丁火，是指心臟；名為朱雀，乃是鳥形展翅的南方星系故稱離卦；取坎補離，並不是玄武與朱雀的水火相蒸，而是心液與腎水相互調節，由大椎通玄武，穿前心。在膻中形成鳥（雉）狀下到中庭，到關元回丹田走尾閭到腰椎，入兩腎，再回到丹田。這即是抽坎補離的正確方法。

為什麼水火在宇宙間如此重要，沒有水，萬物不能滋生，沒有火，宇宙沒有能量，物質與水是在靜止不動的狀態，有了火的薰蒸，動能便產生了，物質與蒸氣相互摩擦 運動，生命就產生了。至於陰陽，即是正負離子，那是相依相存的，缺一不可！所以在陰陽推演中而產生生命，這是看不見，說不清的混沌中演化而來，這一法則；老子稱之謂為「道。」

【註】夫小大 夫ㄏㄨˊ 事稱ㄔㄣˋ 各當ㄉㄤˋ 其分ㄈㄣˋ

北冥　本亦作溟ㄇㄧㄥˊ 稽康云取其溟溟無涯也，梁簡文帝云窅冥無極，東方朔十洲記云水黑色謂之冥。海無風洪波百丈。

鯤　崔譔云鯤當為鯨，簡文同。

鵬　即大鵬鳥似鷹，身大如天鵝。

其幾ㄐㄧ　夫莊　夫ㄈㄨˊ　性分ㄈㄣˋ　達觀ㄎㄨㄢ　宜要ㄧㄠˋ

齊諧（書名）者志怪者也；諧之言曰，鵬之徙於南冥也。水擊三千里，搏扶搖而上者，九萬里，去以六月息者也。

【譯】齊諧是一本怪誕的書；說鵬鳥向南遷的過程中，鼓氣一飛就是三千里。如果向上一衝，則是九萬里！此一說法，誰會相信？此一去即是六個月—假設以今天的候鳥論，如經台灣的大冠鷲來形容大鵬；並不是六月一週期，而是一年一週期，這是所有候鳥都如此。直撲棲息地常是數百里、數千里皆有，並非奇譚。

若以地球萬物生化成熟期來形容，則長短不一，有數日、數月，期年都有。只是說；陰陽交媾，化生成物，是變化極速，充塞宇宙的。切不可將此鵬鳥視為某一事務，或是神鳥、或是無稽，只能會意、冥想。在本尊中找出答案。這是靜思冥想中的暗示！亦如陰符經的擒之制在氣。是滋潤生命的元素存成的道理」？（是修命的密法）

【註】齊諧書名　志怪　怪誌也。　諧　詼諧也。怪異詼諧的笑話書。水擊　水鳥起飛作勢，舉拍雙翅，奔跑一段時程，待鼓足氣勢方直飛沖天

搏ㄊㄨㄢˊ　扶搖，大鳥飛升待風勢方位未定前，略試盤旋審訂後，方一鼓作氣直上青天。

　　野馬也、塵埃也，生物之以息相吹也。天之蒼蒼，其正色邪？其遠而無所至極邪，其視下也，亦若是，則已矣！

　　【譯】「野馬奔馳，塵埃蔽空，即如生物的呼吸，這是十分自然的。蒼茫藍天，它的色彩就是如此嗎？一望無所止境，如在高處往下看，亦是如此，大概就是這樣吧！── 今天乘飛機在高空下看；是一片雲海，下面是大海，是山岳，根本看不到。若是外太空，只能看到一個深藍色的大地球和雲帶，那能分辨地上的事物」！

　　【註】野馬　形容雲氣奔騰如野馬。

　　塵埃　空氣中含微塵隨氣流蕩漾波動。

　　相吹　言雲氣與微塵相互激蕩

　　蒼蒼　天青蒼茫為正色

　　且夫水之積也，不厚則其負大舟也，無力。覆杯水於坳堂之上，則芥為之舟。置杯焉，則膠，水淺而舟大也。

　　【譯】「水的深淺，豐厚，是決定船身大小的主要因素，大江大海行大船，小河只能放舢舨。若水不夠深，就無法行大船。如果倒一杯水在一小窪處，只能作一如芥子的小舟，如果水在杯中放置地上就不能行船；水淺舟大不行的道理，誰都知道。

　　【註】「其寓意；凡事都須適中，取其自然之理，用對行事法則，才能成器。 ── 我在莫斯科皇宮城下見到一門十數頓的大砲，傍邊放著一枚數百斤的彈丸，說明這樽大砲製作成功後，從未用過，因砲身太短，彈丸太重，無法發射！證明莊生立論的正

確性。事皆法乎自然，不可勃理。」

【註】覆杯　崔本作盃　音義均通

坳堂ㄠˋ　又ㄨㄠˊ　又ㄡˊ　崔云堂道謂之坳又一せ又ㄠˋ
司馬塗地令平。　支遁云坳蛭形也。窪地。

芥ㄐㄞˋ　徐ㄎㄨˋ又ㄅㄞㄢˋ，李云小草也。應言芥子刻舟方
為解人。芥子即油菜子也。

則膠ㄐㄧㄠ崔云膠者也，陳注黏著於地。

風之積也，不厚則其負大翼也無力。故九萬里，則風斯在下矣！

【譯】「風力不夠，就沒辦法鼓動若大的翅膀。能夠冲天九萬里，可知這股風力多大。「唯今的說法，應是鼓氣，鼓足一口氣，直飛青天。」── 今之太空火箭的能量，何止九萬里。」

【註】稱事ㄔㄣˊ　天一ㄠ司馬云天折也。

閼　徐ㄩㄝˋ又ㄒㄧㄝˋ司馬云止也。李云塞也。

而後乃今培風，背負青天，而莫之夭閼者。而後乃江南圖。

【譯】「為今之計，加倍的積蓄氣力，對著高高在上的青天，你才不會遭受挫折（夭閼音遏，夭閼意即中途被遮塞）。有了強勝的精力才能一鼓作氣，方可乘勢，作南徙的圖謀。」

蜩與學，鳩笑之曰：我決起而飛，搶榆枋而止時，則不至，而控於地而已矣，奚以之九萬里，而南為！

【譯】「蟬出土後學飛，斑鳩笑說；我出巢學飛時，想飛上大榆樹都辦不到，結果；掉在地上跌一大跤。不用說冲天九萬里，徙南海了！（注意，切忌咬文嚼字，知之為知之，不知為不知，不可強說拗理，反把事情弄得一團糟，就越不懂。）」

【註】蜩ㄊ一ㄠ╱蟬虫未蛻殼前謂之蜩，

鳩即斑鳩。因蟬鳩均為鄉間常見的虫鳥。

△　搶　應言爭先之意。榆枋樹名，即榆樹蘇木也

控ㄎㄨㄥˋ司馬云投也，崔云叩也。以文意言，應言失控，引為掉落方妥。

適莽蒼者，三湌而反。腹猶果然；適百里者，宿舂糧。適千里者，三月聚糧。之二蟲，又何知。小知不及大知，小年不及大年。奚以知其然也。朝菌不知晦朔，蟪蛄不知春秋，此小年也。

【譯】蒼促的短程，一日三餐即可往返，肚子不餓，是適當的行程。如果說要行百里，晚上便要準備隔宿的糧食；如果說：要行千里路，就必須準備三月的糧食。這種道理，小蟲與斑鳩，怎麼會知道，所以小蟲不知大知，年少不知成年的大事，那裡能知其所以然了！」

【註】莽蒼 —— 忽忙，倉促之意。　腹猶果然 —— 是肚子還不餓。

宿舂糧，即是晚上舂米。（杵臼為舂米的農具工具；將糙米舂成白米。）　奚，何字解，疑問字。　寓意在大知大仁的賢德人士，是從知識品德的彙集，人格的修養。優於常人凡夫的。

三餐ㄔㄢ釋文本作湌，ㄑㄢ即殘飲之飱。

莽蒼是動名詞，應讀ㄇㄤˇ ㄘㄤˋ。即魯莽。是民間常用責備詞。

舂ㄔㄨㄥ即舂米也。糧ㄌㄧㄤˊ食。小知ㄓˋ智也。

奚以知其然。（奚　意以 —— 那能之意；此句正譯；那能知道它的真理何在。）　**朝菌不知晦朔，蟪蛄不知春秋。此小年也。**

【譯】「早上的菌子（菇菌），不知道有晦暗的夜晚；（晦；夜暗時分。晦朔；黑暗的夜晚。）蟪蛄 —— 即寒蟬，產於夏天。故不知春秋二季。

此小年也—季節性的小昆蟲。」

【註】朝困　即早上田野所長的困菇。若不摘取很快便敗死。

蟪蛄　是另一種蟬，翅有黑斑，腹部鳴器較大。司馬云寒蟬也。

亦名蜺蟧。云至深秋天寒以後即不鳴也。應言蟪蛄。是蟬繭成蛹入土冬眠後至春成虫，至夏蛻殼成蟬，在蜩之前的蛹虫謂蟪蛄較當。

楚之南有冥靈者。以五百歲爲春，五百歲爲秋。上古有大椿者，以八千歲爲春，八千歲爲秋，此大年也。而彭祖，乃今以久特聞，衆人匹之。不亦悲乎！湯之問棘也。是已，**窮髮之北**，有冥海者，天池也。有魚焉，其廣數千

里，未有知其脩者（脩，長也。），其名爲鯤。有鳥焉！其名爲鵬。背若泰山，翼若垂天之雲，搏扶搖羊角而上者九萬里，絕雲氣（外太空），負青天，然後圖南，且適南冥也。斥鴳笑之曰；彼且奚適也。我騰躍而上，不過數仞而下。翱翔蓬蒿之間，此亦飛之至也；而彼且奚適也，此小大之辨也。

【譯】「楚國南方有大海；海洋有一靈物（神龜），以五百歲爲春，以五百歲爲秋，（不知它有多少歲？）上古有一顆大椿樹，以八千歲爲春，以八千歲爲秋。（更誇張了吧！）彭祖是當今最常被人敬佩的長壽翁，人人都想活到他那樣高壽！這不是很可悲嗎？那是不可能的事。如商湯問楚棘一樣；結果不言而喻。所以；北方有塊不毛之地。有個沒有邊際的大海，我們管它叫天池。池中有一種魚，大得不得了，有幾千里那麼大；不知道它爲什麼長這樣大，此種大魚，名叫鯤！有一種鳥，名叫鵬，也是大得不可數量，它的背就有泰山那麼大。翅膀一張，就像天上的兩片烏雲；展翅凌空，像一股龍捲風，一衝便是九萬里。飛向青天，然後向南海飛去，適得其所的安然遷徙！

斥鴳（鷃鳥，飛高不過尺，故名。）笑說；它能安穩飛渡嗎？我飛騰跳躍，高不過數百尺，在地飛行，只能在蒿草中巡弋；已算是飛行的最高功夫了！牠能有此功夫嗎？這即是小知大知的論辨。」

【註】冥靈　是指海（冥）中有神龜，（靈龜）大椿ㄔㄨㄣ司馬云櫄，櫄，木槿也。以習俗言椿，椿樹是民間家戶常植的喬木，春日嫩葉可食用。入藥。樹幹直，長壽。木槿花可食亦可入藥，但不會高只是木本的花樹而已。亦有人云爲臭椿或樗樹。仍

以香椿通俗。

　　彭祖　李云名鏗，堯臣封於彭城。歷虞夏至商，年七百歲。故以大壽見聞世。

　　本亦云姓籛名鏗，在商為守藏史，在周為柱下史，年八百歲。籛音ㄐㄧㄢˇ。

　　特聞　崔本作待問。之縣讀ㄒㄩㄢˊ通懸。

　　棘　李云湯時賢人。又云棘子。崔云齊諧之徒。識冥靈大椿者名也。簡文云，一曰湯廣大也。棘夾小也。

　　窮髮　即言不毛之地。

　　其廣讀ㄎㄨㄤˋ　數千ㄕㄨˋ。

　　羊角　言旋轉也。而上　像羊角般旋轉向上即旋風，如龍卷風冲天。

　　且適毒ㄐㄩ且適，方適合也。

　　鷃　小鳥也。鷃雀，鵪鶉田野中會跑，飛不高。因只會跳躍蓬蒿草叢之間低飛淺翔。

　　故夫知效一官，行此一鄉，德合一君，而徵一國者，其自視也，亦若此矣！

　　【譯】所以說，人的知識，是有限的；以一隅的小知識來判斷大事，是十分危險的。一個鄉里小頭頭，自認為有領導國家的才能，不是自負，就是過餘高估自己。這樣自視過高，是一般人最易犯的毛病。

　　【註】知效知ㄓˋ通智。行ㄒㄥˊ　比ㄆㄧˋ即庇也。

　　而宋榮子猶然笑之，且舉世而譽之，而不加勸，舉世

而非之，而不加沮；定乎內外之分，辨乎榮辱之竟，斯已矣！

【譯】「宋，榮子仍然在笑牠（指鯤鵬怪談，十分無稽。）世上的人都說他不對；他也不會認錯，而固執己見。這不過是榮譽與羞恥的分際罷了！」

彼其於世，未數數然也；（數讀索，數然，即少數；亦解無味之意！）

【譯】像他這樣的人，世上是少有的。

【註】宋榮子　即宋國榮子，司馬李云宋國人也。崔云賢者也。

譽ㄩˊ 沮ㄐㄩ又ㄐㄨˋ 敗也。沮喪也。之竟ㄐㄧㄥˇ。

能復ㄈㄨˋ　數數ㄕㄨˋ又ㄕㄛˋ、徐ㄕㄛˋ亦音ㄕㄩˊ 司馬云猶汲汲也，崔云迫促意也。簡文ㄕㄩˊ謂計數。故閒ㄒㄧㄢˊ本一作閑。　未樹，沒有建樹，即沒有功績。

雖然猶有未樹也，（雖然像榮子這樣固執的人，不計榮辱。堅持己見，但還是沒有建樹。）

夫列子御風而行，冷（凜同音義）然善也。旬有五日而後反。彼於致福者，未數數然也。

【譯】列御寇，能御風而行，是很莊嚴的事。十五天能往返天地間，多麼了不起。但他能造福人羣嗎？對羣體有多大益處，恐怕，數不了幾項吧！

此雖免乎行，猶有所待者也。

【譯】能御風，雖然不用一步一步走路，但仍有不足的地方。

【註】列子　即列御寇，鄭人能御風而行，漢書圖冠，與鄭穆公同時，先莊子。冷讀ㄌㄧㄥˋ。

六氣　眾說紛紜。言吐納之士養生，即六字訣，吹噓呼呵嘻嘶。心肝脾肺腎三焦。非此道中人，不知其妙諦。

御六氣，即控制六字訣的方法。能辯別氣走何經絡，達到養生療疾的大用。這必須經過長期脩練，方能知其妙用。用文字猜迷是錯誤的。

惡ㄨ乎　無己ㄐㄧˇ　而王ㄨㄤˋ本亦作至。

大有逕庭。與事實完全不同。詭詐怪異。

藐音邈ㄇㄠˇ又ㄇㄧㄠˇ簡文云遠也。

姑射　徐音夜，一ˋ又ㄕㄜˋ李云ㄕㄜˋ山名在北海中。肌ㄐㄧ

淖ㄋㄠˋ郭ㄔㄜˋ又ㄊㄜˋ字林ㄓㄜˋ蘇林漢書音火ㄏㄜˋ。淖約李云柔弱也。司馬云，好貌。　處子，在室女也。

不食五穀　辟穀法。先吃水菓，後期只飲清泉，待腸胃轉化後，即可吸風飲露。

乘雲氣，御飛龍，是言靈魂出竅，可以遊魂於天地間，仙學的記載，李鐵拐、呂洞賓曾有事跡，昆明雞鳴寺，洞庭岳陽樓。（余亦曾訪堪）。近世亦有傳聞者。未親見不敢言。民間神仙故事相傳甚多，辜枉聽之即可，不能認真。

凝神定物，只能說是給心裏的定念。成事仍在己。重點人之德。將旁礴萬物。煉成金剛不爛之身，以精神為主。不與塵俗事

物相接。

△堯往藐姑射山見四子。司馬云，王倪、齧缺，被衣，許由。為儒家推崇的賢人。其他三人皆列仙傳上的神仙。

汾水ㄈㄨㄣˊ郭ㄈㄨㄣˊ　今山西太原。司馬崔本作盆水。

若夫乘天地之正，而御六氣之辨，以遊無無窮者，彼且惡乎待哉。故曰至人無己，神人無功。聖人無名。

【譯】（此段點出主題，神遊於天地之間，無罣礙，如佛家心經，方可得自在。）「如果能乘天地正氣，能辨別內腑六氣的氣場變化，遊於個人小宇宙中，迎向無窮盡的大宇宙，那種浩瀚無邊的舒展、空曠無垠的太極，是那麼寧靜、悠然；誰都迫不急待的過此逍遙自在的生活吧！」

〈故曰至人無己，神人無功，聖人無名。〉

【解】人生若能達到無我、無功、無名的至高無尚的境界，這是多麼瀟灑高潔的大事。所以說；至人無我、神人無功、聖人無名。這才是做人所要求的高標準。

「以結語說明逍遙遊，寓示的昇華人格。」

堯讓天下於許由曰，日月出矣！而爝火不息；其於光也，不亦難乎！時雨降矣，而猶浸灌，其於澤也，不亦勞乎，夫子立，而天下治，而我猶尸之，吾自視缺然，請致天下。許由曰，子治天下，天下既已治也，而我猶代子。吾將為名乎！名者，實之賓也；吾將為賓乎，鷦鷯巢於深

林，不過一枝，偃鼠飲河不過滿腹。歸休乎，君子無所用天下爲。庖人雖不治庖，尸祝不越樽俎而代之矣！

【解】此段說明，堯與許由禪讓的對話。表現出聖人不求名的事實。

【譯】堯帝想讓天下給許由治理；堯頌曰；日月出來了！爝火熊熊不息，如此光明正是時候，及時雨，浸潤了田地，灌溉作物；沼澤雨水充盈，省下多少勞力。你能出山，天下一定大治；而我仍尸位素餐，佔到這個位置，是十分遺憾的。

許由回答說；　先生治理天下，已經治理得很好，何必要我代替呢？如果我是爲名，那就虛假了！名只是虛位，實才是治理的績效。我不能爲虛榮出頭；伯勞鳥在森林中築巢，只佔一小樹枝。田鼠到河中飲水，不過吸滿肚清水而已，還是退隱山林吧！無爲而治天下，才是正途！（老子道德經。）廚師雖然不必親身料理，儐葬禮儀生，是不能逾越規矩，代替法師與神職人員的。

【註】堯　虞堯，唐帝也。

許由　隱人也，隱於箕山。司馬云，潁川陽城人。簡文云陽城槐里人。李云字仲武。

爝ㄓㄠˋ本作燋，音爵ㄐㄧㄠˊ，爝ㄐㄩㄝˋ　司馬云然也。向云人所然火也。字林云爤，炬火也。火把也。即夜行人手中所持火把。民間日用照明火炬。

浸ㄐㄧㄣˋ　灌ㄍㄨㄢˋ　漑也。

鷦鷯　尖嘴小鳥，俗名黃脰鳥，脰瓣雀。

偃鼠　李云鼴鼠也。說文鼴鼠亦曰偃鼠。

庖人　即廚司（師）　尸祝、巫師。

樽　酒樽（酒瓶）　俎ㄗㄨˇ　切菜板。

歸休乎君　言君天下者，美名歸之。

肩吾問於連叔曰；吾聞言於接輿，大而無當，往而不反。吾驚怖其言，猶河漢而無極也。大有逕庭（矛盾），不近人情焉！連叔曰，其言謂何哉？曰：「藐姑射之山，有神人居焉！肌膚若冰雪，淖約如處子；不食五穀，吸風飲露，乘雲氣，御飛龍，而遊乎四海之外，其神凝，使物不疵癘，而年穀熟，吾以是狂而不信也。連叔曰；然，瞽者無以與乎文章之觀，聾者無以與乎鐘鼓之聲，豈惟形骸有聾盲哉。夫知亦有之，是其言也。猶時女也。之人也，之德也，將旁礴萬物，以爲一世蘄乎亂，孰弊弊焉！以天下爲事。之人也，物莫能之傷，大浸稽天而不溺，大旱、金石、流土、山焦而不熱。是其塵垢秕糠，將猶陶鑄堯舜者也，孰肯以物爲事。」

【譯】肩吾問連叔，我聽接輿對我說；大而不當，去而不返，我聽後十分驚恐，摸不著頭腦，很矛盾，真不近人情事理；連叔說；你說的是什麼事呀！肩吾說；接輿講，藐姑射的山上，住了一個神仙，他的皮膚冰雪白嫩光滑，風姿淖約，像一個處女那麼純潔美貌。不食五穀，吸風飲露（所謂吸取日月精華。）能夠騰雲駕霧，可上天入地，不受拘束。他要是一凝神，五穀豐登，沒有秕糠不實的穗子。我以爲她的說法是無稽之言。不可相信的妄語。連叔說；啊！原來如此，你當然不會相信的。瞎子沒人給他文章看、聾子聽不到鐘鼓的聲音；不是只有身體殘障，有聾有盲的人。在知識方面亦是如此。他所說的話，就像現在的你，缺乏這方面的知識！作爲一個大人物，是要有大德惠及萬

物，有磅礡的氣慨，以天下為己任，撥亂反正，除弊鼎興的志節。如此大仁大德的人物，憑此正氣，沒有東西可以傷害到他；即使是大洪水也無法淹溺他的。大旱災害金石流土，山焦水歇，也沒辦法渴死他。那不過是飛揚的塵垢，田裡稗疵，小事一庄而已。在艱困中磨練出來的賢君，如堯舜。怎可以事物去秤量呢？

　　【註】肩吾、連叔，均非真名，以肩吾、連叔言應是轎夫。才有一前一後的問答。

　　接輿ㄩˊ按接輿楚人也。姓陸名通，皇甫謐云，接輿躬耕，楚王遣使，以黃金百鎰，車二駟，聘之不應。

　　無當ㄅㄤˇ司馬云，言語宏大，無隱當也。

　　驚怖ㄆㄨˋ廣雅云，懼也。

　　河漢，銀河也。無極，無邊也。

　　窅然一ㄠˇ深遠　李云猶悵然也。　　喪ㄒㄤˋ。

　　藐姑射的神人，並非指修仙煉氣的脊椎神經到頭頂的關竅，及任脈的膻中、關元。而是說明仙家修煉的過程。修仙到某一成度，由閉氣到避穀，在不吃五穀後！只喝清泉，再經過一段修煉，水也不喝，此時不但腸胃已非常人的臟腑，連肌膚皮毛都能呼吸！此時在山中吸取日月精華，餐風飲露方可生存，當此時靈魂可出竅，逍遙於任何境界，到某一時機，脫去嗅皮囊，飛昇成仙。後人所見，只是幻影，非本尊也。

　　　宋人資章甫而適諸越，越人斷髮文身，無所用之。堯治天下之民，平海內之政；往見四子藐姑射之山。汾水之陽，窅然喪其天下焉。

　　【譯】宋國的商人把北方人所戴的帽子，拿到南方越民所在

地區去賣；可是越民是短髮紋身，根本用不著帽子，你能賣誰？真的走錯市場！堯帝治理天下，四海昇平，國泰民安。但輕漫中帶領四大重臣去藐姑射之山訪問神人，待回到汾水的南面，悵然之間天下已易手。

【解】此章之義，凡事都必須適得其所，無論賢愚，神聖，各有其位，不可紛亂！修煉更是如此，五腑六臟，奇經、八脈，十二大經，各有所屬，氣場各異，統領不一。無知小智的人，是無法深入堂奧的！人云亦云者，是害人害己，強作解人！真不知無知之羞矣！

　　惠子謂莊子曰，魏王貽我大瓠之種，我樹之成而實五石。以盛水漿，其堅不能自舉也。剖之以為瓢，則瓠落無所容，非不呺然大也。吾為其無用而掊之。

【譯】惠施對莊子說；魏王贈送大瓠種子，我拿回去栽種，長成後，其中的子就有五担，（石讀担，一石一百斤。）如此大的葫蘆，裝滿水，我沒辦法移動。我把它剖開作水瓢，但盛不了多少水。失去原有容量，是空有其大。我想把它剖開，以為可以適用，結果；成了大而無用。

【註】瓠ㄏㄨˋ葫蘆瓜，即瓠子也。嫩可食，老可作瓢，或葫蘆。

　　五石ㄉㄢˋ十斗為一石（担）
　　以盛彳ㄥˊ　裝東西。剖之　即切開，
　　則瓠落，則失去瓠本身的意義。
　　呺然　本亦作號，徐ㄒㄠˊ李云号然虛大貌。
　　崔作呺，簡文同。

掊之夊ㄟˊ司馬云，擊破也。

莊子曰；夫子固拙於用大矣。宋人有善爲不龜（音ㄐㄩㄣ）手之藥者。世世以洴澼絖爲事。客聞之，請買其方百金，聚族而謀曰，我世世爲洴澼絖，不過數金，今一朝而鬻百金，請與之，客得之以說吳王，越有難，吳王使之將冬，與越人水戰，大敗越人，裂地而封之，能不龜手一也。或以封，或不免於洴澼絖，則所用之異也。今子有五石之瓠；何不慮以爲大樽，而浮于江湖，而憂其瓠落無所容，則夫子猶有蓬之心也夫。

【譯】莊子說；先生對用大器的方法，有待考慮，就像宋國的凍瘡藥膏持有人一樣。（解：不龜手，即冬日生凍瘡──手皸裂，不龜手之藥者，即製凍瘡藥的人。）他家世世代代都是作漂染工的工人。（洴澼──即河裡水漂，線布等匹頭在水中漂白，綿紗麻紗的漂白亦如此。是指布匹在水中淲蕩的樣子。）有主顧想買他的凍瘡藥方。願出百兩銀子購買。召集了一個家族會議，我們世世代代作漂染工，只不過是賺幾兩銀子。而今天一天之中我們就賣了百兩銀子，何樂而不爲，這麼好的價錢，還是賣給他吧！買方很高興的得到藥方。業者得此凍瘡醫藥，到吳國去當說客；要吳國進攻越國；吳王聽其言，便在冬天出兵，與越國打了一場水戰；結果越國大敗，割地受降。這樣的結局，有兩個可能，不賣此藥給此奸商，可能兩國相安無事。吳國得此良藥，仗勢不畏冬天寒冷！打贏了這一仗。這就是用之有大小不同的效用。先生今天有五石（ㄉㄢˋ）大的瓠瓜，爲什麼不考慮將它做成一個大樽，當作船用，乘浮於江湖，悠遊於大海，是何等瀟灑

的事。你今天卻耽心剖後成無用的瓢，我看你還是有想不通的地方。

【註】不龜手。龜裂，言冬天手足龜裂，俗言皸裂。不龜手藥，即言凍瘡藥。

洴ㄆㄧㄥˊ　澼ㄆㄧˋ徐ㄆㄧㄥˊˋ絖爾雅云絮細者。

李云：洴澼洸者漂絮於水上，洸絮也。應言漂布於河水（溪水中洸漾貌。）——絲綿麻織品，經礬或石灰處理後，必須經水漂ㄆㄧㄠˋ淨，時間是七至九天。每天擔去河邊用流水沖漂，既白又柔軟。

鬻ㄩˋ販賣（售價）以說ㄕㄨㄟˋ，　有難ㄉㄢˋ之將ㄓㄤˋ大敗ㄅㄞˋ。

不慮以為大樽。本一作尊，司馬云樽如酒器，縛之於身，浮於江湖，可以自渡，猶結綴也。案所謂要舟要即腰的古寫。

蓬之心郭云蓬生，非直達者，向云蓬者短不暢，曲土之謂。應言粗雜蓬亂，沒有經過細密思量謂蓬心。

惠子謂莊子曰，吾有大樹，人謂之樗，其大本擁腫，而不中繩墨，其小枝卷曲而不中規矩，立之塗，匠者不顧。今子之言，大而無用，眾所同去也。莊子曰，子獨不見狸狌乎，卑身而伏，以候敖者。東西跳梁，不避高下，中於機辟，死於罔罟。今夫斄牛，其大若垂天之雲，此能為大矣！而不能執鼠！今子有大樹，患其無用，何不樹之於無何有之鄉，廣莫之野，彷徨乎無為其側逍遙乎，寢臥其下，不夭斤斧。物無害者，無所可用，安所困苦哉？

【譯】惠施對莊子說，我有一棵大樹，人們稱它為樗，（野

椿。）樹幹臃腫，無法做成可用的木料，它的枝幹卷曲，無法切裁。（繩墨 —— 丈量画線的墨斗。規矩， —— 圓規，曲尺。）長在路旁，木匠看都不看。你的說法，大而無用，大家都是這樣想法呀！

莊子回答說；你有沒有看見黃鼠狼，弓著背，躲在那裡，等候獵物。東跳西跳，騰飛躍下，輕巧曼妙，機靈巧取、奸滑有餘。但是牠沒想到，最後牠卻死在獵人佈下的機括、陷阱；網羅。有一種犛牛，大得不得了，好像天際的烏雲，臨空覆蓋。不能說牠不夠大吧！但是牠連抓一隻小老鼠的能力都沒有。今天你有這麼大的一棵樹；耽心沒用處。爲什麼不把它搬到香格里拉，或是大漠草原，在無所是事時陪伴你的寂寞，慢慢的欣賞它不同的品味，悠哉悠哉的睡在樹蔭下，享享天地之福；這是多麼愜意的樂事，又不會被人砍伐，也沒人想去傷害它，真是樂得所哉，你根本用不著爲此事煩惱嗎？

【註】樗ㄌㄩ／喬木，皮粗，　質鬆劣。

擁腫ㄓㄨㄥ∨　李云擁腫猶盤癭。即樹幹多瘤。

不中ㄓㄨㄥ丶　不中用，即沒有作用。

卷曲　本又作拳音義同。　同去ㄑㄩ。

狸狌ㄌㄧ∨　ㄕㄥ即黃鼠狼。徐ㄒㄧㄥ丶　郭ㄕㄥ又ㄒㄧㄥ丶，司馬云袖ㄧㄡ／　敖ㄠ／徐李云ㄠ丶　支云伺彼怠敖。謂伺遨翔之物而食之。雞鼠之屬也。

跳音ㄊㄧㄠ／（方音）　不避本作辟。ㄅㄧ／躲避也。

機辟，即捕鳥獸所按置的機關，辟即法碼。凡獸碰撞法碼彈落，無論是鋏，活套，立即收緊，套著獸足無法脫逃。

罔罟，在陸所用為羅罔。在水澇漁為罟罩，犛牛，即西部高原的犛牛、犛牛。毛厚耐寒。無何有之鄉，廣莫ㄇㄛ／（漢）之

野。言不知名的地方。曠大無邊。至關重要的是安適舒暢。樂不忘返的心曠神怡的安樂國。是靜坐中寂靜時的神遊感覺。非語言可喻。

惠子　即惠施，莊子好友。

【陳註】

司馬遷在史紀，老莊申韓列傳，將莊周列入道家。

柱下（老子為周柱下史，守藏史或稱柱下先生。）傳道，致虛而已，南華（莊周也）則揭精氣神為始基，而心有天遊。其源清而不滓；故虛有之為利，終以無之為用，示人以象帝之先，此逍遙之大旨也。太史公（司馬遷）曰，其要本歸於老子之言，信哉。（以上為陳先生語）。

【讀後記】

逍遙遊是莊子練功（靜坐心得）的作品，是根據虛谷、天心，（天池）解釋宇宙人生，心性的哲理，在清靜無為中，神全、心正、性純。以去欲，無為，修德大化，提昇人格精華為己用，是為天地立心，故以神遊天地之間，逍遙於理想之國，達到天人合一的大道為宗旨。這才是逍遙遊的真諦！

若以修道來說：自古即著重在坎離兩卦，所謂水火既濟，為什麼？因水是生命的泉源，沒有水，世上就沒有生物：沒有火，就沒有動能。故水火相剋相生，激蕩演化，方生萬物。在人如無水薰蒸激蕩，精卵無法演化成人。成人後心腎健康，就不會生病，無病痛，就會延年益壽！修仙修道，只不過是延年益壽的保健運動。列仙傳中那麼多神仙，活幾百歲，最高的彭祖，八百歲，仍是一死！所以人的生死是自然定律，只是早晚而已！故莊

周有方死方生，方生方死的輪迴之說。

　　以文章來說，奇特怪異，托齊諧方物，但並非虛妄，仍有可稽之處，而是一般人不易了解的吧了！由於艱深奧妙非普通讀者可明瞭的。造詞譴字，隨手拈來，不著邊際，在唐突中有幾分神祕，不重修飾，保持自然，顯現無限活力。不講聲韻，只在語氣與節奏中求平順。使讀者不感疲累！造意深遠，使人有很大的想向空間，磅礡氣勢，有排山倒海的震撼力；是千古獨樹一格的美文。

【本文重要的關竅注釋】

　　一、北冥、河漢，即銀河系北斗。是道家立說的根源 —— 玄武的由來。壬癸 —— 水，故稱瀛海。

　　二、南冥、朱雀，是南方星系，是丙丁 —— 火的代名詞，人的心臟屬火。

　　三、天池，即谷神；萬物生化的場域！天體的黑洞，所謂太極。故以魚鳥變化形容，太極如兩條小魚的推演 —— 即陰陽交媾，相推相吸，演化萬物。在人即是丹田 —— 氣海，虛空，有無之間。是生命形成的推進器；與兩腎有密切的關係。

　　四、羊角 —— 是形容風勢，如一股漩風，與龍卷風相似。是天體黑洞吸力的強風。在人是青龍、白虎運轉通竅的兩股強大的漩風，匯集通關時，從命門吸入丹田的氣勢。青龍白虎—即左右兩腎。屬水，是生命形成的最先長成的器官，是坎卦的主穴。要煉到坎離既濟。就必須先打通此一關竅。否則一事無成。

【附】

　　肩吾，連叔非人名，是轎夫的代名詞。肩吾是前面的一位，

連叔是後面一位。二人腳步使力都必須配合恰當，並有行話對應；二人如一體、省力，不傷肩、不紐腰，步伐如行雲流水，緩急自然如風。乘者如坐搖籃，舒適安穩。

【但釋文注】

肩吾爲古賢人。後封爲岱山（泰山）山神。

逍遙遊的目的，以神遊太虛，借神仙傳說，追求「定靜」、「清虛」、「忘我」、「忘形」至「虛寂」，「歸根復命」的嬰孩本性，「無思」、「無爲」。「純樸安然」的生活。

【贅言】

逍遙遊精神在坎離水火既濟，達到長生的目標，所以說與天地併生，與宇宙常存。故能神遊（坎離）太虛，往來天地之間，周易參同契的道家心法，即是以水火交媾爲目的。

齊物論　第二

　　南郭子綦隱几而坐，仰天而噓，嗒焉似喪其耦。顏成子游立侍乎前，曰；何居乎形固，可使如槁木；而心固，可使如死灰乎，今之隱几者，非昔之隱几者也。子綦曰；偃（子游名）不亦善乎，而問之也。今者吾喪我，女知之乎，女聞人籟而未聞地籟，女聞地籟而未聞天籟夫？子游曰，敢問其方。子綦曰，夫大塊噫氣，其名為風。是惟無作，作則萬竅怒呺（號）而獨不聞之，翏翏乎！山林之畏佳，（蓊鬱之意；即青蔥茂盛。）大木百圍之竅穴，似鼻、似口、似耳、似枅（穿方，竅方，即屋的調合橫木。）似圈，似臼，似洼者，似污者，激者，謞者（音孝，如咆哮聲）叱者，吸者，叫者，譹者，宎者（宎，音杳）咬者，前者唱于，而隨者唱喁，泠風則小和，飄風則大和，厲風濟，則眾竅為虛；而獨不見之調調，之刁刁乎？子游曰，地籟則眾竅是已，人籟則比竹是已，敢問天籟，子綦曰夫吹萬不同，而使其自己也。咸其自取。怒者，其誰邪。

　　【譯】南郭子綦憑几靜坐，仰天噓氣。（六字訣的噓字），全身放鬆，軟癱榻上，（如神形俱亡）像喪偶般失落。顏成子站在他跟前侍候，對子綦說；請問先生，在吐納練功時，應採什麼姿勢，才能夠形如槁木般於外，內如死灰不動其心。今天坐在几榻的人，已不是過去的人呵！子綦說；顏偃，你說得好。我今天是達到了忘我的境界，你知道嗎？你只聽過人籟（音樂）卻沒有

聽過地籟吧！你聽過地籟，尙未聽過天籟吧？

　　子游說；敢請先生指教一二。

　　子綦說；凡大塊的噫氣，就叫風，在沒有啓發的時候，什麼事都沒有，可是當它作興時，真不得了，所謂萬竅怒號，淒厲振撼，恐怖心驚！卻沒有聽到它呼嘯而過的長風音符！

　　（大塊噫氣，是指服氣法，非一般自然形成的風勢，而是吸取日月精華時。服氣的一種方法。）

　　山陰塘澳之處，林木蓊蔥，巍巍繁茂，大樹百圍（一百人環抱的巨木）牠也有竅穴，在牠枝幹，空洞間，有像人的口鼻耳，有孔有圈，像凹處，似臼，似窪，（污，朽也。）腐朽枯槁。遍體不平。當風激蕩，百竅齊鳴，有疾厲高音，和聲相蕩，輕揚長嘯中悠然画過，亢貢激情，哀怨悲聲，怒濤洶湧，排山倒海，真是偉大的自然樂章。輕音曼妙，重音激情，悲怨冷列。微風小和，飄風則大和，急風驚懼，又是一番景況！

　　竅穴在虛空之處，風吹可發聲，枝椏隨風搖洩，快慢節拍，演奏出不同的聲調；這是何等自然的樂譜。

　　子游說；眾竅齊鳴，就是地籟之音吧！人籟，就像簫笛管樂之音。

　　子綦說；凡是吹的樂器，萬般不同，聲音各異。只是從樂器氣孔中自然發出，取其特有聲調而已。但情感的流露，演奏的技巧。則在演奏家本身的才情了！（註：怒者，即發音者，其誰邪。解：是何人？）

　　大知閑閑，小知間間；大言炎炎，小言詹詹。其寐也魂交，其覺也形開，與接爲構，日以心鬭，縵者。窖者，密者，小恐惴惴，大恐縵縵；其發若機括，其司是非之謂

也。其留如詛盟。其守勝之謂也。其殺如秋冬。以言其日
消也。其溺之所為之，不可使復之也。其厭也如緘，以言
其老洫也，近死之心，莫使復陽也。喜、怒、哀、樂。
慮、歎、變、慹、姚、佚、啓、態。樂出虛，蒸成菌，日
夜相代乎前；而莫知其所萌，已乎已乎？日暮得此，其所
由已生乎！非彼無我，非我無所取，是亦近矣！而不知其
所為使。

【譯】大智慧的人閑靜安居，（不動聲色！）小知識之輩間
散（間讀閒音義同）而無聊（無所事事）大用名言光耀照人，無
用碎語。廢話連篇。在睡覺時魂魄安穩，覺醒時開朗（讀朗）神
形俱全。如果；白天心神不寧，散縵，深邃，私密；　就會產生
驚恐，小的惴惴不安，大的則驚惶失措；在動心的時候；猶如機
括般猛然擊發，很難阻止。但在事發之前要能明辨是非，更要有
決心！（詛盟的申義）所以要能抱元守一，才能戰勝情慾誘因。
在肅殺瀟條如秋冬的時候，要從溫馨，體己中，求解脫。如果沉
溺不改，就無法使其復生。若悶在心中，壓抑無解，亦不是辦
法！心洫如涸，心志已死，是很難恢復陽氣的。所以，喜、怒、
哀、樂。慮、歎、變（心情反復不定）慹（惶恐不安）姚（甜
美），佚（縱逸），啓（寬廣），太（好修飾）等七情六慾，是
人之常情，自然的表現；要知道，歡樂是虛無的，如果貪圖逸樂
（蒸成菌──是日久相磨，成了嗜好。）日以繼夜，不知止境，
不知不覺中形成了一種習慣。朝夕之間就成了癖好，是很不值得
的事。（這章，旨在心定無邪！不妄念、貪、痴）。

若有真宰，而特不得其朕，可行已信，而不見其形，

有情而無形。百骸九竅、六藏，賅而存焉，吾誰與為親？女皆說之乎，其有私焉，如是皆有為臣妾乎？其臣妾不足以相治乎？其遞相為君臣乎？其有真君存焉。

【譯】如果世間真的有主宰，為什麼找不到徵兆，實行自己的信念，看不到牠的形影，雖然有情，但不見其形的存在？（解釋；是根據老子道的顯現而來。「大道」的本義即是宇宙的主宰）。百骸、九竅、六臟，是人的形體實物，我與誰最親密，你說說看；這其中就有偏私的地方，如姬妾的私情眷戀；是以很難處理得當的。所以要有主從之分，才能找到可下決定的策略！（此章，是強調「君火守神」，「強精固本」，百骸健壯方可神全。）

如求得其情，與不得，無損益乎其真。一受其成形，不亡以待盡。與物相刃相靡，其行盡如馳，而莫之能止，不亦悲乎！終身役役，而不見其成功。苶然疲役，而不知其所歸。可不哀邪；人謂之不死，奚益。其形化，其心與之然。可不謂大哀乎！人之生也。固若是芒乎？其我獨芒，而人亦有不芒者乎？

【譯】人對物慾的追求，有得有失；但並不會對真吾有損害？若一試成癖，便陷入無盡的淵藪，無力自拔；在物慾追求中，相互撻伐，相互撕磨。這樣追逐的情況，無休無止，不是很可悲嗎？勞累一輩子，沒有一點成就；既然如此疲累，還不如放下，真是哀傷呀！人人都求長生，那有啥好處。軀體腐化了，心也隨之不見了！這才是最大的悲哀！人生猶如草木，不只我一人

是芒草蒿蓬。然而人中也有不是蒿芒的啊！

　　【解】世人不可為名利爭逐，物慾驅使，終身忙碌，白忙一場，應當放下一切去找尋自我更高尚的東西，並不是一般說的，人生如朝露，草木一春那麼簡單；人生在世上，仍可找到他至高的價值 —— 精神的永生。

　　夫隨其成心而師之，誰獨且無師乎！奚必知代，而心自取者有之。愚者與有焉！未誠乎心，而有是非，是今日適越，而昔至也。是以無有為有，無有為有，雖是神禹，且不能知，無獨且奈何哉！

　　【譯】誠心敬意，自然有指引的方向，這是每個人生來就有的天賦，不必他求，自我都有他的判斷能力，即是愚魯的人，也有善念。如果心不誠，意不堅；就有是非，今天以為此話適度，很快便被人接受，大都是辯論中是是非非的說法，所謂無中生有，虛妄無稽之談，這種是神仙也難斷，我也奈何不了他。

　　【解】是非之心，人皆有之，無論善惡，自會分明，不論賢愚，人人都有，這是天賦的知性 —— 即良知。故曰「善德」唯「誠」是心君之宰。

　　著：適越 —— 適逢之意，即是到了越國。

　　　　神禹 —— 神仙，人傑地靈的山河。

　　夫言，非吹也，言者，有言其所言者，特未定也，果有言邪，其未嘗有言邪？其以為異於鷇音，亦有辯乎，其無辯乎，道惡乎隱，而有真偽。言惡乎隱，而有是非。道惡乎往而不存，言惡乎存而不可！道隱於小成，言隱於榮

華。故有儒墨之是非：以是其所非，而非其所是。欲是其所非，而非其所是，則莫若以明。

【譯】凡語言的事，不是風吹過耳即消失的；所謂說話，是要言必有物，不可無的放矢。如果隨便說說；就會有漏洞，蔽端叢生。以為不同於幼鳥的叫聲，鷇鳥的叫聲，也可分辨出牠是飢渴之音，母愛相撫！

道怕隱諱，若有就會產生真假。說話就怕涵混不清。如此，是非就產生了！道的施行，怕行不實不篤不靜。言語的存在怕不可行。故所以道可道，非常道、名可名非常名。道學是無偏私的善德。尚言的人，有浮誇愛慕之嫌。因此產生儒墨的事非爭論。以是為非，以非為是的論，更糟的是，分明是是，他非把它說成非；如果像這樣下去，黑白顛倒，強詞奪理，那有是非分明的一天。

【註】儒墨之爭，在當時成了孟子與莊子的大辯論；二人即是史上最宣赫的詭辯家。可以說莊子是滿天星斗。孟子是固史不放，以儒家衛道精神硬挺。

鷇：鷇 —— 雛，幼鳥，未出巢之前的小鳥。

惡：厭惡。

莫若：不能解。

物無非彼，物無非是，自彼則不見，自知則知之。故曰彼出於是，是亦因彼。彼是方生之說也。雖然方生方死，方死方生，方可方不可，方不可方可。因是因非，因非因是。是以聖人不由而照之於天。亦因是也，是亦彼也，彼亦是也，彼亦一是非，此亦一是非。果且有彼是乎

哉。果且無彼是乎哉。彼是莫得其偶；謂之道樞。樞始得
其環中，以應無窮。

【譯】物品是沒有彼此的分別，本身並無是非的存在。自對
方看不到，自身動向自會知道。所以說；客觀為是，視是為客觀
的存在。因此產生方生的說法。雖然；方生方死，方死方生：
（剛出生時的路像是走向死亡，死亡的時間是走向生之路途邁
進）方可方不可（對是的解釋，剛說是對的，亦或不行；方才以
為不對，可能是對）　方可方不可。（在邏輯上是，時間、空間
的轉換、或地的不同、或人與事的任用差等，所產生的可否對
調，如果是言語；解釋就完全不一樣，那是翻雲覆雨，指鹿為馬
的趙高之言）因是因非，因非因是（永遠糾纏不清，故云；天下
無是非，佛說；不可說，不可說；老聃；大道無言。）所以聖人
不言，光照天下，（人人都感到受惠）。是不能有該給與不該給
的存在，若有，是非立見。但有一點要特別注意，施與受，是相
對的，不能缺一，所以沒有對與不對的存在。這是對應的問題。
雙方都能配合，才會顯出大德。就是所說的道樞，方可周流不息
的運轉，如同戶樞一樣，必須嵌入門斗，才能轉動正常。

【解】是非之辯，從古到今，只要有人類，就有是非存在，
大都是站在己方利益去論斷是非，沒有客觀的存在性，明明是自
己不對，為維護自身立場，強迫解釋為對。分明對方是對的，硬
指對方不對，消極的說法：「我不與你爭辯；那是無休止的費
言，所以；天下無是非，不可說；不可說。」在莊子的說法；
是雙方把位置調換，持客觀立場，涉身處地的想想，要謙讓追求
互利，才能使社會人羣進步昌隆。才是行道的目的，切不可爭論
是非，破壞人間的和諧。

【註】道樞，是周而復始，運轉不息的天地之理，在陰陽相乘相激中開物成務的不變真理，行事的大經。

是亦一無窮，非亦一無窮也。故曰；莫若以明。以指喻指之非指，不若以非指喻指之非指也。以馬喻馬之非馬，不若以非馬喻馬之非馬也。天地一指也，萬物一馬也。

【譯】是也是一無窮盡的，非也是無窮無盡的。所以說；在此混沌不清的世上，唯一能清明事理的，只有明道了。把所說的當成是非的指示物。不如把錯的指示物將錯就錯。以馬說馬，說它不是馬，不如將不是馬說成是馬的妄言吧。天地之名，亦是在一指之間，即指上為天，指下為地。萬事萬物，不過是一馬吧了！都是一指所示其名啊！

【註】一指之說，是名家所辯，即事物根本無名，其名的由來，不過是人對物的指定示意的代名詞，故有白馬非馬，堅白石的論辯。莊子以此辯是非爭論是費言，是不明事理，不知「道」的愚昧小知。人應明大道，澄澤照人。方可算真人。

【解】以地球來說；日本在在我們的東方。我們在印度東方，印度在中東的東方，歐洲在美洲東方。日本則在美洲西方。如果反向推法；東西就易位，這是很簡單的道理，沒有爭的必要，這全是無知之言。

可乎可，不可乎不可，道行之而成；物謂之而然。惡乎然，然於然，惡乎不然，不然於不然。物固有所然，物固有所可。無物不然，無物不可。故為是舉莛與楹。厲與

西施，恢恑憰怪，道通爲一，其分也，成也。其成也毀
也。

【譯】可以就是可以，不可以就不可以。道是要力行才能
成；物是自然生長的，不必管他如何生長，牠該生該長是法乎自
然的，然與否，並非肉眼能見，而是主觀意識的作祟，否定牠的
成因。物所當所生所長，是有自然律的，不能由人的意志去判
定。（今日的生化科技就不同了，可以長控物種生命的改造）天
下之物，都是有用之材；舉個例來說：梁柱、楹方，要能契合，
才能建構。醜與美是相對的。（厲，即醜。如厲鬼，即是醜惡，
西施美女也，即表示美）詭詐、怪異是離經勃道的。如果以「道
妙」去觀察。仍是說得通的。牠能在分合中成爲屋宇，爲人居
所。醜沒人欣賞，美可能是毀滅的種因，有詭詐的言行，就有怪
異奇事發生，這正負相依的禍福因緣。（如造屋，先砍木料 ——
是毀 —— 建成房舍就是福 —— 成。）

凡物無成與毀，復通爲一，唯達者知通爲一，爲是不
用而寓諸庸。庸也者，用也。用也者，通也。通也者，得
也。適得而幾矣！因是已，已而不知其然謂之道。

【譯】以開物成務的觀念看事，沒有成與毀的存在，只有通
變爲一的觀止。但只有曠達的人才能了解通變的法則。是爲無用
中找到可用的地方。庸是什麼？就是應用。用的目的，是能適中
通達。能夠通達，就是成就；有多少成就不過如此罷了！自己不
知道來由是什麼？這就是「道」。
【解】成敗安足論：通達明德最要緊。化腐朽爲瑰寶，才是

長握道機的智慧。

勞神明爲一，而不知其同也。謂之朝三；何謂朝三，狙公賦芧，曰朝三莫四；衆狙皆怒；曰然則朝四而莫三。衆狙皆悅。名實未虧，而喜怒爲用，亦因是也。

【譯】操勞與傷神，明明是不智的行爲，並不知道兩面一體的損傷，這是修道者切忌的避諱。不能朝三暮四的動心。什麼叫朝三，猴喚子（飼猴人）分芧栗子給獼猴吃，早上每隻發三粒，晚上發四粒。猴子們很不高興，大家都很憤怒，養猴人就說：早上發四粒，晚上發三粒。猴子們都歡喜得不得了！以爲是多得了一粒栗子。其實仍然只有七粒，名寔完全沒有改變，只是早晚時間的對調，這就是飼猴人能夠長控猴子的情緒，因應事故的聰明處。

【解】不可勞神喪氣，應固精守中，一元定性，虛靜無念，渾同參妙。

是以聖人和之以是非，而修乎天均，是之謂兩行。

【譯】聖人和光同塵，不爭，勘破情物，遣性於天分所賦的靜地。這就是把是非擱置的均衡法。

【解】是非是物（欲念）、去欲存神、（修德），和光同塵，（是謙讓，非俾下）天均——是自然的中和狀態。

古之人其知有所至矣！惡乎至，有以爲未始有物者；至矣，盡也。不可以加矣。其次以爲有物矣！而未始有封

也。其次以爲有封焉。而未始有是非也。是非之彰也。道
之所以虧也。道之所以虧，愛之所以成。果且有成與虧乎
哉。果且無成與虧乎哉。有成與虧。故昭氏之鼓琴也。無
成與虧，故昭氏之不鼓琴也。

【譯】古代的人知識有限，對形上的事，是不知道的，以爲
形上之學是沒有的，對無極（太極）理論是毫無根據的。漸漸知
道天地有太極，但不知有界線。再推及到有疆域分際。（有陰陽
之分）但渾然不清，若清濁分明，道體如日月，就產生盈虧的現
象。在盈虧的激蕩中，慢慢形成物。（物的產生）。果然有盈虧
的存在，或是沒有成物與虧損。有成就必有虧。這一說法，即如
同昭氏（昭文）彈琴（擊撥有聲—明—鳴。停—則無息）若無，
就沒有虧，那就是昭氏沒有彈琴了。

【解】此章所說；是指動靜之間關係，不動就沒有損耗不動
就無成就，要有成就，必有損傷。這是一體的兩面，天下事，有
無盈虧是必然的道理。

昭文之鼓琴也。師曠之枝策也。惠子之據梧也，三子
之知幾乎，皆其盛者也。故載之末年；惟其好之也。以異
於彼，其好之也，欲以明知彼，非所明而明之，故以堅白
之昧終。

【譯】昭文是操琴高手，師曠是審音的導師，惠子是吟唱的
首選。他們在自我知識的領域中，都是拔尖人物。終身不綴自我
嗜好。他們的愛好是與眾不同。欲將自己的愛好推廣及人。但找
不到對象，所以最後只留下蒙昧不清的結果。

【註】昭文是上古的琴師。

師曠是春秋時代的道家人物；著有禽經。能枝杖辯音斷吉凶。

惠施是莊子的好友，能吟唱，是當代辯士。宋國人，任梁國丞相。

而其子又以文綸終。終身無成。若是而可謂成乎，雖我亦成也。若是而不可謂成乎？物與我無成也。是故滑疑之耀。

【譯】像惠施之才，最後不過留點名言，終身沒有成就，若這樣三言兩語算是成就，我莊周的幾滴墨水，也算是有成就的。有物欲與自我的存在觀念，是不能算有成就的。只不過是混沌不清的漩光而已。

【註】滑疑之耀，眼臉漩光之貌。不真確的事物。

聖人之所圖也，為是不用而寓諸庸，此之謂以明，今且有言於此，不知其與是類乎，其與是不類乎！類與不類，相與為類；則與彼無以異矣；雖然；請嘗言之。有始也者。有未始有始也者。有未始有夫，未始有始也者，有有也者，有無也者。有未始有無也者，有未始有夫未始有無也者；俄而有無矣！而未知有無之果；孰有孰無也。今我則已有謂矣！而未知吾所謂知其果有謂乎，其果無謂乎！天下莫大於秋毫之末。而大山為小！莫壽乎殤子。而彭祖為夭，天地與我並生，而萬物與我為一，既已為一矣！且得有言乎？既已謂之一矣！且得無言乎？

【譯】聖人的目的；是寓意在無用而大用。這樣說；大家就明白了。今天我就說到這裡；不知對不對，如果不對，雷同聚類，彼此相與，即歸同類。在類聚爲物中，就沒有彼此之分。雖然；大家常說；有始就有無，在無之前就有有？在無之時就沒有有，有有即是無。未有即是無，在沒有之前有啥，沒有就是無。傾刻間產生有無，而不知有無間的結果如何？是有還是沒有。現在我已經說過了！你不知我所說的目地在哪？若真如此，或不是這樣呢！在顛倒詰究中去明辨，是不可偏執的。

今天我說；天下最大的東西是秋毫的末端，大山是小山，長壽的是兒子早夭。彭祖是短壽。天地與我同生，萬物與我爲一，既然是萬物一體，還有什麼話說？既然成爲一體，那有沒話可言？

【解】有有，有一必有二，有二必有三，有有滋生。

無無，無爲，無爲自化，有之始也。無無無也，虛靜無物。

大小之辯，是名家之說。

壽夭之說，對應天長地久之永恆。

此章之旨；是非難辨，不如不辯，有物欲就有是非，不如清心寡欲，擺脫塵世俗客。跳出是非之地。

一與言爲二，二與一爲三，自此以往，巧歷不能得，而況其凡乎！故自無適，有以至於三。而況自有適有乎，無適焉！因是已。

【譯】一說起，二論相隨，三論相辯，像這樣下去，越辯越多，即是曆法家也算不清楚，何況一般人。所以沒有適當的論

斷；若有三方面的意見，那來中肯的說法；是沒有的，不過如此
而已。

【解】是非之起，有一說，必有二說，第三者插一腳，越扯
越遠，到最後仍然沒結果；何不如一心以誠，不離其道，不爭就
不亂，守一而安，自然神而明之。

夫道未始有封，言未始有常，為是而有畛也。請言其
畛，有左有右，有倫有義。有分有辨，有競有爭，此之謂
八德。六合之外，聖人存而不論。六合之內，聖人論而不
議，春秋經世，先王之志，聖人義而不辯。故分也者，有
不分也。辯也者，有不辯也。曰何也，聖人懷之，眾人辯
之，以相示也。故曰辯也者，有不見也。

【譯】道是沒有疆界的，言是沒有常規的，在是與非中，往
往由所處的立場不同而產生變化，左右他的意義。由於言論有層
次的問題存在，在意義的解說時；就發生不同的說法；產生了分
岐的意見，辯解相異，就會發生爭執吵鬧。（有左右、倫義、分
辨、競爭等八種現象，是辯者自我立場使然）宇宙之外的事，聖
人存於心，但不去議論。在宇內的事，聖人會去研究，但不會去
議決（形上與形下之論）。春秋經面世，所說古代帝王的賢明或
暴淚；聖人會討論，但不會去辯論是非。以此看法，就產生了有
分辨論斷的空間，但有的事不能去分辨的。有可辯論的地方，亦
有不必去辯解的事證。為什麼？因聖人不會參加自己的個人意
見。他是包容萬物，體己為人的慈悲之心。社會大眾的辯論，是
表示自己比人高明。所以說；好辯的人，只不過是一些淺見吧
了！

【解】是非之辯，說穿了，完全是爲了自己利益的爭奪，不能把事理推向更高層次，放遠大的眼光，發善心。

夫大道不稱，大辯無言，大仁不仁，大廉不嗛，大勇不忮。道昭而不道，言辯而不及，仁常而不成。廉清而不信。勇忮而不成。五者圓而幾向方矣！故知止其所不知，至矣！孰知不言之辯，不道之道。

【譯】大道無名是冥冥中說不出的某種現象，或無名無相的精神力量。大的辯論，是不能有預設立場。大仁是博愛無私，慈悲爲懷。大勇志士是不會害人的。道的昭明就不是道（道是默默運行，不是眩耀的事故有爲德不爲人知。）雖是滔滔雄辯，仍有疏漏的地方。雖常持仁心仁德行善，亦有不周全的時候！有的人看起來很清廉，但暗中作爲又是如何？誰敢保證。雖然勇敢，但不當其時，不當其物，反而成害，這是不對的。以上的五種說法，事事都在求周全圓滿的方向追求，所以要深思熟慮，知止近於至善。你能知道大辯不言，不道之道的道理，是在守藏，不恃嗎？

若有能知，此之謂天府。注焉而不滿，酌焉而不竭。而不知其所由來。此之謂葆光。

【譯】如果有大智的人，算他是包羅萬有，富藏天下，這就叫天府。祂的深淵虛谷，永遠是裝不滿的，洩不盡的。但不知這是什麼原因？所爲何來。這就是葆光。

【解】道是至有至無，善藏無盡的，取之不盡，用之不竭，

注之不滿。這就稱祂是天府。

風聲之啓，是物論之始，由於勾心鬥角，眾說紛紜，是非難辨，情態萬變。在這情況之下，唯一辦法，用老子的說法去處理不是很好嗎？老聃曰：「俗仁昭昭，我獨若昏，其昏也，非正所以葆其明哉。」

故昔者堯問於舜曰，我欲伐宗、膾、胥敖（是三個小國）南面而不釋然。其故何也。舜曰：夫三子者，猶存乎蓬艾之間。若不釋然，何哉。昔者十日竝出。萬物皆照，而況德之進乎日者乎。

【譯】曾經堯帝問大舜，我想征伐宗膾胥敖三邦；面對此事，爲什麼總覺得有些不安？這是爲什麼？舜回答說；這小小的三部，像生長在蓬艾蒿草的蠻貊，如果你不放心，不如像古代十個太陽，同時出現在天上，照遍天下萬物。何況施德於人，就如陽光一樣；不用征伐，用於德化，這就心安理得了嗎？

齧缺問乎王倪曰；子知物之所同是乎？曰，吾惡乎知之，子知子之所不知邪。曰，吾惡乎知之。然則物無所知邪！曰吾惡乎知之，雖然；嘗試言之，庸詎知吾所謂知之非不知邪，傭詎知吾所謂不知之非知邪！且無嘗試問乎女。民溼寢則腰疾偏死，鰌然乎哉，木處則惴慄恂懼，猨猴然乎哉。三者孰知正處？民食芻豢，麋鹿食薦，蜘蛆甘帶，鴟鴉耆鼠，四者孰知正味，猨猵狙以爲雌，麋與鹿交，鰌與魚游，毛嬙麗姬，人知所美也，魚見之深入，鳥見之高飛。麋鹿見之決驟，四者孰知天下之正色哉。自我

觀之，仁義之端，是非之塗，樊然殽亂，吾惡能知其辯。

【譯】齧缺問王倪；先生你知道物近相同嗎？

王倪說；我討厭知道！

齧缺再問；先生，你也有所不知道的嗎？

王倪說；我討厭知道。那麼我問你，物是無知的。我不想知道，雖然我常想試試看，說說無妨。反而知我所知的是不知，或者是我所不知的是知也？況且我也想問問你；人睡在潮溼的地方，常常會腰痠背痛，真是煩死人。那泥鰍生活在爛泥中就不同了，住在樹上，則心驚膽跳，害怕跌下來，可是猴子住在樹上真是得其所哉！快樂得很。你說；人猴泥鰍這三種動物的居處是最好的嗎？

人吃五穀、蔬果、牛羊吃草，麋鹿吃蕨草，蜈蚣蛇又吃甚麼？貓頭鷹烏鴉吃死鼠。你說；這四種口味，那種最好。猨猴獼猴，都是為了母猴而爭奪拼命。麋與鹿交配，泥鰍與魚都生在水中，毛嬙麗姬都是大美人。誰都喜歡，魚看見她，馬上潛入水中，鳥見到她便飛走。麋鹿相見狂奔。這四件事，證明天下那有正色呢？都帶有主觀的色彩；以此推論，有仁義就有是非，這種混殽不清的事，我不願去淌這塘渾水？有什麼可辯駁的呢？

齧缺曰，子不知利害，則至人固不知利害乎？

王倪曰；至人神矣！大澤焚而不能熱，河漢沍而不能寒，疾雷破山，風振海而不驚？若然者，乘雲氣，騎日月，而遊乎四海之外，死生無變於己，而況利害之端乎！

【譯】齧缺說；你不知利害，那末至人也不知利害嗎？

　　王倪說：至人是神，像大澤一樣，火燒起來，也不會熱，（因為牠大，水是無法燒熱的），疾雷破山也不驚，狂風巨浪也無法淹歿到祂。如此看來，神人是可騰雲駕霧，悠遊四海之外，死生不變其志，何況利害啊！

　　【解】人能忘其生死，是不計利害的！如此超脫，才算是高人。

　　瞿鵲子問長梧子曰，吾聞諸夫子，聖人不從事於務；不就利，不違害，不喜求，不緣道，無謂有謂，有謂無謂，而遊乎塵垢之外；夫子以為孟浪之言；而我以為妙道之行也。吾子以為奚若。

　　【譯】瞿鵲子問長梧子；他說，我聽孔丘先生說；聖人不從事世間俗務。不爭利，不害人，亦不喜歡求人，不攀緣道說，附會之詞，行不言之教，言以默化，在於心會。幽遊於塵俗世外；夫子以為孟浪（村夫野俚之言，即不登大雅之堂的說法）之言，我卻以為是絕妙的說法？你以為如何！

　　長梧子曰，是黃帝之所聽熒也，而丘也何足以知之，且女亦太早計，見卵而求時夜，見彈而求鴞炙。予嘗為女妄言之。女以妄聽之奚。旁日月，挾宇宙，為其脗合，置其滑涽，以隸相尊，眾人役役，聖人愚芚，參萬歲而一成純，萬物盡然，而以是相蘊，予惡乎知說生之非惑邪？予惡乎知惡死之非弱喪而不知歸者邪？

　　【譯】長梧子說；你說的話；像黃帝聽熒惑之言（是非混

穀，是是而非）一樣。我那會知道，你也未免太早下判斷了吧！
看到蛋，你就想公雞司辰。（還未生雞，你就篤定它是公的，這
樣可以嗎？）見到（彈，弓彈）執彈你就想到羹炙。（鴞鳥在那
還不知道）你未免計算太早吧！我經常聽到你說些狂話。應是你
所聽到的狂語吧！依旁在日月邊上就想挾持宇宙，為了脗合你的
說法，來混殽視聽，隱藏自己的缺點。大家都在勤奮進取，你以
為聖人那麼無知。祂是參證古今歷史，先人智慧，總結的人為精
華，萬物都是如此，是在大道中相輔相成的。我討厭談生死是
非；予亦討厭怕死或幼齡失去故鄉的論調。不知道人的最終歸宿
是什麼？還是如何歸去。

【註】愚芚：無知，笨拙，遲緩。

以隸相尊，隸，卑賤，下人。尊是長上，以下侍上的意義。

相蘊，相互蘊積。

弱喪，幼齡失去故鄉。

麗之姬，艾封人之子也。晉國始得之也，涕泣沾襟，
及其室於王所，與王同匡牀，食芻豢，而後悔其泣也。予
惡乎知夫死者，不悔其始之蘄生乎。夢飲酒者，旦而哭
泣，夢哭泣者，旦而田獵，方其夢也，不知其夢也。夢之
中又占其夢焉。覺而後知其夢也。且有大覺而後知此其大
夢也。而愚者自以為覺，竊竊然知之，君乎，牧乎？固
哉。丘也，與女皆夢也。予謂女夢亦夢也。是其言也，其
名為弔詭，萬世之後，而一遇大聖，知其解者，是旦暮遇
之也。

【譯】麗姬是艾國封疆大吏之女（可說是名門閨秀的美女）

她當初嫁到晉國的時候，哭哭啼啼 ，滿淚衣襟，傷心得不得了，可是到了晉國王宮，與晉王同床後，食的普通菜飯：她後悔當初不該哭，我討厭知丈夫的死訊，但不悔當初為他祈生的心願。夢到有人喝酒，天亮後在哭泣，夢到哭泣的人，天亮後去打獵；這不知是夢，還是夢中生夢，不管是夢，還是夢中夢；覺醒後知道這是夢，同時有大覺的人知道其大夢。一般人以為自己覺醒，偷偷的自詢清明，卻不知大覺與覺之間是有很大的分別的。所以說；孔子和你都是在作夢，我講你在作夢。我也是夢，語言是什麼，牠的名字叫弔詭！千百年之後，碰到大聖人，知道如何解說：只是朝暮之間的事吧！（終會有鑿穿的一天）

【解】是非不是客觀的，是所處立場不同，便產生不同的說法；故可說它是夢中的夢，大家都在作夢；所以說：語言是權詭詐變的代名詞，真能知能解的，是後世的事。（西方哲人所說；語言是政治魔術師的傑作）

【註】大覺，與道合真，遊心物外謂之大覺。

物論：是是非之源，因物為有必用，有用就有別，所以是非混沌，莫衷一是。莊周強調的齊字卻不見，他用隱匿手法，把它置入妙道之中，以神而明之去化解是非，以時間的考驗破解謊言。達到齊物之說。

蘄：草名，古拈卜用蘄草莖行之。名摺著法。故蘄通祈。

既使我與若辯矣！若勝我，我不若勝，若果是也，我果非也邪！其俱是也。其俱非也邪，我與若不能相知也。則人固受其黮（黮！禪）闇。（黑屋中）吾誰使正之，使同乎若者正之，既與若同矣。惡能正之，使同乎我者正之，既同乎我矣！惡能正之，使同乎我者正之，既同乎我

矣，惡能正之，使異乎我與若者正之，既同乎我與若矣！
惡能正之，然則我與若與人，俱不能相知也，而待彼也
邪！化聲之相待，若其不相待，和之以天倪。因知以曼
衍，所以窮年也。

【譯】既然你要與我辯論，我們就辯吧！是我勝或不勝，如
果是這樣，我就錯了，若果都是，都不是，我與你就不是相知相
己的人。如同在黑屋裡摸索，找不到出路。那末，我們要誰來指
引呢？還是找一個與你一樣的人嗎？既然與你相同，又何必多此
一舉呢？若找一位與我相同的人，還不是白搭了！找一位與你我
不同的人來證明，他的說法與你我相近，那能說得清清楚楚呢？
所以你我他都不能相通，等待他是白費的。不如化聲無言以待，
若無言能澄明，不如與天鈞協和，自然靈明了。因為大家都在曼
衍游移，所以浪費了不少時間。還是找不到結果。

【註】化聲之相待 —— 不言矣待自明，明 —— 正也。
曼衍，游離不定，變化無窮，永無休止。

何謂和之以天倪，曰，是不是，然不然，是若果是
也，則是之，異乎不是也。亦無辨。然若果然也。則然之
異乎不然也。亦無辨，忘年，忘義，振於無竟，故寓諸無
竟。

【譯】甚麼叫和之以天倪；可以說；是亦不是，是如此又不
是如此；若是是，那末就是了！這樣的是，又不同於不是，是無
法分辨的。猶是如此，就是如此。但猶是並不是必然如是。也沒
辦法可辨證的。忘卻年歲多少，忘掉義行。作樂無成之章，故寓

意無窮的想向空間。

　　【解】和之以天倪，應是如物質在飽和狀態下，正負平衡穩定，安靜無事，謂之中和。若受外力打擊，打破中和狀態，就會產生游離分裂。在此狀態之下，便產生是與不是，然或不然，非此即彼，非彼即此。有異亦有同，這種渾沌狀態，是生化演變的過程。故可說有無窮的空間。

　　罔兩問景曰，曩子行，今子止，曩子坐，今子起，何其無操持與？景曰，吾有待而然者邪！無所待，又有待而然者邪！吾待蛇蚹蜩翼邪，惡識所以然，惡識所以不然。

　　【譯】罔兩（影外餘光）問影子，先前你在動，現在你則不動，先是坐著，現在又站起，為什麼沒有挺立的架勢。影子說：我是在等待有形者出現。我在等待他現身相附方可行止。像蛇腹環片蠕動一樣，蟬出土張翼方可飛行。故我不知所以然，亦不知其然。

　　【解】陰與影相隨是依物而現，是虛，是幻，抓不著，摸無物，影是光的投射作用，無光就無影。陰是暗面的映照。影隨物移動。以蛇腹環片，蟬的羽翼相比，雖不類；但意在然與不然之間作文章，影是虛，蛇蜩皆實，虛實互用，物不知其性，人可忘物去欲，修真。

　　昔者莊周夢為蝴蝶，栩栩然蝴蝶也。自喻適志與不知周也。俄然覺則蘧蘧然周也。不知周之夢為蝴蝶，與蝴蝶之夢為周與，周與蝴蝶則必有分矣！此之謂物化。

【譯】莊周昔日夢到自己變成蝴蝶，栩栩如生的蝴蝶怡然自適的飛舞，真是快樂極了！忘了自己是莊周。忽然醒來，方覺自己是莊周。不知是我夢到蝴蝶，還是蝴蝶夢到莊周，我與蝴蝶當然是有分別的。以此夢境來說；這叫物化。

【解】物化，事物的變化，引申物化，死亡之意。

重點在「自喻適志與不知周也。」適合他的志趣，達到忘我的境界，人能化物，即是忘我、忘形，無欲，無為，無生死。神遊太虛。

【錄評】物論紛紜，是非之門，一入其中，迷不復出，幾若此，外別無天地，故夫閱世益深，去道益遠，得失榮辱，迭起環生，或即勉作達觀，終非真覺，譬之披覽圖畫，目炫神移。但見五色，不見本質，以絢掩素，誰復知丹青煌煌，為後起事也。夫未始有始，為始有無，物且未形，論於何者，漆園特揭斯義，用醒羣迷。蓋冀由喧返靜，由靜生定，及至大定。其視物論，猶一映耳？故雖曲繪聲情，盡態極致，而揆其本旨，實以宏斯接引，非好與辯有口者。爭短長也，徐文長云，是篇蓋為闢惠子輩而作，以道觀之，尚非解人。

【讀後】道亦無窮，是非亦無窮；有物之始，就有是非，是非由利而生，為己而出，慾壑難填，永無止境。有出於無，無中生有；欲止是非之爭，止於未萌之時，妙道演法，化氣練精，精出純陽，神而明之。靜定相宜，安仁去智，不爭相息。欲從迷霧，曼衍叢生；身在事外，離塵去俗，情物皆假，悟己明道，正覺為立心，大道昭明，物齊於方。

心物哲理的大辯論，物為是非之門，不動心，就無是非，故主張去欲戒貪，放下名實，以和光同塵化解。

齊物論　經典釋文音義

△　而惡ㄨˋ

南郭子綦ㄑㄧˊ司馬云居南郭因以為號。

隱几ㄐㄧ一本作機，隱ㄧㄣˇ即憑几也，坐在几案後面。　而噓，吐納法六氣之一。是練氣的方法。

嗒焉ㄊㄚˋ本作答，俗言軟榻榻，無力貌。注云解體貌。喪ㄙㄤˋ其耦，男喪耦即喪妻，言失魂落魄之貌，漫不經心。故下有槁木死灰之言。是言吐納之功時，身體全部放鬆，心中無物，萬念成灰（死灰）在一個忘字。

顏成子游　李云子綦弟子也。姓顏名偃，諡成字，子游。

何居ㄐ一司馬云猶故也。應言倨，坐法。即靜坐的姿勢。跌坐，盤腿，交叉等等不同。

形固　即坐姿要穩固。槁ㄎㄠˇ，像枯樹般。心固，即心要安定堅強，如灰爐般冷靜。不可胡思亂想。這是練靜功的基本要求。今昔隱几有別。子游說夫子的坐功，今非昔比。大有不同。

吾喪我　言今天我已經達到忘我的境界。

女聞ㄖㄨˇ通汝，你也。

人籟ㄌㄞˋ　古音ㄌㄨㄛˋ　籟夫ㄈㄨˊ差イㄣ　所錯ㄘㄨˋ　見以ㄒㄧㄢˋ大塊噫氣。是丹家服氣法，清晨在山上對著旭日東昇，吸取新鮮空氣每吸七口，吞食一次，吞時口張開，如吞食津液般猛嚥有聲入喉。故言大塊噫氣。

其名為風，脩煉以風，雷、水火為四大。

萬竅怒呺（號ㄏㄠˊ）即是雷，震卦。

翏翏ㄌㄧㄠˊ長風聲也。李本作飂音ㄌㄧㄠˊ

畏ㄨㄟˇ崔本作山畏ㄨㄟ畏佳　李頤云畏佳山阜貌。

之竅ㄑㄧㄠˋ崔本作窾。竅，孔穴也。

似鼻似口，言山堐坳口，如同人的口鼻、耳。七竅一樣能通氣。

似枅ㄐ又ㄐㄧㄢ字林云柱上方木也。簡文云槲櫨也。俗言穿方。

似圈ㄑㄧㄢˊ又ㄑㄧㄢˋ言如豬羊欄圈。似臼ㄑㄡˊ俗對窩。

污者ㄨ司馬云若污下，非污下或污濁，此章所言均為呼吸法的音訊。即如山林坳堂阜頭低地各種不同形成的風聲，形容吐納六氣的低迴激蕩，飄忽，細密綿長等氣法。故沒有絕對的調門音律。是要習者自我體悟、頓悟出最適合你的法門。可以說是南郭子綦傳授道法於子游的秘法。

激ㄐㄧ ˋ激蕩的水聲。謞音ㄎㄠˋ如疾矢畫空之聲。叱ㄔˋ音威猛之音。叫ㄐㄠˋ吼叫聲。

譹ㄏㄠˊ即號也。聲悲濁。宎ㄊㄚˋ者拖沓不息之聲。咬者ㄧㄠˇ擅抖的聲音。

唱于，唱喁。言前音輕，後音重。

泠ㄌㄧㄥˋ　李云泠泠的小風，應言泠ㄌㄧㄥˋ風刺骨聲銳。由於是高頻音率，和音者少。

飄風，是低頻的大風，故和聲比較大。

厲風濟　狂風過後，所有竅穴都空無虛息。由於一切都靜止了！則無聲無息。

△地籟　即如上所言山林地貌，時節所吹奏的不同風聲。

人籟　即是人間的絲竹管弦之類音聲。

動搖ㄧㄠˊ　比竹ㄆㄧˊ又ㄅㄧㄩ李ㄈㄧˋ　豈後ㄏㄡˋ

莫適ㄉㄧˋ　此重业ㄨㄥˋ　大知业ˋ智也。

閑閑ㄒㄧㄢ／閒散貌，李云無所容貌，簡文廣博之貌。

間間ㄋㄧㄢ／又ㄐㄧㄢ／又ㄐㄧㄢ。上字讀ㄒㄧㄢ／下字讀ㄐㄧㄢ／。言間隙也，間ㄒㄧㄢ／空也。故隱為有別之說。

炎炎ㄧㄢ／又ㄈㄢ／又音ㄊㄢ／李作淡。ㄊㄧㄢ／李頤云同是非也。簡文云美盛貌：即光彩之貌也。

詹詹ㄓㄢ李頤小辯之貌，崔本作閻。詹詹應言自適貌。自我喜悅貌。引為自鳴得意。

魂交，即神交。形開　司馬云，目開意悟與接為構，　言所見之物相接（產生構想）。司馬云人道交接，構結雕愛也。

縵者ㄇㄢ丶　簡文云，寬心也。

窖者ㄐㄧㄠ丶　司馬云深也。李云穴也。案穴地藏穀曰窖。簡文云，深心也。深藏不露也。

密者，言細密，亦言密而不宣，隱於深心。

惴惴，不安貌，憂懼　李云小心貌。

縵縵　李云齊死生貌，生死關頭。

機栝ㄍㄨㄚ　機弩牙栝，箭栝。即彈跳機栝也。

詛ㄗㄨ丶詛咒，盟，盟約。詛盟即誓盟也。

其殺ㄕㄚ丶　肅殺，蕭殺之意。

其溺　沉溺也。其厭　言閉藏也。

如緘ㄐㄧㄢ　密閉也。老洫ㄒㄩ丶（恤）救濟老人。

撫卹孤老。

近死之心　心灰意冷，無法可救。

莫使復陽，無法還陽。即無法復活。

哀樂ㄌㄜ丶慹ㄓㄜ丶　ㄓㄜˋ司馬云，不動貌。姚ㄧㄠ／徐李ㄌㄧㄠ丶美好，佚ㄧ丶逸態ㄊㄞ丶又ㄉㄞ丶　狀態。樂出虛，心空意開方可快樂。蒸成菌，悶熱才會生菌。

日夜相代，即日間與夜晚交替。

莫知所萌　不知如何萌發。

日暮得此，言陰陽變化。由之生，由於陰陽變化，故產生日暮往還現象。

非彼無我。言陰中帶陽。非我無取。言陽中有陰，方可成變化現象。

而不知其所使。言不知其所以然。

而特ㄊㄧㄝˋ　其朕。李ㄔㄣˊ兆也。即朕兆、徵兆。兆頭。

趣舍，ㄑㄩˊ或作取。ㄕㄜˋ或音赦。

起索ㄙㄨㄛˇ　索性也。缺乏理性。直覺感。

情當ㄅㄧㄤˋ　別見ㄒㄧㄢˊ　百骸ㄏㄞˊ。六臟，心肝脾肺腎三焦。　賅ㄍㄞ司馬云備也。小爾雅同，簡文云兼也。　皆說ㄩㄝˋ悅也。更ㄍㄣ

其遞ㄉㄧˋ又ㄊㄧˊ，相通變。相待。

繭然ㄐㄧㄝˋ徐李ㄌㄝˋ崔音捻ㄖㄧㄢˇ云忘貌。簡文云疲病困之貌。與有ㄩˋ　而舍ㄕㄜˋ捨也。

昔至崔云昔夕也。向云昨日之謂也。

吹也。ㄔㄨㄟ又ㄔㄨㄟˋ　崔云猶籟也。

觳ㄎㄡˋ李音ㄎㄜˋ司馬云鳥子欲出也。小鳥破殼誕生。觳，是形聲合體字音ㄎㄡˋ。即啄破蛋殼之音。亦即叩。　惡乎ㄨˋ。

真偽　一本作真詭。崔本作真然。

道樞，樞要也。

天地一指也。萬物一馬也。崔云指百體之一體。馬萬物之一物。此涉及名家之辯，指名立意，是人意所為，非物本身立說。

馬可為牛，為羊。為犬。牠本身只是一種動物。指名者非物也。故有下言，無物不然，無物不可。

舉莛ㄊㄧㄥˊ梁也。司馬云屋梁也。

楹ㄧㄥˊ前堂的柱子。司馬云，屋柱也。

厲ㄌㄧˋ李音ㄌㄞˋ惡也。司馬云病癩。

西施，越國美女，勾踐獻與夫差的美姬。

恢恑憰怪。即詼諧詭詐，譎變怪異也。

道通為一　言以道妙觀，成敗一體，即言凡事一體兩面，無分軒輊。

達者，即通人，通達之人，明白人。

寓諸庸。不變的法則，故稱庸即用也。

用也者即通。通即達，能達即可得。

適得　即適當，非苟同。而幾矣！即近道矣。

謂之道　向郭絕句，崔讀謂之道　勞云，因自然，是道之功也。

△狙公ㄐㄩ又　ㄓㄩˇ司馬云，典，狙官也，崔云，養獮狙者也。李云，老狙也，廣雅云，狙獼猴也。

賦芋ㄧㄩˋ櫟樹，其子可食。司馬云，橡子也。

朝三暮四，司馬云朝三升，暮四升。亦說；每朝每猴給三粒菓子。每晚給四粒。

反之則朝四暮三。名實未變，喜怒有別。

炙猿心而引人心無常與愚昧。執著為投其所好。

和之是非。調和是非觀念。

休乎天均　息爭在於自然均等。

兩行ㄒㄧㄥˊ　行儀，兩行指和與均，即調和與均平。　可勝ㄕㄥ勝任也。操弦ㄒㄧㄠˊ指彈琴或拉弓。　執籥ㄩㄝˋ簫笛之屬。吹奏管樂。

昭氏，譯文作昭文，司馬云，古善琴者。

　　枝策　司馬云枝柱ㄔㄨㄟˋ也策杖也。崔云，舉杖以擊節。
師曠

　　古之道家，善音律歌唱。　據梧，即坐在梧桐樹上吟唱。
司馬云梧琴也。崔云琴瑟也。之知即智也。ㄓㄟˋ故載之末年。崔
云書之於今也。

　　堅白　即名家堅石白馬之辯。公孫龍子論。

　　滑疑，《ㄨˋ ㄏㄨㄚˊ司馬云亂世也。陳注，不明貌。俄而頃
刻之間。

　　秋毫之末。應言，秋天獸類剛換新毛，故毛鋒甚細小。

　　殤子　即天壽，短命也。言十歲以下的死者為殤。

　　夫道未使有封。即言「道」沒有疆界，是無所不在的。　為
是ㄨㄟˋ有畛。ㄓㄣ　又界域。

　　有左有右，崔本作有在宥也。

　　有倫有義，崔本作有論有議。

　　不稱ㄔㄣˋ言不對稱，此句言不合乎道也。

　　不嗛　郭ㄑㄧㄥˋ　徐ㄑㄧㄢ　陳ㄑㄧㄢˇ快也，不自足也。

　　不忮　徐ㄓㄧㄟˋ又音ㄑㄧˊ，李ㄓㄧㄟˊ害也。李云，健也。

　　道昭音ㄓㄠˋ照，明也。

　　圓ㄩㄢˊ园為簡寫，崔音刓，徐ㄨㄢˊ，司馬云圓，郭音團
而幾徐ㄑㄧ亦ㄐㄧ　向方本亦作嚮，音同ㄒㄧㄤˋ　近彼，是彼此
接近。相近也。

　　天府　是藏而無盡，用之不竭，包羅萬物。

　　葆光ㄅㄠˋ崔云若有若無，謂之葆光。

　　△宗膾ㄅㄨㄟˋ ㄋㄨㄢˋ胥ㄒㄩˊ　敖ㄠˊ司馬云，宗膾，胥敖
二國名也。崔云宗一、膾二、胥敖三也。

　　以姓氏言，有宗、胥、敖。此假設為堯時小國。以下文已明

言三子。非司馬二國，崔云宗一膾二（上古無此姓）胥、敖俱
有。故言宗膾、胥、敖允當。

蓬艾、蒿草雜亂，蓬鬆，雜亂，艾，艾草。

齧缺 ㄋㄧㄝˋ ㄑㄩㄝ

王　王倪，上古神仙。高士傳云王倪堯時賢人也。天地篇
云齧缺之師。

庸詎　反詰之詞，詎豈也。可也。庸與詎同義，連言之，
則為庸詎。或作庸巨，庸遽或庸何，庸安。可言，何可，豈可
也。徐本作巨，李云庸用也。詎何也，猶言何用也。服虔云，詎
猶未也。

鰌 ㄑㄡ 泥鰍。

惴慄 ㄓㄨㄟˋ ㄌㄧˋ ㄒㄩㄣˊ ㄎㄨˋ 懼，言戰慄（發抖）恐懼。

猨猴，即猿猴。

芻 ㄔㄨˊ 反芻動物，牛羊之屬。豢 ㄏㄨㄢˋ 猪雞犬之屬。　蕨，
蕨類植物。蝍 ㄐㄧˋ 蛆 ㄑㄩ 蜈蚣 ㄕˊㄨㄥ。

甘帶，蛇類也。

毛嬙　司馬云，古美人。亦云越王美姬。

麗姬　晉獻公之嬖人。以為夫人。崔本作西施。

決驟　陳注，疾走不顧也。

樊然 ㄈㄧㄢˊ 混芒，茫然也。殽 ㄒㄧㄠˊ 亂，混殽不清。

洭 ㄏㄨˋ 徐 ㄏㄜˋ 李 ㄏㄧㄝˋ 向云凍也。

△瞿鵲子人名。長梧子、李云居長梧下因以為名。崔云名
丘，簡文云，長梧封人也。

夫子，向云瞿鵲之師。

而游，崔本作而施。

孟浪　言未經思考所說的話，隨便說說。向云，孟浪，言

漫瀾無所去舍（捨）之謂，李云猶較略也。崔云不精要之貌。

皇帝，本作黃帝。

聽熒一ㄥˊ本亦作瑩。向，司馬云，聽熒，疑惑也。李云，不光明貌，崔云小明大不了也。向崔本作輝榮。熒惑，炫惑之義。聽熒，即言所聽到的是是而非。不實在。

時夜　崔云時夜，司夜謂鷄也。見彈ㄉㄢˋ彈丸

鴞ㄒㄧㄠ　夜鶯，貓頭鷹類，最大者如鷹，小者如竹雞。女讀汝，你也。

旁ㄆㄨㄤˊ日月　司馬云依也。崔本作謗。

宇宙　天地四方曰宇，古往今來曰宙。

胹合　如接胹，言相接合也。

滑涽ㄏㄨㄣ徐音昏，向云汨昏未定貌。

愚芚　徐ㄉㄧㄣˊ郭ㄓㄨㄣ司馬云混沌不清，李ㄔㄣ言愚笨也。魯芚也。

相蘊　本作縕徐ㄩㄨㄣˋ　郭ㄩㄧㄣˋ　李ㄩㄨㄣˊ　積也。

惡死ㄨˋ怕死也　弱喪ㄒㄧㄤˋ　ㄙㄤˋ陳注：弱齡失去故居謂弱喪。

麗姬，艾封人——艾邑封主之女也。為晉文公之姬妾。（美女）

匡牀　釋文作匡，徐ㄑㄨㄤˊ　ㄎㄨㄤ。匡牀應為正式的牙床。為夫妻床第。蘄ㄑㄧˊ祈求也。

樂ㄌㄜˋ　覺ㄐㄠˋ　竊竊司馬云猶察察也。偷偷的。窃窃然，未表露在外的愈悅心。

牧乎崔本作政乎，云踶跂強羊貌。放牧人。是低下的工作。

所好ㄏㄜˋ　所惡ㄨˋ

弔詭　ㄎㄨㄟˇ弔音ㄉㄧㄠˋ　言巧妙事故。想不到的詭異

變化。

　　△黮ㄊㄢˊ闇ㄢˋ李云，不明貌。

　　惡能ㄨ　和ㄏㄜˊ調和也，和合也。

　　天倪　李崔音詣ㄧˋ李云分也　崔云或作霓，際也。班固曰，天研。陳注：天然發見之端倪也。應言天將曉，第一道光線謂天倪較妥當。（以觀天驗證言）

　　曼　徐音萬ㄨㄢˋ郭ㄨㄢˋ衍徐ㄧㄢˇ司馬云，曼衍無極也。散漫無心也。缺乏目標。無中心思想　振ㄓㄣˋ崔云止也。陳注：振鼓舞也。無竟即無窮也。振言動，發起也。亦鼓動也。

　　△　罔兩　郭云景外之微陰也。向云，景之景也。景ㄧㄥˇ本或作影俗影子也。景即影，陰影也。日照物的陰影，俗稱影子，罔兩即陰影外廓餘光。

　　纍　徐ㄌㄧㄤˋ　李云鄉者也ㄒㄧㄤ。

　　無特　本或作持，崔云特辭也。向云無持者，形止無常也。言沒有特殊限制。操與ㄩˊ歟也，操控也。

　　蛇蚹ㄏㄨˋ即蛇腹下的環片。司馬云蛇腹下齟齬可行者也。齟ㄐㄩˇ

　　齬ㄩˇ本意牙齒參差不齊也。此形容蛇腹鱗片交錯運動。

　　蜩ㄊㄧㄠˊ脫殼後方有翼，應言蟬翼。故言惡識。

　　△栩栩ㄒㄩˇ活潑貌。蘧蘧然，感覺貌。徐ㄑㄩˊ ㄑㄩˋ李云有形貌，崔作據據引大宗師云據然覺。即言突然覺醒。

養生主　第三

　　吾生也有涯，而知也無涯。以有涯隨無涯。殆已，已而爲知者，殆而已矣！爲善無近名，爲惡無近刑。緣督以爲經，可以保身，可以全生，可以養親，可以盡年。

　　【譯】人生是有定數的，知識是無窮的。危殆的處境啊！自以爲是聰明人，那就更危險了。做善事是不會受到刑事糾葛。有惡心就有刑律的責任。若你能緣督脈經絡去修練，就可以保健身體健康，可以保全生命，可以奉養父母親眷。當然可以活到天年無優。

　　【解】人生旅途是十分辛苦的，日夜勞形，所爲何來，處處危機，何不退出競逐職場，修心養性，作一個離塵絕俗的逍遙客，那是多麼愜意的事。如何修練呢？先打通任督二脈，你就可享受人生的快樂。不與世爭，就能享受天年。

　　【督脈】背部脊椎神經，下從尾椎末梢起，緣命門，上夾脊，通玄武。

　　（神道）過大椎，入風池，進小腦，通大腦，過百會。沿前葉，（前頂）向下走顖會、上星、神庭。山根入上顎接舌根與任脈：接天突璇璣、華蓋、玉棠、膻中、中庭、鳩尾、上脘、下脘、神闕、氣海（丹田）。呌小周天。

　　打通任督兩脈。是先打通督脈，重點在青龍白虎，玄武。過三關難。（一關小腦、二關大腦、三關任督接通—所謂十二重樓。）

　　若能打通任督兩脈，算是修煉入門的初級功課。至於丹田振

蕩，會陰通竅、華蓋騰霧、黃中通理、坎離交媾、北冥悠遊、天心悟道、風雷御電，就得看煉者的智慧造化了！

庖丁爲文惠君解牛、手之所觸，肩之所倚，足之所履，膝之所踦，砉然嚮然，奏刀騞然，莫不中音。合於桑林之舞。乃中經首之會。文惠君曰，譆，善哉。技蓋至止乎。庖丁釋刀對曰：臣之所好者道也，近乎技矣。始臣之解牛之時。所見無非牛者，三年之後，未嘗見全牛也。方今之時，臣以神遇，而不以目視，官知止而神欲行。依乎天理，批大卻，導大窾，因其固然，技經肯綮之未嘗，而況大軱乎？良庖歲更刀割也。族庖月更刀折也。

【譯】文惠王看到廚師剝牛，只見他手一摸，肩膀向牛身一碰，腳向肚子一踹，膝蓋一靠；只聞悉悉澈澈的裂解聲音，未見刀影；真是神乎其技？這樣的裂爆與金鳴協和，音節中耳，有如湯王「桑林」舞曲般美妙。刀起刀落，聲動如文王「經首」古樂的中節。這場似舞，似樂的表演，令文惠看得心花怒放。

文惠王站起來叫好：哈！哈！太妙了！你這一手，真是到了出神入化的境界。技精於此，冠絕天下。

廚師放下屠刀，對惠王說；臣下的愛好是「道」。學藝如學道，時間久了，自然精進。我在初學屠牛時，無非是只看到一頭牛嗎？待三年學藝，出師時已看不到全牛了，到了今天我在解牛時，是以神遇。（所謂心領神會）不再用眼睛去看了！感覺到該如何出刀就如何下刀。在心神合一，手腦並用中，順牛身自然腠理去處理。尋逢隙，筋骨膜層走刀。刀鋒避免碰到大小骨頭，隨著經絡遊走，既快又準，不傷刃不費力。是多麼順當的事。

　　廚師繼續說；好的屠夫，是一年換一把刀，一般的屠戶，每個月都會換一把刀。

　　今臣之刀十九年矣！所解數千牛矣，而刀刃若新發於硎。彼節者有間，而刀刃者無厚，以無厚入其間，恢恢乎，其於遊刃，必有餘地矣，是以十九年，而刀刃若新發於硎。雖然每至於族，吾見其難為，怵然為戒。視為止，行為遲，動刀甚微，謋然已解。如土委地，提刀而立，為之四顧，為之躊躇滿志，善刀而藏之。文惠君曰。善哉，吾聞庖丁之言得養生焉。

　　【譯】屠夫又說；臣下所用的這把刀，已經十九年了。解了數千頭牛。可是刀刃如新，像剛磨過的那麼厲。因為骨節間是有空隙的，刀刃是尖銳薄薄的，深入骨逢中是有餘地的；所以刀刃在逢中游動，是不受阻礙的。所以；我的刀用了十九年，仍是像新磨的那麼厲。雖然每次碰到筋骨聚合處。我知道困難處在那！便會小心謹慎，特別注意。慢慢起刀，絲絲入扣，自然很快的把它解開了。這時我大大的鬆了一口氣，如釋重擔，才提刀站定，四面看看。非常得意自滿，把刀擦乾淨收起來。

　　文惠君聽完後說；好，你說得真好，我聽了你這番話，學到了養生法了！

　　【解】砉音謋，剖古剝離的聲音，注音：ㄏㄛˋ又ㄏㄧㄝˋ又ㄏㄨㄚˋ。

　　騞與砉同，狀聲字，刀解物之聲。

　　桑林；是湯時祭祀的樂舞。

　　經首；堯時，咸池樂章之名。

窾；音ㄎㄨㄢ。空也。

官之；感覺解，

肯綮；護物，如甲胄，骨膜，橫膈膜。

大卻；間隙也。

軱；音姑，大骨也。

硎；磨刀石，謂砥石。

躊躇滿志；得意貌；十分得意。

本文中心思想在「神遇，知官止」。

何謂神通，簡單的說；就是靈感，可遇而不可求。

知官止。是感覺到當停即停，當止即止。這是靈感中產生的智慧。不是天賦的，而是造化的機遇。

簡略的說：養生在有恆，通理，明德至善，隨心應物，離物絕俗，神思凝注，守中養氣。抱元守一，方可返璞歸真，筵年益壽。

庖丁之言，是以緣督為經，腠理相貫，通經行脈的道理相印證；即，時間，功夫就等於道學。知其道，有其方，學之可得也。

能動靜知天，行止合德，為善真如，妙道可參，至人也。

公文軒見右師而驚曰，是何人也。惡乎介也。天與其人與，天也，非人也，天之生是使獨也。人之貌有與也。以是知其天也。非人也。

【譯】公文軒看到右師官只有一隻足；問那是何人。十分驚愕，自言是天生如此嗎？驚疑之後！啊了一聲！原是天生如此，不是人為的。有的人真是天生如此形貌。（今亦有人天生雙腳俱

無的）故形貌是天生，能力智慧亦正常，不算缺陷。

　　【解】自嘲自解，是突然省悟。不是庸人自擾？是解悟道在忽然之間開朗。「原來如此」。因在未悟之前，如銅牆鐵壁，當了悟其心，如指破窗紙，輕而易舉。窺視外界，海闊天空，任你悠遊。

澤雉十步一啄，百步一飲，不蘄畜乎樊中，神雖王不善也。

　　【譯】水鷄在沼澤中悠遊自在，啄飲自如，有節有序，不受樊龍羈束。雖然神氣不錯，但無法全神。

　　【解】樊中；即，鳥籠之中，樊籠，凡關押動物的籠子，都可稱樊籠或木籠，都叫樊籠。

　　澤雉，水雉，水鷄。

老聃死，秦失弔之，三號而出，弟子曰，非夫子之友邪。曰然，然則弔焉若此可乎？曰然始也吾以為其人也。而今非也。

　　向吾入而弔焉，有老者哭之。如哭其子，少者哭之，如哭其母，彼其所以會之，必有不蘄言而言，不蘄哭而哭者。是遁天倍情，忘其所受。

　　古者謂之遁天之刑。適來，夫子時也。適去，夫子順也。安時而處順，哀樂不能入也。

　　古者謂是帝之縣解，指窮於為新火傳也。不知其盡也。

【譯】老子死的時候，秦失去式場弔祭，哭了三聲出來。老子門生說；此人不是老師的朋友。有人說；他是先生的朋友。門人說；他所行的禮儀是否洽當？他回答說；可以，當時我亦以為他是道門的箇中人士。可是現在看來，他不是。過去我參加這種追悼場合，有老人對死者像哭兒子死去般的哀傷，也有年輕人像哭母親般嚎啕大哭，大家來到會場，都有哀戚之心，有默哀的，也有哭泣的，這是情懷所繫，人之常情。

但是對老子的追思，似乎有點違背夫子所教的作法。

古人說遁天之刑。是生時快樂下地，死時安樂往生。像老子如此大德，是生得其時，死得其年，平安處世，順應潮流。哀樂對他已無意義。換句話說；他胸中並沒有哀樂的存在。

古人說生死痛苦，猶如倒懸；是指薪火相傳。無法相繼，但不知柴薪雖盡，在餘燼中仍藏火種，所以他的形骸雖然消失，但他的精神永留人間。

【註】三號；是古制喪禮弔者的儀節。

遁天，湮滅之意。遁天倍情，人雖死情感更深厚。

遁天之刑；避免痛苦，即是沒有痛苦。

趙惠宗云偽道養形，真道養神，為能精求主宰，則養生之義斯過半矣！

（趙說；是執己之說。因道無真偽，道即道也，何來真偽。）

【讀後】養生主：開宗明義就以緣督以為經，標明養生的方法；是練氣、養身、養心、養神。達到修靈的目的，成為真人。

借庖丁解牛，說明修身在勤，修心在率性，修靈在神會。物則通，神則靈，此之謂道，才是養生的至高境界。

公文軒的頓悟，是知天忘形之說。

澤雉的安於現實生活，是不知率性，故不能全神。

老聃之死。是說：道家反璞歸真的宗旨。忘形、忘我、忘年、忘憂，看破生死。不求名垂千古，而精神永留人間。

【贅言】庖丁解牛的內容，如同黃庭內景經脾經營衛之說，更接近達摩易筋經，著重在骨膜的鍛鍊，以洗髓功去淨心，忘掉生死，與天地同參。

△有涯　本又崖ㄩㄚˊ　而知通智ㄓˋ　好勝ㄏㄠˋ

緣督以為經，……可以盡年。是言練功先從打通任督兩脈開始，無論武學、道學，必須先從長強到百會開始，過三關，下十二重樓與任脈相接通，止於下丹田。謂打通任督二脈。是入科的大門。至內修，各家法門不同。這是莊周養生的主調。各代解人均是瞎子摸象。

△庖丁　崔本作胞，同ㄆㄠ庖人，丁其名？管子有屠牛坦一、朝解九牛，刀可剃毛。言屠夫。庖丁庖人也，非人名。丁是指男人。

無論什麼技工大都以男丁為主。庖即廚工，故庖丁即廚師。會屠宰牲口，辦酒席。

文惠君，崔、司馬云，梁惠王也。

倚ㄧˇ靠也。履，堪也。踦ㄧˇ抵壓。砉ㄒㄧˋ

騞ㄏㄛˋ　中音ㄓㄨㄥˋ

桑林之舞　司馬云湯樂名，崔云、宋舞樂名。案即左傳舞師題以旌夏是也。

響然，騞然者似之。言音止息之貌。

神遇，向云暗與理會，謂之神遇。神遇，始以神視，慧通之法，即天心通，天眼通均可達此目的。故不用目視。一般言技精

通靈，神乎其技也。

而神欲行　向云，從手放意無心而行，謂之神欲。言用神視內在結構，順肌理下刀──雖為庖丁，但他以明言好道。是一修道有數之人。故可內視如通神術。

批大卻（隙也）刃入骨縫（間隙）。

道大窾ㄎㄨㄢˋ　由骨肉連接縫隙中解開大塊肌肉。非直接砍開。故未經肯綮的奏刀法。

肯　徐ㄎㄣˇ　說文作肎，字林同ㄎㄞˇ云著骨肉也。綮　一ˊ又ㄒㄥ又ㄑ一ㄥˋ　司馬云猶結處也。即大骨節處也。大軱ㄍㄨ大骨節也。硎ㄒ一ㄥˊ磨也，恢恢乎，言寬廣貌，遊刃　言刀鋒經過。　餘地，多餘的空地。怵然，驚覺也。

族　言筋骨聚集處。

謋ㄏㄚˋ然，形容剖開之音聿啦作響。

已解ㄒ一ㄢˋ　躊躇　言猶豫貌。

善刀　言把刀收好。即言養生要隨天理生機，環境，善用，順理安生養命，以道為本，以修為業，不可浪費生命。

△公文軒，司馬云姓公，文氏，名軒，陳注：公文姓名軒宋人。右師司馬云宋人也。簡文云官名。應言右將軍。古之官名。惡乎介也。譯：怎麼會只有一隻腳。介ㄐㄞˇ亦ㄊㄜˋ司馬云刖也。向鄭云偏刖也。崔本作兀又作扤，云斷足也。偏刖ㄩㄝˋ又ㄨㄚˋ。

天與其人與（歟）是天生的獨足將軍。非受刖刑研ㄓㄨㄜˊ斷的。使獨司馬云一足曰獨。

△之知ㄓˋ通智。一啄ㄓㄨㄛˊ　不蘄ㄑ一ˊ　樊ㄈ一ㄢˊ中李云藩也。樊籠也。崔以為圈中也。

澤雉，應言水鷄。　非山林之帝雉。

釋文本與獎中（妙處）無（神）。

雖王　本作長王。

△老聃ㄌㄢ　司馬云老子也。

秦失　本又作佚名依字讀音逸一ㄟ

三號ㄏㄠˊ　哀叫聲，三號哀號三聲。是哭喪之禮。

遁天釋文遯ㄉㄨㄣˋ音義同。隱避也。倍情言違背自然，本又作背。即違背天理人情。故古謂遁天之刑。

適時而來，順時安處，是自然之道。

哀樂　釋文：憂樂。

懸解ㄒㄩㄢˊ懸解ㄧㄢˇ崔云以生為縣，以死為解。若以修道者也。懸解，即屍解。飛昇成仙時，拋卻臭皮囊，屍身爆裂分解於山林隱密處所。故仙者最後無蹤跡可尋。但其道則可薪火相傳於後世。

人間世　第四

顏回見仲尼，請行，曰，奚之，曰，將之衛。曰奚爲焉！曰，回聞衛君，其年壯，其行獨。輕用其國。而不見其過。輕用民死，死者以國量。平澤若蕉。民其無如矣！回嘗聞之夫子曰，治國去之。亂國就之。醫門多疾，願以所聞思其則；庶幾其國有瘳乎！

【譯】顏回去衛國之前，向孔子辭行；孔子說；你去那裡？回說；我將去衛國，孔子說；你去作什麼？回答說；我聽說衛王作風強悍，行事獨斷，不能體恤國人，不知悔過。不惜民命，死的人可以遍及全國，滿坑滿谷。老百姓對他無可奈何！我常聽老師說；太平的國家可以去，亂國也可以去！醫生門下疾病多，所以我想請老師指點指點，如何去幫助他們！聊表心意。

仲尼曰，譆，若殆，往而刑耳？夫道不欲雜，雜則多，多則擾，擾則憂，憂而不救。古之至人，先存諸己，而後存諸人。所存於己者未定，何暇至於暴人之所行。且若亦知夫德之所蕩，而知之所爲出乎哉。德蕩乎名，知出乎爭。名也者相札也。知也者，爭之器也。二者凶器，非所以盡行也。

【譯】孔子在開口前，嘆了一口氣，啊！若有所殆慢，去，就是死路一條！你要知道，謀事不可複雜，雜就會亂而多事，紛擾就多了，就會憂慮頻出，在此情況下，對事情沒有幫助的。

　　古代的高明人士，事先自己把立場站穩，再去挽救他人危機。你的策略尚未明訂，那有閒暇去凶暴之徒的地方爲民請命。（這叫謀定思動）同時你也應知道，對方喪德辱權的地方。你能知己知彼，了然胸中，才可以出發玉成其事。

　　道德的蕩然，是爲了名所引起的。智慧的考量，是在爭奪中表現。所謂名，是相互傾札的代名詞。智慧是爭鬥所用的武器，都不是行世的大道。（老子：上德不德，……絕聖棄智。）

　　且德厚信矼，未達人氣，名聞不爭，未達人心。而彊以繩墨之言，術暴人之前者。是以人惡有其美也。命之曰菑人，菑人者，人必反菑之。若殆爲人菑夫！且苟爲悅賢者而惡不肖。惡用而求以異。若唯無詔，王公必將乘人而鬥其捷。

　　【譯】況且要有大德和包容的信實，尚未有孚眾望的人氣，未獲得民心的支持。只是強調仁義規範的言語，去勸導施暴的人，有用嗎？所以他人不會接受你這樣的美意。像你這樣初出茅廬的小子，轉眼間變成了受傷的荒夫。如果力量不夠，爲什麼去作墾荒的山民呢？那末，且不是取悅賢達，厭惡不肖之徒嗎？你這種作法是吃力不討好的。你未受他國邀請，蔑然出訪，他國內的王公大臣，必定與你針鋒相對；弄得你遍體鱗傷。

　　【註】命之，指名謂命名，命，訂也。

　　菑人，出生幼兒，一歲曰菑。未墾之地，墾殖者謂菑夫 —— 引申義。

　　惡有其美，討厭你這樣的美意。

　　而鬥其捷，爭鬥取勝。口舌言語之爭。

而目將熒之，而色將平之，口將營之。容將形之，心且成之，是以火救火，以水救水，名之曰益多。順始無窮。若殆以不信厚言，必死於暴人之前矣！

【譯】弄得你頭暈眼花，垂頭喪氣。吞不下這口氣，滿面愁容，難以釋懷。如果他認為你是喋喋不休的狂吠，馬上會死在強徒眼前。這是多麼不值呀！

且昔者，桀殺關龍逢，紂殺王子比干。是皆修其身，以下偏拊人之民。以下拂其上者也。故其君因其修以擠之。是好名者也。

【譯】古代有夏桀殺關龍逢，殷紂殺王子比干的例子。二人都是很有修養的人，以下拊上的臣民。可是他的諫言，違拂了君王的意志。所以他的君王不能忍受二人在民間的身望；排擠君主的威望。引來殺身之禍。這就是好名的結果，不得不慎重。

昔者堯攻叢枝，胥敖。禹攻有扈，國為虛厲，身為刑戮，其用兵不止，其求實無己。是皆求名實者也。而獨不聞之乎？名實者，聖人之所不能勝也。而況若乎！雖然若必有以也。嘗以語我來。

【譯】從前堯帝攻伐叢枝，胥傲，禹王攻伐有扈。當時這三個國家都是空殼子，民生凋蔽，連年用兵，死亡盈野，是自取滅亡；官員貪得無厭，他們是幹什麼？說穿了，還不是為了私人的

利益，得到好處，追求名利雙收的手段。這種害人害己的作法，是多麼愚蠢，你有聽說過嗎？追求名實的人，連聖人也對他沒辦法。何況你呀！雖然你自持有幾分能耐，說給我聽聽看。

　　顏回曰，端而虛，勉而一，則可乎？曰，惡，惡可。夫以陽為充，孔揚，采色不定，常人之所不違，因案人之所感，以求容與其心，名之曰，日漸之德不成，而況大德乎？將執而不化。外合而內不訾，其庸詎可乎！

　　【譯】顏回說；只要端莊正言，謙虛進言，勸勉導正，不就行了嗎？孔子說；唔，不可以，你要知道你以正面相與，氣壯理直，不看臉色，埋頭衝撞的作法，是一般人行事的手段。對處理事務，應看事件的來龍去脈，對雙方的感受去分析，看他的反應如何？內心又是怎麼想法。

　　名可以說是由時間慢慢的壘集起來的聲譽，但不成其德，何況大德啊！（大德化人是如甘霖潤土）你執著己意，固而不化，不通機變，只能作到形離外合的表面功夫。是一種笨辦法。有欠適當！

　　【註】庸詎；反詰之詞，何也，詎也。

　　然則我內直而外曲，成而上比。內直者與天為徒。與天為徒者，知天子之與己，皆天之所子，而獨以己言蘄乎而人善之。蘄乎而人不善之邪！若然者，人謂之童子。是之謂與天為徒。外曲者，與人之為徒也。擎跽曲拳，人臣之禮也。人皆為之，吾敢不為邪？為人之所為者，人亦無疵焉。是之謂與人為徒。成而上比者，與古為徒，其言雖

教，謫之實也。古之有也，非吾有也。若然者，雖直不爲
病。是之謂與古爲徒，若是則可乎！

【譯】顏回說，那末我以內直正其心，外圓潤其意，按成分
節節切入。所謂內直，就是法乎自然，（陰符經？觀天之道，執
天之行。）以天爲師的道理。人是天生的子民，人人都有一顆善
良的心，但也有壞的一面。所以要發揚善性，却除惡性。要回復
到出生嬰兒那麼天真無邪！若能如此，就叫以天爲徒。外圓的
人，是學人倫的本等，如君臣上下的倫序，奉笏躬身低頭面君之
禮。大家都是如此奉行，我敢違背嗎？人人如此，就沒什麼好說
了，這就叫學作人。以此類推，可以學學古人，古人教人，是諄
諄善誘，悔過擇謙，誠實務本。古人所有的，並不是我所有的。
如果是這樣，雖然執著一點，也不是癖病。這就叫與古人作徒
弟，像這樣可以嗎？

【解】擎跽曲拳 —— 奉笏躬身跪地行禮的姿勢。
疵：毛病，缺點；無疵，即沒有什麼缺點。
謫：是指責，譴責；罪過，過失。

仲尼曰，惡，惡可，太多政法而不諜。雖固亦無罪。
雖然止是耳矣！夫胡可以及化？猶師心者也。
顏回曰，吾無以進矣！敢問其方。仲尼曰，齊吾將語
若，有而爲之，其易邪？易之者皥天不宜。顏回曰，回之
家貧，唯不飲酒，不茹葷者，數月矣！若此，則可以爲齊
乎？
曰，是祭祀之齊，非心齊也。
回曰，敢問心齊？

【譯】孔子說不，不可以；用太多政策法令去制約人民，雖有安定社會的作用，減少人民犯罪，但那是不切實際的作法，就像風吹過耳，對老百姓是沒有感化作用。所謂得民者昌，要從民心著手才是辦法。

顏回說；我沒有長進，敢問老師有什麼方法可以提示一下。

孔子說「齋」，讓我告訴你，有心齋戒，就能變化氣質，這是簡易可行的事。但若要能徹底改變，就得下功夫了！

顏回說；我家貧苦，不喝酒、不吃葷腥已經幾個月了！如此也算是吃齋吧！

孔子說；那如同祭祀時的齋戒，不是我說的心齋？

顏回說；敢問老師，什麼叫心齋？

　　仲尼曰，若一志，無聽之以耳，而聽之以心，無聽之以心，而聽之以氣。聽止於耳，心止於符。氣也者，虛而待物者也。唯道集虛，虛者心齊也。

【譯】孔子說；若能專心一志，不必用耳朵去聽，要用心去聽，進則心聽都不必要了，唯用氣聽一法。聲聞至耳就停止了！心念停留在符會的一刻。虛是等待事物的包容，所以說；道是在虛谷中相集而成的。這樣才叫心齋。

　　顏回曰，回之未始得使。實自回也。得使之也。未始有回也。可謂虛乎？

【譯】顏回說；我還未到這個境界。若我能夠達到忘我無私

的時候，可否叫虛受。

夫子曰，盡矣，吾語若，若能入遊其樊，而無感其名。入則鳴，不入則止。無門無毒者。一宅而寓於不得已，則幾矣，**絕迹**易，無行地難，為人使易以偽，為天使難以偽。聞以有翼飛者矣！未聞以無翼飛者也。聞以有知知者矣！未聞有無知知者也。瞻彼闋者，虛室生白，吉祥止止。夫且不止，是之謂坐馳。夫徇耳目內通而外，於心知，鬼神將來舍，而況人乎。是萬物之化也，禹舜知所紐也，伏羲几蘧之所行終，而況散焉者乎！

【譯】孔子說；可以了！我告訴你，如果你能進入他的樊籠，不能碰觸他的名望。能說談，就談下去，如言詞有干格，馬上停止，不說話，就無事，要留有餘地，以免圖生波折。

【註】宅心如一守中，安於室不亂，動念則少。絕念止欲，著手難行氣。如為人出始容易。以假冒充使臣是難以作弊的。只聽說有翅膀的才會飛，沒聽說沒翅膀的會飛。只聽說有智者方知的事，沒聽說無知之徒是智者。從暗室逢中可看到室中露出白光；它有洞明之意。是吉祥的好兆頭。（靜坐時靈台發出白光）並且光燦繼續擴大，這叫坐遊（神馳於外）耳目不由官聽目視，而是感知心覺的法門。因此可通鬼神。何況人事。乃是萬物的演化也能通曉。這就是感應力的樞紐。伏羲氏終身潛修而得大道，即是集虛心齋，發生了大作用。

葉公子高將使於齊。問於仲尼曰，王使諸梁也甚重。齊之待使者。蓋將甚敬。而不急，匹夫猶未可動也。而況

諸侯乎！吾甚慄之，子嘗語諸梁也。曰，凡事若小若大，寡不道以懽成。事若不成，必有人道之患。事若成，則必有陰陽之患。若成若不成，而後無患者。惟有德者能之。吾食也執粗而不臧，爨無欲清之人。今吾朝受命，而夕飲冰。我其內熱與，吾未至乎事之情。而既有陰陽之患矣！事若不成；必有人道之患。是兩者也。爲人臣者，不足以任之，子其有以語我來。

【譯】公子高將出使齊國，到孔子家去請教方略，他說，國君派我出使齊國的責任重大，齊國對此次使節的到訪，亦非常重視，但事情不急迫。所以我還未動身。對此重責大任，我心裏也十分訧心。先生平常都與國家重臣建言。再說；凡事情都有大小。沒有方法是很難達到歡悅相成的。如果事沒辦好；必定遭人是非。若辦成了，也有正反的不同意見。不管辦成或不成，都不能留下後患，遭人非議。

惟有德望好的人才能相與。我飲食向來都主張粗蔬，不講求精緻，炊爨都是清淡爽口就滿意了！作事情，我早上受人所託，晚上便會冷靜思考，並不是我一頭熱；在事情未辦妥之前，是事若發生變化，要先防範於遏然。如果你沒辦成，便會引起旁人的疵議，因這是雙方面的事。作臣下的人，不能身任受命，還有什麼話可對君上說呢？

仲尼曰：天下有大戒二，其一命也，其一義也。子之愛親，命也。不可解於心。臣之事君，義也。無適而非君也。無所逃於天地之間。是之謂大戒。是以夫事其親者。不擇其地而安之，孝之至也。夫事其君者，不擇事而安

之，忠之盛也。

【譯】孔子說；天下有兩件大事，是具有戒心的。第一是命運。第二是義務。你孝順父母愛護家人，是命，是好是壞，是運。因此常掛心上。臣子侍奉君上是應盡的義務。事情辦不好，是你的責任，與上級無關，這個責任加身，是逃不了的重擔。所以說；這兩件事，是作人的大戒。

關於家庭的事，要適處而安，不論順逆，孝親愛親，共體時艱就行了！服務公職，承辦的事務，不管難易，都得盡責完滿辦成。就是忠於職守的責任。

自事其心者。哀樂不易施乎前。知其不可奈何，而安之若命。德之至也，爲人臣子者，固有所不得已。行事之情，而忘其身。何暇至於悅生而惡死。夫子其形可矣！

丘請復以所聞；凡交近則必相靡以信，遠者必忠之以言，言必或傳之。夫傳兩喜兩怒之言。天下之難者也。夫兩喜必多溢美之言。兩怒必多溢惡之言。凡溢之類妄。妄則其信之也莫。莫者傳言者殃。故法言曰，傳其常情，無傳其溢言，則幾乎全。

【譯】關於自己的處境，無論是喜是憂，都不可在人前表露，在職務上有些事是無可奈何的，會發生煩惱，碰到這種情況；你以忍耐的功夫去承受，不就無事了嗎？這是德業修養，不能逃避。所以說：作下屬的人，固然有不得已的苦衷。但作起事來就必須忘掉自身利害，奮勇去完成任務。那裡還顧忌到自身安危，你有這樣的勇氣，就可以出使齊國了。

　　孔子說；我再告訴你，對於近交的國家，是以信守為原則。遠交的國家，要以忠誠的言詞進說；這是使臣應注意的。在傳話中，常會發生的事，有兩喜兩怒的情況；若雙方都很高興，可能是溢美之詞多。若雙方都不滿意，可能壞話過多。所以說；這是天下很難辦的事。凡是溢美或溢惡的話，妄言的成分較多。那還有什麼信守存在。忠誠相與的可能。在這樣情況下，倒霉的便是傳話人。所以法言說；只傳常情常理的平實之言，不能傳溢美誇張的話；這才是安全的作法。

　　且以巧鬥力者，始乎陽常卒乎陰。泰至則多奇巧。以禮飲酒者，使乎治，常卒乎亂。泰至則多奇樂。凡事亦然，始乎諒，常卒乎鄙。其作始也簡。其將畢也必巨。夫言者，風波也。行者實喪也。夫風波易以動，實喪易以危。故忿設無由。巧言偏辭。獸死不擇音，氣息茀然。於是並生心厲。尅核太至。則必有不肖之心應之。苟為不知其然也。孰知其所終。

　　【譯】在談判時，以巧取去鬥力，從正面去交鋒，其結果可能相反。

　　以平常心去赴會，可能有想不到的效果。在歡宴中談判，開始是很順利，但結果可能亂糟糟，若在這種場合泰然自若，其成果會使你有滿意的收獲。所有事都不過如此。開始雙方都得到諒解，但結果反成騙局。在談判時；準備的功夫不夠，草率行事。其結果後患無窮。所以說；放言是風波，不得不謹慎。若產生事故。出使的意義完全喪失了。談判未成，風波湧現，引來禍端，使社會公忿，那就太危險了！花言巧語，如同獸死掙扎的哀鳴，

氣息雜亂，脈象無力。心生懼怕，惡意橫生。如果稽核太過嚴屬。就會產生不良的心理反應，還不知怎麼回事，若這樣下去，其結果就不用說了！

　　故法言曰；無遷令，無勸成。過度益也，遷令勸成，殆事。美成在久，惡成不及改。可不慎與，且夫乘物以遊心，託不得已以養中。至矣！何作爲報也。莫若爲致命。此其難者。

　　【譯】法言的書上記載，「不可遷就君令，亦不可勉強成事。」若能過度求全，益處較多。「遷令勸成」，本來就不是正常的作法，如果弄得不好反而壞事。完美的結果，才能保持長久。壞的成務，如果不改，後患難說；因此出使大事，必須慎重將事。要能三反晝夜，用師萬倍（陰符經）的思考去處理，多方面的觀察，就會萬無一失。

　　在出發前，先冷靜下來，放鬆自己，心遊物外，鎭定心神，集中精力，去完成使命。才是最好的作法。報效君命在此一舉，達成艱鉅的任務不是難事。

　　【解】莊周借孔子之言，作辯士，爲特使談國交，十分精采，顧慮周全，在堅毅中出智慧，在虛曲中求實益。不卑不亢，真是談判高手。

　　顏闔將傅衛靈公太子。而問於蘧伯玉曰，有人於此，其德天殺，與之爲無方，則危吾國，與之爲有方，則危吾身。其知適足以知人之過，而不知其所以過。若然者，吾奈之何？

蘧伯玉曰，善哉問乎！戒之慎之，正女身哉。形莫若就，心莫若和。雖然之二者有患。就不欲入。和不欲出，形就而入，且爲顛爲滅；爲崩爲蹶。心和而出。且爲聲爲名，爲妖爲孽。彼且爲嬰兒。亦與之爲嬰兒，彼且爲無町畦。亦與之爲無町畦。彼且爲無崖，亦與之爲無崖。達之入於無疵。女不知夫螳蜋乎；怒其臂以當車轍，不知其不勝任也。是其才之美者也。戒之慎之，積伐而美者，以犯之。幾矣？

汝不知夫養虎者乎！不敢以生物與之。爲其殺之之怒也。不敢以全物與之，爲其決之之怒也。時其饑飽，達其怒心。虎之與人異類，而媚養己者順也。故其殺者逆也。夫愛馬者，以筐盛矢，以蜄盛溺。適有蚊虻僕緣，而拊之不時。則缺銜毀首碎胸。意有所至，而愛有所亡。可不慎邪！

【譯】顏闔將到衛靈公家去作太子（蒯聵）的老師。問蘧伯玉，現在有一個人，運氣不濟，沒有好的獻策，對國家會有危險，若有好的制度，可能自身先受害。他的智慧適足以知人的過錯，但又不知他犯什麼錯？如果像這樣，你說；我該怎麼辦？

蘧伯玉說；你問得好；你小心謹慎，正身行事就可以了！只要心平氣和，從容赴任不就得了嗎？雖然三者都有弊端，去時保持適當距離。雖附和他的意思但不可以凸顯自己。如果進入豪門陷入逾深，危險更勝，那是自尋死路？如果與他共同聲息，爲名爲利，你便成了妖孽一個。招忌引禍。何不如作一個天真無邪的嬰兒，你就把他當作是嬰兒，彼此沒界線，他無邊際的閒散，你也跟著散漫，達到找不到你的毛病爲上策。

你知道螳螂當車的故事嗎？ 一隻凶惡的螳螂，高舉兩隻螯臂，站在車轍中，想擋住大車前進。不知道自己是自不量力，結果呢？誰都知道，被壓成糜粉。所以一切小心謹慎為上。自視過高，危險便隨之而來，切記切記。

你不知道養虎的人，不敢把活的東西給它吃，是怕牠野性發作，也不敢把完整的小動物餵牠，是怕牠本能殘忍性再犯。所以在飼養時，按照牠饑餓時供給，就不會暴發他的惡性。畢竟老虎與人是異類；養的人是要牠馴順。若有不馴，就把牠殺了！

愛馬的人，是以筐盛馬料就食，以灰沙清除便溺；當有牛蚊，牛蝱拊身吸血，沒有即時為牠趕走，牠受不了，便咬斷馬銜，碰得頭破血流。胸飾碎裂。雖然養馬的人顧慮周倒，但愛心仍有疏漏之處。所以不可不謹慎小心。

【註】蚊，是指牛蚊，形如蠅，淺褐色，大如蜜蜂。

蝱：牛蝱，牛身寄生虫，形如蝨，但大如綠豆。

匠石之齊，至於曲轅，見櫟社樹，其大蔽數千牛，絜之百圍，其高臨山十仞，而後有枝，其可以為舟者，旁十數，觀者如市。匠伯不顧，遂行不輟，弟子厭觀之。走及匠石曰，自吾執斧斤以隨夫子，未嘗其見材如此其美也。先生不肯視，行不輟，何邪？

曰，已矣！勿言之矣，散木也。以為舟則沉，以為棺椁則速腐，以為器者速毀，以為門戶則液樠，以為柱則蠹，是不材之木也。無所可用。故能若是之壽。匠石歸，櫟社見夢曰，女將惡乎比予哉！若將比予於文木邪？夫柤梨橘柚果蓏之屬，實熟則剝，剝則辱，大枝折，小枝泄，此以能苦其生者也。故不終其天年，而中道夭。自掊擊於

世俗者也。物莫不若是。且予求無所可用久矣！幾死，乃今得之。爲予大用，使予也而有用，且得有此大也邪。且也，若與予也。皆物也！奈何哉！其相物也，而幾死之散人，又惡知其散木。

【譯】有一位姓石的木匠要到齊國去，走到一處彎曲小道，看見土地廟旁一株櫟樹（毛栗子其果仁不能吃，燒木炭的好材料）非常大，樹蔭可蔽數千頭牛，要百人才能圍抱，比旁邊的山還高出十丈，它的樹枝大到可以作船，就有十幾枝。觀看的人熱鬧非凡。可是石木匠看都不看牠一眼，逕自走他的路；他的徒弟觀看了以後，跑到師傅面前說；師傅，我自從背著斧頭跟隨你這麼久，從未看到這麼好的材料，你連看都不看，腳步都不停一下。是何道理。木匠師說：好了，不必說了！雜木無用，像這樣的木頭，作船嗎？會沉，作棺木嗎？腐爛得快。作傢俱嗎？容易壞，作門戶嗎！會流油，作柱子嗎？很快被虫蛀，是不能作器的木材，因無用才長這麼大。

老木匠回家之後。晚上作了一場夢，夢見櫟樹精來找他理論。櫟老說；石木匠，你把我比成什麼樣子；爲什麼不把我比成有用的文木，如山楂木，（高級傢俱木料）梨花木、柚木（都是高級木料）或是橘子樹，其他的果木也行，等而下之，比喻如蓏也行。可是等到果實成熟，自然爆開，這時候就會被人吃掉，大的樹枝被折斷，小的枝子搖洩受損，這又何必呢？這不是自取其害嗎！所以這些好材料不能活到他應得的天年，而是中途被人砍伐了！這都是你們世俗的想法，大家都是如此想法呵！我的想法就與你們不同，我只求無用很久了！如果我有大用，今天碰到你，我就只有死路一條，那裡還能長如此高大。碰到你這個將死

的閒散之人，我機乎死在你手裡，你那裡知道我這棵大樹的心聲何在？

匠石覺而診其夢，弟子曰，趣取無用，則爲社何邪？曰密，若無言，彼亦値寄焉，以爲不知己者詬厲也。不爲社者，且幾有剪乎，且也，彼其所保與眾異，而以義譽之，不亦遠乎！

【譯】石木匠大夢醒來，把夢境告訴徒弟，研究夢中道理何在！徒弟的想法，夢嗎？只能當作趣談，如泡影散去便了，何足在心呢？牠與土地廟有啥關係？木匠師說；閉嘴，不必說了！大樹寄居土地神才能長這麼高大，以爲自己不知道自己的弊病。要不是土地廟的保護，經過幾次修剪，才長這麼漂亮高大，是呀！在神社的保護下，大樹才能異於林中木相，凸出雄姿。如果用義來形容土地廟的關係，就比較洽當了！

【解】木匠與櫟樹的對話，隱喻和光同塵的意旨。

土地神旁種棵大樹或大樹下設一土地神社。在數千年來的農村社會皆如此。無人敢盜伐，惟廿世紀的中國例外。

南伯子綦遊乎商之邱，見大木焉！有異，結駟千乘，隱將芘其所藉。子綦曰，此何木也哉。此必有異材夫？仰而視其細枝。則拳曲，而不可以爲棟梁，俯而視其大根，則軸解而不可以爲棺槨。咶其葉，則口爛而爲傷。嗅之，則使人狂醒三日而不已。子綦曰，此果不材之木也。以至於此其大也。嗟夫！神人以此不材。

【譯】南伯子綦到商邱去旅遊，看到一棵大樹，十分驚訝！怎麼會有如此大的樹，大到有千輛駟馬車可停歇在他的樹蔭下。子綦呀了一聲說；這是什麼樹？這必定是特殊的木料吧！停下來看看牠的小枝，彎彎曲曲，不能作棟梁、房柱；再往下看它的樹根，根節糾結，拿來作棺木都不行，摘片葉子放在嘴邊咭一咭，嘴巴會潰爛，嗅嗅它的氣味，人會昏迷三天不醒。子綦說；這棵樹，真的不能作材料用，才會長這麼大！啊！神仙就像無用的木材般免患。

【解】無用可長壽，劇毒可防身，拋卻名利，放下功名富貴，不與人爭，修心養性，可以天年。

宋有荊氏者，宜楸柏桑，其拱把而上者，求狙猴之杙者斬之。三圍四圍，求高名之麗者斬之，七圍八圍，貴人富商之家，求樿旁者斬之，故未終其天年。而中道之夭於斧斤，此材之患也。故解之以牛之白顙者，與豚之亢鼻者與有人痔病者。不可以適河。此皆巫祝以知之矣！所以為不祥也。此乃神人之所以為大祥也。

【譯】在宋國荊氏的地方，產楸木（落葉喬木高大，是傢俱好木料）柏樹，桑木。長到拱把（兩隻手掌指合攏曰拱）以上，被人砍去作木樁拴猴子。若長到三四圍粗，便有人伐去修房屋。若長到七八圍的巨木，就會被有錢人買去作棺材。所以這些木材都無法活到老，在半途中就被斧頭砍倒了！這就是好木料所遭的禍患。

牛有白顙，豬的鼻子翹高的，人有生痔瘡的，巫師知道，如此的牛豬，是不能祭神的，生痔瘡的人也不可用來祭河神的。認

爲他們是不祥之物。反過來說；神人對此則是大吉祥矣！

【解】以無用可保全身，可壽考，大用早夭，祥者不吉，不祥則大吉。仙凡認證取法各異。

【註】以人祭河神之事，可查史記卷一百二十六列傳。西門豹的故事。戰國時代魏文侯委任的鄴城令。

　　支離疏者，頤隱於齊，肩高於頂，會撮指天。五管在上。兩髀爲**脇**。挫鍼治繲，足以糊口。鼓筴播精，足以食十人。上徵武士，則支離攘臂於其間，上有大役，則支離有常疾不受功。上與病者粟，則受三鍾與十束薪，夫支離其形者，猶足以養其身，終其天年，又況支離其德者乎！

【譯】支離疏（是假名，取其支離破碎之意）是一個醜人，他的長相，真有點恐怖，下顎縮到肚臍，肩比頭高，髮髻指天，五月朝天，嚴重駝背，兩股髀骨，像正常人的脇窩。真可說醜到了家。可是你別小看了他。他會幫人縫衣，洗滌，雖是蠅頭小利，但足以餬口過活。還會用簸箕篩米，精選的白米足可供十個人吃。國家徵兵的時候，他也義不容辭的參加。由於他有殘疾，國家規定不能當兵，還發他三大鍾粟米，十綑柴薪搬回家過活。唉！像支離如此醜陋的人，還能自給自足的生活，坐享天年。況且他並未忘記對國家的義務。人雖醜，但德行是無比高尚的。

【解】守分安仁，外醜不能掩其內在的美德。以無用保身，終養天年，是人的福氣。

【註】治繲：縫補衣服，治繲，浣洗衣物。

簸箕：選米的農具。（竹編的盤狀工具。）大者有直徑數尺，小的也有一兩尺）

　　孔子適楚，楚狂接輿，遊其門曰，鳳兮鳳兮，何如德之衰也，來世不可待，往世不可追也。天下有道，聖人成焉，天下無道，聖人生焉。方今之時，僅免刑焉？福輕乎羽，莫之知載，禍重乎地。莫之知避，已乎已乎！臨人以德，殆乎殆乎！畫地而趨，迷陽！迷陽。無傷吾行，吾行郤曲。無傷吾足，山木自寇也，膏火自煎也。桂可食，故伐之，漆可用，故割之。人皆知有用之用。而莫知無用之用也。

　　【譯】孔子到楚國去訪問。楚狂接車，在館舍中會見孔先生。稱讚孔子是人中龍鳳，話畢，感嘆世道人心衰敗，來世還可以等待，過往的事，是不可追回的。天下有道，聖人促成其美。天下無道，聖人求其全生。現在這個時代，僅僅是受不死之刑罷了！福薄命苦，負擔過重，無法逃避。呀！算了算了！對人施德，危險！危險！看準地方才下腳。雖是芒草叢生阻不了我的行程，我會從空隙中過去，所以對我的足不會有傷害。山上的木頭自己去砍伐，熬油煎物自己來。所以說桂可食用才去砍伐。漆樹有用才去割它。（割漆：傍晚將漆樹皮割幾刀，夜間會流出白液。第二天早晨，拿一隻碗、一把括刀。將流出的半凝固的漆收在碗中。此時顏色已變成赭色。）大家都知道這些東西有用才去取用，可是沒有人知道，無用中有大用。

　　世衰日下，道德淪喪，如何保身，如何永年，棄利自給，養身修德，大道光明。

　　【錄】評語，善處人者用人而不為人用。善處己者，無用以成大用。致虛則不毀，養生則常存，其逍遙於人間者，入世猶出

世也。此之謂神人，此之謂聖人。

　　讀後人間世以儒家的思想去比較道家的作爲！重點，集中在顏回的心齋，儒以忘我盡忠職守，成仁赴義爲至高理想。道家是唯道集虛，虛者心齋也。虛才能受物！以無限容量，達到和諧共鳴！泰和全物全身，不主張損益。故有嬰兒之說。純其真，保其全，無善惡是非，妙善法門在無邪，故桃康爲歸真唯一法門。

人間世　經典釋文音義

　　△顏回　孔子弟子姓顏名回，字子淵，魯人也。

　　衛君　司馬云衛莊公蒯瞶也。案左傳衛莊公以魯哀公十五年始入國，時顏回已死。不得為莊公，蓋是出公輒也。

　　行獨，即言行為獨斷專善。

　　國量　形容死者太多。若蕉　言焦土一片。

　　醫門　言醫治的門道。即治療的方法。亦言醫生門前。

　　司其責　想想治療的方法。

　　有瘳ㄔㄡ言病癒也。　譆ㄒㄧ輕嘆聲。

　　殆往而刑　你若去，是如刑辱也。

　　德蕩　言道德喪失，蕩然無存。

　　知（智）出乎爭，老子智慧出有大偽。即言智是是非之門，爭鬪之藉端也。

　　名者相軋，為了名利，互相傾軋。老子為名不居，謙讓之德也。

　　信矼ㄑㄧㄤ　愨實的樣子。　而彊ㄑㄧㄤˊ強也。迫也。

　　鮮不ㄒㄧㄢˇ　菑人ㄗ亦音災荒蔓衍生。言損害他人。

　　災害也。　不肖ㄒㄧㄠˋ　惡用ㄨㄟ　若唯ㄨㄟˊ

無詔　詔ㄓㄠˋ詔告也。言也。崔本作詻音頟云逆擊曰詻。
將乘ㄔㄥˋ　其捷ㄐㄧㄝˊ　螢火ㄧㄥˊ　眼眩，眼睛昏花。容將行
之，謂擎跽也。

關龍逢　夏桀之賢臣。

比干殷紂之叔父。

傴ㄑㄧ　拊ㄈㄨˇ　李云傴拊謂憐愛。崔云猶嘔呴　謂養也　今
引傴拊為趨附。拍馬諂媚。

拂ㄈㄛˊ其崔云違也。反對之意。拂逆也。

以擠ㄐㄧˊ司馬云毒也。一云陷也。方言云滅也。簡文云排
也。

是好ㄏㄠˋ　叢枝、胥敖、有扈　古三國名。

虛厲　李曰居宅無人曰虛。死而無後曰厲。

刑戮　受刑誅殺。

惡惡ㄨ　又讀ㄨˋ惡可　。切切不可！

孔揚　孔急也。揚，張揚、勃發也。

執而不化　言固執不化。

不訾　向徐音紫ㄓㄘˇ崔云毀也。案說文，不思稱也。言內
外不相稱。

蘄乎音ㄑㄧˊ　擎徐音ㄑㄧㄥ　跽ㄑㄧˇ　又ㄐㄧˇ　說文云長跪
也，應言單膝跪地曰跽。故言擎跽。

曲拳，弓身抱笏貌。是朝覲國君之禮。

無疵ㄔ　沒有瑕疵。謫之釋文作讁ㄓㄜˊ　譴責也，過也，譴
讁其罪過也。諷責ㄈㄨㄥˋ大多通太不謀　徐去ㄧㄝˋ　向去ㄧㄚˋ

李云安也。崔云間諜也。言沒有徵信，即謂不謀。

齊ㄓㄞ通齋，其易　很容易。

皞天ㄏㄠˋ　向云皞天自然也。

不茹葷，不吃葷，吃素。　齊乎即齋也。

祭祀之齊，是齋戒的齋。心齋，靜心的齋戒。

一志　即報元守一。唯道集虛，即氣冲斗牛，與天地同呼吸。為心齋最高的要求。

未始得使　言尚未心止於符，虛以待物的功夫。

入遊其樊　能虛靜神寧的境界。

無感無門無毒　在一念中忘我忘物，無聲無息。故無感念，無思維，亦無患害。

釋文：無毒治也。崔本作壽云貪也。

一宅而寓，即一心安於嫣宅。指黃庭內景。

絕迹易　拼絕一切容易。無行地難。言意念不動難。故練氣在守中。能守則不動。

有知业ヽ知业者，無知知者。虛守中顯出智慧。在陰符中合氣也。

瞻彼闋〈ㄩㄝヽ者。看他的結果如何。徐ㄎㄧㄝヽ　司馬云空也。陳注：空隙。

虛室生白。言修道有成之人。坐於虛室中全身會發出白光。崔云白者日光所照也。司馬云室比喻心。心能空虛，則純白燭生也。均非練家子，全是空言。因已有靈氣神氣的顯現。證明是有道之士。顯出吉祥。

夫徇ㄒㄩㄣヽ周徧也。李云使也。外通耳目，內通心智。故可與鬼神交感。（通靈）。

所紐，　樞紐也，關鍵所在。

几蘧　向王古之帝王也。李云上古帝王。

伏義　釋文作伏戲。三皇之始也。

△葉公ㄋㄧㄝヽ子高，楚大夫。為葉縣尹。僭稱公，姓沈名

諸梁字子高。

慄之ㄌㄧˋ李云懼也。　藏矣ㄔㄤˋ

執粗，言平常都是粗茶淡飯。

不臧ㄓㄤ不精也。爨ㄔㄨㄢˋ　炊爨也。炊食。くㄨㄢˋ。

無欲清　くㄧㄥ言清涼也。內熱與ㄩˊ歟，虛字。

哀樂ㄌㄜˋ　施乎尸行使也。崔云移也。

而惡ㄨˋ　相靡ㄇㄧˊ相互消費，靡損也。腐也。

兩怒，本文作怨　類妄ㄨㄤˋ荒謬相似。

也莫ㄇㄛˋ音ㄇㄨˋ遲疑貌。茫也，殃ㄧㄤ

法言：合乎禮法的語言。和揚雄著「法言」是仿論語而作（當世揚雄自認是儒家傳人）

以巧鬥力　言以智巧與武力爭鬥。

泰　言安泰。　奇巧即奇謀巧計。

奇樂ㄌㄜˋ　標新立異的玩樂方法。

言者風波也。言說話必須小心，否則會引來是非。

菲然　言雜亂閉塞不通。心厲、心狠，惡意尅核，校ㄐㄧㄠˋ核也。

嚴格核實。

無遷令，言不違背命令。

無勸成　言不勉強行事。盡心盡力去作即可。可不慎與ㄩˊ歟。

養中　言養氣，守中。即守膻中養心氣。

△顏闔　魯賢人隱者，向　崔本作盧。

衛靈公　左傳云名元。太子，司馬云蒯瞶。

蘧伯玉，名瑗，衛大夫。

天殺　謂如天殺物也。陳注：得天獨薄。

天殺　言人無德亂政，應遭報應。曰天殺。

其知业通智　正女日ㄨˇ通汝。

為蹍　徐ㄑㄩㄝˋ　郭音厥　李ㄐㄨㄟˋ

孼ㄌㄩㄝˋ　災孼也。孼俗字，孼旁生謂孼。亦言忤孼。

嬰兒　之言。在道家言人心如素，── 潔白無瑕，亦言猶嬰兒的天真無邪。練丹有胎息法。

町畦　為田地的區界。言練氣時虛無界域。

無疵　修時不可有癡心妄想！要罡正。

螳臂當車　之言，修練時不可好勝。更不可意氣用事。要心平氣和，安適愉悅中進行。更不可有怒氣，殺（煞氣）氣。必須氣順，收放柔和自如。

愛馬　之言，是心不可亂，必須細心謹慎。沉穩鎮定。

△匠石　木匠師姓名。

曲轅　司馬云曲轅，曲道也。崔云道名。

櫟ㄌㄧˋ落葉喬木，高數丈，樹皮粗厚，葉成披針形。似栗葉。

蔽數千牛　言樹蔭下可遮數千頭牛。太過誇張。　挈ㄑㄧㄝˋ之百圍，一百人手牽著手方可圍繞一圈。一人伸開雙手為一圍。

十仞　案七尺曰仞，亦言八尺。

旁十數，言旁枝十數枝。觀者，觀看的人。

匠伯　木匠師傳，輟ㄔㄨㄛˋ　停止。厭ㄧㄢˋ又ㄩㄢ

散木　即雜木，不是材料的好木頭。

速腐　很快會腐爛。液樠ㄇㄢˊ言戶樞木頭在旋轉中會磨出油汁生虫，易損壞。

柱則蠹ㄉㄨˋ蛀蟲，長木蟲。

見夢ㄏㄧㄢˋ　女日ㄨˋ將　惡ㄨ乎　柤ㄓㄚ通查山查酸查、酸

棗。　果蓏ㄌㄜˇ　ㄌㄨㄛˇ　草類的實。

培ㄆㄡˊ　剖也。數有音朔ㄕㄨㄛˋ　瞟眂即睥睨也，左右斜視貌。

而診，司馬　向云占夢也。

厲　司馬云詬辱也。厲病也。

翦乎通剪。崔本作前于。

義譽　以義稱譽其美。

△南伯子綦　李云即南郭也伯長也。

商之邱　司馬云今梁國睢陽縣。今河南商丘縣。　駟ㄙˋ一乘ㄕㄥˋ四馬也。

將芘　本亦作庇，徐ㄆㄧˋ　又ㄆㄧㄟˇ　崔本作比云芘也。所藾ㄌㄧㄞˋ　崔本作賴，向云蔭也。可以蔭庇千乘也。李同。釋文作所陰。

異材夫ㄈㄨˊ　仰而崔本作從而。

則拳本亦作卷ㄑㄩㄢˊ曲　軸ㄓㄨˊ解　直剖也。

咶ㄕˋ又ㄊㄧㄢˇ　用舌掠取　咶通舐轉舔。

狂酲ㄔㄥˊ昏迷狀態。李云狂如酲也。病酒曰酲。為之ㄨㄟˊ

荊氏司馬云地名，一曰里名楸喬木名，葉似桐、柏　柏木是上材。可作傢俱棺椁。桑　葉卵形用以養蠶，非建材木料。拱把　雙手手指合圍曰拱。把用手握物曰把。言木材尚未長大。只有十公厘左右。而上　大約之意。

之枝ㄧ　小木椿。三圍　崔云圍環八尺為一圍。通稱一人兩手張開曰一圍，三圍即三人合圍也。高名之麗，言有錢人家修造華屋所使用的上等木料。

求樿ㄕㄢˋ旁　棺木一邊用整塊大木。本亦作檀ㄕㄢˋ　釋文作傍。　顙ㄙㄤˇ司馬云額也。

亢鼻ㄎㄧㄤˋ　司馬云高也。崔云仰也。翹鼻也。

適河　司馬云謂沉人於河祭也。

△支離疏　司馬云體形支離不全貌，疏其名也。莊周藉支離破碎之象，言醜人。即一般所見殘障的侏儒。根本未提姓名，疏即疏離貌也。

齊ㄑㄧˊ通臍，言肚臍。於頂　本作項。司馬云言脊曲頸縮也。淮南曰脊管高於頂也。即嚴重的駝背，頸短胸高，陷肩。

會ㄍㄨㄟˇ　又ㄎㄜˋ　又ㄏㄜˋ撮　會撮髮髻也。

指天　司馬云會撮髻也。古者髻在頂中。脊曲頭低，故髻指天也。向云兩肩竦而上會撮然也。　管在上崔本作筦。

李云管腧也，五臟之腧皆在上也，兩髀ㄆㄧˋ本亦作ㄆㄧˊ徐ㄆㄟ　崔云僂人腹在髀裏也。為脇　本作脅ㄒㄧㄝˊ司馬云脊曲髀豎與脇並也。　挫ㄓㄜˋ郭ㄔㄜˋ　崔云案也。

鍼ㄓㄣ司馬云挫鍼縫衣也。治繲ㄐㄞˇ司馬云浣衣也，向同。崔作鮮　ㄒㄧㄢˊ　餬口　言可以生活。

鼓筴播精　言用簸箕播米揚去稗秕糠殼。

攘ㄖㄤˊ　三鍾六斛四斗曰鍾。

△楚狂　春秋、楚、陸通字接輿，佯狂不仕。時人謂之楚狂。

知ㄓˋ通智　知避　舊本作寘ㄓˋ云置也。

不勝ㄕㄥ　畫地ㄏㄜˋ　迷陽司馬云，迷陽伏陽也，言詐狂。俗言裝瘋。郤曲ㄒㄧˋ　言足踏縫隙，不敢直前，以免傷足。字書作迟。廣雅云迟曲也。

山木自寇司馬云木生斧柄還自伐。

膏火自煎　膏油也膏火，油生火，自煎，熬也。膏起火還

自消。崔云山有木故火焚也。

　　悗然ㄇㄢˇ　又ㄇㄢˋ李云無匹也。王云廢忘也。

　　崔云婉順也。注：悗忘情貌。

德充符　第五

　　魯有兀者王駘，從之遊者，與仲尼相若，常季問於仲尼曰；王駘兀者也。從之遊者，與夫子中分魯。立不教，坐不議，虛而往，實而歸，固有不言之教，無形而心成者邪！是何人也。仲尼曰，夫子聖人也。丘也直後而未往耳。丘將以為師，而況不若丘者乎！奚假魯國，丘將引天下而與從之。常季曰，彼兀者也。而王先生，其與庸亦相遠矣！若然者，其用心也，獨若之何？仲尼曰，死生亦大矣！而不得與之變。雖天地覆墜，亦將不與之遺，審乎無假，而不與物遷，命物之化。而守其宗也。

　　【譯】魯國有一位被剁腳的人，名叫王駘，在他門下作學生的，與孔子門下差不多，可說是二人平分秋色。但是這位王先生，站不言教，坐不講經；門生們去後，可說是空手入門，卻滿載而歸！這就是不言之教，在無形中，以心相受得此成果（心受、心傳、身教的密法），這是什麼樣的人？孔子說；他是聖人，我也直追他的腳步前去！我將拜他為師。何況那些不如我的人。假設他在魯國設席講學，我將帶領魯國大眾去作他的學生？

　　常季說：他是無腳的人。這位王先生，只是個平庸之輩，那有如此影響力，如果真有其事，他必定是以心法授業。所以殘廢對他毫無妨礙！

　　孔子說；生死是人生大事，但真常是不可改變的。即使天塌下來，也不會改變的。審慎真如，不離於心，不受物欲誘惑，而是使誘因無形化解，掌握樞紐，直入深處。

【解】審乎無假；審查真假，審定真言。

守宗，宗旨不變。

不欲物遷，不會隨欲念改變。

常季曰，何謂也。仲尼曰，自其異者視之，肝膽楚越也。自其同者視之，萬物皆一也。夫若然者，且不知耳目之所宜，而遊心乎德之和。物視其所一，而不見其所喪，視喪其足，遊遺土也！

【譯】常季說；為什麼？

孔子說；把事情分別看待，那末楚國與越國，便是肝膽之分。若以同等看待，天下萬物都是一體的。以王先生的景況來說；並不是耳目官能的適用。而是遊心在德充和順的氣使。把事物一體對待，就會忘掉他的缺陷。若只看到王先生沒有足，那就是失去了生存的土地。

常季曰，彼為己，以其知得其心，以其心得其常心，物何為最之哉。

【譯】常季說；他的作法，是以他的知識去啓發學生的心智。以心比心，得到恆常的心性。物怎麼能與心相比呢？（這是哲理上心物論的剖析）

仲尼曰；人莫鑑於流水，而鑑於止水，唯止能止眾止。受命於地，唯松柏獨也。在冬夏青青。受命於天，唯舜獨也正，幸能正生，以正眾生。夫保始之徵。

不懼之實。勇士一人，雄入於九軍，將求名而能自要

者，而猶若是。而況官天地，府萬物，直寓六骸，象耳目，一知之所知，而心未嘗死者乎，彼且擇日而登假，人則從是也。彼且何肯以物爲事乎！

【譯】孔子說；人對流水沒什麼鑑識，對止水大家都看得到它停止，就停止，誰都知曉的事。在地上生長的樹木，唯有松柏得天獨厚。無論多夏，都是青青繁茂。在人來說；唯有大舜得天獨厚。他的幸運，正逢其時，能正己，亦能正人，使天下百姓安居樂業。保持先天元氣，治國愛民，故能長治久安。不怕國力流失。

勇士一人，投入千軍萬馬！如此豪氣干雲，萬夫莫敵的勇猛，只是爲了英名的主要行爲。如果是這樣？人的官能，內腑，百骸，脈絡，森羅萬象。所謂牽一髮而動全身。像耳朵，一聽百聞。眼睛一看，一目了然。心在不動中冷靜沉潛，等時機一到，登壇入坐，眾接唱和，這不是物可成其事的。

【解】先天之德，大幸，必以正己正人，守正不阿！唯德不居。

氣平心靜，守中待機。爲仁行義。

化物成誠，萬夫莫敵。

申徒嘉，兀者也。而與鄭子產同師於伯昏無人。子產謂申徒嘉曰，我先出則子止。子先出則我止。其明日，又與合堂同席而坐。子產謂申徒嘉曰，我先出則子止，子先出則我止，今我將出，子可以止乎！其未邪！且子見執政而不違。子齊執政乎。申徒嘉曰，先生之門，固有執政焉如此哉？子而說子之執政而後人者也。聞之曰，鑑明則塵

垢不止，止則不明也。久與賢人處則無過。今子之所取大
者，先生也。而猶出言若是，不亦過乎！

【譯】申徒嘉也是一個受刖腳刑罰的人，他沒有足。他與子
產（春秋時鄭國大夫姓公孫名僑，字子產，後為鄭簡公相，是歷
史上名相之一）都拜在伯昏無人門下作學生，子產告訴申徒嘉，
我出去時你不可以跟我一塊走，你走時我不與你同行。第二天，
在合堂上課時，兩人又同坐在一塊，子產再度聲明，我二人不能
同進同出（子產不願與如此殘廢的人在一塊，是很丟臉的事。）
現在我要出去，你不可跟來，話猶未了！你見到執政的也不迴避
一下，難道你與執政的一樣大嗎？

　　申徒嘉說：先生的大門，那有如此規定，那有大小之分，大
家都一律看待，你挾貴人自傲，瞧不起人！你有沒有聽說過，鏡
子擦得亮，灰塵都沾不上，你的說法，是很不光明的。要知道，
時常接近賢人是不會犯錯的。你今天來作學生，最大的人是老
師。你說如此不得體的話；有點超過吧！

　　子產曰，子既若是矣，猶與堯爭善，計子之德，不足
以自反邪！
　　申徒嘉曰，自狀其過，以不當亡者眾。不狀其過，以
不當存者寡。知不可奈何，而安之若命！唯有德者能之，
遊於羿之彀中，中央者，中地也，然而不中者命也。人以
其全足笑吾，不全足者眾矣！我怫然而怒，而適先生之
所，則廢然而返，不知先生洗我以善邪？吾與夫子遊十九
年矣！而未嘗知吾兀者也。今子與我同遊於形骸之內。而
子索我於形骸之外，不亦過乎。子產蹵然改容更貌曰，子

无乃稱。

【譯】子產說，像你這幅樣貌，還想與堯帝論長短，即自己反省的餘地都沒有，還說什麼大話！

申徒嘉說；像我這樣的人，多得很，他們都是受到不當刑罰。失去了雙腿雙足，或足趾腳掌！我們能向誰去申訴，不去則已，去後反更加嚴厲，後果不堪設想，不如自己認命，還能安全活下去。這是沒辦法的事。有德的人能亡身，這點殘缺又算什麼！沒有人能如后羿的箭矢，一發中的。我們沒有那麼幸運，受到剕刑之苦，就只有安之如命吧！你們身體健全，笑我這殘缺無足的人，你不知沒足的人還很多，不是只有我一個。如果我的冤屈，怨恨在心，怫然狂怒，就是有好老師開示，也學不到東西，就失去了求學的意義。老師的教導，是誨人以善，洗滌心中污訢，作一個好國民。我到老師門下求教，算起來已經十九年了。老師從不視我是一個殘疾人。我今天與你作同學，你嫌我殘廢，不覺得超過嗎？說得子產面紅耳赤；十分不安。

子產惶惶不安，站起來向申徒嘉一拱手，向他道歉，請他不要再說了！

【解】同學、朋有間要相互尊重，更不可奇視，這是為人的德性，凡是都應往好處去想，怨天尤人更是要不得，更不可報復。天下無奈的事多得很。

今年（庚寅）返鄉，與見劉某，是六十年前清算鬥爭時，抄我全家的頭頭，我還是親切向他握手，招呼他喝茶，不說往事。

魯有兀者叔山無趾，踵見仲尼。仲尼曰，子不謹，前既犯患若是矣。雖今來，何及矣！無趾曰，吾惟不知務，

而輕用吾身，吾是以亡足。今吾未也，猶有尊足者存。吾是以務全之也。夫天無不覆，地無不載。吾以夫子爲天地。安知夫子之猶若是也。孔子曰，丘則陋矣！夫子胡不入乎！請講以所聞。無趾出。

【譯】魯國有位受過刖形的人，姓叔山名無趾。由於腳趾被斬去，乾脆改名叫無趾。有一天他用足根走路，去拜見孔子。孔子說，你不小心，以前犯了過錯，弄成這樣。今天到我這裡來，可說晚了點。

無趾說；我真不識時務，我輕心以身示法，所以才被斬去足趾。我今天來拜見夫子，以爲你會尊重我如常人，我誠心誠意來拜候先生。天無不庇眾生，地無不載萬物。我以先生爲天地。那裡知道先生也與一般人同一見識。孔子發現自己說錯話；趕快把話風一轉，客氣的說；我孔丘孤陋寡聞，何不請先生到屋裡坐，講一講你所見所聞的高見。無趾不發一語，回頭就走。

【註】孔子雖名望一時，但亦應尊重來客，不可隨便批評人。

坤山；謙卦，象曰，地中有山，謙，君子以哀多益寡，稱平施。九三勞謙君子，萬民服也。應爲夫子箴言。

孔子曰，弟子勉之，夫無趾，兀者也。猶若學以復補前行之惡。而況全德之人乎！

無趾與老聃曰，孔丘之於至人其未邪。彼何賓賓以學子爲。彼且蘄以諔詭幻怪之名聞。不知至人之以是爲桎梏邪！老聃曰，胡不直使彼以死生爲一條，以可不可爲一貫者，解其桎梏。其可乎？無趾曰，天刑之，安可解。

【譯】孔子經過此事，勉勵門下弟子。他說；你們看到無趾，他雖是受過刑的人，但他虛心向學，以彌補他過去所犯的過失。你們身體健全，沒有缺陷，更應加倍用功。

後來無趾又跑到老子那裡去求教。無趾說；稱孔子為聖人，還未到那個境界。他只是裝著彬彬有禮的一個學究罷了！以詭詐虛妄不實的怪行聞名於世。不知道好名行異是聖人的枷鎖？

老子說；為什麼不直接說，死生是一體的，可與不可為一貫論法。解開他的枷鎖呢！

無趾說；天刑如此，誰有辦法幫他解開。

【解】刖形是人為的，只要心裡健全，悔過遷善，仍有可救。

天刑；受天的懲罰，是無人能改變的。

魯哀公問於仲尼曰，衛有惡人焉？曰哀駘它。丈夫與之處者，思而不能去也。婦人見之，請於父母曰，與為人妻，寧為夫子妾者，十數而未止也。未嘗有聞其唱者也。常和人而已矣。無君人之位，以濟乎人之死。無聚祿，以望人之腹。又以惡駭天下，和而不唱，知不出乎四域。且而雌雄合乎前，是必有異乎人者也。寡人召而觀之，果以惡駭天下，與寡人處，不至以月數。而寡人有意乎其為人也，不至乎期年。而寡人信之，國無宰，而寡人傳國焉。悶然而後應，氾而若辭。寡人醜乎，卒授之國，無幾何也。去寡人而行。寡人卹焉？若有亡也。若無與樂是國也。是何人者也。

【譯】魯哀公問孔子；他說衛國有一位醜人。名叫哀駘它。人長得十分醜陋。男人與他相處，都合得來，不想離開。女人見到他，都向父母請求，要嫁他人爲妻，寧可作他的小妾，已不只十幾位。說得上妻妾如雲，並未聽說他自鳴得意，只有聽說他和氣待人。沒有佔他人名位的謙讓。常常是救人急難，無聚錢財，周濟貧困。也不會討好他人，只以和爲貴，從不唱高調。說到才智，也沒有過人之處，無論男女，都很信服他。這個人，必定有異乎常人的地方。所以我召請他來我國，觀看他到底是怎麼樣的人物。結果，他那幅長像，真是奇醜無比，天下少有。可是我與他相處，不到一個月，我覺得此人可堪重用。我的年紀也大了！既然信任他，不如請他作宰相，我也就放心了！當我把授與國政的意思告訴他。他悶了一下，不置可否。難道說我做錯了嗎？最後他還是接受了我的請託主持政事。但是並沒有作多久，仍然辭職離去；我對此事有些憂煩，有一種失落感！我將國家大事屬託他主掌，還不樂意當國，你說他是什麼樣的人物。

　　仲尼曰、丘也嘗使於楚也，適見㹠子食於其死母者，少焉眴若。皆棄之而走，不見己焉爾。不得類焉爾。所愛其母者，非愛其形也，愛使其形者也，戰而死者，其人之葬也，不以翣，資刖者之屨，無爲愛之。皆無其本矣。爲天子之諸御，不爪翦，不穿耳。取妻者止於外，不得復使。形全猶足以爲爾。而況全德之人乎。今哀駘它未言而信，無功而親，使人授己國。唯恐其不受也。是必才全，而德不形者也。

　　【譯】孔子說；我曾經出使楚國時，見到小豬爭食死去的母

猪，但不一會。都跑了！這是爲什麼！在小猪眼裡未看見自己，故不知是同類。但忽然間若有所悟。小猪對母愛，是在牠母子溫存的感受，並未注意到外在的形體。這是內在情感的交應。以外在形式的愛，如戰士死在疆場，在下葬時，棺木上不能有羽飾，被斬足的人不可在棺木中放一雙木鞋，天子內院的嬪妃，不剪指甲，不穿耳洞。娶妻不可職掌外事，更不能給她官職。這些規範，是使他們能保有全德的尊嚴。

現在哀駘它，還未開口，就取得人們的信任。還沒有爲國建功，就獲得大家的親和力。並把國家大事托付給他。還怕他不接受。必定是一位才全，道德內斂不露的高明。

【註】屯通豚，豘子，小猪也。 屯是俗字。

眴，目搖、眩ㄒㄩㄢˋ 亦音舜ㄕㄨㄣˋ 義：昏花。

翣ㄕㄚˋ，是棺木上插的羽飾，天子八、諸侯六、大夫四、士二。有若戲冠的翎子。

屧ㄒㄧㄝˋ 木鞋，同屟。 屨ㄐㄩˋ 痲鞋

哀公曰，何謂才全？

仲尼曰：死生存亡，窮達富貴，賢與不肖，毀譽飢渴寒暑，是事之變，命之行也。日夜相代乎前，而知不能規乎其始者也，故不足以滑和，不可入於靈府，使之和豫，通而不失於兌。使日夜無郤，而與物爲春，是接而生時於心者也。是之謂才全。

何謂德不形？

平者，水停之盛也。其可以爲法也。內保之而外不蕩也。德者，成和之修也。德不形者，物不能離也。

【譯】哀公曰，何謂才全？

孔子曰，無論生死存亡，顯達貧窮富貴，聰明愚笨，毀譽加身，飢渴相煎，寒暑薰蒸，事故變遷，命運不濟，日夜相繼的煎熬，都無法動搖他的初衷。所以無法擾亂他的心神，心靈安靜如常。和悅待人，和諧接物。日夜如常，如物逢春的歡悅，像剛落地的新生兒那麼純潔。這就叫才全。

甚麼叫德不形？

可以說像水停止時那麼平坦，（即是公平）就可以執法，內部安定，外不受波動。所謂德，是和諧的修養功夫啊！什麼是德不形？即是正直不阿，無偏私巧取的正仁君子。有仁民愛物的精神。

【註】和豫，即和悅，豫悅相通，兌即悅，古相通。

滑和，如取巧，投機。

哀公異日以告閔子曰，始也吾已南面而君天下，執民之紀，而憂其死。吾自以爲至通矣！今吾聞至人之言。恐吾無其實，輕用吾身，而亡吾國。吾與孔丘，非君臣也，德友而己矣。

【譯】魯哀公第二天告訴閔子；我以爲自己位高權重，南面稱王。執長人民綱紀，擔心全民生死，自以爲是精通治道的能人，可是昨天聽了孔子的一夕話，才知道自己還未達到這層功夫。小德小知治國，恐怕有把國家帶入危險的困境。我與孔丘先生不是君臣關係，而是德友吧了！

【解】以真我任事，如初生嬰孩，純真、無邪、無惡，面對事物如春生並茂。

即行政，忘卻生死榮辱，功名富貴如浮雲，貧賤艱辛忍辱負重。惟德在和，能泰和，永保安康。

　　闉跂支離無脤。說衛靈公，靈公說之。而視全人。其脰肩肩，甕盎大癭。說齊桓公，桓公說之。而視全人。其脰肩肩。故德有所長，而形有所忘。人不忘其所忘，而忘其所不忘。此謂誠忘。故聖人有所遊。而知為孽，約為膠，德為接，工為商，聖人不謀，惡用之不斲，惡用膠無喪，惡用德不貨。惡用商四者，天鬻也者，天鬻者，天食也，既受食於天，又惡用人，有人之形，無人之情，有人之形，故群於人。無人之情，故是非不得於身，眇乎小哉，所以屬於人也。謷乎大哉，獨存其天。

　　【譯】有那麼一個人，既駝背、還是一個跛腳，頸短胸高，頸上還長了個大瘤，其醜不堪，他竟然到衛國去當說客。衛靈公見他，相談甚歡，並未看待他是一個醜八怪。是以正常人來接待他，忘了它的缺陷。他到齊國去，也受到齊桓公的相同優待，與齊桓公談得很好。這就是說，他有很高的德性，忘了他外表的醜態。一般人只看外表，不知他人的內在美德；如果能忘去形貌的美醜，專注於美德的修養，這叫誠忘（忘形、忘物、忘我）所以聖人是神遊天地，集虛成誠（心）。

　　智出孽生（老子、智慧出、有大偽。）有害。禮法的約束，如膠似漆，使身動彈不得。道德才是和睦共通的寶典，以工巧商賈的計利，是聖人不會考慮的。而且不用智謀才不會有損害，不用膠著去約束就不會有損失。不必以德施恩，才不會認為利益交換。不用商等四計。才是天養，所謂天養，就是吸取自然，不求

他人。既然是養生天受。就不食人間煙火，有人的形骸存在，但沒有人情的糾葛，因他還是人的軀體，故無法脫離群體，由於他與人情已無罣礙，所以是非與他不發生關係。這是眇小的一端。是屬於人間瑣事。要爲大德如天，在去慾去色，忘情、忘我，至虛，至空，與天地同遊。如天之覆，如地之載，方符德業充贏。（德充符。）

　　惠子謂莊子曰，人故無情乎。莊子曰，然。惠子曰，人而無情，何以謂之人。莊子曰，道與之貌，天與之形，惡得不謂之人。惠子曰，既謂之人，惡得無情？莊子曰：是非吾所謂情也。吾所謂無情者。言人之不以好惡，內傷其身，常因自然而不益生也。惠子曰，不益生，何以有其身？莊子曰，道與之貌，天與之形，無以好惡內傷其身。今子外乎子之神。勞乎子之精，倚樹而吟，據槁梧而暝；天選子之形，子以堅白鳴。

　　【譯】惠施對莊子說；人那有沒情感的？

　　莊子說；是的！

　　惠施說；人沒有情感，那怎麼算是人？

　　莊子說；道生人的面目，天生人的形體，當然稱之謂人。惠施曰；既然是人，當然會有情感。

　　莊子曰；那不是我所說的情。我所說的無情，是說對人的好惡，傷害到內在的情性；常常會因你內心不安，對身體是有傷害的。（靜、平、情不蕩、觀止、無憂。）

　　惠施說；我不認爲是如此？（動，易，方生，有物。）

　　莊子說；道生人的面目，是感官的表徵，天賦於人的形體，

是相所立的標示。沒有好惡之分去傷害內在的德業。今天你勞神傷精，疲態畢露，沒精打采，靠在樹上吟唱，坐在梧桐枯木上打瞌睡。上天賦予你這麼好的骨架子，不知珍惜，還在那裡去與人爭長短。自鳴得意。真是不識道務。（情不露外，內斂，情緒冷藏，以柔化虛則無。）

【錄評】上德不德，充於內，自符於外，此中有人。殆未可以貌取也。觀於師弟之契，朋友之交。君臣之合，妾婦之從。道且如是。則夫子兄弟之本以天屬者。無待言也。夫官骸之蔽，撒之所以忘形，智能之矜，蹈之適以敗德，惟內視外觀，無心無物，情來歸性，斯庶幾耳。老子云，外其身而身存。又曰生而不有。又曰或益之而損，然則天鬻天食。所謂元德之充符者，固不在尋常世法中矣！

【解】德充符，本旨是元德充虛，培元養精，化氣全神。天德合其明，善之至也。性命雙修的成果。故道生一，天生二，官能是道門，形體為物，是天受，無美醜，不管是天殘、人殘，都不能影響道根。為什麼？因形體是物，美醜亦外物。心平則善生，性全，為德之本，即是說、莊子主張性善，性即是理，有理才能道通，道通方可德圓。圓即全。故云德充為才全。才全方能和順厚集德馨，安人之心，不忮不求，無情困，故無情，無爭訟，故無是非。當可稱為人間極樂世界。所以莊學要從道學中參悟哲學，不能專以修道養生視之。

自漢末到晉談玄之風起，東吳丹陽葛玄慕仙術始到晉的談玄三大家。玄之姪孫，葛洪承繼仙術，號抱朴子。（著有神仙傳，及碑誄詩賦雜文數百篇，後被收列仙傳的小葛仙。）

向秀，字子期，晉懷人，為竹林七賢之一，好老莊之學，註莊子。

　　郭象繼向秀推而廣之，有謂大半竊取向秀。亦有謂秋水，至樂爲向秀點著未完作品，後爲郭象竊爲自著。今傳世 33 篇爲郭註；其餘十九篇不知何時散佚，今無可考。

　　據藝術誌，晉人註莊子有司馬彪，孟氏皆 52 篇。

　　崔譔，向秀是廿七篇。

德充符　經典釋文音義

　　兀者ㄨㄜˋ　又 ㄐㄧㄢˊ　李云刖足曰兀。案篆書兀介字相似。

　　王駘ㄊㄞˊ　徐又ㄅㄞˋ　人姓名也。從之ㄔㄨㄥˊ

　　相若ㄒㄧㄤ　曰ㄖㄜˋ相似貌，相近也。

　　常季　或云孔子弟子。

　　立不教，坐不議。司馬云，立不教授，坐不議論。

　　虛而往，實而歸，言去時空虛無物。回來卻很充實。指王駘的教學方法，不一定要站著講授，或是坐下來討論。他是以行爲表現，作不言之教。在無形中影響學生。

　　丘也直後而未往耳。李云，自在眾人後，未得往師之耳。

　　而王ㄨㄤˇ儼然之意。先生即老師，言王駘儼稱人師。其與庸亦遠矣！與凡庸異也。

　　崔云庸常人也。

　　雖天地覆墜　本文作隊ㄓㄨㄟˋ李云大地猶不能變也。況生死也。

　　肝膽　言相互依存，不可分也。亦謂肝膽相照。

　　不見　本作愮ㄓㄧㄝˋ所喪ㄒㄧㄤˊ

　　最之ㄓㄨㄟˋ　徐ㄔㄨㄟˋ　司馬云聚也。

鑑《ㄋㄟˋ　又ㄐㄧㄢˋ　流水　崔本作沫水，云沫或作流。保始之徵　李云徵成也。終始可保成也。　九軍　崔本云，天子六軍，諸侯三軍，通為九軍也。簡文云兵書以攻九天，收九地故謂九軍。自要ㄧㄠˋ六骸　崔云，手足身首。即言四肢百骸也。

假人ㄐㄧㄚˇ借也。徐ㄒㄧㄚˋ通遐。

△申徒嘉　李云申徒氏嘉名

鄭子產　春秋鄭大夫公孫僑字子產。博洽多聞，為政寬猛並濟。

伯昏無人。子產之師。

不違ㄏㄨㄟˊ避也。　齊，平等也，對等。

執政，即執事。　鑑明，言鏡明也。

不當ㄉㄤˋ亡失也。言申徒嘉被刖足。亡即失去一足。知不可奈何？這是知道沒法的事。

羿、后羿也。古之善射者。彀中《ㄡˋ範圍，言后羿箭矢可射擊的地方。謂彀中。

不中ㄓㄨㄥˋ。中的也。怫然ㄏㄨˊ又　ㄈㄟˋ忿也，不快愉。廢然ㄈㄟˋ墮然也，如廢棄貌。

洗我　洗禮之意。洗滌污穢之心。或云消除怨氣。索我搜索，找我的缺點。以貌取人。蹴然ㄘㄨˋ不安貌。

△叔山無趾　李云叔山氏無趾名。

踵ㄔㄨㄥˇ見。因無足趾。故走路用足根。

子不謹前ㄐㄧㄣˇ謹慎。　去其ㄐㄩˇ　不為ㄨㄟˋ

前行ㄒㄧㄥˊ　語老ㄩˋ　賓賓　司馬云恭敬。

張云猶賢賢也。崔云有所親疏也。簡文云好名貌　賓賓是形容詞，複詞言恭謹守禮。

且蘄ㄑㄧˊ　諔詭ㄔㄜˋ　ㄐㄩㄟˇ　又《ㄨㄟˇ李云諔詭怪異也。

幻怪ㄏㄢˋ　《ㄟˋ　桎ㄓˋ梏ㄎㄨˋ　腳鐐手銬。刑具也。

舍己ㄕㄟˇ捨通。放棄、捨棄也。

一貫《ㄨㄢˋ　言無是無非。貫通，一通百通也。

△惡人　言惡貌，醜也。

哀駘ㄊㄞˊ徐又音ㄅㄞˊ它ㄊㄛˋ李云哀駘醜貌，它名常和ㄏㄜˋ言時常荷在一塊。　惡駭ㄏㄞˋ崔本作駴蓋《ㄞˋ　又ㄐㄢˊ　雌雄合乎前　李云禽獸屬也。

人處ㄔㄨˋ　期ㄐ一年。傳ㄔㄨㄢˊ國。悶ㄇㄨㄣ然李云不覺貌。崔云有頃之間也。氾ㄈㄢˋ同汜音義同。

醜乎　李云醜惡也。崔云愧也。無幾ㄐ一ˇ

與樂ㄌㄜˋ　嘗使於楚也。使ㄕ一ˋ本一作遊，本又直云嘗於楚矣。豘子ㄊㄨㄣˊ豚子，小豬也。

食於一ㄥˇ　注同舊，如字，簡文同。

眴ㄕㄨㄣˋ同瞬。極快的時間，言一轉眼過去。本亦作瞬，司馬云驚貌。崔云目動也。謂死母目動。

翣資ㄕㄚ扇也。武王所造，宋均云武飾也。

李、資、送也。崔本作翣枕ㄎㄢˋ　謂先人墳墓也。

不得復使ㄈㄨˋ　崔本作不得復使人。云不復入直也。文本意言，足受刖刑失去。是不能再長出一隻足的。　形好ㄏㄠˇ。言完整貌。　毀譽ㄩˋ言名譽不好。不舍通捨。以滑《ㄨˋ

於兌ㄊㄨㄟˋ通悅ㄩㄝˋ・　閒ㄒ一ㄢˊ豫。悠閒愉悅也。

無卻ㄒ一ˋ　沒有空間ㄒ一ㄢˊ間隙也。

是接而生時乎心者也。司馬云，接至道，而和氣在心也。李云接萬物而施生，順四時而俱作。　應言氣隨時節生化心念一貫與道妙相承。成其全德。

命之　命天命也。　不形　如水平無狀也。

成和之修　和不滑故成，修此者即為德。德不形　修德聚內，外不蕩心游離也。

閔子　即孔子弟子閔子騫。

闉一ㄣ　郭ㄨ一ㄢˊ　跂ㄐ　郭ㄑㄧˋ支離、形不整也。

無脤　沒嘴唇，兔唇人。

闉跂之離無脤　形容一個醜人，天生六根不全，拐腳兔唇。

說ㄕㄨㄟˋ靈公。公說ㄩㄝˋ　脰ㄉㄡˋ又ㄊㄡ頸也。肩肩ㄐㄧㄣ又ㄈㄣ李云羸小貌，崔云猶玄玄也。簡文云直貌。應言頸短小下陷肩井中。是顛倒句，──其肩脰脰。

甕盎ㄩㄨㄥˊ郭ㄩㄠˋ　ㄩㄤˋ　又ㄩㄤˊ，李云甕盎大癭貌。一般癭病、癭瘤都長在頸上，如懸瓜。惟此人長在胸前。　而知通智ㄓˋ　為孽ㄋㄧㄝˋ妖孽。

約為膠　司馬云約束而後有如膠漆。

崔云約誓所以為膠固。

德為接　司馬云散德以接物也。

工為商　司馬云工巧而商賈ㄍㄨˇ起。

惡用ㄨ　不斲ㄓㄨㄛˊ言未經刀斧鑿痕。

天鬻ㄩˋ又ㄓㄨˋ養也。天食ㄕˋ受食ㄕˊ　厶ˋ沉思厶

免難ㄉㄢˋ　掘ㄑㄩˋ若口ㄛˋ　警ㄠˊ大也。

好ㄏㄠˋ惡ㄨˋ言愛好與厭惡。

益生　言種益於所生之外，助以人為之力。

外乎神　言神馳不守。勞精　言精力疲憊。

據槁梧而瞑，坐在枯槁的梧桐樹下瞌睡。

瞑ㄇㄣˊ假眠也。本作槁木。

堅白鳴。以名家辯論享譽於世。

【解】德充符在於全德之行，不在形貌醜惡，而在內心善與，率性質素。故有王駘與孔子教學之譬言。申徒嘉與子產的鑑明論。再有叔山無趾與孔子論道，哀駘它傳國之說：最後以支離無脈。忘形全德爲尙。

【結語】以惠子之才浪費口舌之辯，不能全神養精，而失其全德之嘆！爲故人憂。

大宗師　第六

　　知天之所爲，知人之所爲者，至矣！知天之所爲者，天而生也。知人之所爲者，以其知之所知，以養其知之所不知。終其天年，而不中道夭者，是知之盛也。雖然有患。夫知有所待而後當。其所待者，特未定也。庸詎知吾所謂天之非人乎？所謂人之非天乎？且有眞人，而後有眞知。何謂眞人，古之眞人不逆寡，不雄成。不謩士，若然者過而弗悔，當而不自得也。若然者，登高不慄，入水不濡，入火不熱。是知之能登假於道也若此。

　　【譯】人應知道，天賦于人的東西是什麼？我們具備了天賦的健全條件，自己應當做些甚麼？懂得這兩句話的意思就夠你享用一輩子。知道怎麼去作，就是把所知道的知識，去長養尙不知道的未來。能夠順利的走完人生道路，不會在中途死亡。這才是聰明的辦法。人一生難免有病患的遭遇，只要你能洽當的醫治，待來日痊癒。未來仍是光明的，成敗如何？是掌控在個人手中。

　　你應知道，人即天，天即是人？這話怎麼說；譬如天給了你一粒種子。你不去培養，它是生長不出東西來的。你培育的功夫，即是天。反過來說；人是天生，你不知如何自我調養，讓他自生自滅，與草木又有何區別。所以作人，就應當作一個真人。世上真的有所謂真人嗎？有的，有了真人，才會有真知。

　　怎麼才稱真人呢？

　　古時候的真人，不怕孤寂，不會強求，不慕虛榮，如果曾經犯點錯誤也不後悔，事情辦得好，也不會自鳴得意。因心靜，膽

壯；所以登高不會懼怕，入水也不怕濡溺，近火也不怕難。像如此鎮定，有大無畏的精神，可以說是得道的高人！所以我們也稱他為真人。

古之眞人，其寢不夢，其覺無憂，其食不甘，其息深深，眞人之息已踵。眾人之息以喉，屈服者，其嗌言若哇。其耆欲深者，其天機淺。

【譯】古時的真人，睡覺不會作夢，平時無憂無慮，飲食粗淡，呼吸深沉，常是通至湧泉穴。一般人的呼吸，只到喉頭，說話像吐痰，哇！吐之聲而已。嗜好欲念都深潛，天機十分淺薄。

【解】踵息是指大週天，氣息抵達湧泉穴後再回升的呼、吸週轉，為什麼說是踵息？因大週天練到某一高度，足根內側的肌肉會振動，（波波擅動如丹田振蕩相似。）

睡覺不作夢，同樣是練出來的，達摩洗髓功也有此方法（因夢也會勞神，但練此法很難）

天機淺，是指人靈性不高，缺乏性全德薄。

古之眞人，不知說生，不知惡死。其出不訴，其入不距，翛然而往，翛然而來而已矣。不忘其所始，不求其所終。受而喜之，忘而復之。是以謂不以心捐道，不以人助天，是之謂眞人，若然者，其心志，其容寂，其顙頯，淒然似秋。暖然似春。喜怒通四時，與物有宜，而莫知其極。

【譯】古代的真人，不談生死的事，生不喜，死不怒，悄悄

的來，靜靜的去，不會忘記人生何義，但不求榮辱同歸，福壽雙全的欲念。出生是高興的事，期年是歸天極樂。這就是不以心凝蝕道，全德的作為，亦不會以人力去奪回天命。所以說；真人的心是信念志一不移的。外貌寂靜穩健。額角高亢，下顎方正（顙頯，面相，天圓地方之說）冷靜像秋天的明亮。熱情有如春天的陽光。喜怒哀樂通四時之氣，非時非地不發。與物相通，地之置宜。旁人不知道它的深淺（如游龍乎）。

【註】翛然，翛ㄒㄧㄠ，翛然，不聲不響，靜悄悄的。

顙ㄙㄤˇ　額角

頯ㄑㄧㄤ ㄋㄨㄟˊ　頰骨，顙頯，是形容人的面相高貴。

捐道，是指道虧。本亦作揖，或作損。

故聖人之用兵也。亡國而不失人心。利澤施乎萬世，不為愛人。故樂通物，非聖人也。有親，非仁也，天時非賢也。利害不通，非君子也。行名失己。非士也。亡身不真，非役人也。若狐不偕，務光、伯夷、叔齊、箕子、胥餘、紀他、申徒狄，是役人之役。適人之適，而不自適其適者也。

【譯】聖人用兵，並非完全取勝，最重要一點，即使失敗了，國家亡了！但人心未失。國家還有復興的一天。為天下利，利民萬世的大德。若是為了一時的仁心與物相通，就不是聖人。遇天時成事的人，也不是賢人。對利害關係要看得透，要放得下，才算是君子。行為與名譽都喪失了的人，是不能稱士人的。犧牲自己志在誠心。若相反，就不算志士。譬如說；像古代的狐不偕、務光、伯夷、叔齊、箕子、胥餘、紀他、申徒狄，這些賢

人，都是志士仁人，是真心誠意的獻出報國之心，行仁取義，或爲國捐軀。從未考慮過自身安危。獻出一片心馨。

【註】狐不偕，是堯帝時的諫臣。

務光是夏末的賢人。

伯夷，是虞舜時典禮官之名，商朝時孤竹君墨胎初之子，名元，夷其諡號，父死時遺命，立叔齊繼之，叔齊兄弟互相推讓，最後棄官逃走，適武王伐商，夷齊叩馬相諫，武王勝得天下，夷齊恥食周粟，餓死首陽山。

箕子是紂王的太師，封子爵，國在箕，故稱箕子，本名胥餘。紂王無道，箕子諫勸不聽，後國亡。周武王時作洪範，封土朝鮮不就。

古之眞人，其狀義而不朋，若不足而不承，與乎其觚而不堅也。張乎其虛而不華也。邴邴乎其似喜乎。崔乎其不得已乎。滀乎近我色也；與乎止我德也。厲乎其似世乎，謷乎其未可制也。連乎其似，好閉也。悗乎忘其言也。以刑爲體，以禮爲翼。以知爲時，以德爲循。以刑爲體也，綽乎其殺也。以禮爲翼者，所以行於世也。以知爲時者，不得已於事也。以德爲循者，言其與有足者。至於邱（丘音義通）也。

【譯】古時的真人，有義行，但不偏不倚，以正義爲本。自給潰乏，不會求人，以自營給養。安然守志，但不自鳴清高。有所行動時，是不得已才會發心。平時都是氣充，神爽。澄明德業，閉關潛修。對世俗不聞不問，超然世外，以忘言無心相對。

處事爲人，體己爲人，謹慎小心。行事風格，以禮讓行檢，

親和大眾。明時務，不懵然草率。一切都遵循道德規範去行事。
什麼是以刑爲體？是你我他之間，誰都不能受到傷害。（德行的
標準）。什麼又是以禮爲翼呢？就是對人和謁可親，彬彬有禮，
有深度修養。什麼又是知時者。即使在不得已的時候化解危機。
以德爲循又怎麼說呢？就是在言詞間，要給人有充裕的餘地，不
但使人滿意，還得讓人有謙恭的敬意，自己不可有高敖的心裡。
這就是德業。

　　**而人眞以爲勤行者也，故其好之也一。其弗好之也
一。其一也一，其不一也一。其不一與天爲徒，其一與人
爲徒。天與人不相勝也。是之謂眞人。死生命也。其有夜
旦之常，天也。人之有所不得與，皆物之情也。**

　　【譯】人若以爲自己是真的天行健的君子，那末他愛好的與
不愛的都是一體無二的，所以說一也是一，不一也是一。爲什
麼？因人都一樣是天生，故法天爲一，人法天爲一是爲人，爲人
就必須爲一，惟一是人的本等，故人以學作人爲惟一。所以說，
天與人是一體的，即一元化。沒有勝負的分別。我們所說的真人
大概就是如此。
　　人的生死是命，晝夜循環是天道自然。而人世無常，都因爲
情物所困，而產生不得已或困阨。

　　**彼特以天爲父，而身猶愛之。而況其卓乎！人特以有
君爲愈乎己，而身猶死之。而況其眞乎。泉涸，魚相與處
於陸。相呴以溼，相濡以沫，不如相忘於江湖。與其譽堯
而非桀也。不如兩忘而化其道。夫大塊載我以形，勞我以**

生，佚我以老，息我以死。故善吾生者，乃所以善吾死也。

【譯】世上的君王，都說他是天子，人民敬仰愛戴，認為他有超人的天賦。人民擁護他，並以生命效忠他。可是他真的有如此的異稟嗎？依我看，不見得罷？

塘裏的水乾涸了！魚跳在陸上叢集在一起，口對口吹泡泡，以水氣存活自己，以涎沫濡潤保命。倒不如忘了江水中悠遊的日子，（忘生、樂死，何必掙扎短命。）大家都讚譽堯帝的賢能，指責夏桀的殘暴。不如兩忘，（人應忘其榮辱。）化虛為道，不是更好嗎？

大地承載我的形骸，生我養我，終老死歸。所以說；對我生存的照顧，至死的收容能妥善的關懷，是這塊大地。這即是天地人為一的道理。大道如一。大德亦如一。

夫藏舟於壑，藏山於澤，謂之固矣。然而夜半有力者負之而走。昧者不知也。藏小大有宜，猶有所遯。若夫藏天下，於天下而不得所遯。是恆物之大情也。特犯人之形而猶喜之，若人之形者。萬化而未始有極也。其為樂可勝計邪。

【譯】譬如我們把一隻船藏隱在山谷中，而這座山很隱密的藏在沼澤地帶，這算是夠隱密了吧！沒想到有一天深更半夜，被一個孔武有力的男子把這隻船背走了。愚昧的人不知這是怎麼回事。就是說人能藏匿，要大小得宜，才能遯世。如果說你把世界藏於天下，你能夠隱藏得了嗎？所以說；遯世不昧，就是這樣

了！也可說凡事都得衡情度物； 不可喜行見色，因人的形色變化，是沒有止境的。你樂意去計算，也無法算得清楚的。

【解】此段比較深奧，（其盜機也！在於時，天運，六合，在練功時，有了消息，而能順應天德，掌控六合，適時竊取天機，這就是盜機。）（因三十六天，層層不同，能握盜機者幾兮！）

故聖人將遊於物之所不得遯而皆存；善夭、善老、善始、善終，人猶效之。又況萬物之所係，而一化之所待乎！夫道有情有信，無爲無形。可傳而不可受。可得而不可見，自本自根，未有天地，自古以固存。神鬼神帝，生天生地。在太極之先而不爲高，在六極之下而不爲深。先天地生而不爲久，長於上古而不爲老。狶韋氏得之以挈天地。伏羲氏得之以襲氣母；維斗得之終古不忒。日月得之終古不息，堪坏得之以襲崑崙。馮夷得之以遊大川，肩吾得之以處泰山。黃帝得之，以登雲天，顓頊得之以處玄宮。禺強得之立乎北極。西王母得之坐乎少廣。莫知其始，莫知其終。彭祖得之，上及有虞，下及五伯。傅說得之以相武丁，奄有天下。乘東維，騎箕尾，而比於列星。

【譯】聖人遊於方物，是所能經天法地，保全天德，立永生根基，使眾生能有完美的生存環境，亦能使他們走完平安的生命坦途。所以天地萬物與他是關係密切，成爲一體無二的化成種因。以道來說，是有情有信的感受，但是牠無爲，（沒有表現任何作爲）更沒有形象存在。道是可以傳承，但沒辦法授受。人能得道，但看不見。這是自古以來就有的。所以說：道先天地生，

有了道，才有鬼神，才有神祇帝君的說法。有了道才產生天地
（自然之天與地球關係）。所以說；道在太極之先並不算高遠。
在六合以下（地球下面）不算太深遠。在天地產生之前就有道，
也不能說太久。得道的人生長在太古時代也不可說太老。例如遠
古時代的狶韋氏得道後可與天地同參。中華文化之祖，伏羲氏取
得天地元氣成道。銀河北斗星得道，永遠明亮高懸，太陽月亮得
道，日夜不息，陰陽相推，滋長萬物。堪坏（崑崙山神。爲道家
三神仙最高位，指頭頂百會穴。）得道，執掌崑崙山系。馮夷
（水神。）得了道，就遊息在廣澤大川。肩吾（山神）得了道封
爲泰山之神（東嶽大帝）。黃帝得道後便升天成神。顓頊得道後
便進入玄天宮爲神。禺強得道以後封爲北極仙翁。西王母得道後
坐擁廣寒宮。無法知道是何時開始，也沒有終止的日期！彭祖得
道後從有虞到五伯時代，活了八百歲。傅說（殷初的宰相，板築
工匠）得道後協助武丁擁有天下。這些得道高人，像羅列天宮的
星宿，永遠光照大地。（傳說傅說是紫微星下凡）

　　南伯子葵問乎女偊曰，子之年長矣！而色若孺子何
也。曰吾聞道矣。南伯子葵曰，道可得學邪？曰，惡，惡
可，子非其人也。夫卜梁倚有聖人之才，而無聖人之道，
我有聖人之道，而無聖人之才。吾欲以教之，庶幾其果爲
聖人乎。不然以聖人之道，告聖人之才亦易也。吾猶守而
告之。參日，而後能外天下，已外天下矣！吾又守之，七
日，而後能外物，已外物矣！吾又守之，九日，而後能外
生。已外生也。而後能朝徹，朝徹而後能見獨。見獨而後
能無古今。無古今，而後能入於不死不生。殺生者不死。
生生者不生。其爲物，無不將也，無不迎也，無不毀也，

無不成也。其名爲攖寧，攖寧也者。攖而後成者也。

【譯】南伯子葵（即子綦）問女偊。你多大年紀了！面貌還像個小娃娃，是如何保養的呢！

女偊回答說；我聽道。

子葵說：道可以學嗎？

偊說；不，不行。你不是這門的人。像卜梁倚有聖人的才具，但沒有聖人的道器。我嗎？有聖人的道貌。但沒有聖人的才幹。我想教你，那不是成了聖人嗎？不然以聖人之道。告訴你如何具有聖人的才幹比較容易點。祂是怎樣修法呢？閉關三日，無思無念，忘掉一切以後，再靜守七天。物欲皆忘，僅存其神，再潛修九天。已達到死生兩亡的境界。精注神全，與天地爲一。時空不動，沒有古今。不生不滅，即使人發殺機（陰符經，人發殺機，天地反覆。）也不會毀滅，能夠長生不滅（不生不滅的）就是永生的境界。

若道之爲物，就會有迎來送往的時程，亦會發生成存毀滅的現象。在此情境中，要不動如山，靜若止水，平明如鏡安寧極樂才可成道。

南伯子葵曰，子獨惡乎聞之，曰，聞諸副墨之子。副墨之子，聞諸洛誦之孫。洛誦之孫，聞之瞻明，瞻明聞之聶許。聶許聞之需役。需役聞之於謳，於謳聞之玄冥。玄冥聞之參寥，參寥聞之疑始，其能聞乎，奚一遠矣。

【譯】子葵說；你不願意聽講道演法嗎？

女偊說；去聽那些說書的人有用嗎？說書的是根據那些吟唱

的人言詞紀錄下來的。（已經失真）那些遊唱的人是聽坊間傳聞編湊而成，傳聞附會的事，缺乏稽考。要有實際的參悟才行，不是在那歌頌贊揚就顯出大道的。要知道，大道是玄之又玄。必須玄冥中參悟，寂寥中求證，方可通達玄義之門，那末離道就不遠了！（有謂，道在師傅，悟在己。）

　　子祀、子輿、子梨、子來。四人相與語，曰，孰能以無為首，以生為脊，以死為尻。孰知死生存亡一體者。吾與之友矣。四人相視而笑。莫逆於心，遂相與為友。俄而子輿有病。子祀往問之。曰，偉哉？夫造物者，將以子為此拘拘也。曲僂發背，上有五管，頤隱於齊，肩高於頂，句贅指天。陰陽之氣有沴。其心閒而無事。

　　跰𨇤而鑑於井。曰，嗟乎，夫造物者，又將以予為此拘拘也。子祀曰，女惡之乎，曰，亡，予何惡，浸假而化予之左臂以為鷄。予因以求時夜。浸假而化予之右臂為彈。予因以求鴞炙，浸假而化予之尻以為輪，以神為馬，予因而乘之，豈更駕哉。且夫得者時也。失者順也。安時而處順，哀樂不能入也。此古之所謂縣解也。而不能自解者，物有結之。且夫物不勝天久矣！吾又何惡焉。

　　【譯】子祀、子輿、子梨、子來（假名）四個人聚在一塊聊天。如果說我們把頭形容為無，脊梁為生命的成長，尻骨是死亡的終點，那麼生死存亡都在這條脊椎骨上。（練氣，氣從丹田出，起點在尻骨，即尾椎末節，督脈起始的基礎。成敗好壞，全在脊椎神經的運動，重大關竅亦系於此經。）大家同意我的說法，我們就結交為朋友。四個人相視而笑，說，好，我們從此就

是好朋友，於是成了莫逆之交（有心修練，就必須要有恆心毅力，不可半途中輟，故稱莫逆。）

　　沒多久，子輿生病。子祀去看他，卷曲萎縮的病容，說；上天造物真是偉大極了！你背上長瘤，還長了五支漏管，使你縮成一團，下巴都縮進了肚臍眼，肩膀凸出高過髮髻，背脊朝天，真是絕妙的一幅好德性。不過，依我看，不要緊，那只是陰陽失調，氣道失常，只要休息幾天就好了！（練時不得法，使陰陽氣錯亂而生病，練氣不但要得法，並且要小心，懂得安全。）

　　腳掌上長了硬繭，弓著背抬足在水井上照看。呀！為什麼造物者，又把你造成一個駱駝人。

　　子祀說；你厭惡這個樣貌嗎？

　　子輿說；我忘了！我有什麼可厭惡的！假如將我左臂變成一隻大公雞，我還能司夜報時！若是把我右手變成一只彈丸（彈，通蟬，以其鳴聲發於腹的振動，兩羽隨之抖動共鳴，如彈琴。）我就憑此本事去打一隻貓頭鷹烤來吃？假如我的尻尾變成一個輪子（供脈息運行），以神為馬（元神為馬，元、乾元，乾為馬），我隨元神元精運轉，就有成就，能握機（時）即可成道，若失敗，便是毀滅，即是說；功成道化，超脫生死關。達到如此境界，七情六慾都不能侵入。此情此境，忘形、忘身，靜極安然，古人對此狀態，稱為縣ㄒㄩㄢˊ解。如果自己不能解脫的，便是物情所衍。即是情節難化。況且物情是無法勝天的，我有什麼可厭惡之心呢？（修心在真，以正（一），通明。）

　　俄而子來有病，喘喘然將死，其妻子還而泣之。子梨往問之。曰，叱避，無怛化。倚其戶與之語曰，偉哉，造化又將奚以女為，將奚以女適。以女為鼠肝乎，以女為虫

臂乎。

子來曰，父母於予東西南北。惟命之從。陰陽於人不
翅於父母，彼近吾死，而我不聽，我則悍矣。彼何罪焉，
夫大塊以載我以形，勞我以生，佚我以老，息我以死。故
善吾生者，乃所以善吾死也。今大冶鑄金金踴躍，曰；我
且必為鏌鎁。大冶必以為不祥之金，今一犯人之形，而曰
人耳，人耳，夫造化者，必以為不祥之人。今一以天地為
大鑪，以造化為大冶，惡乎往而不可哉，成然寐、遽然
覺。

【譯】沒多久子來生病了，氣息奄奄，快要死了！妻子兒女
圍在身邊哭泣。子梨去他家探病。怕家人受驚，耽心死亡。子梨
叫他的家人暫時迴避一下。靠在門框上說，大哉，真是偉大。造
化還真有點弄人，祂使你如此痛楚，又要想法使你安適，是把你
當老鼠肝，還是把你當小蟲的臂膀。

子來說；父母給我這副身形，是命，沒有討價還價的餘地，
只有認命相從。至於時運的好壞，與父母不發生關係，命到盡
頭，死期將近，我若不聽，就是悍夫。他沒有罪過。再說：大地
生我養我，從出生到老死。都能善養善終。還有什麼話可說？

今天有一位冶金巧匠，算是名師，他的手藝一流。生產的鐵
器赫赫有名。他感嘆的說；難道我要作莫邪嗎？（春秋時越國大
夫干將之妻。干將是一位鑄劍的名師，因鑄劍蝕鐵水無法流出，
莫邪說；聽說，以女人祭爐，就會正常。由於時間緊迫，煉鋼鑄
劍，更注意火侯！所以莫邪毫無考慮的跳進爐中，成全了丈夫的
美名。說來也奇怪，熔爐中的鐵水真的即時流出。干將便用此鍋
鋼水鑄成兩把雌雄寶劍，雌劍以妻莫邪為名，雄劍以干將自己為

名。鑄劍處在今浙江莫干山，但劍已失傳，據說：勾踐得到干
將，後流落楚國。）

　　鐵匠師以爲好的鋼鐵是不祥之物。今天我成爲人形，就是
人，人嗎？是天地造化的，我那有選擇的餘地？怎可認爲是不祥
之物呢？今天我們把天視爲一座大紅爐，人的造化，是鐵匠師的
巧手鑄成有何不可？你不願投入鑪中行嗎？夕死朝生，朝生夕死
又有什麼分別。醒醒吧！不要再醉生夢死了！

　　【解】煉丹修行，人各有造化不同，師傅只能傳法，無能傳
道，就是造化的微妙所至，關係在機緣與福份。）

　　子桑戶、孟子反，子琴張，三人相與友。曰，孰能相
與於無相與。相爲於無相爲。熟能登天遊霧，橈挑無極？
相忘以生，無所終窮。三人相視而笑。莫逆於心，遂相與
友。莫然有間，而子桑戶死，未葬，孔子聞之，使子貢往
待事焉。或編曲，或鼓琴，相和而歌。曰，嗟來桑戶乎！
嗟來桑戶乎！而已反其眞，而我猶爲人猗，子貢趨而進
曰，敢問臨尸而歌，禮乎。二人相視而笑曰，世惡知禮
意。子貢反以告孔子，曰，彼何人者邪？修行無有，而外
其形骸。臨尸而歌，顏色不變，無以命之。彼何人者邪？
孔子曰，彼遊方之外者也。而丘遊方之內者也。外內不相
及，而丘使女往弔之，丘則陋矣！彼方且與造物者爲人。
而遊乎天地之一氣。彼以生爲附贅縣疣，以死爲決病潰
癰。夫若然者，又惡知死生先後之所在？假於異物託於同
體，忘其肝膽，遺其耳目，反覆終始，不知端倪。芒然彷
徨乎塵垢之外。逍遙乎無爲之業，彼又惡能憒憒然爲世俗
之禮，以觀衆人之耳目哉！子貢曰，然則夫子何方之依。

曰，丘天之戮民也。雖然，吾與女共之。子貢曰，敢問其
方？孔子曰，魚相造乎水。人相造乎道。相造乎水者，穿
池而養給。相造乎道者，無事而生定。故曰，魚相忘乎江
湖，人相忘乎道術。子貢曰，敢問畸人？曰，畸人者，畸
於人，而侔於天。故曰天之小人，人之君子；人之君子，
天之小人也。

【譯】子桑戶、孟子反，子琴張，三人相交友好。可以說，
君子之交，淡如水，看來很交好，有時若吸若離，相互似助無求
的樣兒。說：誰能登天騰雲駕霧，暢遊太虛，忘掉生死，沒有終
始。三人相對一笑，結為莫逆之交。隔了一段時間，子桑戶死
了！在沒安葬之前，孔子知道這消息，派子貢前去弔喪。他去到
子桑戶喪宅，有的人在編寫歌曲，有的人在彈琴吟唱，詞的內容
大概是歎息子桑歸去。例如，子桑呀！子桑，你已反樸歸真，我
還在世上作人之類的詞句。子貢嘆了一口氣，走進靈堂，對這些
鼓琴歌唱的人說：你們怎麼可以在此歌唱鼓樂？世間有此儀禮
嗎？他們對子貢一笑說：你才是不知道喪禮的人！子貢回去把經
過告訴孔子。他們是些什麼人物？有沒有修養，好像是一群衣冠
禽獸，在死人面前歌唱作樂，臉不紅，筋不漲，真的莫名其妙。
倒底是啥人物？

　　孔子說；他們是方外人？我是方內人，與他們是不同的，派
你去弔祭，是我簡陋了！忘了禮俗也有不同的地方。他們有人的
樣子。但他們缺乏人情世故。自認為遊於天地之間的一縷靚氣！
對人生是一大累贅，好像背上長了一個大瘡。對死亡的看法，認
為瘡熟濃流，是痛苦的解脫。啊！像這樣，又那知生死有先後的
道理。都是假託道說；沒有心肝，瞎眼耳聾之徒，對生死看法與

人不同，恰巧相反，不懂禮法？茫然傍惶在塵世以外，自稱逍遙事業。他們對世俗禮儀毫不在乎。那裡還管他人指東画西。什麼觀瞻都不顧？

子貢說：那末老師以爲如何？

孔子說：唉呀！我是受天譴的人？雖然我與你是共業？

子貢再問，我們到底是屬於方內，還是方外？

孔子說：魚與水是天設相造，不能缺一。人則是道與相設，故人不可離道而相勃。與水相造是築地潴水養魚。與道妙造，是忘物無我鎮定安穩。所以說魚忘江湖，人則忘去道術（人無道術，如何修道，魚無江湖的水，如河悠遊。存活都不可能。這兩句話是反諷語。魚是物，道是形而上的玄理，是兩極的事，不可相提併論。）

子貢又問，什麼是畸人？

孔子說；畸人嗎？與常人不同的人，他們自以爲是天受、天養。（獨特的行爲，不與世俗的人相涉。人生觀不同流俗。以天德合立命。可稱修道的「道人」故說他們是方外人。）故說；他們都是天下的小人。人是要有禮有節，才是君子，能守禮尙義的君子，是不是也同他們一樣，亦是天下小人。（道不同不相爲謀，形而上，形而下是兩個層次，切不可等量齊觀，差之毫釐，失之千里。往往許多學者將神學、哲學、理學混爲一譚。中國哲學與西洋哲學，科學去比較論斷，都是錯誤的！爲什麼？中國的學術思想，無論是儒或道，必需築基在修爲與學相垳，而兩家層次完全相反，若只在紙上談兵，永遠糾結不清。中國的驗證是天地與人貫通惟一的脈法綱紀。與西洋的科學驗證層次更遠。完全在形而下之的物去追求。故形成今日的放任主義，貪得無厭，在慾壑中無止境的追求，向地球人完全自我毀滅的路途上奔跑。）

顏回問仲尼曰，孟孫才其母死。哭泣無涕，中心不感，居喪不哀，無是三者。以善喪蓋魯國。故有無其實。而得其名者乎！回一怪之。

仲尼曰，夫孟孫氏盡之矣。進於知矣。唯簡之而不得。夫已有所簡矣。孟孫氏不知所以生，不知所以死。不知就先，不知就後。若化爲物；以待其所不知之化已乎？且方將物化，惡知已化哉！方將不化，惡知已化哉。吾特與女其夢未始覺者邪！且彼有駭形而無損心。有旦宅而無情死。孟孫氏特覺人哭亦哭。是自其所以乃？且也，相與吾之耳矣！庸詎知吾所謂吾之乎？且女夢爲鳥，而厲乎天。夢於魚而沒於淵。不識今之言者。其覺者乎？其夢者乎？造適不及笑，獻笑不及排，安排而去化。乃入於寥天一。

【譯】顏回問孔子說；孟孫才母親死。哭喪不哀戚，乾哭無淚，心中不夠哀傷，居喪期不夠嚴肅。這三項表現都很差。還說我們魯國的喪禮最完善，是虛有其表，還是真有其事。（因孟孫氏是魯國大夫，應是禮教最好的人家）我覺得很奇怪？

孔子說；孟孫氏當然很了解，他有進一層的想法。是希望簡單不鋪張，最好哭泣都免了，以減輕家人負擔。孟孫氏生死看得很透，所謂不知生，焉知死？命有定數，長短不同，與個人造化相異。若是人死爲物化，就讓它隨時間的到來，自然化去就好了！那有將被物化，又怕被物化的道理？尚未化去，又怕已經化去。這種反覆無常的心裏，是常人易犯的毛病。我們都是大夢未醒的常人。孟氏現在只見屍骸，但他的善心仍然存在。好像早上

外出，晚上又回到家一樣。（即是說；精神仍在，他的靈魂歸位。）得到永生。

孟氏如果覺得他們在哭泣，自己也在跟著哭，這是想當然耳的憶斷。你那知道我即是我，我又是誰呢？譬如你夢見自己變成一隻鳥，飛行在天空暢行無阻。或是變成一條魚，悠遊在深水中那麼自在。你不知我今天所講的意思，那是夢幻泡影，還是覺醒悟道的明人呢？凡事都得適可，如笑與不笑都是一樣，想笑笑不出來，不想笑卻已經笑了！所以說人死後的安排，要恰當，都是歸去寂寥天國，誰都如此？

【解】儒家樂生好死，禮儀隆重，世俗如此。

道家，悲生樂死？生是負擔，死是解脫。

兩家基本認知的不同是，儒以禮法治世，講品級、講排場。人在世無形的束縛中受盡折磨，被人役使，為上者役使下民，認為這是禮法當然。

道家崇尚自然，不受人為約束，故主張無為。逍遙自在，解脫一切束縛。但不放任，以不取，無欲、正己、修身，避禍不爭，去解決社會紛爭是非。厭惡繁文縟節。一切尚簡，看破生死關，回歸自然。

意而子見許由。許由曰，堯何以資女？意而子曰；堯謂我女必躬服仁義，而明言是非。許由曰，而奚來為軹。夫堯既已黥汝以仁義，而劓女以是非矣！女將何以遊夫。遙蕩恣睢轉徙之塗乎？意而子曰，雖然，吾願遊於其藩。許由曰，不然，夫盲者，無以與乎眉目顏色之好。瞽者，無以與乎青黃黼黻之觀。意而子曰，夫無莊之失其美，據梁之失其力。黃帝之忘其知，皆在鑪錘之間耳。庸詎知夫

造物者不息，我黥而補我劓，使我乘誠以隨先生邪！許由曰，噫，未可知也？我爲其女言其大略。吾師乎！吾師乎！鳌萬物而不爲義，澤其萬世而不爲仁。長於上古不爲老，覆載天地，刻雕眾形而不爲巧，此所遊己。

【譯】許由的學生意而去拜見老師。

許由說；你在堯帝座前學到些什麼？

意而子說；堯王對我說；你必須躬身仁義，明辨是非。

許由說；你來我這兒有啥小事。堯帝既然把仁義刻在你的臉上，用是非割去你的鼻子。你如何去雲遊四方，在受制於道路方向的目標。你有轉換的能力嗎？意而子說；雖然有些限制，但我還是願意去試試：

許由說；不然。瞎子對容貌眉目姣好是看不見的。對衣服是青色或黃色也分不清楚（瞽！盲，都是瞎子）

意而子說；女人沒有化妝，就失去美感，大力士蹲在梁上就失去了他的力量，黃帝忘掉智慧，都是在爐火錘煉的功夫而已（修道亦如爐火錘煉寶劍一樣。）你那裡知道要造就一件事，是要有自強不息的精神才能完成的。雖然我被黥刑。（在臉上刺字，謂黥形，割去鼻子，爲劓形。）我也能將臉部的難看去彌補沒有鼻子的缺點，（都是假設，可以如此說。）我同樣可以追隨老師修道。

許由笑了！噫！那未必如此？不過我可以對你說些大要，要師法所師之事。你要記著，能調和萬物不可說是義。能夠使萬世的人受惠亦不可說是仁。即使上古的人活到現在，也不可稱老。能夠載天覆地，形塑眾生像也不能說巧。這就是你所要學的要義。（此師，是言師法，學習）

【解】道無終始，不生不滅。無情、無義。老子云，「大道廢有仁義」。要能絕聖棄智。無心，才可修成正果。

顏回曰，回益矣。仲尼曰，何謂也，曰，回忘仁義矣，曰，可矣，猶未也。它日復見。曰，回益矣，曰，何謂也。曰，回忘禮樂矣，曰，可矣，猶未也。它日復見，曰，回益矣，曰，何謂矣！曰，回坐忘矣。仲尼蹴然曰，何謂坐忘？顏回曰，墮肢體，黜聰明、離形去知，同於大通。此謂坐忘。仲尼曰，同則無好也。化則無常也，而果其賢乎，丘也請從而後也。

【譯】顏回說；我受益匪淺！

孔子說；爲什麼？

顏回說；我已經忘掉仁義了！

丘，可以哪！但還不行，過不了多久，還會看到！

回，受益了！

丘，爲什麼？

回，我已忘了禮樂哪！

丘，可以！還不成？沒多久，你還是會看到？

回，益處良多！

丘，啥事？

回，我已能坐忘了！

丘，猛然醒覺，甚麼叫坐忘？

回，全身放鬆，身軟如泥，忘去聰明智慧，忘我形骸與知覺，同死木槁灰。（禪定時的大定。）大洞通明，一切化無。這就是坐忘。（練靜坐，先要求入定，能入定，再要求大定。可以

數日不吃不喝。近聞印度一位八十三歲老人，自云被異人傳授，七十年未飲食。當然社會認爲無稽，後經其某軍醫院實驗，監控十五日，除洗臉漱口洗澡外沒吃任何東西，也沒上廁所。只靜坐一室—瑜珈術）。

　　丘，混同無私，道化無常，神鬼莫測？能如此，可達聖境，我孔丘也想跟隨腳步，跨入聖門？

　　子輿與子桑友，而霖雨十日。子輿曰，子桑殆病矣！裹飯而往食之。至子桑之門。則若歌若哭，鼓琴曰，父邪！母邪！天乎人乎，有不任其聲，而趨舉其詩焉：子輿入曰，子之歌詩，何故若是，曰，吾思夫，使我至此極者，而弗得也。父母豈欲吾貧哉。天無私覆，地無私載。天地豈私貧我哉？求其爲之者，而不得也。然而至此極者，命也夫？

　　【譯】子輿與子桑交好；下了十天的霖雨，聽說子桑病得很嚴重，於是子輿帶了飯包去探病。走到子桑的門外，聽到裡面哀號痛哭，悲聲淒苦，呼天強地，以至聲嘶！啞叫，可說是使人同灑一把淚的困境。

　　子輿走進去問，你們爲什麼哭得如此傷心！他太太說；我思念丈夫至極，今天弄得如此窮困撩倒，父母那肯讓我們窮到這步田地？不是說，天公是大公無私的嗎？地母不棄知愚嗎？爲什麼天地那麼不公平，使我家最窮，我想作一個有自給自足的人都辦不到？然而使我家窮迫到極點，難道這真是命嗎？

　　【解】不可怨天尤人，貧窮富貴，命造隨心，惟修德至善，可改變命運，不可依賴命運，更不能消極認命。

　　大宗師；從天人合一養身，練氣，練精，明心，見性，忘情、忘我，至於至善。

　　從道術、道法，如何開悟至大通。以坐忘，離形去智，同於大通。入聖教之法，臻於化境。能得此法，修成正果，故稱大宗師。

　　【錄評】大道不二，聖聖相承。顛倒眾生，迷於幻象漆園真人以贊道，贊道實以勵人知求其真也。夫真人者，其生也天行，其死也物化。哀樂不入，靈覺乃出。渙然大通。以視達觀，待盡者流，跡若同，中時異也。老子曰，人法地，地法天，天法道，道法自然。順其自然者而求之。庶乎不離其宗，能自得師者與。

　　大宗師，師何人？法天、法地，法古先聖賢，以得到真人為楷模，從心性修養開始，不為世俗框架拘束。掙脫一切桎梏。游心於天地之間，與道合，順應自然，化而為一的大法。此為修法大道，以此為師，宗法大門開啟了！

　　（摘自聯合報國際版　聖人 or 奇人　2010. 5.11 日）

　　15 天不吃不喝不拉　印度研究 DNA

　　【編譯夏嘉玲/法新社阿美達巴達 10 日電】

　　印度一名 83 歲瑜珈「聖人」聲稱自己不吃不喝長達 70 年，引起印度軍方研究興趣。這名老翁在 15 天嚴密監視期間果真滴水未進，也未吃東西沒上廁所，健康檢查卻完全正常。研究人員驚訝不已，已採樣老翁的 DNA 等作進一步檢驗。

　　印度「國防部研究發展組織」（DRDO）把老翁賈尼（Prahlad Jani）「軟禁」在阿馬達巴德一所醫院，以閉路電視、攝影機日夜跟拍他 15 天，發現他確實完全沒進食，且只有漱口、洗澡時才碰得到水。

實驗 6 日結束後，軍醫掃描了賈尼腦部、多個器官和血管，也檢查了他的心肺和記憶力。神經學家蘇迪爾·沙在記者會表示「觀察期間，檢查報告結果全部在預設的安全範圍。我們還不知道它是怎麼活下來的，這是什麼現象，仍是個謎。」

賈尼已回到印度北部古茶拉底省的村莊，繼續修瑜珈、冥想觀想。他說小時候獲得女神加持，擁有特殊能力。

蘇迪爾·沙說，如果賈尼不是由食物和飲水獲得能量，「他一定是從周遭的來源獲得能量，陽光是來源之一。」他說，身為醫學從業人員，「我們不能忽略各種可能，不能忽略熱量之外的能量來源。」

研究人員已採樣分析賈尼的 DNA（去氧核醣核酸）進行分子生物研究，並檢查報告的荷爾蒙、酵素、能量新陳代謝和基因，結果將再幾個月後公布。

DRDO 希望找出賈尼沒吃沒喝也能生存的奧秘，用來幫助士兵、太空人，甚至在災難時幫助受困者求生。

大宗師　經典釋文音義

天而生　向崔本作失而生。　知稱ㄔㄣˋ

不喪ㄒㄤˋ　或好ㄏㄠˋ　不強ㄑㄤˇ

庸詎ㄑㄩˋ　容許也。　則治ㄓㄧˋ　不薺ㄇㄨˋ　又ㄇㄛˊ

計策也。不慄ㄌㄧˋ　不濡ㄖㄨˊ　登假ㄎㄜˊ　至也

遠火ㄩㄢˇ　有巽ㄍㄞˋ　其覺ㄐㄠˋ　深深　李云內息之貌即呼吸。

以踵ㄔㄨㄥˇ　王穆夜云起息於踵。應言呼吸　降踵（大周天）。

以喉ㄏㄡˊ　　向云喘息以喉為節，言情欲奔競所致。一般人呼吸是用喉為之。

其嗌一ˋ郭云厄厄咽喉也。應言吞也。嚥也。

若哇ㄨㄚˋ形聲，言吞嚥之音。——服氣法嚥氣如哇，聲洪響亮。

其耆ㄩˋ　說生ㄩˋ

惡死ㄨˋ怕死也。不訢ㄒㄣ　又　ㄒㄧˋ　不距ㄐㄩˋ本又作拒李云欣出則營生。距入則惡死。

翛然ㄒㄠ本又作儵　徐ㄕㄨˋ　郭ㄩㄨㄥ　李一ㄡ向云翛然，自然無心，而自爾心之謂。

郭崔云往來不難之貌。司馬云翛疾貌。

猶復ㄏㄧㄡˋ　娟ㄐㄩㄢ　郭作揖。則背ㄆㄟˋ容家，本一作寂，崔本作宗。

其顙ㄒㄤ　崔云額也。　頯ㄑㄨㄟˊ　郭ㄎㄨㄟˋ　李彳ㄣˊ又ㄎㄨㄟˋ權也。王云質朴無飾也。向本作魁　云　頤然大朴貌。

廣雅云大也ㄨㄟˋ。　淒然ㄑ一　煖然ㄒㄩ徐ㄎㄨㄢ亡國而不失人心。崔云亡敵國而得人心。

行名ㄒ一ㄣˋ　福應　應對之對。福報也。

狐不偕　司馬云古賢人也。

務光　皇甫謐云，黃帝時人，耳長七寸。

伯夷　叔齊　孤竹君之二子。箕子胥餘司馬云胥餘，箕子名。見尸子。崔同，又云尸子曰，箕子胥餘，漆身為厲，被髮佯狂。或云，尸子曰，比干也。胥餘其名。

紀他ㄊㄛˋ　申徒狄，殷時人，負石自沉於河。崔本作司徒狄。

皆舍ㄕㄜˇ通捨。

不承　李云迎也ㄘㄣˊ　豫與ㄩˋ疑貌。

其觚ㄍㄨ王云觚，特立不群貌。

邴邴　徐音ㄅㄣˋ　郭ㄆㄣˋ　向云喜貌，簡文云明貌。　崔乎ㄩㄨㄟˋ　徐ㄒㄨㄟˋ　郭ㄑㄨㄟˊ　向云動貌

滀乎ㄌㄨㄛˋ　司馬云、色憤起貌　王云當有德充也。簡文云聚也。ㄒㄩˋ

連乎　李云連緜貌，崔云謇連也音輦ㄋㄧㄢˇ

厲乎　崔本作廣　云苞羅者廣。

警乎ㄨㄠˊ　徐ㄨㄠˋ　司馬云志遠貌。王云高邁於俗也。

似好ㄏㄠˋ　悗乎ㄨㄧㄢˇ　ㄨㄣˊ或作免，李云無匹貌，王云廢忘也　崔云婉順也。

爲循　本亦作脩兩得。　綽乎ㄔㄨㄛˋ崔本作淖

常閒ㄒㄧㄢˊ　夜旦　崔本作靼音胆ㄊㄢˊ　其卓ㄓㄜˋ

敢惡ㄨˋ　知竟ㄐㄧㄣˋ　泉涸ㄏㄜˊ 又ㄏㄠˋ

相呴ㄩ　相濡ㄖㄨˊ本作濾又ㄖㄜˋ　以沫ㄇㄛˋ

譽堯ㄩˊ　大塊ㄎㄨㄞˇ　又 ㄎㄨㄟˋ　徐ㄏㄨㄟˋ

佚我ㄧˋ　於壑ㄏㄜˋ　乃揭ㄑㄧㄝˋ 又ㄑㄞˋ　索所ㄕㄜˋ

爲樂　釋文作無樂ㄌㄜˋ　可勝ㄕㄣ　善夭ㄧㄠ

善少ㄕㄠˊ 否老ㄆㄧˋ　平粹ㄘㄨㄟˋ　又ㄒㄩˊ可傳ㄓㄨㄢˊ

在大極ㄊㄞˋ　之先一本之先未　崔本同。

先天ㄒㄧㄢ　長於ㄊㄤˊ　稱也ㄔㄣˋ

△狶韋氏ㄒㄧ　郭ㄓㄧㄣ　李ㄊㄣˊ　司馬云上古帝王名伏羲釋文本作伏戲氏已襲氣母　司馬云襲入也，氣母元氣之母也，崔云取元氣之本。

維斗　李云北斗所以爲天下綱維。

終古　崔云古久也　鄭玄周禮云終古猶常也。即亘古　不忒ㄊㄜˋ沒有誤差。

堪坏　徐ㄈㄣ崔作邳ㄆㄟˋ司馬云堪坏神名人面獸形，淮南作欽負。

崑崙　崑或作峎ㄎㄨㄣ　ㄌㄨㄣˊ　即崑崙山也。以仙道功言，即顛頂百會也。

馮夷司馬云清冷傳曰，馮夷華陰潼鄉隄首人也。服八石（即煉丹藥材，丹沙黃精…等）得水仙。為河伯。（河神）亦云以八月庚子浴於河而溺死。一云渡河溺死。

大川　河也　崔本作泰川。

肩吾　司馬云山神不死至孔子時。

大山ㄊㄞˋ　黃帝　崔云得道而上天也。

顓頊ㄓㄨㄢ　ㄒㄩˋ　玄宮　李云顓頊帝，高陽氏，玄宮北方宮也（假設的天上宮闕）月令曰其帝顓頊其神玄冥。

禺強ㄩˊ　郭ㄩㄥˊ　司馬云、山海經曰、北海之渚，有神、人面鳥身珥兩，青蛇踐兩赤蛇名曰禺強。　崔云大荒經曰，北海之神名曰禺強。靈龜為之使，歸藏曰（周易以前之易，曰連三曰歸藏。）

昔穆王子筮卜於禺強。案海外經云，北方禺強，黑身手足乘兩龍。

郭璞以為水神，人面鳥身。簡文云北海神也。一名禺京，是黃帝之孫也。

少廣　司馬云穴名，崔云山名，或云西方空界之名。亦云崑崙天池。

西王母　山海經云，狀如人，狗尾蓬頭，戴勝善，嘯居海水之涯。漢武內傳云。西王母與上元夫人降帝美容貌。神仙人

也。

　　彭祖　見逍遙遊注。　　五伯　即春秋五霸ㄅㄚˋ崔李云夏伯昆吾，殷、大彭、豕韋、周。

　　齊恒　晉文

　　傅說ㄩㄝˋ殷高宗賢相。作說ㄩㄝˋ命二篇。

　　武丁　即殷高宗　以夢求得傅說爲相。國大治。

　　乘東維騎箕尾，而此於列星。星經曰，傅說一星在尾上。言其乘東維，騎箕尾之間也。崔云傅說死，其精神乘東維，託龍尾乃列宿。金尾上有傅說星。崔本此下更有其生無父母，死登假三年而形遯。此言神之無能名者也。

　　△南伯子葵　李云，葵當爲綦聲之誤。　　支韻同紐。

　　女偊　徐ㄩˇ李ㄐㄩˊ　亦云是婦人也。

　　年長　ㄓㄤˇ　惡ㄨ惡ㄜˋ

　　卜梁倚ㄩ一ˊ卜姓倚名

　　参日ㄕㄢ三日。能朝彳幺ˊ　徹彳ㄜˋ達妙道也。李夫能洞照不崇，朝而遠徹。

　　不惡ㄨˋ　豁然ㄏㄨㄛˋ　又ㄏㄜˋ

　　殺生者不死。李云殺猶亡也。亡生者不死也。陳注，心死則身生。陰符經所謂人發殺機也。崔云除其營生爲殺生。

　　生生者不生　李云矜生者不生也。崔云常勞其生爲生生。

　　攖　郭一ㄥˊ　徐ㄩㄥˊ　李ㄩㄥˊ　崔云有所繫者也。

　　副墨　李云可以副貳玄墨也。副墨　應言覆言或贅言　亦後敘也意指佚文或逸文。莊以副墨爲假名。

　　洛誦　李云誦通也。苞洛無所不通也。

　　洛誦　應言傳言、傳誦。莊設其疑人也。

　　故崔云此以下皆古人姓名，或寓之耳，無其人也。　瞻明ㄓㄢ

聶許ㄌㄧㄝˋ　　需役ㄒㄩ

於謳ㄩ　又　說書人也。如吟唱詩人。玄冥　瞎子也。

參寥修道之士也。　疑始　發明人也。　研粗雕匠也。

陳注：自副墨至疑始皆寓言。

解：南伯子葵問女偊之章。　是莊周言道學的體悟心法。日久相守、朝徹洞明（大洞經）慎篤一心。擒之者氣。平時參閱書契，多方蒐集材料，研精分析，省悟求真。此書要義，不可等閒視之。若以寓言神話看，則非道中人。

△子祀　崔云，淮南子作永行，年五十四而病傴僂。

子輿　本又作與ㄩˇ　子梨ㄌㄧˊ　子來ㄌㄞˊ

爲尻ㄎㄡ　尾閭骨也。　偉哉ㄨㄟ　向云　美也。崔云自此至鑑于井，皆子祀自說病狀也。

解：注意此三句話的立意。無爲首，生爲脊，死爲尻的一貫性。言人生是從頭開始，像脊骨一樣走下去，走到尻骨時沒有了──即死去。故而引出莊子之生死觀，言生死是一體的。

拘拘ㄐㄩ　又ㄍㄡ言弓背也。人到五十以後，機能萎縮，成了駝背。

（過去民間勞苦大眾即是如此。）

傴僂ㄌㄡˊ　即指萎縮病。──駝背。從駝背引發背疽。發病後愈來愈消瘦，頭也抬不起來，臉頰竟與肚臍相接。肩比頭頂高。於頂　本亦作項，崔本作釘音ㄊㄧㄥ　句ㄐㄩˋ　徐ㄍㄧㄡ

贅ㄓㄨㄟˋ指天　李云句贅，頸椎也。其形似贅言，向上也。

有沴ㄌㄧˋ　徐ㄊㄞˋ　郭ㄌㄧㄝˋ云凌亂也。崔本作璽，云滿也。

沴　應言沴候，意陰陽氣不順，錯亂釀成。

其心閒ㄒㄧㄢˊ　崔以其心屬上句。

蹩鮮ㄅㄧㄢˊ　ㄒㄧㄢˊ　崔作邊鮮　司馬云，病不能行。　故蹩鮮也。

女ㄖㄨˇ惡ㄨˋ　曰亡ㄨˊ無也。　予何惡ㄨˋ　浸ㄐㄧㄣˋ向云漸也。

予因以求時夜一本無求字。　　爲ㄊㄨㄢˇ　鴞ㄒㄠ

炙ㄐㄧㄡˋ　哀樂ㄌㄜˋ　縣ㄒㄧㄢˊ解。　　以莊意　哀樂不入謂縣解。　向云縣解，無所係也。即言沒有任何牽掛。解脫也。

喘喘ㄔㄨㄢˋ　又ㄔㄧㄢˋ　崔本作惴惴。環而　徐ㄏㄢˋ李云繞也。

叱避ㄔㄚˋ　無胆ㄊㄢˇ　崔本作靼　案怛驚也。倚其ㄩˊ　又ㄧˊ

蟲臂　臂亦作腸　崔本同。　　鏌ㄇㄨˊ鋣ㄧㄚˋ鏌鋣　即莫邪也古越名劍。與干將爲雙璧。　鋣ㄧㄚˋ古音。（楚越古音）

大鑪ㄌㄨˊ通爐鼓風爐，煉鐵的爐灶。　惡乎ㄨ

不翅ㄓˋ　文義爲連屬或云能力。　可解ㄐㄧㄢˋ　解脫也。

成然　崔同，李云、成然懸解之貌，或作戌，音恤。簡文云，當作滅。本又作駴ㄏㄨㄚˊ。視高貌，本亦作俄然。以文意言，成然是語助詞，若雖然，或當然。

蘧然　李音渠ㄑㄩˊ　崔本作據ㄑㄩ有形之貌。

覺ㄐㄠˋ　《ㄠˋ（古音蜀音）崔本此下，更有發然汗出一句。云無係則津液通也。崔云營衛（中醫診治術語。）和通，不已化爲懼也。

子桑姓戶名　魯大夫子桑伯之後

子張琴　孔子弟子琴牢亦字子張。

孟之反　孟子反，之或子音誤，魯大夫與孔子同時。

相與　崔云猶親也。或音豫ㄩˋ　相爲或ㄩㄨㄟˊ

爲愛ㄩㄨㄟˋ　撓ㄖㄠˇ　郭ㄒㄠˊ　挑徐ㄊㄠˊ　郭李ㄊㄠ又作ㄓㄠˊ　李云撓挑猶宛轉也。宛轉玄曠之中。簡云循環之名。（撓挑是詞，不可以單字解，意爲柔軟、美貌）。

莫然　崔云定也。

有閒　崔李云頃也。本意作爲間。

編曲　即作曲也　相和ㄏㄜˊ　我猶崔本作獨人猗　哀樂ㄌㄜˋ　惡ㄨ　稱情イㄣˋ

無以命之　崔李云，命名也。而淡ㄉㄢˊ

而離ㄌㄧˊ　而應　應對也。　坦然ㄊㄢˇ

使女ㄖㄨˇ汝　縣ㄒㄧㄢˊ懸也。疣ㄧㄡˊ痣也。疣如豆粒，大小不一。

決癉ㄏㄨㄢ　斷絕瘤患。疽瘡之屬

潰ㄎㄨㄟˋ癰ㄩㄥ　潰爛化濃也。言癰疽潰爛化濃。

端倪　頭緒也。起始也。芒然　即茫然。

彷徨　即徬徨也。猶豫不決貌

塵垢　言凡塵人世。

憒憒ㄍㄨㄟˋ　說文蒼頡篇云，亂也。　以觀ㄍㄨㄢˋ

相造ㄑㄠˋ　詣也。穿池本亦作地。崔同。

畸人ㄐㄧ畸形的人。司馬云不偶也。不耦於人。謂闕於禮教也。李ㄑㄧˊ云奇異也。

而　侔ㄇㄡˊ　司馬云等也。亦從也。相等也。

△孟孫才　孟孫氏、三桓後、才名也。

慼ㄑㄧ憂愁也　哀傷也。

惡知ㄨ　覺者ㄐㄧㄠˋ　駭形　崔作咳，云有嬰兒之形（丹道

胎息法桃康，即言有嬰兒之形）　　旦宅（有言黃庭經之嫣宅）王云旦暮改易宅，是神居也。李本作怛挓，ㄉㄢˊ又ㄉㄚˊ　ㄓㄜˋ云驚惋之貌。崔本作軭宅，軭怛也。

　　所以乃　崔本乃作惡　庸詎ㄐㄩˋ　造適ㄑㄠˊ

　　獻笑　向云獻善也。王云章也。意有適，章於笑。故曰獻笑。

　　及排ㄆㄞˊ　必樂ㄌㄜˋ

　　寥　本亦作廖ㄌㄠˋ　李ㄌㄡˋ

　　天一崔本作造敵不及獻笑。芥不及整安排，而造化不及，眇眇不及，雄漂淦雄，漂淦不及簞筮，簞筮乃入於滲天一。天一（道藏篇首）

　　△意而子　李云賢士也。

　　資女　釋文作資汝。　爲軹ㄐㄧˋ郭ㄓㄣˋ崔云軹辭也。李云是也。

　　黥ㄐㄧㄥˊ古之刑罰，臉上刻字。劓ㄧˋ古刑，割去鼻子。

　　遙蕩　王云縱散也。　恣ㄗˋ　睢ㄐㄩ李王皆云恣睢自得貌復遊ㄈㄨˊ　其藩ㄈㄢˊ　藩籬也亦範圍也。盲者本又作眇音不同，其意一也。　以與音ㄩˋ　之好ㄏㄠˋ　黼黻ㄆㄨˊ　ㄈㄨˋ言縫紉衣裳。之觀ㄍㄨㄢˋ　又ㄍㄨㄢ　無莊據梁　司馬云皆人名。

　　李云無莊，無莊飾也。據梁、強梁也。應言無莊，即沒有裝扮，女人沒裝扮，那來美也。據梁　應言　樑在梁上，直不起腰，無法用力也。強梁是名詞，言盜匪也。（無莊，據梁。皆複詞）

　　鑪錘　釋文作捶　徐ㄓㄨㄟˋ　又ㄓㄟˋ亦音ㄕㄟˋ　李云錘鷗頭，頤口句鉄，以吹火也。崔云盧，謂之瓮捶，當作甄盧，甄之間言，小處也。甄音ㄓㄨㄟ　應言道行ㄏㄥˊ的功夫如鑪錘之

間鍛練出來的。若火功，鍊（鍾鍊）功不夠，是不能入道的。一般言火侯。爐火純青也。

噫一　李云曰嘆聲也。本一作意。

我為整　即ㄐㄧ∨螫　同。或作齏。碎也

長於ㄓㄤ∨　復見ㄈㄧㄡ丶　樂ㄌㄜ丶　慹ㄔㄜ丶　墮ㄒㄨㄟ丶去ㄑㄩ

知ㄓ丶智也。　　坐忘，即言靜坐忘念。

墮肢體，黜聰明，離形去智。原於老子。是道家修練的心法。

△霖雨本又作淋ㄌㄧㄣˊ　左傳雨三日以往為霖。

裹ㄅㄜˊ食即用荷葉包飯。以飯包送食。

有不壬ㄖㄣˊ　而趜ㄑㄨ丶又ㄔㄨ丶

舉其詩焉　崔云不任其聲，憊也。趜舉其詩，無音曲也。

應帝王　第七

　　齧缺問於王倪，四問而四不知？齧缺因躍而大喜。行
已告蒲衣子曰，而乃今知之乎？有虞氏不及泰氏。有虞氏
其猶藏仁以要人。亦得人矣。而未使出於非人。泰氏其臥
徐徐，其覺于于，一以己為馬，一以己為牛，其知情信。
其德甚眞，而未使入於非人。（乾為馬為牛，純陽卦象）

　　【譯】齧缺有一天問王倪；四問四不知。齧缺跳起來哈哈大
笑。跑去對蒲衣子說；我今天才知道，有虞氏不如泰氏。（甚麼
鬼話，有虞被人尊稱泰氏，有虞是帝號，二而一，一而二。誰好
誰壞，這不是鬼話，是什麼。）因為有虞氏還私藏了仁義，以此
手段去要（邀）約人入閣，所以所用的人有些不稱職。泰氏就不
同了，你看他睡覺懶洋洋的，平時對事也蠻不經心的，可是說一
不二，即使作牛作馬，也不在乎，所以對人有情有義，有信實。
有好的道德觀念，所以他從未用錯過人。
　　【註】有虞氏是上古賢君，莊子用一體兩面去贊佩他，說他
不但有仁義，還有高超的道德，名實褒獎不爽。不為物遷，不為
事煩，朗朗乾坤，光明磊落，有光燦照人的德行，才是好的國家
領導人。）

　　肩吾見狂接輿，狂接輿曰，日中始何以語汝？肩吾
曰，告我君人者，以己出經式義度。人孰敢不聽而化諸，
狂接輿曰，是欺德也。其於治天下也，猶涉海鑿河，而使
蚊負山也，夫聖人之治也。治外乎？正而後行，確乎能其

事者而已矣！且鳥高飛以避矰弋之害，鼷鼠深穴乎神邱之下。以避薰鑿之患，而曾二虫之無知。

【譯】肩吾遇見狂接輿。

狂接輿說；日中對你說過什麼話？

肩吾說；他能說些甚麼？我們的主政大人，還不是老套，陳腔濫調的八股勸世文強加於人罷了！誰還聽得進去？只不過是風吹過耳而已。

狂接輿說；這麼說來，他的三令五申之詞，表面文章罷了！不是真有德行的君主。

像他這樣治理天下的人。猶像徒步過海，鑿通江河無成的矇眛。好像蚊蟲背大山那麼不切實際。明君治國，不是搞表面工夫給人看。是要先正己然後行，擘画正確，事務洽當，能利國利民，才是善策。飛鳥高飛，是躲避捕鳥人的線鏢（矰—線繫在矢梢，武人用的線鏢。）小老鼠在神社下面打洞安居，是怕人用煙薰挖掘洞穴。這是最簡單的道理，一個堂堂國君，難道還不如兩隻小動物嗎？

【解】（守藏）領導者，不可只作表面功夫，去搞些雞毛蒜皮的東西，要作實際工作。更不可私心名利。老子說；「生而不有，爲而不恃。」的大胸懷才是治世的賢明人物。

天根遊於殷陽，至蓼水之上，適遭無名人而問焉？請問爲天下，无名人曰去！汝鄙人也，何問之不豫也。予方將與造物者爲人？厭則又乘夫莽眇之鳥，以出六極之外。而遊無何有之鄉。以處壙垠之野，女又何帛以治天下？感予之心爲。

【譯】天根旅遊到殷山南面，走到蓼水的時候，碰到一個不知名的人氏。冷不防問他？你是方才被老天造就的新人嗎？厭煩的時候，乘一隻大鳥漫遊穹蒼，飛出宇宙之外，悠遊在空無所有地方。在那廣大無邊的極地。你用什麼方法去治理天下，能感動我的心嗎？（心神合一如醉如痴。）

【解】無牽無恚，超然於外，以心連心，無你無我，同心一義，坦然相對。無虛實。以道妙化成。這是領導人至高的智慧與修養。

又復問，無名人曰，女遊心於淡。合氣於漠，順物自然，而無容私焉，而天下治矣？

【譯】天根再問無名人？

無名人說：你要淡泊世事，有包容萬物的胸懷。一切順其自然。沒有一點私心。這樣天下就會治理得好。

【解】強調無為而治。老子「我無為而民自化。」

陽子居見老聃曰，有人於此，嚮疾彊梁，物徹疏明。學道不勌，如是者，可比明王乎？老聃曰，是於聖人也。胥易技係，勞形怵心者也。且也虎豹之文來田。猨狙之便，執斄之狗來藉，如是者，可比明王乎？陽子居蹵然曰，敢問明王之治？老聃曰，明王之治，功蓋天下，而似不自己。化貸萬物，而民弗恃，有莫舉名，使物自喜，立乎不測，而遊於無有者也。

【譯】陽子居拜見老子說，有一個人，勇於任事，並對事物洞察清明，並勤奮學道。像這樣的人，是否可以與賢明的領導人相比。

老聃說：他看起來好像很聖明。但是他處事過於重視枝節技巧，是勞心勞神的好人。看起來，像老虎豹子下山，目標顯注，猴子被繫繩上。狸貓被狗追擊，這樣的人，怎麼可以與明君相提並論呢？

陽子居突然問老聃，請問，明君如何治國？

老聃說；明王治國嗎？他的功勞大過天下也不會說，自己居功如何？（今天許多人誇大其詞，如何勤政愛民，政績一籮筐？）體恤人民，賑濟貧困，轉化社會風氣。一點都不露痕跡。決不宣揚自己，而是使天下的人都欣喜快樂。站在高深莫測的位置，神遊於無何有之鄉。

【註】嚮疾！急功，好名。

彊梁，即強梁，意為兇暴之人，後凡暴徒、土匪都稱強梁。

聲通狸，即狸貓。

【解】無為而治，無名之有始，唯物潛移默化。自適於欣喜之門（皆大歡喜。）

鄭有神巫曰季咸。知人之死生存亡，禍福壽夭。期以歲月旬日若神？鄭人見之皆棄而走。列子見之而心醉，歸以告壺子，曰，始吾以夫子之道為至矣。則又有至焉者矣！壺子曰，吾與女既其文，未既其實？而固得道與，眾雌而無雄，而又奚卵焉，而以道與，世亡必信，夫故使人得而相女，嘗試與來。以予示之。明日列子與之見壺子。出而謂列子曰，嘻！子之先生死矣？弗活矣！不以旬數

矣。吾見怪焉，見溼灰焉。列子入泣涕沾襟，以告壺子，壺子曰，鄉吾示之以地文。萌乎不震不正。是殆見吾杜德機也。䷗（復卦。）

【譯】鄭國有一位巫師季咸，人稱他神巫，他知道人的生死存亡、禍福壽夭。對時間說得非常準，某月、某日、某時會發生，神準不爽。鄭國人看見他，非常害怕，遠遠的就躲開他。可是列子見到他，十分心醉，仰慕不已。他回去後告訴壺子。（壺子明林，鄭國人，列子的老師）我以前以為老師的道學已經很高超。沒想到今天還有人比老師更高明？

壺子說；我與你都是言過其實。那裡知道？只是單方面的說法，一羣母雞，沒有公雞，生出的蛋，是孵化不出小雞的。那來的道呀？與世道亢行，炫耀一番，使人信以為真！自從你來我處，認識這麼多年。你看到我受示的東西，就是這麼點點。（䷣明夷、南狩之志，乃得大也。）

第二天，二人又來見壺子。季咸出來對列子說；嘻！你的老師死了！不得活了！大概不出十天吧？我真奇怪，看到溼灰了（溼灰，即石灰，碰到會瞎眼。）列子進到室內哭得很傷心，衣襟都打溼了。

壺子說；你把我埋在坤山之陽。復見其天地之心，等到我度德量機（這兩句比較玄，地（☷）震（☳）正復（䷗）（坤震相重）萌為卦象。待機萌發。）吧！雷動之時

嘗又與來，明日又與之見壺子。出而謂列子曰，幸矣！子之先生遇我也，有瘳矣！全然有生矣！吾見其杜權矣！列子入以告壺子，壺子曰，鄉吾示之以天壤，名實不

入，而機發於踵。是殆見吾善者機也。

【譯】列子第二天又與他去看壺子！季咸出來對列子說；很好，你的老師見到我了！病快好了，完全有生機的樣子。因為我衡量到他很快好起來。

列子進入屋內告訴壺子。

壺子說；昨天我給他看的是身形隔絕，無聲無息的軀殼，今天則是天機由踵而發，是有天壤之別的，而是等到善機抒發的時間到來叫他再來。（進入大寥天，棄絕一切，冥冥恍惚間，踵息振蕩，（雷震之機），打通海底，是為長生不老之象。是為善機緣起矣！）（踵有內外中是陰陽交會處）。

嘗又與來，明日又與之見壺子，出而謂列子曰，子之先生不齊。吾無得而相焉？試齊，且復相之。列子入以告壺子。壺子曰，吾鄉示之以太冲莫勝。是殆見吾衡氣機也。鯢桓之審為淵，止水之審為淵，流水之審為淵，淵有九名，此處三焉？嘗又與來，明日又與之見壺子，立未定，自失而走。壺子曰，追之，列子追之不及，反以報壺子。曰，已滅也已失矣。吾弗及已。壺子曰；鄉吾示之以未始出吾宗，吾與之虛而委蛇。不知其誰何。因以為弟靡。因以為波隨，故逃也。然後列子自以為未始學而歸。三年不出，為其妻爨。食豕如食人。於事無與親，雕琢復朴。塊然獨以其形立。紛而封戎。一以是終。

【譯】列子與季咸長相往來。明天又同去見壺子。他出來告訴列子。你師父心神不定，我沒辦法與他相診。待他心平氣和後

我再與他相看。列子入內請教壺子。

　　壺子說：我給他看的穴是太沖反應微弱，天樞的氣機尙未振動。陰陽氣未平衡，正在等待天衡。運轉鯢魚選擇處所，（居於水深之處，練功要能潛於九淵之下—即是功夫要深）止水的潭淵，流水的深淵。漩水渦流爲太淵。淵有九個名目。此處說了三個。（指練氣時動靜都必須呼吸深長。要沉，要潛於深處。）（太沖屬厥陰肝經。少沖心經，包絡中沖。十二流注法子膽丑肝。）

　　列子最近在師父家走得很勤。有一天又與季咸去壺子家。人還未站定。季咸自然消失。壺子說；快追！可是列子已經追不到了。回來（回神）報告壺子說；沒有了，已消失了！我來不及了！

　　壺子曰我所揭示的是要你守著真性，藏有於無的機竅。你能不吸不離，若有是無，若無似有中去找竅門。在這樣的氣場中是恍恍惚惚，進入泰和狀態。（弟靡──遜伏。波隨──蕩漾。）因此有人視以爲是遜伏蕩漾，抓不著機樞，讓它逃走了！

　　然後列子自感慚愧，經老師這番教誨後，回到家門。大門不出，二門不邁，苦練三年，幫老婆燒火煮飯。粗茶淡飯，無思無爲，無親無故，（靜心潛修。）進入返朴歸真之境，塊然不同，立現仙風道骨之貌。與眾不同。真元已回。具有幾分道氣。可得真傳，受用終身。

　　【解】壺子傳法之章，是內篇最深奧，最難懂。人人皆知精采，如何精采，沒有說得清楚，筆者以五十年功夫。冒天下之大不韙，洩漏幾分天機；以免大家打糊塗仗。無量壽佛。

無爲名尸。無爲謀府。無爲事任。無爲之主。體盡無

窮。而猶無聯，盡其所受乎天而無見得，亦虛而已！至人之用心若鏡，不將不迎，應而不藏，故能勝物而不傷。

南海之帝爲儵，北海之地爲忽，中央之地爲混沌。儵與忽時相與，遇於混沌之地。混沌待之甚善，儵與忽謀報混沌之德。曰，人皆有七竅，以視聽食息，此獨無有，嘗試鑿之，日鑿一竅，七日而混沌死。

【譯】不計名位，不謀爵祿，不攬事物。不耍聰明。若能如此，便有無窮的體悟空間，可以有寬廣的聯兆訊悉。盡其心志，無求德譽。這就是至虛的功夫。賢人用心猶如明鏡透澈，不曲就也不逢迎。以明正相應，決不藏私。故可應萬變不會受到傷害。

南海的主宰名爲火德星君，北海的真宰是玄天上帝。中央之宰爲黃帝。（南方，朱雀，北方，玄武，中央，黃庭 —— 黃婆。是練功三大要樞。成敗關見大穴。）朱雀與玄武的氣場隨時交會，二氣若能通達黃庭。（脾臟）便能完成坤卦（黃中通理）的聖境。南北二星君爲了報答黃婆的大德說；每個人都有七竅（七孔）可以視聽飲食，惟獨我沒有，嘗試每天鑿一個孔。可是到了七天以後黃婆卻死了。

【解】坎離交媾，非朱雀玄武，是朱雀與腎水。玄武雖然是壬癸水。但祂是黑水。非真水。南方離爲真火是心，心與肝通爲木。故爲真火。而腎水即坎卦。

朱雀玄武若以坎離論，交媾氣道完全不同。所得效果亦完全不同。因玄武爲神道，心爲機樞，脾爲意識之門。故打通此門的效果是神情靈機。朱雀與青龍白虎（左右腎）交媾，打通命門至太極，是長生。故效果各異。）

【錄評】大道以無者爲真常。以有事爲應迹。帝王之功，聖

人之餘事也。夫亦應之而已，豈容心哉！

　　內七篇以南冥北冥起，以南海北海止，鯤鵬物也。化則相生。混沌帝也。鑿之乃死。其於五行之妙蘊，三寶之真元，發揮殆盡。作者以道為文，讀者因交悟道，蓋東來之薪幾盡，得南華而大火傳矣。

　　【解】從壺子的傳法之章，知莊周是練家子。以結語論。精於詭辯。證論三反，為絕代哲人。能顛倒眾生，解人幾希。

　　此篇最為難解的是「中央之帝為渾沌。」譯文是按五行木金水火土的方位分。並以實際練丹功夫成效來驗證，並非書生之言。所以與莊周說法有很大出入。

　　以道藏經雲笈七籤，根據「太始經」云「昔二儀未分之時，號曰洪源，溟涬、濛鴻。如雞子狀，名曰混沌。玄黃無光無象，無音無聲，無宗無祖，幽幽冥冥。其中有精，其精甚真。彌倫無外。湛湛空虛，于幽原之中，而生一氣焉！

　　太始經是根據道德經老子推論而來。所以混沌，渾沌，溟涬；濛鴻等名詞都是有根據的。玄黃即引申為中央之帝。土為地，根據天地玄黃，宇宙洪荒。故稱洪源，濛洪。

　　「如雞子狀」是說小雞尚未孵化成形之前，七孔未開之前的胚胎狀態。

　　「其中有精，其精甚真」。應該是母雞與公雞交配後所生的蛋，故精卵在蛋黃中成一白點，這便是元精一氣，二儀未分之時的混沌狀態。

　　孵化時是以熱力激蕩，二氣推移，陰陽二儀隨時間加速，育化胚胎。

　　根據道德經，去智，黜聰明的說法人最好不要有太多的智慧。由於聰明才智，引起是非、奸巧詐騙。不如沒有智能，渾渾

噩噩過一生來得自在。故說不能開竅，七竅一開，產生七情六慾，智慧大開。天下撓攘不堪。所以強調守窮，反璞歸真的思想。在人的社會來說，反智絕慾，是道德思想，這是美好的倡議，若不加勸化、教導，所謂人慾橫流，慾壑難填。天下當然大亂！今天可能已到獸性狂飆的時代。成為非人時代。更加提倡道德教育，推動文明生活，作個像人的安樂社會罷。

　　另一層說法；人回到洪荒時代，只求吃飽、安居，並沒有太多想法，社會競爭力少，貪心也少。是一種清平、純樸的社會，就沒有煩惱。

應帝王　經典釋文音譯

　　△齧缺ㄋ一ㄝˋ　ㄑㄩㄝ　王倪一ˊ

　　蒲衣子　尸子云，蒲衣八歲舜讓以天下。崔云即被衣子，王倪之師也。淮南子曰，齧缺問道於被衣。

　　案北宋李公麟神仙圖卷，即從被衣（蒲衣、被衣、神農始於海中仙山 —— 家有臨本。

　　太氏　司馬云古帝王也。崔云帝王也。李云大庭氏。又云無名之君也。

　　藏人ㄘㄤˊ　崔云，懷人心以結人也。本亦臧ㄗㄤ善也。

　　以要一ㄠ　　所好ㄏㄠˋ　所惡ㄨˋ　之竟ㄐㄧㄥˋ

　　于于ㄩˋㄩˋ　司馬云徐徐安穩貌，于于無所知貌。簡文云徐徐于于寐之狀也。于于是狀聲，御者駛聲趨緩之音也。　日中ㄓㄨㄥ始李云，日中始，人姓名，賢者也。崔本無日字，云中始賢人也。

　　以語女ㄖㄨˇ。汝

出經　司馬云，出行也。經常也。崔云出典法也。

式義度人　式法也　崔云式用也。用仁義以法度人也。

陳注：經常之法式，義理之制度，如三綱五常，皆可以正人也。

以己出經式義度。　應言已經有了的典章制度可以適用。（經式，經典制式。　義度　即儀節禮制。）

欺德，簡文云欺妄也。

涉海鑿河ㄕㄠ╱　李云涉海必陷波，鑿河無成。

奮　本亦作蟲。不勝ㄕㄥ　確乎　李云堅貌。

矰ㄗㄥ　李云罔也。線鏢。或云以絲繫矢射鳥。

鼷ㄒㄧ小山鼠。　熏ㄒㄩㄣ

△　天根　崔本云人姓名也。

遊於殷陽，李云殷山名，陽山之陽。崔云殷陽地名。

司馬云殷眾也。言向南遊也。或作殷湯。

蓼水ㄌㄠˋ水名。　不豫　司馬云嫌不漸豫，太倉卒也。

簡文云豫悅也。大ㄊㄞˋ太初　乘夫ㄈㄨ　莽ㄇㄤˇ　眇ㄇㄠˇ

莽眇　輕虛之狀也　崔云猛眇之鳥首也。取其形而無迹。

壙ㄎㄨㄤˋ　埌ㄌㄤˋ　ㄌㄤˇ壙埌無滯為名也。崔云猶曠蕩也。

無狹ㄒㄧㄚ╱　帠ㄧˋ又ㄩㄧㄝˋ司馬云法也。一本作橜列ㄌㄧㄝˋ

崔本作為　於淡ㄊㄢˊ　徐ㄉㄢˋ　於漠ㄇㄛˋ

△陽子居　李云居名也。子男子通稱。

嚮ㄒㄤˋ　李ㄒㄧㄤ╱疾彊ㄑㄧㄤ╱　梁　崔云所在疾強梁之人也。

李云敏疾如嚮也。簡文云，如嚮應聲之疾，故是強梁之貌。

物徹疏明，司馬云，物事也。徹通也。事能通而開明也。崔

云無物不達，無物不明。應言處理事情，能洞燭先機，明快決擇。

　　不劌ㄐㄧㄣˋ　倦通，音義同。

　　胥　司馬云、疏也。簡文云相也。易ㄧˋ　崔云輕易也。

　　簡文同。　技　徐ㄐㄧˊ　簡文云藝也。即技藝也。

　　係　崔本作繫　怵ㄕㄨˋ釋文林音義同。勞心也。

　　來田ㄊㄧㄢˊ　田獵也。猨狙，猨猴也。亦言獼猴。

　　之便ㄆㄧㄢˋ又ㄇㄧㄢˊ　犛ㄌㄞˊ　李音ㄌㄞˇ　崔云旄牛也。

　　應言獥犬。　來藉。司馬云藉繩也。崔云藉繫也。　應言田獵時帶著猴子，牽著獵狗。今在古畫中仍可見此景。

　　蹵然ㄘㄨˋ　改容之貌。　化貸ㄊㄞˋ　陳注：化貸施也。

　　△神巫曰季咸　李云女曰巫，男曰覡，季咸名也。

　　不憙ㄒㄧˋ　心醉　向云迷惑於其道也。

　　壺子　壺子明林鄭人，列子之師也。　既其文　李云既盡也。

　　得道與ㄩˊ虛字歟。

　　眾雌而無雄，而又奚卵焉。司馬云，汝受訓未熟，故未成。若眾雌無雄則無卵也。　世亢ㄎㄤˋ　相女ㄒㄤˋ

　　示之　本亦作視。崔云示視之也。　嘻　徐ㄒㄧ郭ㄒㄧˋ

　　旬數ㄕㄨˋ　鄉吾ㄒㄤˋ本作鬞　亦作向　崔本作康　云向也。

　　地文　崔云　文猶理也。　不震不正　崔本作不眹不止，云如動不動也。　震卦　震亨、震驚百里，驚遠而懼邇。出可以守宗廟社稷。守正致福也。

　　誠應　應對之應。杜德機　崔云，塞吾德之機　有瘳ㄔㄡ　病好了。功見ㄒㄧㄢˋ　不齊ㄓㄞ齋通音亦同。且復ㄈㄨˋ泊心ㄅㄛˋㄒㄧ

得厲ㄑㄟˋ

管闚ㄎㄨㄟ　小視也，沒有大的眼光。

鯢桓ㄋㄧˊ　司馬云鯢桓二魚名也。簡文云鯢鯨魚也。　桓盤
桓也。崔作鯢拒，云回流所鍾之域也。鯢魚　即娃娃魚，生於
山溪中。是兩棲類，如山椒，有四足，可上樹，叫聲如嬰兒，故
名娃娃魚。是藥膳聖品。今爲保護原始魚種，不准捕食。

淵有九名　淮南子云，有九礎之淵，許愼王云至深也。失一ㄟ
而走。逃逸也。

已滅　崔云，滅，不見也。委蛇　至順之貌，虛應故事。
爲弟

徐音頹ㄓㄨㄟˊ靡　消磨時間。有遜伏之意。波流崔本亦作
波隨。云常隨從之。　弟靡　近似頹廢。波隨，即隨波逐流。

爲其ㄨㄟˋ　妻爨ㄔㄨㄢˋ食豕ㄕˇ

雕琢ㄕㄜˋ　去華ㄐㄩ　塊然　徐ㄎㄨㄞˋ又ㄎㄨㄟˋ

紛而ㄈㄣ崔云亂貌。封哉　崔本作戎，云封戎，散亂也。知
主ㄓˋ通智。無联崔云兆也。

應而不藏　本又作臧ㄗㄤ

儵ㄕㄨˋ　李云喻有象也。　忽　李云無形也。

渾沌　崔云渾沌無孔竅也。李云清濁未分也。簡文云，儵
忽取神速爲名。渾沌以合和爲貌。　應言，生物胚胎未成形之
前爲渾沌。七竅，七孔也。眼耳口鼻爲七竅。七日而渾沌死。崔
云，不順自然，強開耳目也。應言，既然七日之內，開了七竅，
有了官能。渾沌自然消失。

解：壺子與列子之對話，即是壺子對列子的修道傳法。以氣
道循行手腳脈息的主要穴道，內腑臟器反應，即心性守藏法門。
一一作深入解析。如太冲、九淵、三要等。若非行家，何知天鯢

永命。只有咬文嚼字去自圓其說了！

　　太冲莫勝　以易經十二流注法言（血液循形圖，即十二時辰血脈循行時刻）太冲屬厥陰肝經，子時是膽經，丑時才流入肝經。肝是血海，此時對心神精氣影響甚大。往往有奇跡發現，故言殆機。

莊子新解外篇

目　次

駢拇　第八　　馬蹄　第九
胠篋　第十　　在宥　第十一
天地　第十二　天道　第十三
天運　第十四　刻意　第十五
繕性　第十六　秋水　第十七
至樂　第十八　達生　第十九
山木　第二十　田子方　第二十一
知北遊　第二十二

南華經　外篇

駢拇　第八

　　駢拇枝指，出乎性哉。而侈於德，附贅縣疣，出乎形哉，而侈於性。多方乎仁義而用之者。列於五藏哉？而非道德之正也。是故駢於足者，連無用之肉也。枝於手者，樹無用之指也。多方駢枝於五藏之情者。淫僻於仁義之行。而多方於聰明之用也。是故駢於明者。亂五色，淫文章，青黃黼黻之煌煌，非乎？而離朱是已。多於聰者，亂五聲，淫六律。金石絲竹黃鐘大呂之聲，非乎？而師曠是已。枝於仁者，擢德塞性。以收名聲，使天下簧鼓以奉不及之法。非乎？而曾史是已。駢於辯者，纍瓦，結繩，竄

句。游心於堅白同異之間，而敝跬譽無用之言，非乎？而
楊墨是已。

【譯】 駢指是天生的，與道德毫無關係。頭上或身上長的贅
疣，只是多出一點形記。與天性無關。多方面去使用仁義，只是
五內的多餘想法！並不是正當的道德行為。所以說，不管是長在
手上的六指或腳上長的六指，只是多長一塊小肉而已。無論是痣
疣贅肉，都是身上無用之物。附加在七情六欲的內在淫僻事端以
為是仁義行為。真是錯了。多方面使用聰明，還不是多餘的嗎？
所謂：亂五色使人目盲，對青衣黃裳的眩曜，與離婁有何分別。
對音聲的亂性，使人瘋狂。無論金石、絲竹、黃鐘大呂的音符調
諧，不過是大音樂家，師曠的餘韻而已。侈談仁德風氣的人。不
過是道貌岸然的偽君子，鼓動他如簧之舌宣傳其德政。彌補他不
足的法治能力。那不過是曾參、史鰌之輩的空談仁義之士罷了，
如果以辯士來說：那些不著邊際的詞章，只是壘壒、結繩的竄句
遁詞而已。還脫離不了名家堅白同異的老套。這些多餘的廢話，
好像丟在垃圾堆的破鞋，還有什麼用處。也如同楊朱、墨翟的言
詞差不多。

【註】 駢拇：是長在大拇指上的軟骨多餘的小指，故稱六
指。長在足上，則是駢長在小足指上。大多數有駢拇的人是六指
最多，也有人手足均有，最多左右手、左右足均多一指者有，若
超過廿四指的人，筆者未見過。

贅肉：有長在耳上或頸上的多一塊小肉，最恐怖的是鴛鴦
臉，一邊正常，一邊如贅肉，鬆垮下垂（故稱懸贅）甚至在肉上
長許多小疙瘩。更有變色的，有碣色、青色不等。

痣：以黑點、赤色最普遍。

疣：較大粒，如大豆，大者如花生米，凸出在頭頸不同部位，也有長在耳上或手足，身上或腿上的。

以上的贅肉駢拇，痣疣對身體無害，但觀瞻較差。

五藏 —— 即五臟。本文是指七情六欲的邪僻，與修練五行相關的戒律。在不動心，所謂心齋的法門。

所以絕仁，棄智，黜聰明、戒色，避邪，戒貪妄。

離朱 —— 即離婁，黃帝時的（千里眼—神眼。）百步之內，明察秋毫。

擢德塞性：偽道德之名，磨滅天性的發展。

曾 —— 即曾參孔子弟子。史，即史鰍，衛靈公大夫。為璩伯玉用彌子瑕，以尸諫，甚獲孔子讚譽。

楊朱 —— 主張惟我主義，拔一毛而利天下不為與墨子兼愛天下相反。

墨 —— 即墨子主張兼愛天下，磨頂放踵，古代的人民公社，因過餘勞苦而信徒散失四方，成為後世遊俠。

公孫龍子的白馬論為名家（白馬非馬。堅白石論）最具代表性。儒墨兩家最注重名位問題。而是禮法問題。但公孫龍子的白馬論卻是純哲學問題。故莊子評其同異是有獨到之處。

敝跬（《ㄨㄟˇ》跬、趌同，舉步行走的初步，約三尺。

跬譽，邀一時之近譽。虛名。

　　故此皆多駢旁枝之道，非天下之至正也。彼正正者，不失其性命之情。故合者不為駢，而枝者不為跂。長者不為有餘，短者不為不足。是故鳧脛雖短，續之則憂。鶴脛雖長，斷之則悲，故性長非所斷，性短非所續，無所去憂也。意仁義其非人情乎？彼仁人何其多憂也。且夫駢於拇

者，決之則泣，枝於手者，齕之則唬（啼）。二者或有餘
於數，或不足於數，其於憂一也。

【譯】所以說駢枝餘事的論說；不是天下的正道。若是至道
正言，是與性命情懷相關的大正。大經至正，不會因小枝小葉有
傷大德。能合德不問枝節。不管細末。長的有餘剩，短的有不足
之嫌，如能切長補短，並無長短的憂慮。例如魚鳧鳥的足短，若
將它增長。恐怕有違天性吧！鶴足雖然很長，如果把它截短，那
就很悲哀了！因此無論長短都是天生的，不可隨意切割、增長。
杞人憂天是不對的。

【註】鳧脛、鶴脛，是指二鳥的足，長短對比的天性自然，
其用大也。不必杞人憂天。那是多餘的想法。

意仁義其非人情乎！彼仁人何其多憂也。且夫駢於拇
者，決之則泣，枝於手者，齕之則唬。二者或有餘於數，
或不足於數，其於憂一也。今世之仁人。蒿目而憂世之
患。不仁之人，決性命之情而饕富貴。故意仁義其非人情
乎。自三代以下者，天下何其囂囂也。且夫待鉤繩規矩而
正者，是削其性也。待繩約膠漆而固者。是侵其德者也。
屈折禮樂，呴俞仁義。以慰天下之心者。此失其常。然
也，天下有常然。常然者，曲者不以鉤，直者不以繩
（纆），圓者不以規，方者不以矩。附離不以膠膝。約束
不以繩（纆）索。故天下誘然皆生；而不知其所以生。同
焉皆得。而不知其所以得。故古今不二，不可虧也。則仁
義又奚連連如膠膝繩索，而遊乎道德之間為哉。使天下惑
也。夫小惑易方。大惑易性。何以知其然邪。自虞氏招仁

義以撓天下也。天下莫不奔於仁義，是非以仁義易其性
與。故嘗試試論之。自三代以下者，天下莫不以物易其性
矣。小人則以身殉利。士則以身殉名，大夫則以身殉家。
聖人則以身殉天下。故此數子者。事業不同，名聲異號。
其於傷性，以身爲殉一也。

【譯】說仁義，無非是人情事故，你作仁人的事，是那麼多
餘的憂心。況且有駢拇的人，若長在足上，割掉它會痛泣。生在
手上，截了它會號叫。不論長在手上或足上，都是多餘的一塊
肉，或連在一起不可稱數。但是都有切除的憂慮。

今天社會上的那些仁人善士。都是眼光短淺的憂患投機客，
是非仁義的小人。是以性命爲賭注，搏取榮華富貴的饕客。所以
說仁義離不開情分貪欲。

自唐堯虞舜以來，天下攘攘，紛爭畢起。需要典制規章去匡
正人心，這種作法，是剝奪了人的本性。如用繩索捆綁，膠膝粘
固人身行爲的枷鎖。是傷害人民應有的天德。叩首屈膝禮樂之
下。拘泥於仁義，安慰人心。是有失常理的；天下真的有常性
嗎？那末真常是什麼？有的。如曲線不用鉤畫（墨籤），直線不
用線彈（墨斗線）畫圓不必用圓規，畫方的不用矩尺。貼片接
著，不用膠膝。捆扎不必用纏索。所以天下誘因生生不已。他不
知怎麼生的。同樣得到平安的生息。也不知道安樂從那裡來。因
大家都得到安樂的社會。這是古今盛世安和樂利的不二法門。是
人應得的福德天職。不可讓人虧損的。

使用仁義治世，如同用膠膝連綴人心，纏索捆綁人身，限制
他的自由。美其言，說這是道德的規範。使世上的人都迷惑了！
那麼一來，小惑使人改變了生活方向。大惑則使人性易常。你如

何知道它的原因所在呢？自虞舜以仁義招攬天下。天下人都奔命信奉仁義之風，於是有關是非論證，都以仁義為標準，改變了人性的本來面目。我們再進一步來討論；自三代以來（夏商周三代）。天下人都是以物性論世，成了物欲主義的競爭者。一般人以生命求利，士人就以犧牲生命求名。大夫為了保家，以身殉護私，聖人則以美言仁義典範，為天下人犧牲奉獻。古代這些典型聖哲，屈指可數，不過幾人罷了！因為他們的事不同，名號也不同。雖然他們能得後人敬仰，但身殉方法是一致的。失去了真人的本來面目。

【註】齕（ㄋㄧㄝˋ）ㄏㄜˊ　通齧ㄋㄧㄝˋ　咬斷食物，用牙咬食物。

薾目ㄏㄠ，視物紛亂不清。

饕ㄊㄠ　貪食

囂囂：ㄒㄧㄠˋ　ㄨㄠˊ聲　呴「形容詞」ㄋㄩ　縲ㄇㄧㄝˋ繩索

臧ㄓㄤ　男婢。穀ㄍㄨˇ　良家子弟

首陽即首陽山，今河南蒲坂。　俞兒，是古代膳食辨味的名廚。一說是尸子，調味高手。淮南子說是狄牙。一說是易牙。

臧與穀二人，相與牧羊而俱亡其羊。問臧奚事。則挾筴讀書。問穀奚事。則博塞以遊。二人者事業不同，其於亡羊均也。伯夷死名於首陽之下。盜跖死利於東陵之上。二人者所死不同；其於殘生傷性均也。奚必伯夷之是，而盜跖之非乎！天下盡殉也。彼其所殉仁義也。則俗謂君子；其所殉貨財也。則俗謂之小人，其殉一也。則有君子焉，有小人焉！若其殘生損性，則盜跖亦伯夷已，又惡取

君子小人於其間哉。且夫屬其性乎。仁義者，雖通如曾史，非吾所謂臧也。屬其性於五味，雖通如俞兒。非吾所謂臧也。屬其性於五聲，雖通如師曠，非吾所謂聰也。屬其性乎五色，雖通如離朱，非吾所謂明也。

【譯】有兩個不同身分的童子，相約同去放羊，但二人的羊群都走失了！問貧童爲什麼丟了羊？他說：我在讀書。再問富童你怎麼丟了羊群？他說：我在玩遊戲。雖然兩人原因不同，但結果相同，都是失去了羊群。

伯夷餓死首陽山，是爲了義名。盜跖爲了財利，死在東陵之上。二人的死法雖然不同，但殘生傷性都一樣。世人都說伯夷的行爲正當，而盜跖的死是不正當的行爲。難道說：天下所有的人都以身相殉才叫仁義嗎？一般所說的君子，他是爲了財貨以身相殉。與小人爲利身殉有什麼分別。爲什麼還有小人與君子之分？都是殘生損性的不當行爲。人們對盜跖伯夷又分爲小人與君子之別。都是感情用事呀！曾參與史鰌都是精通仁義的人。在我看來，他們也如牧童一樣無知，只不過是有條靈敏的舌頭，能分辨酸甜苦辣辛香的味道。能別五聲律呂的樂手，再高明也不如師曠。但我說的聰明不是這樣的。對五色能如離婁般的眼力，秋毫明辨。並不是我說的那種明徹功夫。

【註】盜跖ㄓˊ，春秋時，魯國柳下惠的弟弟，是當時的土匪頭子，率眾九千人，魚肉百姓，強奪婦女。孔子上東陵山勸降，以仁義說之不聽，被趕下山。

師曠　是晉國大夫，善音律，能通鬼神。據史記載，冀州南和人，生而無目。

離朱，即孟子所說的離婁。黃帝時人，能視百步之外的秋毫

之末。

　　殘生，戕害，自殘、自裁。

　　損性。損害天性。天賦性命是自然的。殘害有違天理。

　　吾所謂臧，非仁義之謂也，臧於其德而已矣！吾所謂
臧者，非所謂仁義之謂也。任其性命之情而已矣！吾所謂
聰者，非謂其聞彼也。自聞而已矣！吾所謂明者，非謂其
見彼也，自見而已矣。夫不自見而見彼，不自得而得彼
者，是得人之得，而不自得其得者也。適人之適，而不自
適其適者也。夫適人之適，而不自適其適。雖盜跖與伯
夷，是同為淫僻也。余愧乎道德。是以上不敢為仁義之
操，而下不敢為淫僻之行也。

　　【譯】我所說的臧（此章的臧，不能再以家僕童子解。應以
收藏的藏解。據崔浩注：臧 —— 好書曰臧。）不是講表彰仁義。
而是講德藏於心的德。我所講的藏隱，不是宣揚仁義之方。是說
天賦人權的秉性。我所說的聰聞，不是說你去聽聞他人的美聲。
是要你自聞心律的自聽。我所說的目明秋毫，不是要你用此眼力
去觀察他人。是要你自身有心明如鏡的清澈。

　　所以說：自己都看不見自己，還能看到他人嗎？能不藏私不
自得，以利人所得，才是得人自助。不是據為己有。使人安心適
意，而不是侵犯他人權益求取個人安適。既是自安人安，不是只
顧自身忘了他人。雖然大盜是壞人，伯夷是賢人，但他們的作法
是偏激的。我很慚愧，對道德沒有貢獻，也不敢操持仁義，更不
敢有偏激的行為。

　　【錄】評　老子曰，不知其名，字之曰道，道且強名，何論

仁義。漆園以駢枝目之，自是解人。

　　駢拇是人身多餘的肉結。用來譬喻社會所說的「仁義」也是多餘的，「仁義」有如人身的束搏，迷惑人心，剝奪了天賦人權與自由，失去人的自然秉性。大家為仁義二字去爭名逐利，以身殉名殉財貨，是一種偏激行為，不合乎天道。有違道德。

　　對修道所行的戒律，聲色犬馬。淫邪惡念都有揭示，以澄心明微為要。

馬蹄　第九

馬蹄可以踏霜雪，毛可以禦風寒。齕草飲水。翹腳而陸。此馬之眞性也。雖有義臺路寢，無所用之。及至伯樂曰，我善治馬。燒之，剔之，刻之，雒之。連之以羈馽，編之以皁棧，馬之死者十二三矣！饑之，渴之，馳之，驟之。整之、齊之，前有橛飾之患。而後有鞭筴之威。而馬之死已過半矣！

陶者曰：我善治埴，圓者中規，方者中矩。匠人曰：我善治木，曲者中鉤，直者應繩。夫埴木之性，豈欲中規矩鉤繩哉。然且世世稱之。曰伯樂善治馬。而陶匠善治埴木，此亦治天下者之過也。吾意善治天下者。不然，彼民有常性，織而衣，耕而食。是謂同德。一而不黨，命曰天放。

【譯】馬蹄可以踏霜雪行遠路，牠身上的毛可以禦風避寒。吃草飲水自由自在，蚊蟲牛蚤，翹腳驅趕，跳躍閃避。這是馬的天性。雖然宮庭有儀門路寢，對牠一無用處。

當伯樂（伯樂是星宿名，即天馬星。職掌天馬。今言伯樂，春秋秦穆公時人，名孫陽。善相馬。）出現，號稱識馬專家。馴馬高手。用火鉗燒馬蹄上的繭，用刮刀削去不平的蹄殼，把燒紅的馬蹄鐵釘在蹄上。再作一個馬籠頭把牠套上，還要加一馬銜勒著牠的嘴巴。把韁繩穿在籠頭上，關在馬廄中，栓在馬槽上。這麼多限制。如此整法，馬已經被整死二三成。再來是饑餓，缺水，驅馳，追趕，等訓練。使牠能整齊畫一。真是前有槽櫪整飾之害，後有鞭搭之苦，已有過半數的馬被整死了。

陶工說：我會燒製陶器，圓的可以用規量，方的可用矩尺測，使你絕對滿意。木匠師說：他的手藝高明。曲的可以任取弧度，鉤畫準確。直的如墨線輕彈，保證畢直。不管是製陶或木器，都能合乎制式，是世世代代相習的手藝。無論是伯樂馴馬，陶工製陶，木匠製器，都有點矯妄過正。我個人認爲。善治天下的人。應當注意到老百姓的習俗常性。他們是織布縫衣。耕種自食。這就叫同德。生活相同一致，但不結黨營私。顧命爲天放（法乎自然，自由自在。故曰天放）崔浩注：牧放於天，故稱天養。）俗稱天養。

【註】蹢 —— 蹄的本字。

陸　通踛、跳也。驈驈，字書作驈，形容馬健。

義臺　義通儀，義臺即儀門。崔浩注靈臺。

路寢　宮室　崔浩注正室

剔ㄊㄧ　剃除，刀削。

羈ㄊㄧㄝˋ　絆也。李音述木作羈。

棧ㄓㄢˋ　馬房，馬廄，都可稱馬棧。因馬槽（餵馬的木槽）是固釘在木架上，馬御下籠頭。把羈繩拴在架上。

皁ㄗㄠˋ　皂的本字。

橛ㄐㄩㄝˊ　馬銜。　埴ㄓˊ　黏土，今名瓷土，高嶺土屬。團土為坯。作陶工序。

筴ㄐㄧㄚˊ　杜注左傳云馬檛也。但鞭筴的詞意，應是用鞭策馬，兩腿筴緊馬腹，才是正解。可能那些注書的夫子們沒有騎馬的經驗。

鉤《又是指鉤繩，曲鉤，是指畫曲線的鉤繩或鉤藤。可任取弧度。

　　故至德之世，其行塡塡，其視顚顚。當是時也。山無
蹊隧，澤無舟梁。萬物群生，連屬其鄉。禽獸成群，草木
遂長。是故禽獸可係羈而遊。烏鵲之巢，可攀援而闚。

　　夫至德之世，同與禽獸居。族與萬物並（竝）。惡乎
知君子小人哉。同乎無知，其德不離。同乎無欲，是謂素
樸。素樸而民性得矣。及至聖人蹩躠（躃）爲仁。踶跂爲
義。而天下始疑矣！澶漫爲樂。摘僻（辟）爲禮；而天下
始分矣。

　　【譯】在至德的時代。人的行爲都是實實在在，沒有虛假，
對事的看法，都平實淡然。在那個時期，山上沒路徑，水澤河
流，沒有船筏，也沒有橋樑。萬物叢生，與鄉里村舍連成一氣。
鳥獸成群，草木茂盛。屋前屋後都有小動物跑來跑去，鳥兒歌唱
飛舞，也可爬樹闚看鳥窩孵化。

　　所以說，在至德的時代，人與鳥獸同居，無分族類，萬物並
作。那裡還有君子小人的分別。大家雖無知蒙昧。但不離德。大
家也沒有什麼欲望。這樣的社會，才是樸素的社群，由於素樸，
才保有純潔的民性。到了出現所謂聖人的時代。畫蛇添腳，倡仁
講義，顛倒眾生，奔波躓行。人心轉變，疑心並起。逸放牽引作
樂ㄩㄝˋ。糾摘邪辟制禮。（浪漫放縱搞音樂。拘束人心製禮
法。）如此一來，天下紛爭迭起。族群分裂。世無寧日了！

　　【註】塡塡ㄊㄧㄢˋ　ㄊㄧㄢˋ　其行塡塡，對行事先有考量，
故形容實在，不虛假。

　　顚顚ㄅㄧㄢ　ㄅㄧㄢ　其視顚顚——是對事情的看法，都能高瞻
遠矚。

禽獸可係羈而遊。此處的羈ㄐㄧ應作停留解。

攀援ㄆㄢ╱　ㄩㄢ╱ —— 攀樹扶枝解，即爬樹。

闚ㄎㄨㄟ　視，看解。

素樸　簡單質樸，素是白色，無污染，說人性如白紙般純潔。樸質地樸實敦厚才是人性的本質，故為真性。

蹩躠ㄅㄧㄝ╱　ㄒㄩㄝ╱，蹩腳貨。差的下等貨色，不及格的東西。

踶跂ㄅㄧˋ　ㄑㄧˊ　小蟲爬行的樣子，此處應以幼稚病解。

這兩詞形容聖人的潑辣話的本意。應是，所謂聖人者都是些不及格的狂人，都犯了幼稚病。歷代注家，不敢得罪世人。把意義作反面解釋。亦是為學的難處。因筆者是痴人直指天心。與莊周同參。

澶漫ㄔㄢ╱　ㄇㄢˋ（李云猶縱逸也）縱放逸樂（ㄌㄨㄛˋ）

摘僻ㄓㄜ╱　ㄅㄧˋ煩碎也。所謂禮是繁文縟節的瑣事。才是莊子本意。

故純樸不殘，孰為犧樽，白玉不毀，孰為珪璋，道德不廢，安取仁義，性情不離，安用禮樂；五色不亂，孰為文采。五音（聲）不亂，孰應六律。夫殘樸以為器，工匠之罪也。毀道德以為仁義，聖人之過也。夫馬陸居，則草食飲水。喜則交頸相靡，怒則分背相踶。馬知已此矣。夫加之以衡扼。齊之以月題。而馬知介倪，闉扼，鷙（騺）曼，詭銜竊轡，故馬之知而能至盜者。伯樂之罪也。夫赫胥氏之時，民居不知所為，行不知所之。含哺而熙，鼓腹而遊，民能以此矣。及至聖人屈折禮樂，以匡天下之形，縣跂仁義，以慰天下之心。而民乃始踶跂好知，爭歸於利，不可止也。此亦聖人之過也。

【譯】所以說純正樸質是沒有缺點的。還要用什麼犧牲祭禮。白玉無暇完整亮麗，五色就不會紊亂。何必再加什麼文采。五音不亂，不必再以六律相和。

那末破壞樸素去製作器用。是工匠的罪過。毀壞道德倡行仁義，是聖人的過錯。

你們想一想，馬生在陸地上，吃草飲水，高興起來，牠們交頸斯靡，樂在其中，若是二馬發怒，屁股相對，馬蹄互踢，勝敗已決。安然無事，馬的知能如此而已。是多麼單純可愛。

爲了要馬拉車，作了衡轅，馬枊爲了整齊畫一，還特別選額顱有白色月形的馬作配。（如二馬或駟馬。無論赤色或黑色都以頭有白月形者爲佳）而馬只有直立怒目的份。有了枊桓還不夠，再加上胸帶、轡頭，口銜勒住牠的嘴不能偷吃。那麼？馬有偷盜的智慧嗎？這些枊鎖扼掣，都是伯樂的鬼主意！真是罪過。

在赫胥氏的時代，人民尚未開化。人還無法造居室。只能穴居，走路只有兩條腿，沒有舟車。嘴裏有東西吃，就覺得很溫馨，肚子吃飽了就可遊玩，人民的知能大概只有這些。

而到了有聖人的時候！要人屈膝折腰行禮樂儀節，來匡制天下人的形態。懸掛仁義招牌，慰藉人民心聲。此招一出，老百姓爭相競逐名利。這種爭名奪利的惡性無法制止。可以說：好智巧取，名利至上的社會禍患，都是聖人的過錯！你說：是嗎？

【註】閑ㄧㄣ扼ㄜˋ通軛──即馬車枊桓。

鷖曼ㄓˋ ㄇㄢˋ應是馬胸前的飾帶。有英雄巾的意思，常有人在馬胸帶上裝一串鈴鐺。籠頭的耳旁也裝耳鈴。

轡ㄆㄟˋ御馬索也，馬韁，韁繩。若以馬的配件來說：應是馬籠頭上的轡口──即鐵鑲。把韁繩穿扣在此小環上。

【錄評】至人治身治民，皆以順其本性爲主。七竅一開，則渾沌立死。老子云：大道廢有仁義。智慧出有大僞，漆園意蓋本此。特推廣以言之耳。

此反樸歸真的旨意，是強調天性自適。不可磨滅本性。致於蒙昧時代渾沌初期的人類，真的與禽獸幾希？反對開竅之說有商榷的餘地。故在應帝王篇，筆者不說開竅之過，只說黃婆之死！爲什麼？因守中是遷涉到中土。土是根生之地，本地不可動，稱之嫣姹，她雖然養育萬物（人身各部位的營養調配。）這是她的天職，既不能易位，更不能轉換，若是，人的生命絕也。這是自然。今日的科技是逆天行事的危險主張。

因老聃主張道法自然，是人類社會的根本。凡違背自然的作法，都是自取滅亡的行爲。今日的貪婪，反智是莊周時代的千百萬倍，破壞了地球環境與太空生存紐帶。不但是智慧出有大僞。更是愚蠢到慢性自殺的田地。若以塞兌反智，歸於葛天氏之民。那也是極端。

胠篋　第十

　　將爲胠篋探囊發匱之盜。而爲守備。則必攝緘縢，固
扃鐍。此世俗之所謂知也。然而巨盜至，則負匱揭篋，擔
囊而趨。唯恐緘縢扃鐍不固也。然則鄉之所謂知者，不乃
爲大盜積者也。故嘗試論之。世俗所謂知者。有不爲大盜
積者乎！所謂聖者有不爲大盜守者乎！何以知其然邪！

　　【譯】有小偷，打開匣子、箱子，摸口袋，開櫃子，竊取財
物。爲了防止偷盜。用縢子綁起，用鎖鎖上。這是一般人的聰明
想法！可是土匪來時，搬櫃，提箱，攜匣，擔袋子，全部拿走。
鄉下的聰明人，唯死捆扎，上鎖不牢固，家中不積財物，大盜無
物可搶，免去損失。以平常來說，世俗平民真的不會積財物防盜
嗎？不見得吧！所謂的聖人，有不爲大盜守財庫的嗎？也未必，
你怎麼知道呢？

　　【註】胠ㄑㄩ篋ㄋㄝ ㄑㄧㄝˋ。篋，是竹編的小箱子，木質叫匣
子。胠篋，不論是竹編縢編，都是彈性，可伸手從旁入箱取物。

　　囊，有皮、布（油布）作的搭囊，背囊。

　　匱ㄋㄨㄟˋ是以木製者為多，大的叫櫃子，小的叫匣子，最
小的叫盒子，都可上鎖。

　　緘縢ㄐㄧㄢ ㄊㄥˊ　封口的繩子。有皮棉麻製品。

　　扃ㄐㄩㄥ　鐍ㄑㄩㄝˋ　陳玄英注鎖鑰。

　　昔日齊國鄰邑相望，雞犬之音相聞。罔罟之所布。耒
耨之所刺，方二千餘里。闔四竟之內。所以立宗廟社稷。

治邑屋州閭，鄉曲者。曷嘗不法聖人哉。然而田成子一旦
殺齊君。而盜其國，所盜者，豈獨其國邪。并與其聖知之
法盜之。故田成子有乎盜賊之名。而身處堯舜之安，小國
不敢非。大國不敢誅。十二世有齊國。則是不乃竊齊國。
并與其聖知之法以守其盜賊之身乎。

【譯】過去齊國與鄰國守望相助，雞犬相聞，漁獲撈捕，鋤
頭耙子耕種二千多平方里。在這塊土地上，建立了宗廟，成立了
國家朝庭。劃定州縣，設立鄉社。何嘗不是效法聖人的辦法治
國。然而田成子弒殺了齊國國君，竊據了王位。如此的強盜叛
賊，不單是竊據了國家。還竊奪了聖人的智能法典。但田成子有
沒有盜賊的名聲？為了大家相處在堯舜時代的安居社會。小國不
敢吭聲，大國不敢討伐。他傳了十二世，擁有齊國的王位。這不
是竊盜齊國是什麼？並用聖人智能法典去保護他的強盜身分。

【註】社稷ㄕㄜˋ　ㄐㄧˋ國家，朝庭。
　　耒耨ㄌㄟˇ　ㄋㄡˋ　　耒即犁頭 —— 前裝鏵鐵，後裝木柄謂犁。
　　耨即鋤頭，為狀聲字。
　　竟ㄐㄧㄥˋ同境，疆界。四竟，即四面的疆界。
　　閭ㄌㄩˊ　古時廿五家為一閭。
　　鄉ㄒㄧㄤ　古代一萬二千五百家為一鄉。
　　誅ㄓㄨ　討伐

嘗試論之。世俗之所謂至知者，有不為大盜積者乎？
所謂至聖者。有不為大盜守者乎？何以知其然邪！昔有龍
逢斬，比干剖。萇宏胣。子胥靡。故四子之賢，而身不免
乎戮。

故跖之徒問於跖曰，盜亦有道乎！跖曰，何適而無有道邪！夫妄意室中之藏，聖也。入先，勇也。出後，義也。知可否，知也。分均，仁也。五者不備，而能成大盜者天下未之有也。

【譯】我們以平常心來說；世俗說的最有智慧的人。那個不是將累積的智能教給大盜。所謂至聖的賢人，誰不是爲盜賊守天下。你怎麼知道呢？例如古時龍逢被夏傑斬首，比干被糾王剖心。萇宏被周靈王腰斬，伍子胥被吳王斬首掛於蘇州閶門。歷史上這四人都是賢人，但不免遭到殘酷的刑戮！

大盜問大盜：說大盜有沒有道法？大盜說：能適用結幫聚眾，當然有道。不懂門道，何以爲盜。偷盜庫藏銀兩，要有智能技巧。猶如聖人的說法，誰先進去，就是勇士。誰能殿後，對夥伴們就是講義氣。對下手的方法，要評估行不行得通。這就得靠智慧。搶到東西，要分配公平。這就叫仁。如果你能有勇義智均仁這五字，你就可以幹強盜這一行，否則你別作夢了！

【註】龍逢　是夏末大夫。被夏傑砍頭。

比干　是糾王的皇叔，為妲姬事力諫被挖心。

萇宏　即萇弘。周敬王時人被讒，被靈王腰斬。

脆ㄊㄛ，裂也。腸流肚破的慘狀。

子胥　即伍員，為西施之諫，被吳王夫差賜死投江。亦說斬首，將頭掛於蘇州閶門。

由是觀之，善人不得聖人之道不立。跖不得聖人之道不行。天下之善人少，而不善人多。則聖人之利天下也少，而害天下也多。故曰唇竭齒寒，魯酒薄而邯鄲圍。聖

人生，而大盜起。掊擊聖人，縱舍盜賊。而天下始治矣。

　　夫川竭而谷虛，丘夷而淵實。聖人已死，則大盜不起。天下平而**无故矣**！聖人不死，大盜不止。雖重聖人而治天下，則是重利盜跖也。爲之斗斛以量之。并與斗斛而竊之。爲之**權衡**以稱之。則并與權衡而竊之。爲之符璽以信之。則并與符璽而竊之。爲之仁義以矯之，則并仁義而竊之。何以知其然邪！

　　【譯】由此看來，好人不得聖人之道是無法成功的。大盜不得聖人之道，也是行不通的。但是天下好人少而壞人多。所以說聖人之道利天下少，而害天下則多。這就是脣亡齒寒的相互關係。魯國與趙國同時到楚國去朝貢。魯國所獻的酒淡，度數不高，反而趙國都城邯鄲被楚國圍攻。明明是魯國的酒不好。而邯鄲卻受無妄之災。這麼看來，是聖人生，大盜蚤賊並起。若沒有聖人就沒有盜賊，天下自然就太平了。

　　溪流水涸處，谷虛陳現，土丘夷平，淵穴填平。那末，聖人死了，大盜就起不來。所以說天下太平是有原因的。若聖人不死，大盜就不能止竭。雖然重視聖人治理天下，但這樣的重用，如同重利引來大盜凶徒。

　　以斗量擔數的積穀糧倉，土匪來時，不但搶光糧食。同時把升斗、扁擔籮筐一塊偷走。秤有稱桿與稱鉈。是用來秤金銀的，但是大盜來時，不但金銀先搶，連稱也一塊搶走。國有符節印璽，以招天下信任。大盜來到，偷去印信，自封諸侯。招告天下。對仁義之說是矯揉做作，但大盜同樣會用如此手法欺騙世人。你如何知道它的源由呢？

　　【註】脣竭　即脣亡，沒有嘴脣，齒寒，即齒冷。是形容

詞。形容彼此依存關係。注意相互依存的戒心。

　　掊擊ㄆㄡˇ ㄐㄧˊ即剖擊，剖開，揭開他的假面具。

　　縱舍ㄓㄨㄥˋ ㄕㄜˇ　縱放、捨──舍通。捨棄，縱捨，驅逐
之意。

　　彼竊鉤者誅，竊國者爲諸侯。諸侯之門而仁義存焉！則是非竊仁義聖知邪！故逐於大盜，揭諸侯，竊仁義，并斗斛，權衡符璽之利者。雖有軒冕之賞弗能勸，斧鉞之威不能禁。此重利。盜跖而使不可禁者。是乃聖人之過也。

　　故曰：魚不可脫於淵。國之利器不可以示人。彼聖人者。天下之利器也。非所以明天下也。故絕聖棄知。大盜乃止。擿玉毀珠，小盜不起。焚符破璽，而民樸鄙。掊斗折衡，而民不爭。殫殘天下之聖法。而民始可與論議。

　　【譯】在這種情勢的社會，法律只能管小老百姓，而造成竊鉤（小東西）者誅（死罪）。竊據國家的大盜不但無罪，還被封王封侯。這種強盜集團，還存在那些假仁假義的門風。這是不是偷盜聖人的智能呢？如此一來，追隨強盜的嘍囉（ㄌㄡˊ ㄌㄨㄛ）眾多，土匪頭竟稱王稱孤。他竊國、竊仁義，田賦稅制，行政權力一併拿去。盜符璽印信號令天下。假仁義治國。你說這是多麼荒謬的事？本來嗎？國家對招安降服的叛徒，設有重賞。但是勸降歸附沒有用。以嚴刑酷法也禁止不了這些大奸大惡的人。由於權位重利所在。大盜的野心是無法歇止的。你說：這難道不是聖人種下的禍根嗎？

　　所以說：魚離不開深水淵澤。國家的利器不可隨便展示出來。什麼是國家利器，就是聖人。若要天下清明，太平安樂。惟

一的辦法，便是世間沒有聖人的智能，就沒有強盜。丟棄美玉，打碎珍珠。就不會招來小偷。燒毀符節，消毀印信。人民純樸簡單，性質無文。剡斗折秤，老百姓就不會起紛爭。毀棄天下所謂的聖法！人民折去枷鎖了，在這無拘無束的社會，大家才可自由自在的討論國是。

【註】擿玉ㄓㄜˊ　ㄩˋ擲玉　殫ㄊㄨㄢˋ　盡……殫殘使……盡。

樸鄙ㄆㄨˊ　ㄅㄧˇ　淺薄，樸質無文。知識淺薄。

擢亂六律，鑠絕竽瑟，塞瞽曠之耳，而天下始人含其聰矣。滅文章。散五采，膠離朱之目。而天下始人含其明矣。毀絕鉤繩，而棄規矩，攦工倕之指。而天下始人有其巧矣。故曰大巧若拙。削曾史之行。鉗楊墨之口。攡棄仁義，而天下之德始玄同矣。彼人含其明，則天下不鑠矣。人含其聰，則天下不累矣。人含其知，則天下不惑矣。人含其德，則天下不僻矣。彼曾史楊墨，師曠工倕離朱者。皆外立其德，而以燿亂天下者也。法之所無用也。

【譯】消毀竽瑟等樂器，把師曠的耳朵塞起來，不讓他聽見。就能保護天下人的耳力。不用青紅搭配，紅白相間，分散這種制式的文采服飾。把離朱的眼睛蒙起來。就可以保護天下人的眼明。把鉤繩墨斗籤尺丟掉，圓規矩尺扔了。把工倕手指斬掉。天下人的技巧都有保障（故老子曰：大巧若拙）。削除曾參史鰌的仁義倡行的言論。封著楊朱墨子的口，排除仁義的矯枉。那末天下的大德就可混同發揮。

大家的眼睛都能含光明亮，天下就不會有損毀問題發生。人

人的耳朵都聰允，天下就沒有憂患可言。人們都具有智能，天下就清明不惑。人人都有高尚德性。社會就沒有邪僻發生。如曾史楊墨，師曠工倕離朱這些奇人巧匠。或仁義之士。根本是德外的人物。是迷惑人心的魔術師。炫耀他的巧妙手法罷了！法律管不了他。真有些失望。

【註】鑠ㄕㄨㄛˋ　鎔化　消毀

竽ㄩˊ　管樂器，竹製如笙，高四尺二寸，卅六簧。

笙ㄕㄥ　與竽同是竹製形相似，共十三管。

擺ㄌㄧˋ　折斷

工倕　相傳是堯時代的巧匠。

攘ㄖㄤˊ　擾亂，侵奪　排斥

玄同　混同的意思，大家都差不多。

累ㄌㄟˇ　勞累，累贅，引申為憂患意識。

知讀智，即智慧。

僻ㄆㄧˋ　邪僻

爚ㄩㄝˋ　熱，火飛，水光閃鑠，引申為炫耀。或炫惑。

子獨不知至德之世乎。昔者容成氏，大庭氏，伯皇氏，中央氏，栗陸氏，驪畜氏，軒轅氏，赫胥氏，尊盧氏，祝融氏，伏羲氏，神農氏。當是時也。民結繩而用之。甘其食，美其服，樂其俗，安其居，鄰國相望，雞狗之音相聞。民至老死不相往來。若此之時，則至治已。今遂使民延頸舉踵。曰，某所有賢者。贏糧而去之，則內棄其親，而外去其主之事，足跡接乎諸侯之竟，車軌結乎千里之外。則是上好知之過也。上誠好知而無道。則天下大亂矣！何以知其然邪？夫弓弩畢弋機變之知多。則鳥亂於

上矣！鉤餌罔罟罾笱之知多。則魚亂於水矣。削格羅落，
罝罘之知多，則獸亂於澤矣。知詐漸毒，頡滑堅白，解垢
同異之變多，則俗惑於辯矣。故天下每每大亂。罪在於好
知。故天下皆知求其所不知。而莫知求其所已知者。皆知
非其所不善。而莫知非其所已善者。是以大亂。

【譯】惟有你不知道上古至德的社會，無論是容成氏，大庭
氏，伯皇氏，或是中央氏，栗陸氏，驪畜氏，軒轅氏，以及赫胥
氏，尊盧氏，祝融氏，直到伏羲氏、神農氏等時代。在那個時
代。老百姓結繩記事，生活簡樸，吃得甘味，穿得舒服。當時習
俗醇樸無華。大家安居樂業。與鄰國相望，雞犬之聲音相聞。大
家各安其分。至與外國老死都沒有交往。像這樣的社會，才是清
明的社會。算是天下大治吧！

今天就不同了！說某處有賢人，人民伸頸踮腳企盼。裹糧追
隨。內則拋棄妻子兒女，外則背井離鄉。足跡跟著諸侯跑。車軌
連結千里以外，這就是上好智取之過了，就算上層誠意交好。但
他無道，好智即奸偽，故天下大亂了啊！

怎麼知道其原因呢？如弓弩的机括，弋繩，觸踏變化多端，
巧妙絕倫。使樹上的鳥兒不安，驚恐亂飛。釣鉤魚餌，魚網，撈
網、蝦籠，各式各樣漁網釣具繁多，故水中的魚，生存空間擾
亂，隨處亂竄。羅網密佈，陷阱處處，強弩獸笰密置。山林濕
地，野獸狂亂奔逃。還有詐騙毒餌施放。人間強詞奪理，狡滑詭
辯。相互混淆，使社會人心迷惑，是非難分，常常造成天下大
亂，其罪過就是人民好智，追求新意。所以大家都想去追求新
知。而不知道去研究已知道的東西，求其更完美。大家都知道不
夠完美。但不知道已經很完美的事物。所以天下大亂了！

【註】容成氏，即容成子，是黃帝時史官，造律曆。列仙傳，容成子自稱黃帝之師，漢書藝文誌。容成子十四篇。大庭氏古國名，在魯內。據唐書，武承嗣傳「驪連栗陸之辰，尊盧大庭之日，時猶朴略，未著圖書」。這四人都是太古時代的曆律星相家。並非古帝王。祝融是顓頊氏之子曰黎，為火官。在地火行之神。其官曰祝融。軒轅，伏羲、神農是上古之帝。

弓，即箭弓。弩，是捕獸彈器，畢弋機變，李云兔網曰畢。繳射（搬弩繫繩、彈射）曰弋。弩牙曰機。（机括）罔即魚網（用手操捕曰撒網）罟（固定張弛如篩，用竹竿撐住網架。）罾，是竹編如縷簍的捕小魚蝦工具，大都置於流水口。夜置，次日取之。笱，竹編如籠，喇叭口肚大。魚蝦進入不易游出。

削格是張捕獸網的繫木（木托）。罝ㄐㄩ詩經周南作兔罝。即捕兔的網羅。當然也能捕其他小獸。罘ㄈㄨˊ兔罝也。呂氏春秋，季春「置罘羅網。」注：「罘射鹿罝也。」漸毒，用毒餌。

頡滑，ㄐㄧㄝˊ《ㄨ狡滑，不可理喻。不正當的詞句。

解垢ㄒㄧㄝˋ《ㄡˋ司馬崔云。懈（通解）垢，詭曲之辭。即詭詐曲解的語言。

故上悖日月之明，下爍山川之精。中墮四時之施。喘耎之蟲，削翹之物。莫不失其性，甚矣，夫好知之亂天下也。自三代以下者。是已，舍夫種種之民，而悅夫役役之佞。釋夫恬淡無為。而悅夫啍啍之意。啍啍已亂天下矣！

【譯】在上遮避了日月的光亮，在下枯竭了山川的精華。中則失調四季耕種作物。飛蛾小蟲，蚯蚓蝸牛，蝴蝶蜜蜂。都失去

了牠的季節本性，亂了季節。像這樣的季候顛倒，都是人爲好智的過錯。

自三代以下，社會敦厚的民風不見了，人人忙碌不堪，都講一些不著邊際的話。忘了恬淡無爲的安樂生活。講得氣喘噓噓。昏頭腦脹，上氣不接下氣。結果；凡事哼哼哈哈，失去主張，這樣一來，天下怎麼不亂呢？

【註】喘耎ㄔㄨㄢˇ耎通軟、軟體動物之屬。

肖翹ㄒㄧㄠˋ　ㄑㄧㄠˊ　飛蛾，蝴蝶，蜜蜂之屬。

佞善於說話。

【錄評】大盜紛然，弭之無術，必至恬澹無爲。而盜乃止。夫盜財盜法，外盜也。寇莫大於陰陽。內盜也，止外盜難，止內盜尤難。得其不止而止之術，則治世治身一以貫之矣。

漆園得柱下心傳。自是道教正宗。與聖門同體異用。原有區別，然其意亦極推重孔子。如齊物論有云，春秋經世先王之志。聖人議而不辨。德充符云，吾於孔某非君臣也。德友而已矣！皆其明證。乃世人不察。於其極意推重處。（重ㄔㄨㄥˊ）輒目爲寓言。於其一二寓言。反謂其有心侮聖。即如此篇。痛詆聖知。暢所欲言。然一則曰，世俗所謂，再則曰世俗所謂。可見所謂。聖且知ㄓˋ者。絕非真聖真知ㄓ。其意已明。明道破。且其本意並不在此。試思弭盜之術。特治世之一端耳。而推其弊，直至日月悖其明，山川爍其精。四時墮其施。萬物皆失其性。反覆申明。務使絕聖棄智ㄓˋ，恬淡無爲。復命歸根，以全其所受。所謂遊於物之所不得。遁而皆存也。然則漆園意中所急欲止者。又豈僅在盜財盜法者哉。謂者既未詳審其本文。又不精求其真旨。而輒捕風捉影。妄肆牴牾（牴牾ㄊㄧˇ　ㄨˇ矛盾的意思）是真聾

者之論音。盲者之辨色也。逍遙遊云，豈惟形骸有聾盲哉。

【讀後】治莊子之大不易，非文字器物的難考。而是心法的艱深，道義的玄妙。故兩千餘年來，著注箋釋，汗牛充棟，能明義，通玄義者幾人？余之愚魯拙劣。更不敢言莊，僅已九牛之一毛的淺見，實言略陳。

胠篋之篇，明爲治世之章。微義在心。盡心、盡性。修心修性。玄義在明。在公，故不爭。以絕聖棄智去淨心。毀斗折衡，不計量測，公而共有，倡天德大義。正四時推陰陽修性歸真。故恬淡無爲。

在宥　第十一

　　聞在宥天下。不聞治天下也。在之也者。恐天下之淫其性也。宥之也者。恐天下之遷其德也。天下不淫其性；不遷其德。有治天下者哉。昔堯之治天下也。使天下欣欣焉。人樂其性。是不恬也。桀之治天下也。使天下瘁瘁焉，人苦其性。是不愉也。夫不恬，不愉，非德也。而可長久者。天下無之。人大喜邪？毗於陽，大怒邪？毗於陰。陰陽並毗。四時不至。寒暑之和不成。其反傷人之形乎！使人喜怒失位。居處無常。思慮不自得。中道不成章。於是乎天下始喬詰卓鷙，而後有盜跖曾史之行。故舉天下以賞其善者不足，舉天下以罰其惡者不給。故天下之大，不足以賞罰。

　　【譯】聽說能寬厚待民，使大家自在安樂，就是安天下。沒有聽過治天下的說法。在的意思是，保持人性的天賦，不讓他失去本質。宥的意思，是怕德性改變，若大家都能以真相聚。不失德風；那還用治之法去管理天下嗎。

　　以前堯帝治理國家的時代，使社會欣欣向榮。人民安樂由性。並不是恬美的。到夏桀統治國家的時期。社會大眾悶悶不樂，很不愉快；人性艱苦。那末，不恬美，不愉快，都是道德的悲哀。要能長遠下去，天下沒有這回事？人們在狂歡大喜中傷了陽氣。在悲痛憤怒中傷了陰氣。所以對陰陽都沒有幫助。形成四季反常，寒暑失調。反而傷害到人的性情丕變。使喜怒失常，居處不定。思維力紊亂，半途而廢，不成條理。那麼，天下太過矯

枉不平。由於社會不平等，才會發生大盜橫行，曾參史鰌等仁義之士的大聲疾呼！那末全國賞善懲惡的辦法都不足。該獎勵的不週全，該懲罰的沒有懲治。整個社會便發生了賞罰不公。

【註】在 —— 自在　宥ㄧㄡˋ　寬恕　淫ㄧㄣˊ　過量，超出，浸淫，此處則以「亂解」。故言亂其性。

遷德ㄑㄧㄢ ㄉㄜˊ　改變其德性。瘁瘁ㄘㄨㄟˋ　病態，勞苦貌

邪毗ㄒㄧㄝˊ ㄆㄧˊ　邪毗 —— 助長之意，大喜屬陽（氣）大怒屬陰氣，故在此的詞意皆以助長解。

喬詰ㄑㄧㄠˊ ㄐㄧㄝˊ　喬通矯，矯詰 —— 責難之意，引申矯枉過正。

卓鷙ㄓㄨㄛˊ ㄓˋ　高超，卓然獨立。引申為不務實際。

自三代以下者。匈匈焉。終以賞罰為事。彼何安其性命之情哉。而且說明邪，是淫於色也。說聰邪，是淫於聲也。說仁邪，是亂於德也。說義邪，是悖於理也。說禮邪。是相於技也。說樂邪，是相於淫也。說聖邪，是相於藝也。說知邪，是相於疵也。

【譯】自從三代以來，天下匈赫，社會不安，為求天下太平，終於使用賞罰律令，獎勵人心，使大家能安心順性作人。如果說：這些賞罰條例是明正的話，恐怕是超出了應有的正當性。如果說是以正視聽，也有誇大聲譽之嫌。若說是行仁之方，可有亂德之僻。若說義行壯舉嗎！也有些悖於事理。若說是禮法嗎！恐怕是相互較技。若說是樂正民風嗎？恐怕恰巧相反，正是助長淫風亂性。若說是聖舉，恐怕有政治藝術的操控吧！如果說是明智之舉。正好相反，都是些痴人狂徒。

【註】此章以禮樂之教暗寓反諷，禮為制人小技，樂為粉飾社會，暗助淫亂。仁義是好名好利的工具。聖智是奇巧耍詐的藝術。這些都是修道人所禁忌的。老子的演法章，戒五味、五色、五音。所謂五味使人心慌，五色使人目盲，五音使人發狂。這是修行人的基本功夫。是主靜的法門，不可動心亂性的忍字功夫。

治世是守藏，潛移默化。不可假藉仁義追名逐利。不能以法敗德，用智反痴即愚，非自得其性。性即理，理在順，自然律也。若以人為則會演變成嚴苛酷法循私不平的律令，危害生靈民命。

天下將安其性命之情。之八者存可也，亡可也。天下將不安其性命之情，之八者，乃始臠卷獊囊而亂天下也。而天下乃尊之惜之，甚矣！天下之惑也。豈直過也。而去之邪。

【譯】使天下的人民，都能安泰，生命有保障。能有八成的人滿意，二成的人不滿意，就是太平盛世。若相反，八成的人不安心，生命無保障，造成社會撓攘倦怠，那末天下就會大亂。所以說好的社會制度，我們要好好的珍惜。甚致可解救社會呈現的疑惑弊端。不可過當，更不可偏激。建立一個公平康健的社會。

【註】臠卷ㄌㄨㄢˊ ㄐㄩㄢˇ　卷通倦。臠卷　即厭倦，厭煩。

獊囊ㄔㄨㄤ ㄋㄤˇ　即愴浪，壯聲詞。形容形態。如跌跌愴愴　形容狼狽失態，愴浪失措等鹵莽行事的窘態。豈直過也。過當，如行為過當，用事過當等。

去之　即改正。

　　乃齋戒以言之，跪坐以進之。鼓歌以儛之，吾若是何哉！故君子不得已，而臨蒞天下。莫若無爲。無爲也。而後安其性命之情。故貴以身於爲天下。則可以托天下。愛以身於爲天下。則可以寄天下。故君子苟能無解其五藏，無擢其聰明；尸居而龍見，淵默而雷聲；神動而天隨，從容無爲。而萬物炊累焉，吾又何暇治天下哉！

　　【譯】以齋戒沐浴的誠心相勸。以跪坐的頂禮進言，以歌舞莊嚴奉請。在這樣的情景中，你能拒絕嗎？所以君子不得已出來領導天下；安天下在於無爲，甚麼是無爲？即是使大家的生命財產都有保障，（身家性命）能夠安心過日子。最重要的是以身作則，身體力行。這樣的精神，才能獲得天下人的托負。自重自愛，人恆愛之。以愛爲天下才是真愛。如此善性的發揮，是天下的人寄望。所以說君子那裡還有時間去關心肚子問題。也不表現他的聰明。安祥的坐在大位上；自然顯出龍身。抱一無言，自然聲威雷動。精譬方略自與天機相合。所以說從容無爲，萬物欣欣向榮。如炊煙騰空充塞盈野，一片興盛。活力四射的景象。像這樣，活潑健康的社會，還用得著你去治理嗎？

　　【註】無為而治為老子倡導，莊子把無為而治的重點，明白的講出。即身教，以愛，潛移默化；安命養民。所以說無為而自化。不擾民，安其室。樂其居是上上之策。故不言治而大治。

　　崔瞿問於老聃曰，不治天下。安臧人心。老聃曰：汝慎無攖人心。人心排下而進上。上下囚殺。淖約柔乎剛強廉劌彫琢，其熱焦火，其寒凝冰，其疾俛仰之間。而再撫

四海之外；其居也淵而靜，其動也縣而天，僨驕而不可係者，其唯人心乎？昔者黃帝始以仁義攖人之心。堯舜於是乎股無胈，脛無毛，以養天下之形，愁其五藏，以為仁義，矜其血氣，以規法度，然猶有不勝也。堯於是放讙兜於崇山，投三苗於三峗，流共工於幽都，此不勝天下也。夫施及三王，而天下大駭矣。

【譯】崔瞿請問老子。不治理天下，如何去安定人心？老子說：你還不懂人心？人心難測，有排下尤上的傲漫。上下之間控管相殺的危機。所以綽約柔軟的功夫勝過剛強。相互關係不可硬碰硬。以謙讓柔順相處，彼此尊重，才是處世之道。曲刀研磨雕琢，摩擦焦熱如火。是上下相處的大忌。雙方冷漠像寒冰嚴霜。還能辦事嗎？毛病就出在仰俯之間，到時候再去安撫，已經來不及了！所以說要深居簡藏，不動則已。動如天雷地火，震動如山崩地裂！對於無法禁止的情勢，就在人心的動念之間。

古代從黃帝開始就以仁義招攬人心。堯舜更是努力倡行，躬耕勤墾，腿毛磨光，腳脛的毛也被勤苦脫落。為了給養社會大眾，怕他們吃不飽。還要以仁義之名去安撫他們，撫恤他們，並以法令規範管束他們，可是仍然有漏失的地方。堯帝因讙兜党徒凶暴，則把他逐放到崇山，把三苗趕到荊楚江夏一帶。把共工流放到幽州，這都是天下不可勝任的重擔。一直拖延到夏商周三代。所以天下每況愈下，紛紛攘攘，沒有安寧的好日子過。

【註】慎攖ㄔㄥˋ　ㄩㄣ崔云羈落。

囷殺ㄑㄡˋ　ㄕㄚ　相互摩擦，不和的現象。

廉劌ㄋㄧㄢˊ　ㄐㄨㄟˋ　劌通劊，即雕琢用曲刀。

僨驕ㄈㄣˋ　ㄐㄧㄠ　舛傲不馴，若不可禁之勢。

驩兜ㄏㄨㄢ ㄉㄡ　人名堯臣亦名渾沌。

共工《ㄨㄥˋ《ㄨㄥ此處言堯時亂黨危害社會的共工氏放幽州。

三苗ㄙㄢ ㄇㄧㄠˊ　國名，縉雲氏之後，建國長沙湖北、江西等地區，即三峗地區。

　　下有桀跖，上有曾史，而儒墨畢起。於是乎喜怒相疑，知愚相欺，善否相非。誕信相譏，而天下衰矣。大德不同，而性命爛漫矣！天下好智而百姓求竭矣！於是乎釿鋸制焉！繩墨殺焉！椎鑿決焉！天下脊脊大亂，罪在攖人心。故賢者伏處大山嵁巖之下，而萬乘之君，憂慄乎廟堂之上。今世殊死者相枕也。桁楊者相推也。刑戮者相望也。而儒墨乃始離跂攘臂乎？桎梏之間；意，甚矣哉！其無愧而不知恥也；甚矣！吾未知聖知之不為，桁楊接摺也。仁義之不為，桎梏鑿枘（枘）也。焉知曾史之不為桀跖嚆矢也；故曰絕聖棄知而天下大治。

　　【譯】到了夏桀的暴政，引來大盜四起。到春秋曾參以孝義匡天下，史鰌仁義尸諫。儒墨兩家放言。使社會喜怒無常，智慧高低，愚笨呆滯，相互欺詐，善惡不分。荒誕與誠信混淆；所以天下衰蔽不堪。大德不清，渾沌難同，性命散漫，精神失去主張。世人只知鬥智逞能，老百姓絞盡腦汁，各逞本能。於是主政者端出大刑、刀斧侍候，並以法令規章，以儆效尤；反而弄得天下千瘡百孔。社會貧脊世亂，其罪過是攏絡人心。在此亂世中，賢德的人為了避禍，都遯居山林野穴；不願與魔鬼世界相處。

　　有萬乘車馬的國家，憂心王朝難保，連年征戰，尸橫遍野，人骨堆山，血流成河！路上只見頭戴板枷，身在囚籠，刑場四

設，劊子手橫眉豎目。人頭落地，兩眼圓睜，死不甘心。在此悲慘世界，儒墨兩家踮腳攘臂、乾嚎兩聲，對天下有何幫助。只是加深枷鎖圈套，收緊繩索。人民更苦；噫！更有不堪承受的是，他們問心無愧嗎？真是舐不知恥。

　　過餘的地方，我不知道？你們所倡言的聖智良方，是不是板枷腳鐐牢籠的推手。仁義是否是製作刑具的鑿孔枘隼（即手銬的插銷）。曾史是否是夏桀與大盜的箭矢。由此看來，我們主張絕聖棄智，是天下大治的惟一辦法。

　　【註】伏處ㄈㄨˊ　ㄔㄨˇ　　遁居之意。

　　堪巖ㄎㄢ　ㄧㄢˊ　　即巖崁。淺穴也。

　　憂慄ㄧㄡ　ㄌㄧˋ　　雙腳發抖。害怕的驚恐貌。

　　殊死ㄓㄨ　ㄙˇ　　被刑誅，用刑斬死。

　　桁楊ㄏㄤˊ　ㄧㄤˊ　　刑具 —— 即戴在頭上的兩片橫木。

　　刑戮ㄒㄧㄥˊ　ㄌㄨˋ　　受刑死亡，殺死。

　　離跂ㄌㄧˊ　ㄑㄧˊ　　足跟離地。

　　攘臂ㄖㄤˇ　ㄅㄧˋ　　舉手搖動。

　　桎梏ㄓˋ　ㄍㄨˋ　　桎即腳鐐，梏是手銬，即手足刑具。

　　接摺ㄐㄧㄝ　ㄓㄜˊ　　即板枷可折摺，兩片木板接連處所用的活扣（銅鐵製造）。

　　黃帝立為天子。十九年，令行天下。聞廣成子在於空同之上。故往見之曰，我聞吾子達於至道。敢問至道之精。吾欲取天地之精？以佐五穀，以養民人。吾又欲官陰陽，以遂群生，為之奈何？

　　廣成子曰：而所問者，物之質也。而所欲官者，物之殘也。自而治天下，雲氣不待族而雨；草木不待黃而落。

日月之光益以荒矣！而佞人之心翦翦者，又奚足以語至道。黃帝退，捐天下，築特室，席白茅，閒居三月。復往邀之。廣成子南首而臥。黃帝順下風膝行而進，再拜稽首而問曰。聞吾子達於至道，敢問治身奈何？而可以長久。廣成子蹶然而起曰：善哉問乎。

【譯】黃帝登上王位。十九年號令天下。聽說：廣成子是一位賢士，道學淵博，於是便上空峒山去拜見他。見面之後，黃帝說：聽說先生的修為已達到高深的境界。請問至道的精髓是什麼？我想把天地精華拿來用在農作物上，使五穀豐登，人民能豐衣足食。我又想了解陰陽的變化。使大眾得到健康快樂。但是我卻找不出辦法！

廣成子回答說：你所問的，是物質問題。你想要了解的也是物質的殘渣糠秕。自從你治理天下以來，雲氣還沒有集結好就下雨。草木未到時期就枯黃了，葉落了！使人心憂慮忡忡，還能談什麼至道？

黃帝回去後，暫時放下事務，特別劈建了一個專室。地舖芒草，（菅草即白茅）閉關三月。再去山上邀請。在室外看到廣成子頭向南面，睡在榻上。黃帝順對他的臥姿。下方（即順下風）下跪，膝行向前，叩首再拜，向廣成子請教。黃帝說：先生修為已到高超過人的化境。請問要如何修身？才可以健康長壽？廣成子突然翻身坐起。說：好，你問得很好。

【註】至道之精，是指精深、精髓。

天地之精，是指日月精華。是為天地的靈氣。

白茅　即菅草，芒草。

翦翦ㄐㄧㄢˇ　淺見，偏狹言論　淺短。

膝行　跪著前行。為敬重的大禮。

躄然《ㄨㄟ丶　ㄖㄢˊ　急迫貌，突然、很快貌。

甘拜下風　即順下風跪拜的大禮。

　　來，吾語汝至道，至道之精，窈窈冥冥，至道之極，昏昏默默。無視無聽，抱神以靜，形將自正，必靜必清，無勞女形，無搖女精。乃可以長生。目無所見，耳無所聞，心無所知，女神將守形，形乃長生。慎女內，閉女外，多知為敗。我為女遂於大明之上矣。至彼至陽之原也。為女入於窈冥之門矣。至彼至陰之原也。天地有官，陰陽有藏，慎守汝身，物將自壯。我守其一以處其和，故我脩身千二百歲矣！吾形未嘗衰。

　　【譯】來，我告訴你，什麼叫至道，至道的精髓在那兒；它潛藏在看不見的玄妙處。至道的終端又在何處，同樣在虛無飄渺的玄密地方，看不見，聽不到。抱定神魂靜默，形骸自然正一。必須清靜以待，不可勞形生智，不可動搖你的精氣，就可以長生。眼睛不視外物，耳朵不聽聞問，心智不動，守著你的神形。那末神形也可得到長生。你的內在靈樞要慎密自重，外在官能觸角要密閉。不可表現聰明能幹。你要知道，智多必敗的道理。那末，我你都能達到大明之上的至道（道即理）。原陽的根底在何處，即是在你進入窈冥世界的當口。也是你進入至陰的極地（陰中帶陽，陽中有陰，陽極陰升，陰極陽生。子午替換，陰陽相推，與時俱異，固守一抱元）。所以天地（天陽，地陰）有官（感應，變化），陰陽有藏。故在靜修虛極時，陰陽造化可窺其變。是故督為天樞，地為嫣宅。任脈也。潛藏五臟官能竅穴的精

氣。所以你要慎密守身修練。器官自然健壯。我守一氣（元氣。先天之氣）保持中和狀態，身心得到泰和，故無病無恙。我至今已修煉了一千兩百歲，所以神形都能保持常態，沒有衰老。

【註】至陽，陽極，至陰，陰極，人身的磁場，亦如電磁場，至陽，至陰，是靜止狀態，但人是活的生命，是不能靜止的。故人身，子時是極陰，午時是至陽。十二時辰推移，故稱十二流注。這是中醫脈息的始元，亦是人身精氣神的增益量計。生命造化的機率。

【解】此章是廣成子傳道的密法，能學亦能行，看誰有心。即可傳。無心亦能傳，惟學也。不學則有心無益。閉目止耳而已。

其中任督二脈關竅從下丹田起回到下丹田（小周天）百會到湧泉（大周天）。竅穴千百，變化無窮，要能掌控，隨機盜採，進火退符（陰符經）。洽到好處。否則一無所成。

黃帝再拜稽首曰，廣成子之謂天矣！廣成子曰，來，余語女，彼其物無窮，而人皆以爲終。彼其物無測，而人皆以爲其極。得吾道者，上爲皇，而下爲王。失吾道者，上見光，而下爲土。今夫百昌皆生於土，而反於土。故余將去女，入無窮之門，以遊無極之野。吾與日月參光，吾與天地爲常，當我緡乎，遠我昏乎！人其盡死，而我獨存乎。

【譯】黃帝稽首再拜，問廣成子，什麼是天？

廣成子說：來，我告訴你。天是自然的法則，是無窮生化律例。人在其中終始。祂也是變化莫測的易數，人在其中有極限。能夠得我道的，上上的人，可以爲皇帝，下而等之的也可爲一方之王。若失我道的，生時見光，死時化爲塵土。世上所有的東

西，都由土生長，反歸塵土，塵歸塵，土歸土是自然定律。

　　今天我將帶你進入一個無窮的大門，暢遊無極的曠野。與日月同光。與天地常久。當我昏昏沉沉，如醉如痴，全身泰和舒祖，進入卅三天，超塵絕俗之際，人都死光了。那時只有我仍然存在。

　　【註】緡ㄇㄧㄣˊ　釣絲，亦解為被絲，此應作「被密」。

　　昏ㄏㄨㄣ　此應作昏忘解。

　　【解】此數語是仙法，能與日月同參，天地常久。是人的靈氣與宇宙光共振，發出的神光，有發於頭部的，亦有發於胸膛的。高僧大德，道中真人。均出現過如此人物。故有天地位焉之說。

　　雲將東遊過扶搖之枝，而適遇鴻蒙。鴻蒙方將拊髀雀躍而遊。雲將見之，倘然止。贄然立。曰叟，何人邪？叟何為此？鴻蒙拊髀雀躍不輟。對雲將曰遊。雲將曰朕願有問也。鴻蒙仰而視，雲將曰吁。雲將曰，天氣不和，地氣鬱結，六氣不調，四時不節。今我願合六氣之精，以育群生。為之奈何？鴻蒙拊髀雀躍掉頭曰，吾弗知，吾弗知，雲將不得問！

　　【譯】雲將向東方遊動，飄過了仙山神木，來到東海的上空，正巧遇見鴻蒙大仙（東海大氣之神）。鴻蒙撫摸大腿，非常高興的也來到此地。雲將看見祂，馬上就停下來，直立站著不動。雲將問：老先生，你是何人？為什麼也來到此地。鴻拍拍大腿，興高采烈的說：「出來玩嗎？」

　　雲將說：「我有事想問你？」鴻蒙抬頭看一看。

　　雲將噓了口氣，嘆息的說：「天氣不和，地氣鬱結。六氣失

調，四季不分，氣節錯亂。我今天想把六氣的精華調治一下，使天下生靈都能健壯。可是我無能為力。你說該怎麼辦？鴻蒙高興如常，拍拍大腿，掉頭就走！並且連說兩聲，我不知道，我不知道？雲將找不到對象再問。

【註】雲將，扶搖，鴻蒙，均是假設的名詞。是托內氣與外氣的運行如何互補。

按：經典釋文，李云雲將為主帥，徐云主氣。

扶搖　李云神木，主東海。一云風。

鴻蒙　司馬云自然元氣。一云海上氣也。

天氣　是先天之氣，元氣也。

地氣　後天之氣，即自然之氣。

六氣　即三陰三陽之氣，主六經，手陰陽六經。腳亦陰陽六經。主五腑六臟三焦。

據黃帝素問（內經）「六氣分治，司天地者？其至何如？」

岐伯曰「厥陰司天，其化以風，少陰司天，其化以熱，太陰司天，其化以濕。少陽司天，其化以火。陽明司天，其化以燥，太陽司天，其化以寒」。這是中醫的基本理論，故風火燥熱寒濕，是治病之源。

四時　即春夏秋冬。

八節　即立春、立夏、立秋、立冬、春分、秋分、夏至、冬至為八節。這是一年四季氣候轉換的時間，對作物生長，人體氣血調和有密切關係。只是常人不知！

又三年，東遊過有宋之野，而適遭鴻蒙，雲將大喜，行趨而進曰。天忘朕邪，天忘朕邪。再拜稽首，願聞於鴻蒙，鴻蒙曰，浮遊不知所求，猖狂不知所往。遊者鞅掌。

以觀無妄。朕又何知。雲將曰，朕也自以爲猖狂。而民隨予所往；朕也不得已於民。今則民之放也。願聞一言，鴻蒙曰：亂天下之經，逆物之情，玄天弗成。解獸之群，而鳥皆夜鳴！災及草木，禍及昆蟲；意，治人之過也。雲將曰，然則吾奈何？鴻蒙曰：意，害哉！僊僊乎歸矣！

【譯】又過了三年，東遊回來，經過宋國的郊野。又遇到鴻蒙。雲將非常高興，走向前去說：天忘我啊！老天真的把我忘記了！並向鴻蒙拱手低頭，拜託！願意聽聽鴻蒙的意見。鴻蒙說：浮遊的小生物，不知自己在作什麼？猖狂不知他要往那裡去？遊人如煩心事雜。看世間許多荒謬的事，我又怎麼知道？

雲將說：我自以爲自己有些放任。人民隨我前往。對老百姓來說：我也是不得已呀！今天是老百姓被放任了。我想問問先生，你覺得如何？

鴻蒙說：天下大經紊亂，物性顛倒，生機逆反，即是玄天上帝也沒辦法！禽獸失群，打破了牠的習性，反而夜晚鳥鳴，草木都受災害。禍及昆蟲。噫！這就是治人的過錯啊！

雲將曰：我也是無可奈何？

鴻蒙曰：噫！真狠毒。還不如放手歸去田園吧！

【註】適遭ㄕˋ ㄗㄠ　洽巧相遇，遭遇也。

稽首ㄐㄧ ㄕㄡˇ　頭觸地的跪拜禮。

靰掌一ㄤ ㄓㄤˇ　毛詩傳云靰掌失容也，失容即失態。

僊僊ㄒㄧㄢ ㄒㄧㄢ　輕盈貌，輕鬆，故引申為放手。

猖狂ㄔㄤ ㄎㄨㄤˊ　放肆無度，本為罵人之詞，此假借人名。

浮遊ㄈㄨˊ ㄧㄡˊ　周遊　蜉蝣　小生物，生命不超過三日。

　　雲將曰：吾遇天難，願聞一言？鴻蒙曰：意，心養。女徒處無為而自化。墮爾形骸，吐爾聰明。倫與物忘。大同乎涬溟。解心釋神。莫然無魂。萬物云云。各復其根，各復其根而不知。渾渾沌沌。終身不離，若彼知之，乃是離之。無問其名，無闚其情。故物自生。

　　雲將曰，天降朕以德，示朕以默，躬身求之，乃今也得，再拜稽首，起辭而行。

　　【譯】雲將說：我碰到了天降的難事，願聽先生一點意見。鴻蒙說：啊！「養心」為上。你應處在無為而自化的場景。所謂無為而自化，即是肌肉放鬆，骨骼墮落無力的樣子。目不看、耳不聽。忘我、忘物。就是要你寬心釋神。全身完全放鬆，像散去的骨架子。漠然渾忘，如失魂落魄的茫然。與芸芸萬物同生死！各自回歸到它萌生的根源。還必須各自回到原點也不知道。渾渾惡惡，不離不棄，終身相守，若被他人知道，就是道的離失。不必問它何名，也不必闚視它的情狀。所以萬物自然生長。

　　雲將說：天降我大德，並且要我萬事沉默，親身體悟追求，現在終於得到了。再稽首拜別鴻蒙大仙，站起來走了！

　　【註】大道無形，無為而自化。

　　墮ㄔㄨㄟˋ　落下，通墜、下墜。形骸ㄒㄧㄥˊ ㄏㄞˊ形體的總稱，把全身都放鬆，墮爾形骸。即是將你全身放鬆。這是靜坐的基本要訣。

　　吐爾聰明　即是眼睛微閉下垂，不能視物。耳朵不聽聲音，一切歸於靜寂。心神歸一不動。魂魄歸位，進入玄冥北辰。無知無為，默守天機。

　　世俗之人，皆喜人之同乎己。而惡人之異於己也。同於己而欲之，異於己而不欲者。以出乎眾爲心也。夫以出乎眾爲心者。曷嘗出乎眾哉。因眾以寧所聞。不如眾技眾矣。而欲爲人之國者。此攬乎三王之利，而不見其患者也。此以人之國僥倖也。幾何僥倖而不喪人之國乎？其存人之國者。無萬分之一。而喪人之國也，一不成，而萬有餘喪矣！

　　悲夫，有土者之不知也。夫有土者，有大物也。有大物者，不可以物。物而不物。故能物物。明乎物物者，之非物也。豈獨治天下百姓而已哉！出入六合，遊乎九洲。獨往獨來，是謂獨有。獨有之人，是之謂至貴。大人之教，若形之於影，聲之於響。有問而應之。盡其所懷爲天下配。處乎無響，行乎無方。挈女適，復之撓撓以遊無端。出入無旁。與日無始。頌論形軀，合乎大同。大同而無己，無己惡乎得、有、有。覩有者，昔之君子。覩無者，天地之友。

　　【譯】世間的一般人，都喜歡他人與自己相同。討厭他人和我有差異。與自己相同就高興。不與我相同就排斥他。這都是大眾的心態。持如此心態的人，何常不是大多數人的想法。因大家都是聽聞積習養成的心態。倒不如把大眾的能力貢獻出來更好。

　　想要爲他人治國的人，他們只看到三代明君的好處，沒有看到他的缺點，像這樣的方法治國，是僥倖的手段，憑幾分僥倖治國，又有幾個國家，不是喪亡在這僥倖的機率中。能夠保存他人國家的，恐怕沒有萬分之一。然而喪亡他人之國的，亦萬中料定

之事。

真的悲哀呀！有土地的人，不知土地有何用處。凡是有土地的人，就是有一大筆資產。有了這筆資產，不能把它只看成一塊土地，要以土生財，還得要明白，財物是活的，必須流通才能濟世。更要注意人文的精神面，並不是只重物質的治理，還得要有精神面的開展提升。

出入國境，週遊九洲各國。獨往獨來，就是獨有。凡是獨有的人，是最為尊貴的（此處是講慎獨（篤）的功夫。）在此高深的教導中，好像影子跟著你走，你的耳邊，隨時都可聽到師長的聲音。有什麼疑問，隨時都得反應。竭盡你的能力配合將事。

居停時虛靜無聲。行動時，不可低頭直往。要能全方位的觀瞻。契合你的形適心安。神遊於玄密化境，不著塵埃！呼吸如油絲孃孃，無間無隙。身形軀幹，不著相，無我無心。合乎大同共和，大同即是沒有自己，無我化境中，不可求得，有有亦無的空界。能看現世之有的人，是古代的明賢聖哲。以無觀看天下的人。是與天地合德的大賢。

【註】以寡所聞　以大眾的見聞來安穩自己的見聞。

眾技眾　眾人的技能，下字眾是言多。

攬ㄌㄢˇ　通覽是覽的俗字。看到、觀賞、瀏覽。

僥倖，徼幸ㄐㄧㄠˇㄒㄧㄥˋ　忘想得到利益或意外成功。

挈ㄑㄧㄝˋ　提，如提綱挈領　此以契合，適合解。

處乎無聲　是指靜坐時要虛靜。

行乎無方，呼吸時要自然，不可刻意。

挈女適　是指坐姿要適合你的身形，但求安適為準。

復之撓撓以遊無端　是指運氣時撓撓如蠶吐絲。

出入無旁，與日無始。呼吸氣息如油絲孃孃不斷，綿綿延

長，不可間斷，要有恆心毅力。

　　此章的寓意深刻，治國如練丹，要細心冷靜，安穩適切。更要恆心毅力。必須高超德行，自身無取無求，全心為國為民。能大無私才能公允，方可進入大同世界。

　　賤而不可不任者物也。卑而不可不因者民也。匿而不可不為者事也。麤而不可不陳者法也。遠而不可不居者義也。親而不可不廣者仁也。節而不可不積者禮也。中而不可不高者德也。一而不可不易者道也。神而不可不為者天也。故聖人觀於天，而不助成於德，而不累；出於道而不謀。會於仁而不恃。薄於義而不積。應於禮而不諱。接於事而不辭。齊於法而不亂。恃於民而不輕。因於物，而不去物者，莫足為也，而不可不為。不明於天者，不純於德，不通於道者，無自而可。不明於道者；悲夫！何謂道，有天道，有人道。無為而尊者，天道也。有為而累者，人道也。主者天道也，臣者人道也。天道之與人道也，相去遠矣！不可不察也。

　　【譯】物是被人輕賤薄弱的東西。人民是卑下的身分。有匿藏的事，不能不辦。粗疏的法律不得不陳述事證。義是遠不及的公務行為。親仁是必須推廣的愛心。禮節是社會不能缺少的禮貌。中正至高無上的是德。一不能不變，變就是易，易有陰陽，陰陽相推就是道。神是天運的巧妙化育。所以聖人觀天用事，但不助成偏德，故無累行。雖然是出於道，但不去謀議。與仁愛相通，不能恃有。薄義並不是無情。禮尚往來，是無法避諱的社會儀節。碰到事情，絕不推卸責任。執法要公正，才不會亂。要掌

握人民的心意，並且要重視他們。由於物欲的誘因，就必須有禁欲的作爲，才是正途。是不得不作的途徑。不明白天化的機率，其德業就不純正。不通達道理，是沒有作爲的。那就是不明白道德的宗旨。

　　可悲呀！什麼是道？有天道，有人道。無爲被至尊的是天道。有爲的累業，是人道。主宰是天道，臣服人心的是人道。天道與人道之間，是有很大的差距的，不能不注意的啊！

　　【註】賤ㄐㄧㄢˋ　卑賤，踐踏，拋棄。

　　卑ㄅㄟ　低下，下賤，卑微，卑下。

　　麤ㄘㄨ　粗糙，不精細、疏忽。

　　【錄評】在宥天下，長久吾身，皆以無爲爲本。無爲而無不爲。無有而無不有矣。自古聖神，躬求而得，其所謂獨有者，悉自覩無中來。由無極而太極。此中消息，學者正當以身驗之。

　　【解】「在宥ㄧㄡˋ寬厚。」開門見山，只聽說寬厚待天下，沒有聽說要治理天下。故寬厚即是以仁愛對待社會大眾，故能得到和平共處的大同世界。莊周是反對治天下，因治是整治，理是駁亂反正，是強迫性的。以禮樂，法制去約束人民。這是干涉人權的剝奪行爲。如何達到仁愛大同的世界。故強調無爲而治，闡明老子的無爲而自化的道德思想。並非只說不練，必須躬身自修，練身修德。天人合一，道化群生。物物無物，一切如是觀，方可玄同。

天地 第十二

天地雖大，其化均也。萬物雖多，其治一也。人卒雖眾，其主君也。君原於德，而成於天。故曰玄古之君天下。無爲也。天德而已矣！

以道觀言，而天下之君正。以道觀分。而君臣之義明。以道觀能。而天下之官治。以道汎觀，而萬物以應備。故道通於天地者德。行於萬物者道也。

上治人者事也。能有所藝者技也。技兼於事，事兼於義。義兼於德，德兼於道，道兼於天。故曰，古之畜天下者，無欲而天下足。無爲而萬物化。淵靜而百姓定。記曰，通於一，而萬事畢。無心得而鬼神服。

【譯】天地雖然廣大無邊。但是對萬物育化，是均等的。萬物雖然很多，但處理都一樣。人雖然眾多，他的主事者是君王。君人之主是原於他有高潔的德行。他的德行是自然形成的。所以說：在太古的時代，統理天下大事，就是無爲，無爲即是大德。

以道去觀看他的言行，就可看到君王的好壞。以道去審視他的職位，就可看出君臣的義務分明。以道去稽考他的能力，亦是核校官員治事的量尺。若以道廣推事物，萬物都有順應的效能。所以說：能通天地的化育就是德，使萬物各得其宜的法則，就是道。使人各事其事的制度，就是治理的方法。使人人都能有一技之長，由技能去作事，即是義務。義務是人的德行，這種德行即是道。故以道統天下是合德。所以說古代畜養天下萬物，沒有貪欲，粗簡從事，天下自然充足。無爲萬物自然化育，淵澤平靜，

老百姓的生活自然安定。樂記說：擣鼓一通，萬事成也。因無心求成，鬼神相應。

【註】觀言　即觀察言行。觀分ㄈㄣˋ　看他的職分。

觀能　看他的才能。　汎觀　泛汎ㄈㄢˋ ㄒㄩㄣˋ　是指廣泛。

淵靜　是指淵澤中沒有人捕漁。引申為富足。

記曰：通於一，而萬事畢。記指樂記，不是禮記。

通於一。是指一通鼓，可通神明。引申為神鬼服。所謂一通鼓是三百三十三捶。擣　通槌。擣鼓，即打鼓。

【解】天地神明人事之間溝通的道路是道德，以無為為始，以無為為終，即無終始，自然化育。鬼神是玄妙的道樞，故稱妙道。莊周是把老子的無為思想深入剖析，讓祂確有治事的良方，是中國天道思想的極至。

夫子曰：夫道覆載萬物者也。洋洋乎大哉。君子不可以不刳心焉！無為為之之謂天。無為言之之謂德。愛人利物之謂仁。不同同之之謂大。行不崖異之謂寬。有萬不同之謂富。故執德之謂紀。德成之謂立。循於道之謂備。不以物挫志之謂完。君子明於此十者。則韜乎其事心之大也。沛乎其為萬物逝也。

【譯】老師說：道可以載萬物，也可以覆滅萬物，真是洋洋大觀。凡是君子莫不以刳心掏肺。無為中有所作為是天意。無為中進言是道德。愛人利物就是仁。不同中求其同就是大。行為不偏狹就是寬厚。擁有萬端不同之物就是富有。故能執著德行，就可守住紀綱。德成後就可立於天下，能夠遵循道德之門，就是有準備。不受物欲的挫敗，他的志氣才是完美的。君子能夠明白這

十項原則的人，就有作大事的心胸，萬事萬物都在他的沛然浩氣中融解了。

【註】覆載ㄈㄨˋ ㄗㄞˋ　覆　翻覆，覆滅。載　承載，裝載。
　洋洋一ㄤˊ 一ㄤˊ　充滿道德貌　廣大如汪洋。洋洋大觀　美盛貌。
　紀ㄐ一ˋ　紀綱，綱紀，禮法。
　備ㄅㄟˋ　整備，完備，防備，準備。挫ㄘㄨㄛˋ　挫折，挫敗。
　韜ㄊㄠ　韜略、智謀、策略、方略、謀畫。

　　若然者，藏金於山，藏珠於淵，不利貨財。不近富貴，不樂壽，不哀夭，不榮通，不醜窮，不拘一世之利，以爲己私分。不以王天下爲己處顯，顯則明萬物一府。死生同狀。

　　【譯】如果像這樣，就如同把黃金藏在深山，把珍珠藏在深淵，不營利財貨，不接近富貴。不必延年益壽，也不哀傷命短，不榮耀通達，不怕他人醜化我貧窮，不計一世的利益。作爲自己分內應有，更不可有王天下的顯貴，再顯貴，還不是與萬物相同，生死狀況完全相同。生如蛆蟲死如腐土，明白這個道理，才是真人。
　　【解】人人都嚮往顯達富貴，以致稱王稱帝。誰都想長生不老，惟莊周賢，能切身看破，榮華富貴，守窮守志，堅持人格至德。在我國歷史上惟一一人，獨來獨往於天地間，能不偉大嗎？

夫子曰，夫道淵乎其居也。漻乎其清也。金石不得無以鳴！故金石有聲，不考不鳴！萬物孰能定之。夫王德之人，素逝，而恥通於事。立之本原，而知通於神。故其德廣，其心之出，有物採之，故形非道不生。生非德不明，存形窮生，立德明道，非王德者邪。蕩蕩乎，忽然出，勃然動，而萬物從之乎！此謂王德之人，視乎冥冥。聽乎無聲；冥冥之中獨見曉焉！無聲之中獨聞和焉。故深之又深，而能物焉。神之又神，而能精焉！故其與萬物接也。至無而供其求。時騁而要其宿，大小長短修遠。

【譯】先生說：道是在深居的淵澤中，像山泉清流那麼的澄澈。樂器不能亂響，由於金石作的樂器是有聲音的，不打擊，是不會響的。在不聲不響中，萬物才能安定。那末至德的人，虛靜寂篤觀心，定性無欲。與元神相通，故有神明大德廣被的慈悲。有道才有生，很明顯的是生生之德是從道中來。在一生當中，人應立德明道。能夠終身不移，你就可進至德之門了！有了至德的道行。那時你的浩蕩德風，就有風行草偃的能量，萬物相應演變成潮流。這就是所說的至德大賢。他的慧眼能在冥冥中透視一切，他的心聽，可聽無聲之音。在冥冥中能通曉獨見，無聲中也可聽和音欣唱，這是無比深深的靈角，故有微妙的造化。這樣神奇巧妙的精靈，才能和萬物溝通，供輸無盡，多少精粗長短，隨化育的需要，當發即發，當停即停。

【註】冥冥中能見能聽，能明。是修道人的靈角已達到某種階段，如慧眼通、他心通等。

應注意的是，某些人，將幻視、幻聽、幻想，當靈角。那是病，同時是十分危險的，可能害人害己，切記切記。

　　本章是講虛靜澄明的道法。一路進程，通曉天道地道人道的至德。由至虛極，澄而明、明則道。道則通。天地人相和，神明出焉，萬物興焉！（陰符經演法章。）

　　黃帝遊乎赤水之北。登乎崑崙之丘，而南望還歸。遺其玄珠。使知索之而不得，使離朱索之而不得，使喫詬索之而不得也。乃使象罔。象罔得之，黃帝曰異哉，象罔乃可以得之乎！

　　【譯】黃帝出遊到了赤水的北方，登上崑崙山，向南方一看，想到了國家，便回來了！沒想到來崑崙獲得的玄珠，竟然遺失了！黃帝派智者去找，沒有找到，再派離朱這位千里眼去找，也沒找到。那末派一個大力士喫詬去看看仍然找不到，後來又派象罔去，象罔不辱使命，把它拿回來了！黃帝覺得奇怪，象罔怎麼能找得到呢？

　　【註】知、離朱、喫詬、象罔。除離朱是黃帝時的明眼人外。其他三人都是虛擬的，並無此人。以智代表聰明人，離朱是明眼人，喫詬是大力士。象罔是空幻，引申為無心。成玄英根據「離聲色，絕思慮」的律例，引申為無心。

　　此章的主旨，道是在有無中，可遇，而不可求。不是有智慧，明事理，有力量就可求得的。所以說玄之又玄。黃帝找的玄珠，就是道。在道經中常強調，修道成與不成，不是法，亦無理。是機、是緣，更重要的是造化。

　　堯之師曰許由，許由之師曰齧缺。齧缺之師曰王倪。王倪之師曰被衣。堯問許由曰，齧缺可以配天乎。吾籍王

倪以要之。許由曰，殆哉圾乎天下。齧缺之爲人也。聰明叡
智，給數以敏，其性過人，而又乃以人受天。彼審乎禁過，
而不知過之所由生。與之配天乎，彼且乘人而無天。方且本
身而異形，方且尊知而火馳，方且爲緒使，方且爲物絯，
方且四顧而物應，方且應衆宜，方且與物化，而未始有
恆。夫何足以配天乎？雖然有族有祖，可以爲衆父，而不
可以爲衆父父，治亂之率也。北面之禍也，南面之賊也。

【譯】堯帝的老師是許由，許由的師傅是齧缺，齧缺又師承
王倪，王倪從師被衣。堯帝問許由。你的老師齧缺可不可以職掌
天下。我們請他的老師王倪出面邀請，如何？許由說：不得了！
那樣作，天下反而圾圾可危了！講到齧缺嗎？他的爲人，是聰明
叡智，作事敏捷，本性很好，視人爲天受，也審慎將事，善改過
錯。但不知道過錯是如何產生的。要他掌理天下嗎？他可載人心
用事。但人性卻失去天真的一面。同時他的本身與形格有差異。
注重智巧，性急如火。對小事也管，對物用看不開。往往束手束
足。由於這種作風，一天到晚，應接不暇，忙於奔命。事事都要
週到。同時這些行爲只是物化無益，無法長久，像他這樣行事作
風，怎麼可以職掌天下呢？

　　雖然，他是氏族，也有祖德。可以爲衆父。但不能作衆父之
父。治亂的機率是，北面稱王，大禍當頭。南面稱帝，盜賊難止。

【解】此章許由批評他的師父。是否過當真心，與許由毫無
關係！是莊周借許由之言，說自己的話：他對掌天下的人物，是
有期許的。有才智能力德行，有家氏門弟，也要有聲望。更重要
的是處事方法，治事要明端睨。大小精粗要長控得宜，得失隨時
檢討。

　　堯觀乎華，華封人曰，嘻！聖人，請祝聖人，使聖人壽。堯曰，辭。使聖人富，堯曰，辭，使聖人多男子，堯曰，辭。封人曰，壽富多男子，人之所欲也，女獨不欲何邪！堯曰，多男子則多懼，富則多事，壽則多辱，是三者非所以養德也，故辭。封人曰，始也我以女爲聖人邪！今然，君子也。天生萬民必授之職，多男子而授之職，則何懼之有。富而使人分之，則何事之有。夫聖人鶉居而鷇食。鳥行而無彰。天下有道，則與物皆昌，天下無道，則修德就閒千歲厭世，去而上僊。乘彼白雲，至於帝鄉，三患莫至，身常無殃。則何辱之有。封人去之，堯隨之曰，請問封人，曰退已。

　　【譯】堯帝到華州去視察，見到地方官，地方官很高興的相迎，上前祝福聖上，祝聖上壽比南山。帝說：當不起，這可不能接受。地官再祝：聖上富甲天下。帝說：更不敢當，我無法接受。地官再祝：聖上多子多孫。帝說：謝謝，我沒有這個福分。地官覺得奇怪？便直問堯帝。長壽富貴，人丁興旺。是人人都想得到的事情。惟有聖上不喜歡，是何道理，說說看。

　　堯帝說：男子多，就多一分憂慮。錢益多，事情就更多，麻煩一大堆。人活得太久，被人罵，浪費國家資源，「老而不死謂之賊」。是多麼難聽。所以這三件事，對於養德修性是有妨礙的，因此我辭謝你這分好意。

　　地官說：才開始我以爲你是聖人。現在看起來，也不過是一位謙謙君子。天生萬民，必有他一分工作。男子多，工作也多，你還怕什麼？錢多了，分給大家不是很好嗎？那有什麼麻煩。

聖人是閒雲野鶴，居無定所，飲食砒粗。天下有道，與萬物其昌，天下無道，隱居巖穴，修德副閒。千年歸隱，成為上仙。乘白雲飛升天堂，沒有水風火的災害，百病不侵，逍遙廣寒。地官不見。堯帝隨口說，請問閣下，但是人影都不知去向。

【註】華ㄏㄨㄚˊ ㄏㄨㄚˋ ㄏㄨㄚ　華州，今陝西華陰，現華山市。

封ㄈㄥ，封地，封土，封人即地方官，如今州縣官員。

辭ㄘˊ　辭謝，不接受。

上僊ㄒㄢ　即金仙、神仙有金仙（大羅）天仙、地仙、人仙、草仙、鬼仙等。

三患　火災、水災、風災。

無殃一尢　即沒有病患。

帝鄉ㄉㄧˋ ㄒㄧㄤ•　黃帝的故鄉，此處應是天宮，神仙居處。

鶉ㄕㄨㄣˊ　居ㄐㄩ　是無定所，或曰野處，即居山野。

鷇食　爾雅云主哺鷇鷇食者言 —— 仰物而足也。意指母鳥哺雛鳥狀。引申神仙野處，以山蔬野菜為糧。

堯治天下，伯成子高立為諸侯。堯授舜，舜受禹，伯成子高辭為諸侯而耕。禹往見之。則耕在野。禹趨就下風，立而問焉！曰昔堯治天下，吾子立為諸侯。堯授舜，舜授予，而吾子辭為諸侯而耕。敢問其故何也。子高曰，昔堯治天下，不賞而民勸，不罰而民畏。今子賞罰而民且不仁。德自此衰，刑自此立，後世之亂，自此始矣！夫子闔行邪！無落吾事。俋俋乎耕而不顧。

　　【譯】堯帝職掌天下的時候，授於諸侯的職權給伯成子高。堯禪讓給舜，舜又讓給禹。此時伯成子高辭職，躬耕鄉野。禹走到下方，站著請教，他說：過去堯治理天下時，你作諸侯，堯授舜，舜讓我，你就辭職不幹，是什麼原因？

　　子高回答說：過去堯治理天下，沒甚麼獎賞，老百姓都能自動自發的作事，不懲罰，人民也會敬畏。但是今天你職掌天下，就不同了，有賞有罰，看起來，好像很公平，可是老百姓缺乏仁愛之心。離心離德；從此道德衰危。刑罰確立。後世必定紛亂。何況你作事，猶如閉門造車。我落得閒來無事。不如歸鄉，默默耕耘。進德修業，正是時候。

　　【註】伯成子高　據通變經云：老子從此天地開闢以來，吾身一千二百變，後世得道，伯成子高是也。即是說，老子從開天闢地以來是一位千變萬化的人物。後來得道，就是堯時代的伯成子高。（這當然是神話。此種說法是後世道教興起，尊老子為太上老君。）而莊子時代對伯成子高，王倪、齧缺等是傳說中的神仙。黃老學中的人物。

　　泰初有無，無有無名，一之所起，有一而未形。物得以生謂之德。未形者有分，且然無間，謂之命。留動而生物，物成生理謂之形。形體保神，各有儀則，謂之性。性修反德，德至同於初。同乃虛，虛乃大。合喙鳴，喙鳴合。與天地為合；其合緡緡，若愚若昏，是謂玄德，同乎大順。

　　【譯】開天劈地之前，渾沌時期，什麼都沒有，也沒名稱。到了一陽初動，還沒有物種產生，待陰陽相合，由二為一，相互

推移，生三生四。物種產生了，就是德。在物未成形前就有分別。在未分離時就是命，在分離中推移有所變化，形成不同物種。化育成什麼形貌，各得其分。以人來說：形體是保有神魂氣魄的。但各人的秉賦不同、儀態各異，這是性，所謂稟性或本性。修性反而失德。（性有善惡，必須修性，率氣以修德）德至同於渾沌之初。（尚無生物）同即虛，虛即是大。

吐納之士，合嘴噓氣，鳴聲吐氣。忘我忘形，與天地合德。在冥冥虛極中，渾忘無思，不知何鄉，就是所說的玄德，即是玄德不德，同乎大順。進入妙境。

【註】形、神、性、命，是人的建構要素，稱之為萬物之靈，即在此。但要成為聖哲真人，必須要修德明道。否則即如草木同朽。此處標榜的是還虛歸貞的至道。

夫子問於老聃曰，有人治道，若相放，可不可，然不然？辯者有言曰，離堅白若縣寓。若是，則可謂聖人乎。老聃曰，是胥易技係。勞形怵心者也。執狸之狗成思。猨狙之便，自山林來。丘、予告若，而所不能聞，與而所不能言，凡有首有趾，無心無耳者眾。有形者，與無形無狀，而皆存者盡無。其動、止也、其死、生也。其廢起也，此又非其所有也。有治在人。忘乎物，忘乎天，其名為忘己。忘己之人，是之謂入於天。

【譯】孔子問老聃，在人治方面，都是大家相互倣效，這種作法，到底是對的，還是不對。辯論家說，離開了質辯與形辯。事理就完全明白了。如果是這樣，算不算是聖人？

老聃說：你所說的都是枝節問題，既勞心也勞力。等於狗抓

到狸貓，想放也不是，若把牠咬死也不行。猴子便捷靈活，是牠生活山中應有的本性。孔丘呀！你說的是比較淺顯，沒有深入的議題，是不必多費唇舌去討論的。你要知道，世界上凡是有頸有足的很多；無心無耳的也很多；但是，有形有狀、無形無狀能夠並存在世的恐怕沒有吧！譬如說，有動必有止，有死就有生，有廢就有興。這是由不得他自己，是自然之道而已。

有治在人的道範，應當是忘物、忘天，即是忘我。能夠忘我的人，他就可以與天齊。簡單的說：他就是已得道的高人。

【註】相放ㄒㄧㄤˋ·ㄈㄤˋ　放通倣ㄈㄨㄤˇ　即倣效，相倣，相互模倣。

堅白石，是名家公孫龍子的名言，堅是質，石是外貌的色，所以說白馬非馬論。當然這是牽涉到哲學問題。

縣ㄒㄩㄢˊ寓ㄩˇ　懸寓，如高掛天空。

胥ㄒㄧˋ易ㄧˋ處理普通的事務，容易辦理之事。

技係ㄐㄧˋ ㄒㄧˋ　即技藝、手藝、技術。

勞形ㄌㄠˊ ㄒㄥˊ　勞累，工作過重。

怵心ㄔㄨˋ ㄒㄧㄣ　即耽心，考慮太多。

狸ㄌㄧˊ　狸貓，菓子狸，白鼻心，非竹鼠也。

猨狙ㄩㄢˊ ㄐㄩ，猿猴類動物，彌猴，長臂猿，黑、白猿。

此章主旨在一個「忘」字，無論是忘我、忘物、忘心，亦可說無心無物。而進入虛極的真如狀態，這是修道的心法。

將閭葂見季徹曰，魯君謂葂也。曰請受教，辭不獲命，既已告矣！未知中否，請嘗薦之。吾謂魯君曰，必服恭儉，拔出公忠之屬，而無阿私。民孰敢不輯。季徹局局然笑曰，若夫子之言，於帝王之德。猶螳蜋之怒臂當車

轍，則必不勝任矣。且若是，則其自爲處危，其觀臺。多物將往，投**迹**者衆。將閭葂覤覤然驚曰。葂也汒若於夫子之所言矣！雖然，願先生之言其風也。季徹曰，大聖之治天下也。搖蕩民心，使之成教易俗，舉滅其賊心。而皆進其獨志。若性之自爲。而民不知其所由然。若然者，豈兄（況）堯舜之教民，溟滓然弟之哉。欲同乎德，而心居矣。

【譯】將閭葂見到季徹。告訴他：我前些時見到國君（魯國）。他對我說：我想請教你一些事情。談完以後，我便告辭回家，並未收到他任何任命。我既然把事都說了，但不知對不對。以常情來看，我對魯君所說的話：對處理國是，必定是服膺恭身儉樸的原則辦事，對人事任用，一定拔擢公忠體國的人，絕無循私舞弊的行爲。那麼老百姓還不敢不和睦相處嗎？

季徹哈哈大笑，若以先生的主張，對帝王來說：是恩德。但在你來說：好像是螳蜋張臂，站在車軌中擋住馬車前進，你能勝任嗎？如果像這樣，那是多麼危險，不知有多少事被你搞砸，多少人受害。

將閭葂一聽，驚懼惶恐，急切的說：我很茫然。對於先生所說的話，我真弄不清楚。但願你說的話，像風一樣過去。還是另有所指。

季徹說：大聖治理天下，是鼓舞民心，移風易俗，教化獨立自主精神，驅除私心投機巧取的賊心。個個都能立志向善，隨性自然發展。在風行草偃中，使國家欣欣向榮。

要不然，師法堯舜的教民方法，也不過是難兄難弟（迷茫不清），沒什麼差別。那末該怎麼辦呢？應該是天下人能同德同心安居樂業，才是治國之道。

【註】將閭葂　是人名。　　季徹　魯國氏家。

局局ㄐㄩˇ ㄐㄩˇ　狀聲，嗤嗤笑聲貌。

覛覛ㄒㄧˋ ㄒㄧˋ　通覤　狀聲，驚恐貌。

汒ㄇㄤˊ　即茫，漠然，洸忽。

搖蕩ㄧㄠˊ ㄉㄤˋ　此處作鼓舞、振奮解。

溟涬ㄇㄥˊ ㄒㄧㄥˋ　此處是指混沌不清，迷迷茫茫。

子貢南遊於楚，反於晉，過漢陰，見一丈人，方將爲圃畦，鑿隧而入井。抱甕而出灌。搰搰然用力甚多而見功寡。子貢曰，有械於此，一日浸百畦。用力甚寡而見功多。夫子不欲乎！爲圃者仰而視之曰：奈何。曰鑿木爲機後重前輕，挈水若抽，數如泆湯。其名爲槔。爲圃者忿然作色而笑曰：吾聞之吾師，有機械者，必有機事。有機事者必有機心，機心存於心中，則純白不備，純白不備，則神生不定。神生不定者，道之所不載也。吾非不知，差（羞）爲不爲也。子貢瞞然慙；俯而不對。有閒，爲圃者曰，子奚爲者邪？曰：孔丘之徒也。爲圃者曰，子非夫博學以擬聖，於于以蓋眾。獨弦哀歌，以賣名聲於天下者乎！女方將忘女神氣。墮女形骸，而庶幾乎！而身之不能治，而何暇治天下乎。子往矣！無乏吾事。子貢卑陬失色。頊頊然不自得。行三十里而後愈。其弟子曰，向之人何爲者邪。夫子何故見之變容失色，終日不自反邪！曰始吾以爲天下一人耳。不知復有夫人也。吾聞之夫子，事求可，功求成，用力少，見功多者，聖人之道。今徒不然，執道者德全，德全者形全，形全者神全，神全者聖人之道也。託生與民並行，而不知所之，汒乎**淳**備哉，功利機

巧，必忘乎人之心。若夫人者，非其志不之。非其心不爲。雖以天下譽之，得其所謂，謷然不顧。以天下非之。失其所謂，儻然不受。天下之非譽無益損焉！是謂全德之人哉！我之謂風波之民。反於魯，以告孔子，孔子曰，彼假修渾沌氏之術者也。識其一不知其二。治其內，而不知治其外。夫明白入素，無爲復樸。體性抱神。以遊世俗之間者。女將固驚邪。且渾沌氏之術。予與女何足以識之哉？

【譯】子貢到南方楚國去旅遊。回晉國的旅途中，到了漢水的北面，看到一位老農，正在整理菜園。他清理水溝，用陶罐從井中吸水灌溉，看他十分吃力的樣子，但成效不大。

子貢說：老先生，你爲什麼不用機具？用機械灌溉多損事，每天可以灌溉幾百畝地。既損力，工作又快。你怎麼不用呢？

老圃抬頭看看子貢說：沒辦法呀？用木頭作個幫浦，前面輕，後面重。抽水如注，像潑湯那麼快速。名稱叫桔槹（亦稱水橋，即是吸筒，有木製、竹製。中有吸桿，使用時用矮櫈坐著，雙手抽拉，如風箱，水由管中流出，是古老農具。）老圃有點不太高興，臉色一變，又笑笑的說：我聽我老師說過，有機械的人，必定有機巧的事，有巧思的人，必定有機心。機心存在胸中，此人心不正，人心不正的人，他的心神就不定。心神沒有定見，是無法載道的人。你剛才所說的吸水方法，不是我不知道，而是我恥於這樣作。

子貢聽完老圃的話，臉色茫然，心中慚愧不已。頭垂得低低的。過了一會兒。

老圃又說：你是何人，是不是孔丘的徒弟？老圃又說：你以爲學問好就能超凡入聖嗎？就可以揚名天下，那你們錯了，那不

過是用一根弦，在那裡自拉自唱的悲調罷了！在那兒賣弄名聲的瞎子乞兒。你沒看到自己剛才失魂失態的樣子，人都變得軟搭搭的。承幾何時？你連自身都治理不好，還談甚麼治天下？那不是笑話嗎？你走吧！不要浪費時間了！耽誤了我的正事。

子貢弄得灰頭土臉，悻然不能自制，走了三十里才稍微平靜下來。他的弟子問子貢，這個老丈是幹啥的。為什麼使老師如此驚惶失措，終日無法靜下心來？

子貢說：開始我以為天下只有我們老師是第一人。那知道世上還有高人。我聽老師的教誨是，作事要求，可行不可行。用功夫是求得成功，用力少，功能要快、要多。這是聖人說的話。今天看來，好像不是那麼回事？

能拿捏準確的道範，此人就能德全，能夠德全的人，他的神形才能完美。有完美的神全德美的人，才是崇尚聖道的聖徒。能夠將生死與老百姓生命財產連繫在一起。但並不知這是為什麼？是蒙茫無心，真誠相與的。如果注重功利機巧，必定會忘記人心所在。

作人嗎？不合他志向的不行，不是他心想的不去作。雖然得到大家的贊譽，但他並不以為然。只求自在心安。若大家都說他不好，失去原有希望，可是他儼然處之並不在意。全天下的人都在非議聲中，也無法損傷他毫毛。這就是全德的人。像我這樣的人，只是一個隨世界風潮的同行者罷了！

子貢回到魯國以後，把在楚國邊境的際遇報告老師。孔子說：這個老丈是修練渾沌學說的。這種人只知其一，不知其二，只知道內在的行為，不知道外在如何處理。凡是知道進入清白澄明的境界後，才能在無為中反樸歸真。能夠體會真性，守住神氣精元（即守元神）。往來世俗之間的，你當然會驚奇了！況且渾

沌氏的學說，你我都沒有研究過！怎能知道其中的奧妙呢？

【註】漢陰，即漢水北面，應是指樊城屬地。

圃畦ㄆㄨˇ ㄒㄧˊ　田五十畝為一畦，此處指種蔬菜、水菓的園圃。

丈人，指種菜的老人。

鑿隧ㄗㄠˊ ㄙㄨㄟˋ　此處指挖水溝。

搰搰ㄏㄨˊ ㄏㄨˊ ㄍㄨ ㄍㄨ　用力的樣子。

挈ㄑㄧㄝˋ　提、取，指取水。

泆湯ㄧˋ ㄊㄤ　此處指疾速的樣子。

槹ㄍㄠˊ槹　汲水的器具。桔槹，木製如風箱，即橐籥。

瞞ㄇㄢˊ　暗中作事，匿瞞，指暗中傷神。

慙ㄘㄢˊ　慚愧

獨弦哀歌，自拉自唱的悲調。

墮女形骸　女，汝，你也。全身癱軟的樣子。

陬ㄗㄡ　隅，卑陬　指羞慙畏縮貌。

頊頊ㄒㄩˋ ㄒㄩˋ　失態的樣子，手足無措。

變容ㄅㄧㄢˋ ㄖㄨㄥˊ　臉色難看。

謷然ㄠˊ ㄖㄢˊ　被毀謗的樣子。　儻然ㄊㄤˇ ㄖㄢˊ　或然，不期然而然。

渾沌ㄏㄨㄣˊ ㄉㄨㄣˋ　天地未分，茫無所知，此處以人名出現，是指修習黃老之術的人。並非黃帝時的混沌氏。

諄芒將東之大壑，適遇苑風於東海之濱。苑風曰，子將奚之？曰：將之大壑。曰：奚為焉？曰夫大壑之為物也。注焉而不滿，酌焉而不竭，吾將遊焉！苑風曰：夫子無意於橫目之民乎？願聞聖治。諄芒曰，聖治乎！官施而

不失宜，拔舉而不失其能。畢見其情事而行其所爲。行言自爲，而天下化，手撓顧指，四方之民，莫不俱至。此謂之聖治。

【譯】諄芒將要去東方的大山壑。正巧遇見苑風在東海的海岸邊。苑風說：你到那兒去？諄芒說：我要去大山壑，你去幹啥？

因爲那個地方，實在很大，再大的水也灌注不滿。再渴的人也喝不乾那裡的水。我想去看看。

苑風說：先生不怕那裡的人不歡迎你嗎？我倒聽聽你說的什麼叫聖治？

諄芒說：所謂聖治嗎？就是官方的一切設施都要得宜。要選拔優秀的人才。要追蹤考核事務的成效，辦事的能力，言行是否恰當。如果能風行天下，自然獲得移風易俗的效果。舉臂顧盼的瞬間，四面八方的人民都來歸順。這就是所說的聖治。

【註】諄──通諄ㄓㄨㄣ　芒ㄇㄤˊ　諄芒、苑風、假設的人名。

手撓ㄖㄠˊ言舉手。顧ㄍㄨˋ指，看手指。解：手撓顧指，形容舉手低頭那麼快的時間，故解為瞬間。

橫目ㄏㄥˊㄇㄨˋ　怒視；生氣。

官施　官方設施、行政。

拔舉　選拔。　畢見，成果。辦事的成效。

顧聞德人？曰德人者，居無思，行無慮，不藏是非美惡。四海之內，共利之之爲悅，共給之之爲安。怊乎若嬰兒失其母也。儻乎若行而失其道也。財用有餘，而不知其

所自來，飲食取足，而不知其所從，此謂德人之容。

顧聞神人。曰上神乘光。與形滅亡。此謂照曠，致命盡情。天地樂而萬事銷亡。萬物復情。此之謂混冥。

【譯】我想聽聽，什麼是德人？所謂德人嗎？在居停的時候，沒有思考。在作爲的行動中，不會憂慮。心中沒隱藏是非善惡的分野。對所有的人都是平等相看，以大家的利益爲利益爲高興的事。以大家的給養爲給養爲安養樂事。憂心社會如嬰兒沒有母親那麼憐憫。如果行事有不恰當的時候就失去了道理。財用有餘剩，不積不貪，分享社會大眾。飲食能夠飽足，也不會去計較。這就是德人的行事風貌。

那末甚麼是神人呢？可以說：神人如同天上的白光，已經沒有形骸的存在問題。廣照人間，大愛被眾。天地盡皆歡樂，萬事都忘記了！萬物歸根復命，從回混同的大世界。

【註】悅ㄩㄝˋ　快樂、喜歡、高興。

怊ㄔㄠ　悲也，悵悵、憂心、憐憫。

門無鬼與赤張滿稽，觀於武王之師。赤張滿稽曰：不及有虞氏乎，故離此患也。門無鬼曰：天下均治，而有虞氏治之邪！其亂而後治之與，赤張滿稽曰，天下均治之爲願。而何計以有虞氏爲。有虞氏之藥瘍也。禿而施髢，病而求醫，孝子操藥以修慈父，其色燋然。聖人羞之。至德之世。不尙賢、不使能，上如標枝。民如野鹿。端正而不知以爲義，相愛而不知以爲仁，實而不知以爲忠，當而不知以爲信。蠢動而不相使，不以爲賜。是故行而無迹，事而無傳。

【譯】門無鬼與赤張滿稽二人，同去參觀周武王的軍隊，赤張滿稽說：看來不如有虞氏的德業，所以才遭遇如此禍患。

門無鬼說：天下能公平治理，是有虞氏的政績。因過去紊亂的社會，漫無章法，到後整頓治理得有條不紊。

赤張滿稽說：天下能公平治理是大家的願望，又何必以有虞氏爲標榜呢？有虞氏的政策，不過是用的外傷藥膏。像禿子披幅假髮作掩飾。如果不是病，還用得著去找醫生嗎？猶如孝子拿著藥學作慈父一樣。那樣焦慮的臉色，是聖人羞愧不敢作的事。

在至德盛世，並沒有崇尚賢人的說法，也沒有使用能人的觀念。在上位的人，就像高處的標準點。爲民示範，老百姓像原野的鹿群，自由自在的放牧。人心端正不知這就是義行，大家相愛，不知道這即是仁愛。實事行事，不知道這就是忠誠。有擔當不知道這即是信用。大家互助合作是義務，不認爲是恩惠。因此，他們的行爲都不露痕迹，即使可歌可泣的事也不必流傳下來。

【註】藥瘍一ㄠˋ 一尢ˊ　指外傷用藥，如膏藥。

憔ㄐ一ㄠ通焦，焦然，焦急煩燥。

施ㄕ髢ㄊ一ˋ　使假髮

標枝　即高處的目標，爲大眾觀仰的典範。

蠢動ㄔㄨㄣˇ ㄉㄨㄥˋ　有撓亂的樣子。

孝子不諛其親，忠臣不諂其君，臣子之盛也。親之所言而然，所行而善，則世俗謂之不肖子，君之所言而然，所行而善，則世俗謂之不肖臣。而未知此其必然邪！世俗之所謂然而然之。所謂善而善之，則不謂之道諛之人也。

然則，俗故嚴於親，而尊於君邪。謂己道人則勃然作色。謂己諛人，則怫然作色，而終身道人也，終身諛人也。合臂飾辭，聚衆也，是終始本末不相坐。垂衣裳，設采色，動容貌，以媚一世，而不自謂道諛，與夫人之爲徒，通其非，而不自謂衆人，愚之至也。知其愚者，非大愚也。知其惑者，非大惑也，大惑者終身不解。大愚者，終身不靈。三人行而一人惑，所適者猶可致也。惑者少也。二人惑，則勞而不至，惑者勝也。而今也以天下惑，予雖有祈嚮，不可得也。不亦悲乎！大聲不入於里耳，折楊皇荂。則嗑然而笑。是故，高言不止於衆人之心。至言不出，俗言勝也。以二缶鍾惑，而所適不得矣。而今矣以天下惑；予雖有祈嚮，其庸可得邪！知其不可得也。而強之，又一惑也。故莫若釋之而不推。不推，誰其比憂。屬之人夜半生其子。遽取火而視之，汲汲然惟恐其似己也。

【譯】孝子不會討好父母，忠臣不諂媚國君：這是君臣父子之間的盛德。父母所說的話，然然諾諾，所作的事都沒意見，這就是世俗所說的不肖子。皇上所說的都是對的。所作的完全沒有錯。這樣的臣子，就是世俗所說的不肖臣。但是不知道這是必然的。世俗所說的，因爲如此，就是如此。故善其善者而從之，就是這個道理。反過來說，這些大臣王公，都是諂媚君王的先驅人物。那末世俗就變成了嚴父尊君的權威世界。如果說他們是諛親諂君的始作蛹者，他馬上和你翻臉說：他是拍馬人物，他就厲色發怒。這些人，終身都是諂媚客，終身都是馬屁精。他們的言詞巧飾虛僞，能搧動群衆，其實是本末倒置。永不相稱的。這些官屁蟲，寬袍大袖，彩色分明，動靜之間，媚態畢露。自不知恥，

走後門，與官夫人營私結黨，幹非法的事，還眩耀自己有通天本領，高人一等。這些無恥之徒，真是愚不可及。能夠知道愚笨的人，並不是大笨蛋，知道迷惑的人，並不是大傻瓜。真正的傻子，是終身不自知。大笨蛋是終身都不靈光。三個人行事，有一人迷糊，對所做的事尚有完成的可能？這是迷惑的人少，如果是有兩人糊塗，那就是費力氣不討好的事。因迷惑的人多，現在是全天下都在迷惑之中，我雖祈禱嚮往清明的世界，但是所求不到。真是太可悲了！我大聲疾呼！可是此種招喚，連村里的人也聽不進去。那種折楊皇荂的靡靡之音，卻引得大家開懷大笑。所以說高明的言論，大家都聽不進人心。至理銘言出不了大門，流俗浪語滿天下。擊盆敲鍾音律不搭調。想求得適當的調協，是找不到了！當今的社會如此昏瞶，我雖然祈求嚮往中庸之治也行，知道行不通。但勉強去作同樣也是一個糊塗蟲？倒不如放手，不必推行也罷。若不推行又有誰來關心大社會呢？那不是暴徒半夜生兒子。趕快拿燈火照照看。像不像自己那份惡煞像。汲汲乎恐怕和自己那幅凶像相似。

【註】諛ㄩˊ　阿諛，討好他人，吹牛拍馬的言詞使人歡欣。

　　諂ㄊㄠ　疑也，蒙瞽，暗瞞。

　　合臂飾詞，指能言善道，蠱惑人心。

　　垂衣裳　指長袍大袴的官服。

　　設采色　指官服裝飾采色圖案。

　　以媚一世　媚惑世人

　　道諛　引導他人去阿諛討好。

　　祈嚮　祈禱嚮往

　　折揚皇荂ㄏㄨㄚ　古代曲名，指艷俗樂曲。

　　二缶鍾惑　指擊缽敲鐘，聲調不諧。

汲汲ㄐㄧˊ　ㄐㄧˊ　　急迫，急疾。

　　百年之木，破爲犧樽，青黃而文之，其斷在溝中。比犧樽於溝中之斷，則美惡有間矣！其於失性一也。跖曾史行義有間矣！然其失性均也。且夫失性有五。一曰五色亂目，使目不明。二曰五聲亂耳，使耳不聰。三曰五臭薰鼻，困慢中顙。四曰五味濁口，使口厲爽。五曰趣舍滑心，使性飛揚。此五者皆生之害也。而楊墨乃始離跂自以爲得，非吾所謂得也。夫得者困，可以爲得乎？則鳩鴞之在於籠中，亦可以爲得矣。且夫趣舍聲色以柴其內。皮弁鷸冠，搢笏紳脩以約其外，內支盈於柴柵，外重纏繳，睆睆然在纏繳之中，而自以爲得。則是罪人交臂歷指。而虎豹在於囊檻，亦可以爲得矣。

　　【譯】欲伐百年古木，製作祭祀用的犧樽，（盛酒器）雕刻精美，以青黃二色修飾，形如犧牛的酒樽。花紋是畫二支鳳尾。非常漂亮。剩下的木料，任意拋棄在溝中，即是說最好的一截用來作樽，不好的一段，就把它丟了！這就是好壞間的差異。但是木頭的本性是沒有差別的。盜跖與曾參史猶的義行是有差別的。但他們都是失去其本性的作爲是一樣的。人失去本性，是有五大原因的。

　　一、是五色，（紅黃藍白黑）所以五色亂目。使眼睛看不清事物（老子五色使人目盲）。

　　二、是五聲亂耳。使耳朵不靈敏。（宮商角徵羽）—（老子，五音使人發狂。）

　　三、是五臭薰鼻。（羶薰香鯹腐）氣味難聞，逆行沖鼻，使

人受不了。（另一說：辛香之味。蒜、韭、蔥、菽山葵。強鼻辣心，刺激性腺）

四、是五味濁口，使口味厲爽。（老子，五味使人心慌。）

五、是聲色場所，使人淫慾沖動。這五項對人生是有害的。

但是楊朱、墨子對離朱的千里眼，駢指踵行之能，大加贊揚。以為是自得。可是以我的看法：並不是這樣。那末所得到的困頓纏身。如斑鳩鴞鳥關在籠中，以為是自得嗎？況且歌榭舞池，聲色犬馬的場所，如同五內俱焚的燃燒。

鹿皮帽、鷸飾官帽，手捧牙笏，繫紳帶，看似莊嚴，其實是被約束了外表的一具行屍。內在透支太多，更受許多禁忌壓力。外在有形無形的重重纏綁，好像是密密纏緊的木乃伊。而自以為得到高官爵祿。可是他何曾想到是人民痛恨指責的貪贓枉法的罪人。是關在獸籠中的豺狼虎豹，也自以為志得意滿嗎？

【註】慺ㄙㄡˋ　通嗽，此處以「吸入」解。困慺中顙，指吸入口腔薰鼻。

趣舍ㄑㄩˋ ㄕㄜˇ　指娛樂場所。滑心ㄏㄨㄚˊ ㄒㄧㄣ　指想入靡靡。

搢笏ㄐㄧㄣˋ ㄏㄨˋ　指手捧朝版，有木製、象牙製、初竹製。上朝奏事時，將稟陳事件大要寫在朝版上，以免錯誤。回去後洗掉，明日重用。

紳脩ㄕㄣ ㄒㄧㄡ　長長的紳士帶，即衣帶。漂亮與衣裳搭配。

柴柵，指鹿柴柵欄。

纏繳ㄔㄢˊ ㄐㄧㄠˇ　纏裹緊綁。

囊檻ㄌㄤˊ ㄐㄧㄢˇ　木欄獸圈。

皖皖ㄏㄨㄢˇ ㄏㄨㄢˇ　明亮、美好。

【解】此章是指修心。如何修法，先從外在解去名利的桎

梏，再從內心的六欲開始潛修，所謂清心寡欲而已。

　　【錄評】道體非物，玄之又玄，世情用知用巧。皆惑而失性者也。能順其自然，而以無心得之。斯德兼於道，而道合於天矣。細意推求，或正言，或反言，或喻言，或述古，或徵今。總是令人於無中覓有。不可指幻爲真之意，認定此旨，則元珠在握。正不必於章句間強求其貫串也。

天道　第十三（此篇在道藏經　天一）

　　天道運而無所積。故萬物成。帝道運而無所積。故天下歸，聖道運而無所積。故海內服。明於天，通於聖。六通四辟於帝王之德者。其自爲也。昧然無不靜者矣。聖人之靜也。非曰靜也善，故靜也。萬物無足以鐃心者，故靜也。水靜則明燭鬚眉。平中準。大匠取法焉。水靜猶明。而況精神。聖人之心靜乎，天地之鑑也。萬物之鏡也。夫虛靜恬淡，寂漠無爲者。天地之平，而道德之至。故帝王聖人休焉！休則虛，虛則實，實則倫矣！虛則靜，靜則動，動則得矣！靜則無爲，無爲也，則任事者責矣！無爲則兪兪，兪兪者憂患不能處。年壽長矣。

　　【譯】天道的運轉是周流不息的，所以才能化成萬物。帝王之道的運作，是隨民心歸向定策。所以能得天下歸心。聖道推行無私無我，靜化心靈不停不息，所以大家都信服。能夠明白天道的運行，通曉聖人的道德。了解陰陽風雨晦明六氣，四方寬廣開闊，就是帝王的大德。

　　自己行事，要在默默中冷靜作爲。但是聖人的靜，不是一般的靜，他是講靜定心法，善性靜篤，定若泰山，萬物都無法撓亂他的心境。他像止水的平靜，能明察秋毫，像天地那麼公平無私。像木匠吊墨那麼準確。這就是大匠成功的法度。取法自然。水靜止平穩才能明鑑。何況精神，人在心平氣和，靜寂虛篤中，精神自然清爽旺盛。所以說聖人的心靜如秤。是天地可鑑，萬物的鏡子。凡能虛靜恬淡，寂寞無爲的人。持天地的平準待人，就

是有高尙道德的賢人。那末帝王聖人都可以休息了。休息時把一切放下，不留任何罣礙，心空即虛，虛中的真才是實得。能真即是倫緒。虛極至靜，其反即動，動中慮得方是真得。靜極無爲。無爲是靜觀其行。不作聲色。是以各司所職，各掌其事的責任制。（即是權責劃分清楚，放心放手讓司職者權全負責。）無爲則大家愉愉快快的辦事。愉愉快快的生活，就不會有憂患產生的顧慮。大家都能長命百歲。

【註】鏡心ㄇㄠˋ通撓，卦心，罣礙。

明燭 —— 即洞燭，洞察，明察。明燭鬚眉。即明察秋毫之詞。

虛靜　即無思，無物，無我，心空無物。沉靜安祥。

恬淡　對事物看得很開，沒有欲念。

寂漠　與寂寞相通。冷靜沈穩相對，並不是無聊冷漠無情的痛苦。

憂患不能處。是指胸中沒有憂患存在的問題。

【解】大道運行，是天地人合一，一切從虛極靜篤中來。

夫虛靜恬淡寂寞無爲者。萬物之本也。明此以南鄉，堯之爲君也。明此以北面舜之爲臣也。以此處上帝王天子之德也。以此處下玄聖素王之道也。以此退居而閒遊江海山林之士。服以此進爲而撫世，則功大名顯，而天下一也。靜而聖，動而王，無爲也而尊，樸素而天下莫能與之爭美。夫明白於天地之德者。此之謂大本大宗，與天和者也。所以均調天下與人和者也。與人和者，謂之人樂與天和者。謂之天樂。莊子曰：吾師乎，吾師乎。齏萬物而不爲戾。澤及萬世而不爲仁。長於上古而不爲壽，覆載天地，刻雕眾形而不爲巧，此之謂天樂。故曰，故天樂者其

生也天行，其死也物化。靜而與陰同德。動而與陽同波。故無天樂者，無天怨，無人非，無物累，無鬼責。故曰其動也天，其靜也地，一心定而王天下。其鬼不祟，其魂不疲。一心定，而萬物服。言以虛靜推於天地。通於萬物。此之謂天樂。天樂者，聖人之心，以畜天下也。

【譯】無為就是在虛靜恬淡寂寞之中，祂是萬物因子的根本。能夠明白知本的人，如堯帝南面稱君。明白這個道理的，面北稱臣，如大舜。以無為虛靜的道理，站在上位的，即是帝王天子的大德。明白這個道理處居下面的人。不是素王，便是玄聖。能夠知道此理，退居山林，閒遊江海的隱士。服膺此理。以其所學撫助社會，可以建立赫赫功勛，揚名天下。促使社會安和樂利，天下泰平。

靜者可為聖賢，動則可作帝王。這即是無為。尊從樸素的思想，世上就沒有人與他爭此美譽。能明白天地間的大德，即是知道大本的根源，大宗的啟始，是天和同氣相通。方可諧調人和的大樂。與人和是人樂與天和相協，稱為天樂。莊子說：我的老師呀！我的師父呀！對天樂的讚賞。切碎萬物並不是暴戾，澤被萬世也不算仁愛。生長在上古時代也不算長壽。能夠覆載天地，形塑萬物風姿，也不算巧技，這就是我說的天樂。能知道天樂的人生活得自在安樂。不知此義的人隨物腐化；毫無意義。靜即是陰德。動是陽初將發。能知天樂的人，沒有怨尤，沒有是非，也不受物質的拖累。鬼也不會找你麻煩。所以說：動如天儀，靜如地道。他的誠心致正，齊心合一，就可安定天下，鬼也不敢作祟。他的神魂旺盛，沒有疲憊。一心定靜，萬物都得訓服。講虛處之道，以靜寂推及天地，就能與萬物相通，即是天樂。所說的天

樂，是以聖人的心去畜養天下。

【註】南鄉ㄋㄢˊ ㄒㄧㄤˋ鄉通向。故讀ㄒㄧㄤˋ。

撫世ㄈㄨˇ ㄕˋ　撫佐社會。撫導世事。

虀ㄑㄧˊ　通齏，讀ㄐㄧˇ　韲ㄑㄧˊ韭ㄐㄧㄡˇ　皆韭菜屬植物。如隨手香、門冬等。本文指切韭菜樣，那麼多碎段，虀字是根據陸德明釋文。盧文弨莊子音義考證「虀說文作韲，亦作齏。陸从敕譌，今從隸省作虀下竝同」。

鬼祟ㄙㄨㄟˋ　即鬼神作禍，暗中害人的伎倆。

夫帝王之德以天地爲宗，以道德爲主，以無爲爲常。無爲也，則用天下而有餘；有爲也，則爲天下用而不足。故古之人貴夫無爲也。上無爲也，下亦無爲也。是下與上同德，下與上同德則不臣，下有爲也，上亦有爲也。是上與下同道，上與下同道則不主。上必無爲而用天下，下必有爲爲天下用。此不易之道也。故古之王天下者，知雖落天地不自慮也。辯雖雕萬物不自說也能。雖窮海內，不自爲也。天不產，而萬物化。地不長，而萬物育。帝王無爲，而天下功成。

【譯】帝王的德行，是以天地爲宗師，以道德爲主述，以無爲爲常態。行無爲之治，天下財用有餘。如果是有爲政府，則天下財用不足。因此古人很重視無爲的政治。君上無爲，臣下亦無爲，是下與上同德。如果是這樣，那末不是成爲君臣不分。責任不清。臣下有爲，君上也要有爲。就成了上下同道。失去主從關係。誰來擔綱，那不成了無政府主義。沒人幹事了嗎？所以說：無爲是指帝王以德服眾，不用治事逞能。臣下按職分工，以天下

興利為利，節制分明。職責有稽，這是為政不易的治國大道。

　　古代統帥天下的明君，就算他的權柄有失落的危機，也不會為自身憂慮。能明辨萬物，雕塑形像，也不會為自我賞心悅目的能事感到興奮。雖然全國盡其所有，也不會為個人貪利，一切聽其自然。即使天不產，萬物同樣生化。地上不長，萬物同樣能育成。帝王行無為之治，天下功業自會完成。

　　【註】落天地：如天崩地裂。形容危機。

　　辯ㄅㄧㄢ通辨，分辨、細膩、細密。

　　馳ㄔ′　車馬　奔馳。即跑得很快。但此處指乘時用物。故乘天地，馳萬物。如太公云：食其時，百骸理。知天應人之道相近。

　　故曰莫神於天，莫富於地，莫大於帝王。故曰帝王之德配天地。此乘天地馳萬物而用人群之道也。本在於上，末在於下，要在於主，詳在於臣，三軍五兵之運，德之末也。賞罰利害五刑之辟，教之末也。禮法度數，形名比詳，治之末也。鐘鼓之音，羽旄之容，樂之末也。哭泣衰絰，隆殺之服，哀之末也。此五末者須精神之運，心術之動，然後從之者也。末學者，古人有之。而非所以先也。君先而臣從，父先而子從，兄先而弟從；長先而少從，男先而女從。夫先而婦從。夫尊卑先後，天地之行也。故聖人取象焉！天尊地卑，神明之位也。春夏先，秋冬後，四時之序也。萬物化，作萌區有狀。盛衰之殺，變化之流也。夫天地至神而有尊卑、先後之序。而況人道乎。宗廟尚親，朝廷尚尊，鄉黨尚齒，行事尚賢，大道之序也。語道而非其序者，非其道也。語道而非其道者，安取道。是故古之明大道者，先明天而道德次之。道德已明而仁義次

之。仁義以明而分守次之。分守已明而形名次之。形色已明，而因任次之。因任已明，而原省次之。原省已明，而是非次之。是非已明，而賞罰次之。賞罰已明，而愚知處宜。貴賤履位，仁賢不肖，襲情必分。其能必由其名，以此事上，以此蓄下。以此治物，以此修身，知謀不用，必歸其天，此之謂太平治之至也。故書曰，有形有名，形名者，古人有之，而非所以先也。古之語大道者，五變而形名。可舉九變，而賞罰可言也。驟而語形名，不知其本也。驟而語賞罰，不知其始也。倒道而言，迕道而說者。人之所治也。安能治人！驟而語形名賞罰。此有知治之具。非知治之道。可用於天下，不足以用天下。此之謂辯士。一曲之人也。禮法數度，形名比詳。古人有之，此下之所以事上，非上之所以蓄下也。昔者，舜問於堯曰：天王之用心如何？堯曰，吾不敖無告；不廢窮民苦死者，嘉孺子而哀婦人；此吾所以用心已。

舜曰：美則美矣，而未大也？

堯曰：然則何如？

舜曰：天德而出寧，日月照而四時行。若晝夜之有經，雲行而雨施矣！

堯曰：膠膠擾擾乎，子天之合也，我人之合也。夫天地者，古之所大也，而黃帝堯舜之所共美也。故古之王天下者，奚爲哉？天地而已矣。

【譯】所以說：天是最神聖的，地是最富有的。帝王是最大的。因此帝王的大德，是可以與天地相配祀的。這是乘天時化萬物，用人群的大道。大本在上，末節在下，重要的是握大經能周

詳洞悉。在臣下的運作要能掌控三軍，靈活、指揮得宜。兵器軍械，是末節之事。賞罰利害，五刑大辟，是教育的末節。禮法權衡，名位比敘，是禮法末節的小事。鐘鼓金石音響，插羽舞翎，歌聲高唱，是樂舞的末流。哭號哀傷，披麻戴孝，是致哀末節。以上這五末的事，須要精神的運作，心術的動念，然後方可行事；也是末學之流，古代也是這樣的。不是今天才有此種風氣的形成。是君王在先，而後臣下跟從。父親在先，兒子跟進，兄先行，弟跟上。大的先，小的後；男人先，女人後，丈夫先，妻子後。對於尊卑先後的觀念，是天地運行的法則。所以聖人採取此種現象，應用在人世的社會。天尊地卑，是神明的名位。春夏在先，秋冬在後，是四時季節的分法。是根據萬物萌發，化育成長的時程，區分出來的。這就是四季畫分的原始資料。無論是萌芽、繁茂，結實收割，所有變化流程，都是天地在暗中育使。這是多麼神奇，無比神聖的大德。所以說天地是至高無上的尊神。是有尊卑的；亦有先後秩序。既然天地大道如此。何況我們人道呢？

　　在人道來說：立宗廟，是崇拜祖先。有政治，是要全民尊從國家法制。在鄉儻大家都敬老。辦事就得找賢能的幹才。這是大道的秩序。說話不講倫序，就不是語言之道。如果說語言沒有語道，那末我們還談什麼道。

　　在古代能夠明白大道的人，是先了解天道，再來講道德。能夠明瞭道德至上，仁義只是等而下之的事。能夠明白仁義的精神所在。對自己本分，守身還是次要的事。能夠明白守分守身的人，對名位不會計較的。完全了解形名的意義，才因人任事。由於任命明確，再加省視，詳察。是非在其次，能明是非，賞罰是次要的律令。賞罰分明，愚智相處得宜，貴賤各就其位，仁人賢

士與不肖之徒，情分錯亂倒置。

有才能的人，必定有他的名望。以他的能力事奉主上；以他的能力培養幹部。用他的能力去治理業務，以他的能耐去修身建德。不用智謀，必定得到天成大德，這就是太平盛世的大治。

書經說：「有形，有名」。形名列位，是古代即有的事。不是現在才有的。古代講大道；是由書經舜典五教演變成為形名之學。為了提振九法的士氣，演變而成賞罰條例。這都是史有前例的。忽然之間講形名之學，不知道它的根源在哪？突然之間講賞罰，不知道如何開始的。反道的言論，忤逆道說的作法，是人治的政令。怎麼能安治人心呢？突然講求形名列位的手段，只不過是有智慧的人用來整治人民的工具。並不是真能平天下的大道。雖然可用於社會，但不能滿足社會的需要。這些狗頭軍師。只不過是一些能言善辯的鸚鵡小鳥而已。是一己廢話疵言夢語。禮法等級，形名班位列等。是古來即有的。是以下事上的條例；並不是用來培養臣下的法制。

往昔，舜帝問堯王；天王的用心是甚麼？

堯說：我不囉嗦，凡事明說，對殘疾窮困的民眾，疾苦救難，撫恤傷亡。嘉惠孩童，哀矜婦女，這就是我對天下人的用心所在。

舜說：好，很好，但是不夠大？

堯說：那麼，你說，該怎麼辦？

舜說：天德的出現，像安祥的太陽、月亮般高掛在天上。按四季分明，照耀大地萬物。猶如晝夜運轉的常態不變，能夠隨季節，雲行雨施的育化。

堯哈哈大笑的說：好呀！你小子還真有一套！你能與天德合，我只能與人合。

所以說：從古以來，天地都是最大的。自黃帝堯舜以來都以敬天尊地為美事。他們能統領天下大事，所幹何事？很簡單，就是把天時地利處理好，不失萬物之情，達到人和的太平盛世。

【註】三軍　周代的制度，天子六軍、大國三軍。

鄭玄注：「大國三軍，合三萬七千五百人」。

五兵　指兵器、軍械，如戈矛刀槍箭戟等。

五刑　五種刑罰　一墨（黥刑）臉上刺字。劓刑（割掉鼻子）　剕刑（宰掉腳掌）　宮刑（割掉睪丸）

大辟　（砍頭）是最重刑罰。

鐘鼓　古樂的主要樂器。

羽旄ㄇㄠ／　樂舞時舞生手持的雕翎，頭上插的鳥羽。

衰絰ㄔㄨㄟ　衰讀ㄔㄨㄟ ㄅㄧㄝ／　即喪服，粗麻布作的，今仍沿用。

原省ㄒㄧㄥ∨　審明、省明，察視。

辯士　辯論家，今天的律師，過去也稱辯士。

孔子西藏書於周室。子路謀曰，由聞周之徵藏史。有老聃者，免而歸居。夫子欲藏書，則試往因焉？

孔子曰善，往見老聃，而老聃不許。於是繙十二經以說老聃。中其說，曰大縵。願聞其要。

孔子曰：要在仁義。

老聃曰：請問仁義人之性邪？

孔子曰：然，君子不仁則不成，不義則不生。仁義真人之性也，又將奚為矣？

老聃曰：請問何謂仁義？

孔子曰：中心物愷，兼愛無私，此仁義之情也。

　　老聃曰：意，幾乎後言。夫兼愛不亦迂乎，無私焉乃私也。夫子若欲使天下無失其牧乎。則天地固有常矣，日月固有明矣，星辰固有列矣，禽獸固有群矣，樹木固有立矣！夫子亦放德而行。循道而趨已至矣！又何偈偈乎揭仁義，若擊鼓而求亡子焉。意，夫子亂人之性也。

　　【譯】孔子想把刪著的書典藏在西周的國史館。子路建議說：仲由（子路姓名）聽說，周史館的徵藏官是老聃，現在退休了，在家閒著，老師想把書典藏在史館中。不妨先去拜望老聃，聽聽他的意見如何？孔子說：好，就以你的意思去辦吧！

　　於是孔子與子路很高興的去到老聃的家，把來意說給老子聽，希望他能成全此事，可是老子不願促成此事。孔子再三推銷他的著作有何價值，並把十二經都搬出來，大談特談。老子聽得有些不耐煩，打斷了他的話頭。

　　老子說：你講的太廣泛了！請說說大要就好，不必長篇大論。

　　孔子說：精要之處在仁義！

　　老聃說：請問仁義是人的本性嗎？

　　孔子說：是，君子如果不仁就不會有成就，如在世不義，就不能生存。仁義確實是人的真性。不然又將怎辦？

　　老聃說：什麼叫仁義？

　　孔子說：中心快樂（袒蕩）兼愛大眾，沒有私心，這就是仁義的情感。

　　老聃說：噫！你講這些都是後話，談兼愛不是有點迂腐嗎？所說的無私，就是有私心。先生想天下人都不會失去他的牧群嗎？然則天地本來就有祂的常性。日月有祂光亮的常態，星辰的

位置亦有祂的固有位置。飛禽走獸也有分類群居的習慣。先生放言道德高論，只要按照道的趨勢去辦，就可達到你的目的。又何必急疾揭揚仁義哩！你這樣的作法，好像敲鑼打鼓去找逃亡的兒子。使他逃得更快。欸呀！先生，這是亂人本性的作法啊！

【註】子路　姓仲名由字子路一字季路，春秋魯國卞人孔子弟子。

繙ㄈㄢˊ　本字繙ㄈㄢˊ，旗繙，經繙，此引作繁複解。

縵ㄇㄢˋ　寬鬆的樣子，散縵，故引申為廣泛。不著邊際。

愷ㄎㄞˇ　「君子愷悌」，形容快樂的音樂歌聲。如詩經邶風。「言夏樂之長養」。戰勝歸來的凱歌。此引申為心中袒蕩，快樂之意。

兼愛　即仁愛，如論語學而篇「汎愛眾而親仁」。

偈偈ㄐㄧˋㄐㄧˋㄒㄧㄝˊㄒㄧㄝˊ　疾驅也，用力貌。

揭ㄐㄧˋ　高舉也，持也。引為旗號。

亡子ㄨㄤˊㄗˇ　指逃亡的兒子，逃跑。

士成綺見老子而問曰：吾聞夫子聖人也。吾固不辭遠道而來願見。百舍重趼而不敢息。今吾觀子；非聖人也。鼠壤有餘蔬而棄妹，不仁也。生熟不盡於前，而積斂無崖。老子漠然不應。

士成綺明日復見。曰：昔者吾有刺於子，今吾心正卻矣！何故也。

老子曰，夫巧知神聖之人，吾自以為脫焉！昔者子呼我牛也，而謂之牛，呼我馬也。而謂之馬！苟有其實？人與之名而弗受，再受其殃！吾服也恆服，吾非以服有服。

士成綺雁行避影，履行遂進，而問修身若何？

老子曰：而容崖然，而目衝然，而顙頯然，而口闞然，而狀義然，似繫馬而止也。動而持，發也機，察而審，知巧而覩於泰。凡以爲不信，邊竟有人焉！其名爲竊。

【譯】士成綺（人名）去求見老子；他說：吾聽說先生是聖人？所以不怕路途遙遠，千里迢迢來到府上，經過百日餐旅投宿，雙腳都走出水泡，不敢耽誤旅程，終來到你家。可是今天一見，先生不像個聖人？好像是老鼠窩邊剩下的殘蔬雜末。是一個缺乏仁德的人。同時貪否積歛無度的俗客。

老子冷漠不理，默不作聲。既不應對，也不送客，讓他自己沒趣，趕快走人。

第二天，士成綺又跑來求見，就讓他進來吧！

士成綺說：昨天我說話有些孟浪，刺激到先生，今天我誠意正心的來求教，是什麼原因呢？

老子說：凡是巧智神聖的人，我自以爲與他們沾不上干係。昨天他說我是牛，就是牛，說我是馬就是馬？可是這畢竟不是事實；人家給與的名諱，我是不接受的。我要是接受了，就會遭殃禍患。我穿這身衣服，就是這身衣服，是永不變色的式樣。並不是爲了要漂亮的衣服才穿衣服。

士成綺一聽老子這番言語：馬上輕手輕腳提衣，用小碎步側身進前，站立老子左側躬身求教。請問修身之道。

老子說：他的容貌崖然散縵。眼睛突突，臉腮寬廣，說話如虎叫，表情嚴肅，人雖已坐下，可是他卻心神不定，持強好鬥，機巧過人，察顏觀色，故裝鎮定。像這樣的人，是不可信賴的，猶如邊境的奸細，可以說他是竊盜。

【註】趼ㄐㄧㄢˇ　手足上長的繭硬皮。勞苦磨損所長的厚皮。

鼠壤ㄕㄨˇ　ㅁㅊˇ　老鼠窩，老鼠活動的地方。

棄妹ㄑㄧˋ　ㄇㄟˋ　丟棄的粹末。

無崖ㄨˊ　ㄧㄞˊ　無邊際。

巧智ㄑㄧㄠˇ　ㄓˋ　知通智，巧智　機巧智謀。

雁行ㄧㄢˋ　ㄒㄧㄥˊ　側身行走。

履行ㄌㄩˇ　指踵行。足跟，足踵，形容碎步。

頯頯ㄙㄤ　ㄏㄞˋ　頯通頦ㄏㄞˊ顋骨

闞ㄎㄢˋ　偷看，虎怒叫，稱虓ㄒㄧㄠ虎。形容張口如虎號。

繫馬而止　形容坐立難安。心神不安。

動而持　指持強好勝。

發而機　指機靈巧變。

　　老子曰：夫道於大不終，於小不遺。故萬物備，廣廣乎，其無不容也。淵乎其不可測也。形德仁義，神之末也。非至人孰能定之。夫至人有世，不亦大乎。而不足以為之累。天下奮棅，而不與之偕。審乎無假，而不與利遷，極物之真，能守其本，故外天地。遺萬物，而神未嘗有所困也，通乎道。合乎德，退仁義，賓禮樂，至人之心有所定矣！

　　【譯】老子說：大道是沒有終始，無窮無盡的。小則無間遺漏之處。所以萬物齊備，是那麼廣大，無所不包，無所不容。像深淵一樣，難以測試它的深度。對於形貌德行仁義等，是神明的志節，不是至人賢德之士，誰能定奪。有至人在世，真的偉大，天下大事在身，並不感到勞累。雖有威權可執，但他藏而不用。

審事正確，不爲利益改變。極盡真誠接物。能堅守根本。超越天地之外。惠及萬物。他的精神並沒有困頓疲乏。與道相通，與德相合，退而仁義。禮樂不過是陪襯而已。至人的衷心，自有定見。

【註】形　是指形體，萬物都有形貌。

淵ㄩㄢ水深不測的深潭，淵藪。

偕ㄒㄧㄝˊ　指和諧。不偕，即不配合，即不用威權壓人。

解：大道無垠，無終始，無物我，無間隙，普施天地環宇。德惠萬物，對仁義禮樂等末節之事。無足掛齒。至人棄威權，捨名利，道通天地。德惠眾生，如神明之德。不分智愚貴賤。

世之所貴者書也。書不過語，語有貴也。語之所貴者意也。意有所隨，意之所隨者。不可以言傳也。而世因貴言傳書。世雖貴之哉。猶不足貴也。爲其貴，非其貴也。故視而可見者。形與色也。聽而可聞者，名與聲也。悲夫，世人以形色名聲，爲足以得彼之情。夫形色名聲，果不足以得彼之情。則知者不言，言者不知，而世豈識之哉？桓公讀書於堂上。輪扁斷輪於堂下，釋椎鑿而上，問桓公曰：敢問公之所讀者何言邪？公曰，聖人之言也。曰聖人在乎？公曰，已死矣！曰，然則君之所讀者，古人之糟魄已夫。桓公曰：寡人讀書，輪人安得議乎。有說則可，無說則死。輪扁曰：臣也以臣之事觀之，斷輪，徐則甘而不固，疾則苦而不入。不徐不疾，得之於手，應之於心。口不能言，有數存焉於其間。臣不能以喻臣之子，臣之子亦不能受之於臣。是以行年七十而老斷輪。古之人與，其不可傳也，死矣！然則君之所讀者，古人之糟魄已

夫。

【譯】世間珍貴的東西是書。但是書不過是語文的記載。語言也是可貴的，語言可貴的地方，是傳意。能夠追隨所傳的意義而已，可是有一句話，不知你聽過沒有？是不可以言傳的。世上因貴言，才傳書冊。雖然世間珍貴，還是不足珍貴。爲了書的貴重，並不是真的貴重。因爲他可以看得見的文字記載，有形有色。也聽人傳誦過，都是很有名氣，聲譽的。可悲呀！世上的人都以形色名聲來看人。像這樣，你以爲得到他的真實情況嗎？要知道形色名聲，只是外在的東西。有些事是在盡在不言中。所以說：知者不言，言者不知。世上有幾人懂得這個道理。

齊桓公有一天在堂上讀書。正巧堂下的木匠在作車輪。他看到桓公在讀書，便放下手中的椎子鑿子，走到國君書案前，對桓公說：請問公讀的是什麼書？

桓公說：是讀的聖賢書。

木匠說：聖賢還在嗎？

桓公說：已經死了！

木匠又說了！那麼君王所讀的書；是古人的糟粕而已。桓公說：你大膽！寡人在讀書，那有你一個木匠來議論的呢？你要說得出道理我就饒了你？否則你這條小命不保。

木匠說：臣下以臣下所作的工作來說罷。斲輪這小小的工藝，在用斧鑿的時候，慢慢來雖然比較輕鬆，快了又辛苦，功力不到。所以在工作時不疾不徐。要有一定的速度，作出來的東西才合適用的標準。我如此的老到工作經驗，不能說給兒子聽，他聽了也不能接受，我今年已經七十歲了！還是一個輪扁老工人。古代的人已矣！那能傳習得了！死了！都過去了！所以說君王所

讀的書,都是古人的糟魄。

【註】輪扁斲輪。是指作車輪的專業木匠師傅。

輪扁ㄌㄣˊ ㄅㄢˇ 車輪匠。斲ㄓㄨㄛˊ 斫斬木材 斲斬,製作車輪。

椎ㄓㄨㄟ 木槌。木工的工具

糟魄ㄗㄠ ㄆㄛˋ 糟粕,即煮酒剩下的酒滓。

有數一ㄡˇ ㄕㄨˋ 有一定的數據,俗稱哈數。這是經驗的功夫。是說不來的。故不能言。這是靠意傳,心法。不是用語言說得清的。即使是自己兒子,他沒有學到這個功夫。說給他聽也沒有用。技藝在熟能生巧,自有訣竅。修道,未到層次更是說不通的。

【錄評】天道無為,以虛靜自然為本,人心失其自然,即以害道,惟至人之心,不為物累。不與利遷,如如自在,乃得大定之境,所謂定者,即虛靜之始基也。此中真訣,不可言傳,世人第即傳道之書求之,而至道之精,終不可得,有志於道者,仍當致虛守靜,損之又損,以至無為,庶得古人不傳之祕也。

【解】道在聖傳,修在己。致虛極,靜定中求。定是書傳講授之學,道術講求口傳,心受,這是法。所謂密訣。但真能得者,仍在自己,故道在悟,是經驗體悟中求之。經驗是功夫,體驗是智慧。所謂求盜機,盜機是火候。這是無法心傳的。必須自己從中(造化)得來。所以說讀書無用論。幾千年來,無論是道家、禪僧,真能得道者幾人。所以說祂是一門高深的學問,在悟道的過程中又各有不同。有的是遇異人,有的是靈地。有的是天時。誰也說不清。所謂說,不能說,不能說。一說就錯,一說就破。

有的則是一念之間,余友某君,已到天門大開之際,突覺心裏害怕,聽風聲激蕩,天雷大作。急止不前,門戶疾閉。一無所得。失去良機。這就涉及到智慧與膽識了。

天運　第十四

　　天其運乎，地其處乎，日月其爭於所乎？孰主張是？孰綱維是？孰居無事而推行是？意者其有機緘而不得已邪？意者其運轉而不能自止邪？雲者爲雨乎？雨者爲雲乎？孰隆施是？孰居無事，淫樂而勸是？風起北方，一西一東，有上彷徨。孰噓吸是？孰居無事，而披拂是？敢問何故。巫咸詔（招）曰，來，吾語女，天有六極五常。帝王順之則治，逆之則凶。九洛之事。治成德備，鑒照下土，天下戴之，此謂上皇。

　　【譯】天的運轉與地的處境是相對的。在動靜之間，故有衡星與行星的相對。衡者不動，靜之極也。動者衡動，運之不息。日月各有其位，有人主張日月競走，有人主張日月是有體系的。還是不爲所事，自然推移的說法呢？

　　主要的是找不到它爲何要轉動的動機在那裡？它靜止的掣伐在何處？所以它的運轉是永不停息的。譬如說：雲是雨，雨即是雲，也說不通，雲者水氣也。在陰陽相交時化爲雨也。雨即水也。歸復其本。但是它卻循環不已，並有不同的計量運行。有時甘霖普降，有時則豪雨成災。人不能沒有敬畏之心。

　　風起北方，忽東忽西，有上有下，高低不一，強弱難測。以人身來說：是噓氣好，還是吸氣好，還是任由它自然興發？請問該怎麼辦？

　　巫祝官，詔說：來，我告訴你：天有六極五常。什麼是六極，就是心肝脾肺腎三焦。（亦說六極爲上下四方。）先天之氣

分別是濕熱火水寒冷。那末五常呢？（亦說：仁義禮智信，或君臣夫婦父子。）就是五行，木金水火土。（即肝屬木，肺屬金，腎屬水，心屬火，脾屬土。）作帝王的人如果能夠順應六氣五常的法則，天下就會大治。否則便是凶災人禍，夏代國家土地區劃成九州，以洛書治事，故能夠以德安民，國家太平，這是皇天后土可明鑒的大事。所以獲得全民的擁戴。

【註】維綱ㄨㄟˊ《ㄤ國家法度，此引申為天上日月星辰是一定秩序位置的，也可稱綱維。

機緘ㄐ ㄒㄧㄢ 成玄英疏「機關也，緘閉也。」以「有閉藏開必有啟」較妥當。

隆施ㄌㄨㄥˊ ㄕ 指降雨充沛。豐隆。

淫樂ㄧㄣˊ ㄌㄜˋ 據書經大禹謨「罔淫于樂」淫蕩的音樂。指雲雨交歡。後人則引申為男女之交。

噓ㄒㄩ吸ㄒㄧ 噓吐氣。吸是內息，吸氣。噓吸，即是吐呐功夫。指習導引法的人士，修道的人。

披拂ㄆㄧ ㄈㄨˊ 是指吐氣，輕吐，慢吸的狀態。

六極ㄐㄧˊ本六合，指上下四方為六極，亦即六合。此則指內臟的六器，因每一器官的氣場不同，運轉不一。故配合五行的運轉。即是在運氣時，時間、氣場、血行是有變化的。這是練氣最精要地方。可參考魏伯陽參同契。故要順，切不可反。反則凶、敗、廢、殘、死。

商太宰蕩，問仁於莊子。莊子曰：虎狼仁也。曰：何謂也？莊子曰：父子相親，何為不仁。曰：請問至仁？莊子曰：至仁無親。太宰曰：蕩聞之，無親則不愛，不愛則不孝；謂至仁不孝可乎？莊子曰：不然，夫至仁尚矣；孝

固不足以言之。非此過孝之言也。不及孝之言也。夫南行者至於郢，北面而不見冥山，是何也。則去之遠也。故曰：以敬孝易，以愛孝難，以愛孝易，而忘親難。忘親易，使親忘我難！使親忘我易，兼忘天下難。兼忘天下易，使天下兼忘我難！夫德遺堯舜！而不爲也。利澤施於萬世，天下不知也。豈直太息，而言仁孝乎哉。夫孝悌仁義，忠信貞廉。此皆自勉以役其德者也。不足多也。故曰：至貴國爵并焉。至富，國財並焉？至願，名譽并焉。是以道不渝。

【譯】宋國的太宰蕩，有一天見到莊子。對莊子說：請問莊先生，怎麼是「仁」。

莊子說：「仁」嗎？猶狼似虎？

蕩說：你所說的是什麼意思？

莊子說：父子相親，爲什麼不叫仁？

蕩說：那末甚麼是至「仁」？

莊子說：至仁無親，什麼是至仁無親；即是大愛無私，不問親疏，所以叫無親。

蕩說：但是我聽到的，親即是愛，若不愛父母，就是不孝。難道說至「仁」就是不孝，可以嗎？

莊子說：不是這樣的，你誤會了。我所說的「至仁」。是無以復加的，即是說「至仁」是完美的「仁德」。所以說：孝不足以相提並論的。這不是太過孝順的說法，或是不敬孝道的講法。譬如說：我們到南邊去，你已經走到楚國的都城荊州（郢）回頭向北方看去，那裡還能看到王屋山呢（冥山）？這是什麼道理呢？因爲距離太遠了。我們眼睛目力達不到呀！所以說敬孝是近

易的事。若以愛爲孝就很難，（孝是敬。愛是上慈撫下的心）能夠愛親亦能孝親，（上孝下愛）容易，但你想忘記親人就很困難了！即使你可以忘記他們，但是他們永遠也忘不了你。使他們忘了我容易，要把所有的人都忘了，那就太困難了。就算你能忘記天下所有的人。要使天下與我俱忘更是難上加難。所以說仁德遺愛堯舜，他們不受用。是把利澤施惠給萬世萬代，天下人不知道盛德被佑。還去談什麼仁孝的事。唉聲嘆氣，真有些莫名。本來孝悌仁義，忠信貞廉，都是自勉之詞，是用來立德行仁的，但是已經不多了。

人最尊貴是國家的爵祿，至富有是國家財產。最高的意願，是名譽清高。如若你能忘記名譽、富貴，連自己也能忘掉，就與道相合，永久不變！

【譯】商　是宋國。太宰　如首相。殷（商）代設置。

虎狼　形容凶暴。指「仁」的弊端。天地間任何事務，以致政策都有利弊，故以權衡取之利弊得失。此處指因仁傷性，損傷自然的天性。如刀鉎斧鑿將人物化。

郢一ㄥˇ　楚國都城，即今湖北荊州。

冥山ㄇㄧㄥˊㄕㄢ　應是王屋山，非崑崙。更有誤爲溟海之山。

德遺　指德澤。

不渝ㄩˊ　不變。

解：此章重點在一個「忘」字，心「空」才有容乃大。能忘仁義，忘孝親、忘我、忘物。才可達到虛極靜篤的境界。這是修道的法門，所謂道在其中。

北門成問於黃帝曰，帝張咸池之樂，於洞庭之野。吾始聞之懼！復聞之怠，卒聞之而惑。蕩蕩默默。乃不自

得。帝曰，女殆其然哉。吾奏之以人，徵（徵）之以天，行之以禮義，建之以太清。夫至樂者，先應之以人事，順之以天理，行之以五德，應之以自然。然後調理四時，太和萬物。四時迭起，萬物循生，一盛一衰，文武倫經，一清一濁，陰陽調和，流光其聲，蟄蟲始作。吾驚之以雷霆，其卒無尾，其始無首，一死一生，一僨一起。所常無窮，而一不可待。女故懼也。

【譯】北門成請教黃帝。他說：君上在洞庭湖的野外演奏咸池樂章。開始聽的時候，我有些懼怕，再聽下去，覺得疲倦。聽完之後，則大惑不解？洸洸悠悠的，安定不下來。

　　黃帝回答他：想不到你還有此反應，我很高興。我演奏給大家聽，是發出我的心聲，與天韻相通，敬重如禮儀般莊嚴，取法太虛天宮的美聲。

　　一個高明的演奏家。先要與人事相呼應，要與天理相符節拍，亦要與五德（智信仁勇嚴）相諧。感應自然的流程。然後與四時大和萬物共鳴！

　　因為四時變化，以五聲贊序，萬物第次生長盛衰，是有時節性的。要以音符文武激起的手法詮釋。猶如一清一濁，陰陽調和，像行雲流水的美妙。在泥土中冬眠的蟲蛹，吾以驚雷春雨將它喚醒。沒有頭，也沒有尾。一生一死，一仆一起，這是天律的常態，是循環不已，生生不息的輪轉，它不會停留，也無法等待，生滅自然。所以你害怕了。

【註】北門成　姓北門名成。春秋時有北門駰　北門子

咸ㄒㄧㄢˊ池ィˊ黃帝所製的樂章，是歌頌天神的音樂。

蕩蕩默默　形容心神洸忽無主

僨ㄈㄣˊ　　跌倒、仆倒。

蟄ㄓˊ　　驚蟄日是春信，萬物復甦的時節。

　　吾又奏之以陰陽之和，燭之以日月之明，其聲能短能長，能柔能剛，變化齊一，不主故常。在谷滿谷，在阬滿阬。塗卻守神。以物爲量，其聲揮綽，其名高明。是故鬼神守其幽。日月星辰行其紀，吾止之於有窮，流之於無止。子欲慮之而不能知也。望之而不能見也。逐之而不能及也。儻然立於四虛之道。倚於槁梧而吟曰，知窮乎所欲見。力屈乎所欲逐。吾既不及已夫。形充空虛。乃至委蛇，女委蛇故怠。

　　【譯】我再奏以陰陽相和的段落，洞悉日月光明照耀的時候，音調有長短的敘法，剛柔並濟，變化有致，不阻於主曲常調，推陳出新，滿坑滿谷，神溢四野，順暢無間隙，充塞天地。悠陽頓挫，節奏分明，故能如鬼神守其幽谷，日月星辰運行不亂，我的休止符運用得當，該停即停，該止即止。流暢無比。你想顧慮思考的地方找不到，可以說是無隙可擊的。你想看的又看不見，想追的也追不到，好像站在四面無助的空虛場景。倚靠在一棵乾枯的梧桐樹上唱歌，想找到窮盡的地方在何處，用盡勞力去追逐，可是已經來不及了。這時你的外表好像蠻不錯，可是內心卻很空虛。所以只有虛與委蛇，應付場面，由於你的虛與委蛇，就成爲倦怠的感應。

　　【註】阬ㄎㄥ通坑，古字。

揮綽ㄏㄨㄟ　ㄔㄨㄛˋ　指悠揚頓挫的美聲。

槁梧ㄎㄠˇ　ㄨˊ　枯槁的梧桐樹，形容沒有生命的樣子。

委蛇ㄨㄟˇ ㄕㄜˊ　虛應事故，拖延、應付。

吾又奏之以無怠之聲。調之以自然生命，故若混濁叢生，林樂而無形，布揮而不曳，幽昏而無聲，動於無方。居於窈冥，或謂之死，或謂之生，或謂之實，或謂之榮，行流散涉（徙），不主常聲。世疑之，稽於聖人。聖也者，達於情而遂於命也。天機不張，而五官皆備；此之謂天樂。無言而心說，故有焱氏為之頌曰：聽之不聞其聲，視之不見其形，充滿天地，苞裹六極，女欲聽之而無接焉？而故惑也。樂也者，始於懼，懼故祟（祟），吾又次之以怠，怠故遁。卒之於惑，惑故愚，愚故道，道可載而與之俱也。

【譯】我又再演奏沒有懈怠的樂章，以自然輕快為曲調。所以音色比較涵混，速度快慢不一，但是對曠野山林的表現用隱喻的手法，化之於無形，乾淨利落，絕不拖泥帶水。進入沉思心聽止耳不發的作用，靜在定中，動亦無方。此時在大定中升入一個窈窈冥冥的世界，不知是死還生，是生已死。是實景還是榮景。飄渺虛空，無主曲無常調，一任自然。

凡世上有疑惑的事情；可以查考聖人的事跡作應使。所謂聖，即是通達情理，順應命運卒於天年。天機尚未打開，但五官（眼耳口鼻舌）齊備。這就是天樂，即是沒有語言心中自然喜悅。過去有一位姓焱的先生歌頌此事；他說「聽之不聞其聲，視之不見其形，充滿天地，苞裹六極。」這種無聲無影的樂章，是充盈天地之間，包藏在上下四方六極之中，只能用心聽去欣賞。所以你要想聽，是沒辦法接得上來的。所以你就起了困惑的心意。

　　所謂樂曲，序曲大都以震撼交響為主。因為這樣的開始，才會使人有敬畏心，這就是以懼為先聲的始原。我接著把聲勢慢慢緩減下來，將聽者引領到另一個不同的世界，使你沉潛在如夢如痴的渺茫世界，你便大惑不解，這是什麼道理。它叫愚惑，在愚惑中去參悟道法，使道加載在你身上，你就可以與道合而為一。

　　【解】此章解怠惑，由樂聲變化，將聽者心境引入另一個幽深漂渺的虛無世界，使聽者忘了現實，居停在某一種快樂的世界。莊子稱為「天樂」。故洞經音樂（道家音樂）大都以漁樵耕讀為主，將聽者引入自然美景中。今日西洋音樂是野性的發抒，缺乏文明原素。「非人也，非人也」。（孟子公孫丑上）

　　【錄陳註】聲音之道，觀感甚微，太和自在人心。故以樂中條理。曲示入道之序。始言懼者，乍逢蕩滌，悚然神驚，……次言怠者，天籟均調，強陽氣化，……終言惑者，深入廣漠。意識俱亡，是漸近自然之火候也。

　　孔子西遊於衛。顏淵問師金曰：以夫子之行為奚如，師金曰：惜乎而夫子其窮哉。顏淵曰：何也？師金曰：夫芻狗之未陳也。盛以篋衍，巾以文繡，尸祝齋戒以將之。及其已陳也。行者見（踐）其首脊，蘇者取而爨之而已。將復取而盛以篋衍，巾以文繡，遊居寢臥其下，彼不得夢，必且數眯焉！今而夫子亦取先王已陳芻狗。聚弟子遊居寢臥其下。故伐樹於宋，削迹於衛，窮於商周，是非其夢邪？圍於陳蔡之間。七日不火食。死生相與鄰，是非其眯邪！夫水行莫如用舟。而陸行莫如用車。以舟之可行於水也。而求推之於陸，則沒世不行尋常。古今非水陸與。周魯非舟車與。今蘄行周於魯，是猶推舟於陸也。勞而無

功，身心有殃，彼未知無方之傳。應物而不窮者也。且子獨不見夫桔槔者乎，引之則俯，舍之則仰。彼人之所引，非引人也。故俯仰而不得罪於人。

【譯】孔子將到西部去衛國遊說。顏淵問師金，你看我們老師此行如何？

師金說：可惜呀！夫子此去是窮困難行？

顏淵說：為什麼？

師金說：祭祀的草狗還未陳上去。還裝在匣子中，用黃綾包裹著，像個老巫師，齋戒沐浴前去！把東西陳上。猶如走路的人只看到他的後腦勺一樣，像割草的人拿草去炊事般。你去到衛國，又把它裝回匣子中，好好的用綾子包著，放在枕頭下面。物不離身。不要有這個夢想。那是會失望的。今天夫子是拿著先王的祭禮（稻草扎的狗）到衛國獻供，還帶一大群學生去讓人招待。這樣的行徑，就像到宋國砍樹，在衛國途中剖製，目的地卻是商周。這不是夢想是怎麼著？昔日被困在陳蔡之間，七天沒有開火，幾乎餓死。那不是惡夢是什麼？作事是相互有需要，如同水幫船，船幫水。陸路以車輛最便捷。現在夫子的作法，是把船推在陸地上去拖行，這不是世上罕有的怪事吧！要知道古今的世界是不同的，周庭與魯國亦不是舟車。你想把過去周朝的老政策推行在魯國，那不是把船推在陸地嗎？這種事真的會徒勞無功的，並且自身還會遭殃。他不懂得變易的方略，易數的變應是無窮的。你只看到引水人。俯身仰首在那兒操作吸筒。不知雙手下推是俯下身子，拉起來，水洩出筒，手放鬆，頭才仰起來。這個動作在俯仰之間，就是能屈能伸，不會得罪人。

【註】師金　人名。李云師，魯大師　名金。

芻狗ㄔㄨˊ ㄍㄡˇ 供祭祀用的草狗。

篋衍ㄑㄧㄝˋ ㄧㄢˇ 李云「盛狗之物也」 即狗籠，非也。裝芻狗怎可用狗籠，因芻狗不是狗。李軌之言差也。巫祝使用的草狗，無論是稻草、白茅。用時是兩隻，每隻只有三、五寸。何用狗籠呢？用竹編小匣或木匣亦可。

桔槔ㄐㄧㄝˊ ㄍㄠ 吸水工具。吸筒，如風箱活塞，拉桿。按水槍原理。

引ㄧㄣˇ 吸引。用力拉起

舍ㄕㄜˇ 即捨，手放鬆，不使力。

故夫三皇五帝之禮義法度；不矜於同而矜於治。故譬三皇五帝之禮義法度，其猶柤梨橘柚邪，其味相反而皆可於口。故禮義法度者，應時而變者也。今取猨狙而衣以周公之服。彼必齕齧挽裂。盡去而後慊。觀古今之異，猶猨狙之異乎周公也。故西施病心而臏其里，其里之醜人見而美之，歸亦捧心而臏其里。其里之富人見之，堅閉門而不出。貧人見之，絜妻子而去之走。彼知美矉，而不知矉之所以美。惜乎而夫子其窮哉！

【譯】古代三皇五帝時代的禮儀法度不同，但是用於治世的意義是一樣的。所以說：三皇五帝的禮儀法度，好像是山楂、橘子、梨子、柚子一樣，雖然味道不同，但是還能可口，故禮儀法度是隨時代不同有所變更的。今天將猴子穿上周公時的衣冠，不是很彆扭嗎？把過去的忘掉才能使大家滿意。看古代與現代的差異，就如看猴子穿周公時代的衣服那麼古怪。

西施有心臟病，皺著眉頭。捧著胸部忍著疼痛的表情，鄰里

的醜人看了，認爲這個表情太美了，回去後也捧著心，裝模作樣。富人看了，把家門緊緊的關起來不敢出門。窮人看了，趕快牽著妻子遠走。他們知道蹙眉也是一種美，但不知她爲什麼病態也美呢？可惜你老師不識時務。採陸地行舟，是不是困窘的末法呢？

【註】矜ㄑㄧㄣˊ　憐惜，自賢，莊敬，尚，危也。另讀《ㄍㄨㄢ同鰥，禮記：「老而無妻曰鰥。」

柤ㄘㄨ　山楂，酸棗。通樝。

猨狙ㄩㄢˊ ㄘㄨ　獼猴。

義ㄧˋ　通儀。

慊ㄑㄧㄝˋ　滿足、滿意。　盡去，完全不要。

齕齧ㄏㄜˊ ㄋㄧㄝˋ　咬斷食物。

挽裂ㄨㄢˇ ㄌㄧㄝˋ　拉破，撕裂，承上齕齧，咬破拉裂之意。

捧心ㄆㄥˇ ㄒㄧㄣ　用手撫著心前。

矉ㄆㄧㄣˊ　通顰，「心有痛苦，而顰眉也」。所謂一顰一笑都是美。形容西施的美貌，而東施效顰卻是醜人作怪，有點噁心。

孔子行年五十有一，而不聞道，乃南之沛。見老聃，老聃曰：子來乎，吾聞子北方之賢者也。子亦得道乎？孔子曰：未得也。老子曰：子惡乎求之哉？曰：吾求之於度數，五年而未得也。老子曰：子又惡乎求之哉？曰：吾求之於陰陽，十有二年未得。老子曰然。使道而可獻，則人莫不獻之於其君。使道而可進。則人莫不進之於其親。使道而可告人，則人莫不告其兄弟。使道而可以與人，則人莫不與其子孫！然而不可者。無他也，中無主而不止。外無正而不行！由中出者，不受於外，聖人不出；由外入

者，無主於中，聖人不隱。

【譯】孔子五十一歲那年，沒有聽道；所以到南方沛地去拜候老子。

老聃說：先生，你來了嗎？我聽說你是北方的賢士。你有得道了嗎？

孔子說：還沒有。

老聃說：是你不願意去求。

孔子說：我求了幾次，五年都未得到。

老子說：還是你不願意去求呀！

孔子說：我是求的陰陽，十二年也未得。

老子說：承然，假使道可以奉獻，大家都把祂奉獻給自己的國君。如果道可以進奉，人們都把道進奉父母。假如道可以告訴他人，那麼他們都告訴兄弟。假設道可以送給別人，大家不是都把祂傳給子孫了嗎？可是這是不可能的事。沒有別的辦法？你自己心中沒有主宰，道是沒辦法進來的，外在不正常也是不行的。由中氣發出，外氣才不會受影響。聖人不出，是由外而入的關係，因為他沒有中心的主宰。即使是聖人也不會隱諱這個說法。

【註】這章麻煩的是求道。先是聞道，聞而不得，求之，深山蕭寺，奇人異士！都不是。所以說：不能獻、進、告、與。故道不能求，只能修，修自然能得，祂是看不見，摸不著，在忽然率中的靈光智慧，非人人可求得的。所以此章所講的中心主宰，是指有堅定不移的願力。此種意志是從靜定中培養出來的。

名，公器也。不可多取。仁義先王之蘧廬也。止可以一宿，而不可以久處，覬而多責。古之至人，假道於仁，

託宿於義。以遊逍遙之虛。食於苟簡之田，立於不貸之圃。逍遙無爲也，苟簡易養也。不貸無出也。古者謂是采眞之遊，以富爲是者不能讓祿。以顯爲是者不能讓名。親權者不能與人柄。操之則慄，舍之則悲，而一無所鑒。以闚其所不休者。是天之戮民也。怨恩取與，諫教生殺，八者正之器也。唯循大變，無所湮者，爲能用之。故曰正者正也。其心以爲不然者。天門弗開矣！

【譯】名位是國家的公器。不可以隨便授與。仁義是古帝王的傳舍，若要居停，只能住宿一晚，不可久留。你遇到的會是遭來譴責。古時的至人，是寄道行仁，假託宿所行義。以逍遙遊太虛北溟。食簡省的田地，站在不告貸的菜園。逍遙即是無爲。簡省容易養活自己；不向人告貸，腰桿子挺得直。這就是古人所說的採眞之遊。

喜歡財富的人，是不會將他的祿位讓與他人。愛好顯貴的人，是不願意把他的名位讓人的。好權力的人是不願意鬆手放棄的。能操權弄柄的人，可顯示他的威風。如果一旦丟失了，則是莫大的悲哀。可是這些人，一樣都沒有鑑別心。他們只是不斷的偷闚穿縫。真是天殺的一群啊！怨、恩、取、與、諫、教、生、殺。八者正之器也。這八個字唯有在經過大變動中沒有被湮沒，才可以應用。所以說正，就是正。如果說他有反對意見。那是他的靈覺（天門）還沒有打開。

【註】怨與恩相對，對某有恩。未受者則怨。

取與亦相對。取之於人，施之於人相反。是非恩怨便由此產生。諫是下對上，教是上對下。生殺亦相反，生者樂、死者悲。所以這八個字既是正人，亦是正法，不可亂用。必須正當，正確

行事。

此章仍以放棄榮華富貴，節衣縮食，過平淡生活。自給自養。析心潛修，逍遙太虛，過無有之鄉的快樂生活。

天門，是百會穴。明堂是慧眼（亦稱天眼），可見肉眼不見的物象。開天門是大智慧，可往來天地。靈魂出竅，漫遊太虛，如呂洞賓、李鐵拐等。今世有無，誰能知之？

孔子見老聃，而語仁義，老聃曰：夫播糠眯目，則天地四方易位矣！蚊虻噆（噆）膚則通昔不寐矣。夫仁義憯然。乃慣吾心亂莫大焉！吾子使天下無失其朴，吾子亦放風而動。總德而立矣！又奚傑然，若負建鼓而求亡子者邪！夫鵠不日浴而白，烏不日黔，而黑，黑白之朴不足以為辨，名譽之觀不足以為廣，泉固魚相與處於陸，相煦（呴）以濕，相濡以沫，不若相忘於江湖。孔子見老聃歸，三日不談。

【譯】孔子拜見老子談仁義。

老子說：是撒糠眯眼的手法，（即障眼法）那末天地四方都會易位了，蚊蟲叮咬整夜都睡不著覺。仁義的憂傷，使我憤怒難消，心亂如麻。你若不想天下人失去朴素的心，你可以行動宣告，起領頭作用。樹立總德的風範。這樣不是很好嗎？如果打著鼓去找逃走的兒子，那末天鵝就不是每天都沐浴才白，烏鴉也不是每天塗抹而變黑。所以說他們原有的本色（朴素）是無法爭辯的。名譽上的觀感是有限的。水乾涸了，魚在陸地，只能相互吐泡沫濡濕求生，那還能生存多久，那不如忘了江湖悠游的往事。

孔子聽了老子這番講話，回去以後，三天不講話。

【註】播糠ㄅㄛˋ　ㄎㄤ　散布糠末，撒糠沫，播糠眯目，即障眼法。

噆ㄘㄢˋ　咬，齧，嗛。

憯ㄘㄢˋ然ㄖㄢˊ　痛也，憂也。

鵠ㄏㄨˊ　即天鵝的一類，白天鵝，黑天鵝，仙鵝，鵠的特色是嘴上方有瘤。

白烏ㄅㄞˊ　ㄨ　白色的烏鴉。一般人心目中天下烏鴉一般黑：錯了。有白鵐鴉，全白的白鴉。一般常見是黑鴉，故稱烏鴉。　黔　即是黑。

呴ㄩ　亦作响，同欨。吹也，指魚相吹吐泡沫。

弟子問曰：夫子見老聃亦將何規哉。孔子曰：吾乃今於是乎？見龍龍合而成體，散而成章，乘乎空氣，而養乎陰陽。予口張而不能嚕，予又何規老聃哉。子貢曰：然則人固有尸居而龍見，雷聲而淵灒（默），發動如天地者乎？賜亦可得而觀乎？遂以孔子聲見老聃。老聃方將僻堂而應。微曰，予年運而往矣！子將何以戒我乎？子貢曰：夫三皇五帝之治，天下不同，其係聲名一也。而先生獨以爲非聖人，如何哉？老聃曰，小子少進；子何以謂不同？對曰：堯授舜，舜授禹，禹用力，而湯用兵，文王順紂而不敢逆。武王逆紂而不肯順。故曰不同。老聃曰，小子少進，余語女，三皇五帝之治天下。黃帝之治天下，使民心一，民有其親死不哭。而民不非也。堯之治天下，使民心親，民有爲其親，殺其殺，而民不非也。舜之治天下，使民心競，民孕婦，十月生子，子生五月而能言，不至乎，孩而始誰，則人始有夭矣！禹之治天下，使民心變，人有

心，而兵有順。殺盜非殺，人自為種，而天下耳！是以天下大駭，儒墨皆起，其作始有倫，而今乎？婦女何言哉。余語女，三皇五帝之治天下，名曰治之，而亂莫甚焉，三皇之知上悖日月之明，下暌山川之精，中墮四時之施。其知憯於蠣蠆之尾。鮮規之獸，莫得安其性命之情者，而猶自以為聖人，不可恥乎！其無恥也。子貢蹵蹵然立不安。

【譯】學生問孔子。老師去見老聃，有什麼規勸嗎？

孔子說：我今天怎麼了，見到龍，龍合成體，（見到意見相同的人，思想相同，大家合起來就成了完整的體系）若不盡相同，也可有表達的章法。乘機會，也可以相互增進知識。他一張口就滔滔不絕，如長江大河，我連插嘴的餘地都沒有，我還能規勸他嗎？

子貢說：每個人都有他的要害（死穴）。龍聽到雷聲，趕快躲進深淵，默不作聲，但是他一動起來就天翻地覆。我端木賜不信邪，倒要見識見識這位老先生的能耐。打著孔子的旗號去拜見老聃。

老子出來坐在堂屋接待他。輕聲的說：我年齡大了，你有啥高見指教我？

子貢說：三皇五帝治國，雖然時代不同；但是聲譽都是一樣的。可是老先生卻獨自有不同想法。那末，聖人該怎麼辦？

老聃曰：你沒有進步？你說的有什麼不同？

子貢說：堯禪讓舜，舜又讓與禹。禹用力治，湯用武力統治，文王順從紂王，不敢忤逆，武王反逆，不肯順從。所以說各代不同？

老聃說：你小子還是不長進。我今天告訴你，三皇五帝治天

下大事，是這樣的；黃帝治天下是使民人歸一，得到人民的擁戴，老百姓有親長死亡不哭。人民並不反對他。堯治理天下在親民，使老百姓對親人有所作為，該殺的害群之馬就殺，老百姓同樣擁戴。舜治天下，是使民心競爭，老百姓婦女懷胎十月生小孩，小孩五月會說話，若達不到這個標準，不管是誰的小孩，人開始有夭折了！（即是達不到標準的，父母把他遺棄死亡）。禹治理天下，民心就變了；人有私心，兵亦有順從的想法。殺強盜，不殺人。各自為陣，自負責任，這樣一來私心四起，天下可怕。於是乎，儒墨兩家的學說興起，才有今天的倫理，婦女沒話說。

　　我再告訴你：三皇五帝治天下，名義上說治理得很好；實際上還是很亂！三皇知道他們違背了日月的光明，也暌違了山川的精華，錯亂了四季的節令，明知牡蠣無尾，還要畫蛇添腳。山林野獸的性命難安，因為沒有規範狩獵的條款，成了濫捕濫殺。還自以為是聖人，不是很可恥嗎？真是無恥之徒。子貢聽了這席話，忘忑難安，站在傍邊直打哆嗦！

　　【註】倨堂ㄐㄩˋ ㄊㄤˊ　通踞，高坐。堂屋。

　　微曰ㄨㄟˊ　輕語。

　　蠣蠪ㄌㄧˋ　通蠣，牡蠣也。

　　大駭ㄏㄞˋ　驚懼，很害怕。

　　惢惢ㄘㄨˋ　不安貌。

　　孔子謂老聃曰：丘治詩書禮樂易春秋六經。自以為久矣！孰知其故矣！以奸者七十二君，論先王之道，而明周召之**迹**，一君無所鉤用。甚矣夫，人之難說也。道之難明邪！老子曰：幸矣！子之不遇治世之君也。夫六經先王之陳**迹**也，豈其所以**迹**哉。今子之所言猶**迹**也？夫**迹**，履之

所出，而**迹**豈履哉。夫白鶂之相視，眸子不運而風化，**蟲**雄鳴於上風，**雌**應於下風，而風化，類自爲**雌雄**故風化。性不可易，命不可變。時不可止，道不可壅，苟得於道，無自而不可。失焉者，無自而可。

孔子不出，三月復見。曰：丘得之矣！烏鵲孺，魚傳沫，細要者化。有弟而兄啼，久矣夫，丘不與化爲人。不與化爲人，安能化人？老子曰可。丘得之矣。

【譯】孔子見老聃說：丘研究六經：詩、書、禮樂、易、春秋。自以爲很有心得；這是什麼原因嗎？相牽涉到七十二位君主，講古帝王的治道，明白周代興起的歷史過程。沒有採納一個君主的意見。這還不夠嗎？因爲人事很難論斷；道很難通曉。

老聃說：幸好，你沒遇見治世的君主。六經不過是古代先王留下的陳迹。牠是歷史的演進過程，今天你所說的話，也與史迹差不多。像走路一樣，你一出足，就會留下一隻鞋印，就是這個道理。

白鶂鳥求偶，雌雄相視，目不轉睛就可媾化。蟬配雄的在上雌的在下，雄的大聲叫，翅膀用力扇風進行交配，這是生物的本性，是不能改變的。生命也有數，是無法更改的。時間不會停止的，道是不會壅塞的，偶爾得道自以爲偶然即可，是無法強求的。失去機會，也不可失望。這就是自然。

孔子回去，閉門不出，三個月之後，再去見老聃。

孔子說：我得道了！烏鴉是用尾交配，魚則用吻吐沫相交，精細的地方沒人注意，可是它才是生化的最重要部份。小弟生下時，他的哥哥會哭叫，這就是自然的道理。我孔丘不知人的生長演化，怎麼有能力去教化他人呢？

老子說：好，丘你終於得道了！

【註】六經：指儒家經典詩、書、易、禮、樂、春秋。

鉤ㄍㄡ鐵鉤，一般指帳鉤。此指鉤錄、鉤消，即報消。

白鶂一ˋ　同鷊，一稱鷁，水鳥似雁，能高飛，一般以黑色最多，亦有灰色，白色甚少，叫聲像鵝鳴。

烏鵲ㄑㄩㄝˋ　即烏鴉，交配時雄在上，雌在下母的翹尾，公的垂尾，在鼓動扇風中交尾，故言風化。

白鶂對眼，目不轉眼，即是調情，看對了眼，才交配。

【錄評】陰陽運行，皆以道為主宰，而入道有序，則以不知不識為始基。求道者，覓有於無，須索之迹象，名言之外，因其自然，有定而至無定，庶幾變動不居，僊僊乎，與化為人也。

刻意　第十五

　　刻意尚行，離世異俗，高論怨誹，爲亢而已矣！此山谷之士，非世之人。枯槁赴淵者之所好也。語仁義忠信。恭儉推讓，爲修而已矣！此平世之士，教誨之人，遊居學者之所好也。語大功，立大名，禮君臣，正上下，爲治而已矣！此朝廷之士，尊主強國之人，致力并兼者之所好也。就藪澤，處閒曠，釣魚閒處，無爲而已矣！此江海之士；避世之人，閒暇者之所好也。吹呴呼吸，吐故納新，熊經鳥申，爲壽而已矣！此道引之士，養形之人，彭祖壽考者之所好也。若乎不刻意而高，無仁義而修，無功名而治，無江海而閒，不道引而壽，無不忘也，無不有也。澹然無極，而眾美從之，此天地之道，聖人之德也。故曰夫恬淡寂寞，虛無無爲，此天地之平，而道德之質也。

　　【譯】行爲高尚一意追求自我，脫離現實，不與世俗爲伍，大發謬論，只是爲個人發發牢騷，一時亢奮罷了！這是自鳴清高，倚枯木唱吟臨深淵明志，這是孤憤遊人的愛好。講仁義忠信，恭儉推讓，是爲修己罷了！這是太平時候，教誨世人的衛道人士。學府教席愛好的。講立大功，揚名立萬，禮敬帝王，端正朝綱，爲治國而已，這些都是在朝士大夫，尊主強國的人，爲功名利祿雙收的愛好者。隱遯山澤，閒居野處，釣魚納閒，是無爲的行徑，這是江湖閒士，遁隱的人，空閒的人士所愛好的。吹噓呼吸，吐故納新，申縮運氣，是爲了延年益壽。這是道引人士所愛好的，是養形健身，學彭祖壽考愛好的人。如果不刻意去追

求，自然高尚。修身不須用仁義，不用功名賞實去治世，沒有江海的閒士，不必學道引也能長壽。沒有什麼可給你遺忘，你一無所有，浩蕩無邊，凡美皆聚。這就是天地大道，聖人的德。所以說：恬淡寂寞，虛無無為，是天地的平準，道德的本質。

【註】怨誹ㄩㄢˋㄈㄟˇ　發牢騷，爭論是非。

藪澤ㄙㄡˇㄗㄜˊ　大的湖澤。

吹呴ㄩ（吁）呼吸，即練氣的呼吸方法。

吐故納新，是把胸中廢氣吐出，吸入新鮮空氣。

恬淡寂寞，指生活平淡，耐得住寂寞。

虛無無為，世間事都是虛假的。不必有什麼作為。

此章以人各有愛好，闡述人性。追求目標不同，但是最重要的一點，不可刻意去追求。最好人生應平淡，聽其自然，與天地大道同聲息。應運而生，隨機物化。

故曰聖人休焉，休則平易矣！平易則恬淡矣！平易恬淡，則憂患不能入，邪氣不能襲，故其德全而神不虧。故曰聖人之生也天行。其死也物化。靜而與陰同德，動而與陽同波，不與福先，不為禍始；感而後應，迫而後動。不得已而後起。去知與故，循天之理，故無天災，無物累，無人非，無鬼責，其生若浮，其死若休。不思慮，不預謀，光矣而不耀；信也而不期。其寢不夢，其覺無憂。其神純粹，其魂不罷，虛無恬淡。乃合天德。故曰悲樂者，德之邪！喜怒者，道之過。好惡者，德之失。故心不憂樂，德之至也。一而不變，靜之至也。無所於忤，虛之至也。不與物交，惔之至也。無所於逆，粹之至也。故曰：形勞而不休則弊。精用而不已則勞，勞則竭。水之性不雜

則清。莫動則平。鬱閉而不流，亦不能清。天德之象矣！

【譯】所以說，聖人應當休息了，聖人不作為，凡事都很平易可行。能夠平易將事，就可過恬惔的生活。平易恬惔，就沒有憂患意識的存在。邪氣也不會來侵襲。所以能夠保持德全，精神亦不會虧損。可以說聖人的生涯，是替天行道。他死也如同物化，沒什麼特別的。靜與陰同德，動與陽共振。不先設想福氣早到，也不怕禍事降臨，有了感情才會反應，被人催促才會行動。在不得已的情況下，才會起來舉事。不玩智慧，也不要技巧。按照天理運行，就不會有天災，沒有財物牽累，就沒有人攻擊你。連鬼都不敢上門。人生在世猶如浮萍漂泊，死了就是休息。不必考慮太多，也不必豫先有謀劃，發達了也不必眩耀。信義是沒有時間限制的。睡覺不作惡夢，醒來就不會害怕。你的神魂便清粹。魂魄不會疲勞。

虛無恬惔，乃是合乎天德。所以說，悲傷歡樂是德的邪氣；喜怒是德的過失。好惡是德的損失。因此心中沒有憂樂，是德的高標。從一不變是靜的至上功夫。沒有違忤的事，是虛心的至高準繩。不受財貨的誘惑，是恬惔的惟一的法門。凡是沒有違逆良心的事，是善性精粹的標竿。所以說勞形的人不休息，一定會疲憊，精神用得太多，定會勞累。勞累過度，精力就涸竭了！水中沒有滓雜才會清，不動才會平穩。人的鬱悶不能舒解，神智就不清，這是天德的表章。

【註】聖人休焉　指聖人應該休息，亦有人謂不用有聖人，故曰聖人休焉？

恬惔ㄊㄧㄢˊㄉㄢˋ　清靜也，老子「以恬澹為上」。又作惔。王襃傳「恬淡無為之場」。故惔通淡。

罷ㄅㄚˋ　通羆ㄆㄧˊ　此文指疲勞，故罷讀ㄆㄧˊ
鬱ㄩˋ閉，憂鬱，閉鎖。愁悶，想不開，悶悶不樂自閉。
純粹ㄔㄨㄣˊㄘㄨㄟˋ　沒有渣滓，不雜易物。

故曰：純粹而不雜，靜一而不變，惔而無為，動而以天行，此養神之道也。夫有干越之劍者。柙而藏之，不敢用也。寶之至也。精神四達並流，無所不極。上際於天，下蟠於地。化育萬物，不可為象，其名為同帝。純素之道，惟神是守。守而勿失，與神為一，一之精通。合於天倫。野語有之曰，眾人重利，廉士重名，賢士尚志，聖人貴精。故素也者，謂其無所與雜也。純也者，謂其不虧其神也。能體純素，謂之真人。

【譯】純粹專一，沒有雜念，靜寂歸元。清淨無為。動時以天運為準繩。這是修行人的養神功夫。越國名劍干將，是世上至寶，隱藏起來不敢用。

精神是充塞宇宙的，上達天庭，下入地府。可以育化萬物，但不露行迹。祂的名聲與天帝相同。純樸素一的道，是抱一守神，守中不失。神形合一，專一精通，與天倫合緒。以達神形俱妙的化境。

民間俗語所說：一般人都喜歡獲得重利。廉潔的人重名位。賢達人士崇尚立志。聖人著重精神。所以說：精一素樸，就是沒有任何雜念，純正一心，是不虧損元神，能夠體驗純素的人，即是真人。

【註】干越之劍。是指越國名劍。以鑄劍師干將為名。

干將妻莫邪，據吳越春秋，「干將作劍，莫邪斷髮剪爪投於

爐中，金鐵乃濡，遂以成劍，陽曰干將，陰曰莫邪」。

　　天倫　指天的倫緒，非儒家的親族家庭的天倫。

　　守神　是指靜坐中守住元神，故有抱元守一，靜定守中。元神凝聚不散，一心專守，遊心損神。

　　【錄評】虛無無爲，性功也，養神貴精，命功也。性命交修，道不遠矣。

　　修行、性命雙修是雙修的指標，非法門：是循序漸進的。練丹修身，從下丹田起，打通任督，四輪八脈；中丹，（中庭）修心。上丹百會，通天眼，開天門，是謂修靈。最後避穀，不吃人間煙火，飛昇。進入仙境。

繕性　第十六

　　繕性於俗，俗學以求復其初，滑欲於俗。思以求致於明。謂之蔽蒙之民，古之治道者。以恬養知生而無以知為也。謂之以知養恬，知與恬交相養，而和理出其性。大德和也。道理也。德無不容，仁也。道無不理，義也。義明而物親，忠也。中純實而反乎情，樂也。信行容體而順乎文，禮也。禮樂偏行，則天下亂矣。

　　【譯】性在於率，若修性緝治，就成了流俗。俗學是求人之初，性本善的說法，去反復原來的本性。那末這樣，反而有所約束，撓亂了真性。相致力清明，卻反而欺騙了老百姓。古人對性的處理，是以清靜去養智。雖然增長了智慧，但不用。這叫以智養清靜。智慧與清靜相互長養。由和諧理智中表現其德性。所以說：大德就是太和。是道的理路。德無所不包，這就是仁。道無不通理，就是義。明義則物我關係親切，就是忠。一個人中正純樸，誠實反應在情感上，就符合樂。言行儀表都合乎規範，就是禮。若禮樂濫用，不按規矩行事，那末天下就大亂了！

　　【註】繕ㄕㄢˋ　崔注治也，善也。補也。

　　蔽蒙ㄅㄧˊ　欺蒙，欺騙。

　　中純實、中正、純素、實在。

　　彼正而蒙己德，德則不冒，冒則物必失其性也。古之人在混芒之中。與一世而得澹漠焉！當是時也。陰陽和靜，鬼神不擾，四時得節，萬物不傷。群生不夭，人雖有

知，無所用之。此之謂至一。當是時也，莫之爲而常自然。逮德下衰，及燧人伏戲始爲天下。是故順而不一。德又下衰，及神農黃帝始爲天下，是故安而不順。德又下衰，及唐虞始爲天下，興治化之流。澆湻散朴，離道以善，險德以行。然後去性而從於心。心與心識，知而不足以定天下。然後附之以文，益之以博。文滅質，博溺心。然後民始惑亂。無以反其性情。而復其初。由是觀之，世喪道矣！世與道交相喪也。

【譯】欲正他人，是否已先明白自己德有多高。有德於世，不必表現出來。有所張揚表現，就失去原有的至高德性。古代的人，在混沌芒然的時代，一切都是淡泊懵懂，可是沒有夭折的生命。因爲在那個時代，陰陽調和安靜，鬼神不擾，四季節令分明，萬物沒有傷害。人雖然有智慧，但沒有用處。就是最一致的時代。在當時的人們沒有什麼作爲，一切聽其自然。

到燧人氏，伏曦氏的時代有所作爲，德便開始衰敗。人知道群處安順，但心難至一。德再次衰敗。到了神農黃帝開始，人民得到安居，並不馴順，德再衰敗。到了唐虞時代，興起治理教化的流風，使清靜純樸的古風消散。悖離道德，以爲是善舉。行險冒進德風淪喪。然後抹殺本性，豫事從心，以心自判，缺乏客觀的意識。智能已經無法安定天下。那末怎麼辦，便想到以文飾增加博學。那知道以文教化，則失去本質。以博通廣識使民心沈溺。然後人民迷惑亂性，無法回復到原有的樸素性情，初生的真性。由此看來，世道喪失了。道亦喪世呀！世道不古，人心沈淪，是多麼悲哀。

【註】澹漠ㄊㄢˊ、ㄅㄢˋ　ㄇㄨˋ　淡漠，恬靜，淡然。

陰陽和靜。即陰陽離子相對穩定的狀態下，謂之中和，在中和的狀態下是靜止的。與莊周之說相近。

伏戲　即伏羲、虙戲　宓犧，包犧　庖犧　風姓，有德，始畫八卦、造書契。教民佃漁畜牧。都陳（即陳倉——今寶雞，後遷天水）在位一百五十年，傳十五世，凡一千二百六十年。

濛淳ㄒㄠˊ　ㄔㄨㄣˊ　濛通澆，淳通淳，即失去了純粹樸素。

心ㄒㄧㄣ識ㄕˋ　心智，心即是理，理即是性，心性相通真理逼見（畢見）心智致良知，心機則奸巧，機發則妙用，機動則適時。

道之人，何由興乎世，世亦何由興乎道哉。道無以興乎世。世無以興乎道。雖聖人不在山林之中。其德隱矣。隱故不自隱。古之所謂隱士者，非伏其身而弗見。非閉其言而不出也，非藏其知而不發也，時命大謬也。當時命而大行乎天下，則反一無**迹**。不當時命而大窮天下。則深根寧極而待。此存身之道也。古之存身者，不以辯飾知，不以知窮天下。不以知窮德，危然處其所，而反其性也。又何為哉！道固不小行。德固不小識。小識傷德，小行傷道。故曰正己而已矣。

【譯】有道的人為什麼亂世不用。亂世為什麼道德敗壞。道無法振興末世。末世也沒辦法振興道德。雖然聖人不在山林隱遯。但是他的德已經穩退了。隱並不是他自願隱退，而是時事使然，不得不隱。古代的所謂隱士，並不是隱藏起來不現身影。也不是閉口不言不說話。也不是把智慧藏隱不用。而是時運不濟，大謬不然。如果是得令當時就可大行其道，相反就一無所有。在不得時命，就窮困難行。在此環境下，就只有沈潛寧靜，等待機會。

　　這是存身之道。古人存身之道，不會用辯論的手法去掩飾他
的智慧。也不會窘迫到智窮的地步。也不會智窮喪德。其危殆中
安然居處。返回自然真性，又何必有什麼作為呢？道固然不能小
行。德當然不可小識。小識必定傷德。小行亦是傷道。能守道德
之途，以正己修身篤靜安命存性。

　　【解】亂世道德淪喪，賢人隱遯，小醜當道，小人得志。朝
綱紊亂，法制全毀，貪贓枉法，官緘敗壞，民心渙散，各自為
陣。潔身自愛，不願淌渾水的清廉之士，遁入市纏，隱居山林，
流放江海。不與世爭，更不願同流合污。故覓取適己之處潛修正
己，待機而動。古之人可也，而今之世難也哉。惟有在波濤中同
流不合污，深藏道心於五腑，潛修於寢寐，愚痴以應事故，無言
無為做痴呆漢。

　　**樂全之謂得志。古之所謂得志者，非軒冕之謂也。謂
其無以益其樂而已矣。今之所謂得志者，軒冕之謂也。軒
冕在身，非性命也。物之儻來寄也。寄之其來不可圉。其
去不可止。故不可軒冕肆志。不可窮約趨俗。其樂彼與此
同。故無憂而已矣！今寄去則不樂。由是觀之，雖樂未嘗
不荒也。故曰喪己於物，失性於俗者，謂之倒置之民。**

　　【譯】人如果得到真正的快樂，就是得志。古代所說的得
志；並不是坐大車戴高帽的大官。是活得逍遙自在，身心都沒有
負擔，快活無窮而已。可是現代的人所說的得志，是當大官，發
大財。當大官也好，發大財也好，那不過是身外之物。對修性養
命毫無關係。只是虛榮財貨加身，來時你擋不住，可是去時你也
拉不住它。所以說：我們不要為了高官厚祿，財貨居奇。出賣了

自己。也不可趨炎附勢，追隨流俗。清高的快樂，是無憂無慮，不與人爭。

　　有財有勢的人，快樂是一時的，財失快樂也失去了。官倒勢失，悲苦纏身。憂鬱無止。由此看來，雖然是快樂；但最後還是失樂。應該說這是為物喪失自我。隨俗失性，是為人倒行逆施的不良後果。

　　【註】軒冕ㄒㄩㄢ ㄇㄧㄢ　古制大夫以上官乘軒服冕。大夫以上乘的車叫軒。冕就是官帽。

　　圄ㄩˇ　囹圄，囚禁，图圄亦同即監牢。本文作禦解。

　　肆ㄙˋ　通肄一ˋ　放縱，店舖，盡力。本文應指販售。

　　倒置ㄅㄠˋ　顛倒放置。

　　【錄評】塵俗勞形，去道日遠，樂在軒冕，憂在性命矣，蒙敝之民，倒置之民，皆天之戮民也。循天以求志，其惟深根寧極者也。

　　繕性、修性、率性、治性。該如何處置。如率性，保有真性，也可能流於任性、放縱，故應以道率性。修性為內省功夫。可致良知。治性以外在約制，如道德習俗法律等，積極消極兼顧。

　　惟修性至道，去欲存誠，不為欲使，不為物遷，視名利為浮雲潔身自愛，守身如玉。靜心無為，至樂逍遙，即是得志。

秋水　第十七

　　秋水時至，百川灌河，涇流之大，兩涘渚涯之間。不辨牛馬，於是焉；河伯欣然自喜。以天下之美盡在己。順流而東行，至於北海，東面而視，不見水端；於是焉。河伯始旋其面目，望洋向若而歎。曰：野語有之曰：聞道百，以為莫己若者，我之謂也。且夫我嘗聞少仲尼之聞，而輕伯夷之義者。始有（吾）弗信。今我睹子之難窮也。吾非至於子之門，則殆矣！吾長見笑於大方之家。北海若曰：井蛙不可以語於海者。拘於虛也。夏蟲不可以語於冰者，篤於時矣！曲士不可以語於道者，束於教也。今爾出於崖涘，觀於大海，乃知爾醜，爾將可與語大理矣！天下之水，莫大於海，萬川歸之，不知何時止，而不盈，尾閭泄之，不知何時已，而不見虛。春秋不變，水旱不知。此其過江之流，不可為量數。而吾未嘗以此自多者。自以此形於天地，而受氣於陰陽。吾在天地之間，猶小石小木之在大山也。方存乎見少，又奚以自多。計四海之在天地之間也。不似礨空之在大澤乎？計中國之在海內，不似稊米之在太倉乎！號物之數謂之萬，人處一焉。人卒九州，穀食之所生，舟車之所通，人處一焉！此其比萬物也。不似毫末之在於馬體乎。

　　【譯】秋水季節，大小溪流注入大河，水涇大得不得了，兩岸州渚涯際之間，牛馬都無法分辨！於是乎，河神沾沾自喜，高興得不得了！以為天下美事，他都佔盡了！水順流東去，經過北

海，向東望去，不見盡頭。在這壯闊無涯的情勢下，河神頭一轉臉色大變，驚訝不已，望洋興歎！並且說：俗語說：聞道百日，以為沒人比我強，這是自命不凡的說法。而且我在年輕的時候，時常聽到孔子的學說，也有人輕視伯夷的義行。開始我不太相信。我今天所看到的，是你無法解釋得清楚的。我又不是你門下的學生，怎知你的心。所謂學而不殆！今天我卻有點殆惰。我常常被大方的人家取笑。北海龍王說：你好像是井底之蛙對大海說話。拘泥在廢詞腐語中，猶如你與夏天的昆蟲談冬天結冰的事；是時間不對。你與迂儒學究談道，是受限於所學不同。今天你將有涯的河岸去與無邊的海洋相比較，才知道自己的渺小。你拿什麼去與人談大道理呢？

　　天下的水，最大的是海洋，成千上萬的河流注入大海，從未停止過，也沒辦法將大海裝滿，即使溝隙漏洞滲洩，也無時可計。而海水仍是滿滿的。春秋如此，旱澇時季也看不出海洋有何變化。可是流經江河的水，也是無法估量的（今天當然可以計算出流量）。但也不以此為多。以天地來形容，自以為是受陰陽之氣，生存在天地之間，也不過是一塊小石頭小樹木生長在大山中。是那麼渺小，誰敢自大。若估計四海在天地之間，好像是大澤中礨石的空隙那麼微不足道。以我們中國來說吧！也不過是大海中的一粟而已。數字上萬是很大數目。人在其中也只是萬分之一。人盡九州，是中國疆域。生產的糧食，人員交往，車船運輸，人只是其中的微小一分。與萬物相比較，不過是九牛一毛而已。

【註】兩涘ㄌㄧㄤˇ ㄙˋ　指河流兩岸。　涘　水邊。
渚ㄓㄨˇ　水中小洲。
涯ㄧㄚˊ　水邊，窮盡。
河伯　河神。

望洋興歎　反躬自己渺小。成語典故由來。

鼃ㄨㄚ　蛙的古字　此即井底之蛙成語出處。

難窮　難盡，無法辯駁。

虛ㄒㄩ　通墟。

尾閭ㄨㄟˇ ㄌㄩˇ　本為脊椎骨末梢一節，是練功督脈起始之處。本文指泄漏的潯隙。

礨ㄌㄟˇ　通壘　空讀ㄎㄨㄥˋ　指空隙。

稊米ㄊㄧˊ ㄇㄧˇ　即小米，滄海一粟的成語典故。

大倉ㄉㄚˋ　通太ㄊㄞˋ　太倉，即國家糧倉。

受陰陽之氣。是中國人對物種生長的論據。意指雌雄交媾，無論動植物皆如此，經交媾化育生命。

毫末之於馬體，即如九牛之一毛。

【解】天均平萬物。人則萬分之一也。渺小之至。與萬物平等。均一也。江河不能與大海相提并論，木石不能與大山相亢。此之謂守己守分。不能妄自尊大。虛受盡性，窮命即可。

五帝之所連，三王之所爭，仁人之所憂，任士之所勞，盡此矣！伯夷辭之以為名，仲尼語之以為博，此其自多也。不似爾向之自多於水乎！河伯曰，然則吾大天地，而小毫末可乎？北海若曰否，夫物量無窮；時無止，分無常，終始無故。

是故大智觀於遠近。故小而不寡，大而不多。知量無窮。證曏今故。故遙而不悶，掇而不跂，知時無止。察乎盈虛，故得而不喜，失而不憂，知分之無常也。明乎坦途故生而不說，死而不禍，知終始之不可故也。計人之所知，不若其所不知。其生之時，不若未生之時。以其至小

求窮其至大之域。是故迷亂而不自得也。由此觀之，又何以知毫末之足以定至細之倪。又何以知天地之足以窮至大之域。

【譯】五帝時代以揖讓制爲朝代的交替。到夏商周三朝卻以競爭輪替。是仁人君子的憂國憂民的結果。任事盡職的臣工辛勞奠基，如此而已。伯夷辭讓周封，不食周粟，餓死首陽山，獲得義名。孔子特別推崇此事。這不是自以爲博學多聞嗎？就像你河伯自以爲是水中翹楚。

河神說了：那末我承認天地最大；我是毫末可以嗎？

北海龍王說：不，你錯了！你要知道，天地間的事物是無窮無盡的。時間永遠都不會停止的。個人是無常的，終始是不會有來由的，人各有分。一生境遇不盡相同。

所以說：有大智慧的人，看事情要高瞻遠矚，臨近致遠。對小事也不可忽略它的存在價值。對大事要化繁爲簡，明證古今事例作爲參考資料。雖然他是歷史陳跡，但他也是古人智慧的結晶，掇取他的優點，才不會遭遇挫折。知道時間無止境，但可從時代的流程中，看出政策的好壞。個人有得，不能過度欣喜，如果是失敗，也不可悲傷。應該知道個人福分不同。運道無常。有的是一帆風順，有的卻是命運坎坷！一切看開一點，人生本來就是這樣。所以說生也不過如此，沒有什麼好高興的。死是自然定律，人人都會死，並不可把它看成禍患。因爲人的終始無常，誰也說不準的。人所知道的事是有限的，不知道的事還多得很。故不如不知的好，免去多少煩惱。不必計較生的時候是什麼樣分。那麼你未出生前又是怎樣，不可自尋煩惱，多此一舉，何苦來哉？又何必以至小的事去追求無窮的領域呢？（今之太空學說科

技即是追求至大領域知識。有窮或無窮。）

【註】伯夷辭之以為名。按論語　季氏伯夷叔齊餓死于首陽之下，民到於今稱之，其斯之謂與。

孟子　公孫丑上「伯夷非其君不事。」萬章篇「伯夷聖之清者也。」「伯夷辟紂」。　離婁上，盡心上。

商、孤竹君之子名元或作允，夷其諡也，其父將死，遺命立其弟叔齊，父卒，叔齊讓伯夷。伯夷曰，「父命也」。遂逃去。叔齊亦不肯立而逃。周武王伐商，夷齊扣馬而諫。及勝商，有天下。夷齊恥食周粟，隱於首陽山，採薇而食，遂餓死。

分讀ㄈㄣˋ　如名分、身分。文指福分。

知讀ㄓˋ　通智。

鄉ㄒㄧㄤˋ　明亮，光明，明白。

悶ㄇㄣˋ　憂愁，沈悶，房屋不通氣。本文指不閉塞。

盈虛一ㄥˊ　ㄒㄩ　指月亮的盈虧現象，引申為水流的變化。

坦途ㄊㄢˇ　ㄊㄨˊ　平坦的路途，指前途順暢。

河伯曰，世之議者皆曰，至精無形，至大不可圍，是信情乎？北海若曰：夫自細視大者不盡，自大視細者不明。夫精小之微也。垺大之殷也。故異便，**此勢之有也**。夫精粗者，期於有形者也。無形者，**數之不能分也。不可圍者，數之不能窮也。可以言論者，物之粗也。可以意致者，物之精也。言之所不能論，意之所不能察致者。不期精粗焉**！

【譯】河神說：世間的議論，大家都說，至精的分子是看不見的（以肉眼觀物。）至大是沒有範圍的，真是這樣的嗎？北海

龍王說：從微小的去看大，是無盡頭的。若從大去看小就分辨不出，精是小中最微末的。大到無法形容的地步。所以大小的差異，很難定論，只能說這是物的趨勢如此。因此我們談論的大小。只是精粗的有形範圍，致於巨細彌遺的微物我們沒辦法去討論。無形的微物，是我們今天還不能分數的。也找不到範圍去研究。那是數不盡的東西。可以用言詞討論的東西，都是粗狀的事物。我們的意想還不能達到的，才是物的精微結構。沒辦法用語言去表達，意想也無法觀察得到，它還沒有構成精粗結構。在無形中的一種因子吧了！

【註】河伯　即是河神，史記：西門豹治鄴除害的故事河伯娶婦。河伯即河神。

北海若　借名，故借龍王對河神。因龍亦神也，龍有四海之王，其眷屬稱王一百八十五王。

埒ㄈㄨ　通孚。孚抱，孚覆，包也。文指更大，大到無限。

精粗ㄐㄧㄥ ㄘㄨ　相反意，精是細密，粗是粗糙，始於糯米白米。未輾時為糙米，碾後變白謂精米。文指精細微小與粗壯大小的形容。

倪ㄧˊ　指端倪，起始處，要經，微始也。按陳玄英疏：「端緒也，倪畔也。」

　　是故大人之行，不出乎害人，不多仁恩；動不為利，不賤門隸，貨財弗爭，不多辭讓。事焉不借人。不多食乎力。不賤貪污。行殊乎俗，不多辟異。為在從眾，不賤佞諂，世之爵祿不足以為勸。戮恥不足以為辱。知是非不可為分。細大之不可為倪。聞曰：道人不聞。至德不德，大人無己。約分之至也。

【譯】那麼一個偉大的人，所作所為：首要是不能害人，也不會多施仁恩。作事並不圖利。對富戶窮人一視同仁，不會輕賤。錢財貨物不爭；應有的分也不會推辭。有事不會借他人之手，凡事躬親。量入為出，自食其力。不會輕賤貪污。自我行為不流世俗；但也不會標新立異；不會脫離群眾。對那些好吹牛拍馬的人亦不會輕視他。高官厚祿勸進，他不會動心，有人羞辱他，並不會認為恥。知道世間的是非很難分辨清楚的。大小的分辨，很難找到微末的頭緒。何來準則可言。聽人是非，不如沒聽的好。不可以聞傳聞。愈傳愈盛，最後變質。是非更盛。反而成患；這是道德的修養。所以說至德不得。偉大的人是沒有自我的。一切為人，得為惠眾，非為己有，故不得。這是修養約己的至高精神所在。

【註】門隸ㄇㄣˊ　ㄌㄧˋ　門是指豪門，隸是指奴隸。引申為門隸觀念，指一個人的出身，有貴賤之分。莊子認為這是不對的，不可輕賤他人。

辭讓ㄘˊ　ㄖㄤˋ　謙退，推辭，損己利人。

河伯曰：若物之外，若物之內，惡至而倪貴賤，惡至而倪小大。

北海若曰：以道觀之物無貴賤，以物觀之，自貴而相賤。以俗觀之，貴賤不在己。以差觀之，因其所大而大之。則萬物莫不大。因其所小而小之。則萬物莫不小。知天地之為稊米也，知毫末為丘山也。則差數睹矣。以功觀之，因其所有而有之，則萬物莫不有。因其所無而無之，則萬物莫不無。知東西之相反，而不以相無，則功分定

矣。以趣觀之，因其所然而然之，則萬物沒不然。因其所非而非之，則萬物莫不非。知堯桀之自然而相非，則趣操睹（觀）矣！

【譯】河神說：如物的外在或是內在，沒有貴賤和小大的區分，摸不著頭緒，此話怎麼說？

北海龍王說：假如我們以道去看，物是沒有貴賤的，因道生萬物，那有貴賤的區分。若以物我的觀點去看，那末物與物之間是相互輕賤的，誰都會說自己最尊貴。以俗觀之，貴賤不在己。而是外在對待他的不公平。若以等差的觀念去看，因它自以為大就是大。萬物都認為自己最偉大。如果它很小，自認小不點，萬物都是渺小的。那末以此推論，天地與一粒粟米沒有差別。毫毛如山邱，在這樣的認知下，你就明白大小無倪的說法了！如果以功能去觀察，因為它有功用，就是有。所以萬物都有它的功用。因它沒有那份能量，就是沒有，萬物都是如此。知道東西的方向是相反的，就不能說他沒有功用。這就可以區分它的功能所在。如果我們以志趣去觀察，因為它有某種因素的存在，所以會有這樣的結果產生。萬物也會存在同樣的某些元素，又因它沒有，便去指責它的不是，萬物同樣有未具備的因素。知道堯帝與夏桀的賢與不肖，是歷史的自然因素。二人的志趣操守是有很大的差別的。從這一觀點去看，志操差等再明顯不過了！

【註】道生萬物，無分貴賤，無內無外，無大小，不求功，不言是非，順處自然。

昔者堯舜讓而帝，之噲讓而絕。湯武爭而王，白公爭而滅。由此觀之，爭讓之禮，堯桀之行，貴賤有時，未可

以爲常也。梁麗可以衝城，而不可以室（窒）穴。言殊器也。騏驥驊騮。一日而馳千里，捕鼠不如狸狌。言殊技也。鴟鵂夜撮蚤，察毫末，晝出，瞋目而不見邱山。言殊性也。

【譯】古代堯舜禪讓帝位。是天下美事。可是燕王噲讓位給燕相子之。國人不服，三年之間，燕王噲與子之都被齊人殺死。紂王與武王相爭，殷紂敗，姬發勝建立周代。白勝造反，被葉公消滅。從歷史的過程來看，制度的好壞，是時間與社會的良窳。爭伐與禪讓，堯帝與夏桀的行爲，在歷史上的地位是不同的。人的貴賤是有時間性的。沒有常態可言，好的巨木可以作爲攻城的利器，可衝鋒陷陣。但是拿到家去擋風就不行了，因用途不對。騏驥驊騮等寶馬，日行千里，你若要牠去抓老鼠，就沒有黃鼠狼的本事；這是牠們所天生的技能不同。貓頭鷹是夜行動物，在夜間視力特別好，可以明察秋毫，能抓跳蚤。可是白天睜大眼睛，連山邱也看不見。這是它具有的特性。

【註】之噲ㄎㄨㄟˋ　之是指燕相子之。噲是燕王。因燕王讓位子之國人不服，國亂三年。二人都被齊人殺死。

白公　是楚平王孫，封於白邑，自稱公，起兵造反，被葉公消滅。

梁麗ㄌㄧㄤˊ　ㄌㄧˋ　是指可作棟梁的好木頭，既端直漂亮，又夠大。常被用來攻城破門的兵器。

騏驥驊騮　騏ㄑㄧˊ　黑色有青色斑紋，綦文。寶馬。

驥ㄐㄧˋ　寶馬，有德。

驊騮ㄏㄨㄚˊ　ㄌㄧㄡˊ　周穆王八駿之一，造父善御，得驥溫驪驊騮騄耳之駟。

狸狌ㄌㄧˊ ㄕㄥ　狸是俗字，本貍，說文解野貓，陳玄英亦云野貓。非也。以其學名解，哺乳類食肉類，吻尖四肢短而細，似狐而小，尾毛長而蓬鬆，穴居近村山野，常夜出掠食家畜（禽）。是黃鼠狼為確。因那些迂夫子沒見過。毛筆小楷雞狼毫，即是黃鼠狼毛作的。因牠愛偷雞，故稱雞狼。

鴟鵂ㄒㄧㄡ　貓頭鷹。

故曰蓋師是而無非，師治而無亂乎？是未明天地之理，萬物之情者也。是猶師大而無地。師陰而無陽。其不可行明矣。然且語而不捨，非愚，則誣也。帝王殊禪三代殊繼，差其時，逆其俗者。謂之篡夫。當其時，順其俗者，謂之義之徒。默默乎河伯，女惡之貴賤之門，小大之家。

河伯曰：然則我何為乎，何不為乎，吾辭受趣舍，吾終奈何。

北海若曰：以道觀之。何貴何賤？是謂反衍，無拘而志，與道大蹇，何少何多？是謂謝施。無一而行與道參差。嚴乎若國之有君，其無私德，繇繇乎，若祭之有社。其無私福。泛泛乎，其若四方之無窮；其無所畛域。兼懷萬物，其孰承翼，是謂無方，萬物一齊，孰短孰長，道無終始，物有死生，不恃其成。一虛一滿，不位乎其形，年不可舉，時不可止。消息盈虛，終則有始，是所以語大義之方，論萬物之理也。物之生也，若驟若馳。無動而不變，無時而不移。何為乎，何不為乎。夫固將自化。

【譯】實在說：從師所言是就沒有非，以師法相治就不會亂

嗎？這樣的作為，是不明白天地的理律，萬物的情宜，猶如師天，沒有法地。師陰沒有取陽。如此不平衡的作為，一眼就可看出，是行不通的。這樣的說法，若不捨棄，不是愚笨，便是誣譏。三代帝王的禪讓，是當時的社會情況；在習俗中逆行，就是篡位呵！在那個時代，順應舊有習慣，就是義行可封的義士。沈默的河神。你不知貴賤的門路，亦不知小大的家數。

河神說：你叫我怎麼，我能作甚麼，又不能作甚麼？在辭讓接受中很難取捨，吾始終找不到辦法。

龍王說：以道觀天下，沒有什麼貴賤的分別。這衍論反推法，對志趣沒有拘束。反而是對大道的顛跋。甚麼是多是少，是在你的推論與施為中拿捏的分寸而已。沒有一元的觀念，對道的施行就會參差不齊。嚴正有如一國有君主，但沒有私德。像巫祝口中有詞，悠悠乎，祭祀社神一樣，他既無私德也沒有私福，洋洋乎。好像四方都無邊際。因為它沒有疆域，兼顧著萬物，能在它被覆保護中，不是偏執一方。萬物同等一致，何來長短的議論。

道是沒有始終的極限，它是無休無止的。物是有生有死的。它沒有持恃存在的力量。有虛損就有盈滿的流轉。不在地位的形寔。過往的年代，就讓他過去吧！時間是不會停止的。消息盈虧的流轉，是有始亦有終；因有這層關係，才能討論大義的方略。講萬物的大道理。

萬物生長，好像是驟然產生，很快的又消失了！不動就沒有變異，若沒有時間它也不會轉移。有為能怎樣，不為又能如何？因為它在大道中會自化。

【註】誣ㄨ 誣陷，誣譏，妄言。

篡ㄔㄨㄢˋ 篡奪，逆而奪取曰篡。

趣舍ㄑㄩˋ ㄕㄜˇ 進退兩難。

寒ㄐㄧㄢˋ　艱難，窮困，不靈敏。

謝施ㄒㄧㄝˋ ㄕ　謝絕給與。

繇繇ㄧㄡˋ　形容詞，如悠悠，巫祝口唸祝詞。

泛泛ㄈㄢˊ　浮淺，虛浮，指浩蕩無邊貌。

畛域ㄓㄣˇ ㄩˋ　疆域，國土，國界。

參差ㄘㄣ ㄔ　長短不一，不整齊。

消息盈虛　消長息止　盈滿虛損。

若驟若馳，猶若聚若散的無定，無常性。

自化，自然的轉化，非人力可為。

河伯曰：然則何貴於道邪？

北海若曰：知道者，必達於理。達於理者，必明於權，明於權者，不以物害己。至德者，火弗能熱，水不能溺，寒暑不能害，禽獸不能賊，非謂其薄之也。言察乎安危，寧於禍福。謹於去就，莫之能害也。故曰：天在內，人在外。德在乎天，知天人之行。本乎天，位乎得。蹢躅而屈伸。反要而語極。

【譯】河神說：然而道的珍貴在何處呢？

龍王說：知道的人，必然懂得理。明理的人，必定明白權衡的考量，能夠明白權衡的人，就不會以物欲傷害自己。大德賢士，是烈火難近，水深不溺，寒暑不浸，禽獸無害，並不是輕薄難范。在說話時先觀察安危再發言。以寧靜的心去面對禍福，謹慎小心定行止。就不會受到傷害。可以說：這是內在有高度修養，行諸於外的表現。德由天成，知天運然後行，就是根據天為本，才能得到正位。偲縮不前屈伸難定，就應該深深的反省，在

極靜中入虛自化。

【註】明道達理，權衡輕重，不以物慾，內修功夫堅實，水火不浸，百病不生，外物不染，察安危，避禍福。能靜寂致虛，方能為至人。

　　踦躅ㄐㄧˇ ㄓㄨˊ　跛行的樣子，前進無方，行進困難。

　　屈伸ㄑㄩ ㄕㄣ　能屈能伸。

　　語極ㄩˇ ㄐㄧˋ　言靜極的致虛功夫。如守純養和，以造其極。

　　曰何謂天，何謂人。北海若曰：牛馬四足是謂天。落馬首，穿牛鼻，是謂人。故曰無以人滅天，無以故滅命，無以得殉（徇）名，謹守而勿失，是謂反其眞。

【譯】河神說：什麼是天，什麼叫人？

　　龍王曰：牛馬都長有四隻足，這就是天。馬頭的籠頭，牛穿鼻子，就是人為。沒有人能夠毀棄天然，並不因故什去損害性命。未能有得去殉名，謹守天命為常，就是反樸歸真。

　　修性養命，守常，不失其德，虛極中反樸歸真。

　　夔憐蚿，蚿憐蛇，蛇憐風，風憐目，目憐心。夔謂蚿曰：吾以一足趻踔而行，子無如矣！今子之使萬足獨奈何？蚿曰不然，子不見唾者乎，噴則大者如珠，小者如霧。雜而下者，不可勝數也。今子動吾天機，而不知其所以然。蚿謂蛇曰：吾以眾足行，而不及子之無足何也？蛇曰：夫天機之所動，何可易邪？吾安用足哉！蛇謂風曰：予動吾脊脅而行，則有似也。今子蓬蓬然，起於北海，蓬蓬然入於南海，而似無有，何也？風曰然，子蓬蓬然起於

北海而入於南海也。然而指我則勝我，䲡我亦勝我。雖然
夫折大木蜚大屋者，唯我能也。故以眾小不勝為大勝也。
為大勝者，唯聖人能之。

【譯】夔獸憐憫馬陸，馬陸又憐惜蛇，蛇則惋惜風，風則憐
目，目又憐心。

夔對馬陸說：我一隻足走路，是多麼簡捷便當，你那麼多足
行動起來多麻煩！

馬陸說：不然，你不見吐口水的人，口裏噴出唾液，大粒的
如珠，細小的像霧，混雜流下不可勝數。我的運動是天機使然，
並不知道它的所以然。

馬陸對蛇說：我雖百足可行，但跑起來還沒有你快捷？這是
何道理。

蛇說：這是天機運使，是不可改變的，我那能用得到足呢？

蛇對風說：我用脊骨轉動鱗片環扣行走，也是快速可觀。可
是你卻能轟然從北海吹到南海，似有似無劃過長空，這是啥原
因？

風說：我真是呼呼一吹可從北海括到南海，可是指望我的人
就勝過我，藉助我的也能勝過我。雖然我能摧折大樹，掀翻房
屋，是我的能事。所以說：以小眾不能勝，而轉為大勝，只有聖
人才能辦得到。

【註】夔ㄑㄨㄟˊ獨足獸　按山海經，大荒東經，有獸狀如
牛蒼身而無角，一足，名曰夔。

蚿ㄒㄩㄢˊ　即馬陸，又稱百足蟲，可藥用。

物的天性不同，用在天機，故人的眼為靈魂之窗。心為機巧
之樞，雖靈敏機智，但不用，以無為勝出。成德而厚樸，故可歸

真也。

　　孔子遊於匡，宋人圍之數匝，（宋當作衛）而弦歌不
輟（惙）。子路入見曰，何夫子之娛也。孔子曰，來吾語
女，我諱窮久矣而不免，命也；求通久矣！而不得。時
也。當堯舜而天下無窮人，非知得也。當桀紂而天下無通
人，非知失也。時勢適然。夫水行不避蛟龍者，漁父之勇
也。陸行不避兕虎者，獵夫之勇也。白刃交於前，視死若
生者，烈士之勇也。知窮之有命，知通之有時，臨大難而
不懼者。聖人之勇也。由處矣。吾命有所制矣！無幾何將
甲進，辭曰：以爲陽虎也。故圍之。今非也，請辭而退。

　　【譯】孔子去匡城，被當地人包圍了數匝，孔子不慌不忙，
反而彈琴謳歌。子路進去問老師：現在情況不明，你怎麼還有心
情撫琴自娛？

　　孔子說：來，我告訴你，我怕窮已經很久了！但還是免不
了！這是命！求亨通通達也很久了！但是仍然沒有得到，這是時
運不佳。在堯舜時代，天下沒有窮人，並不是以智慧求得。在夏
桀與商紂的時期，沒有亨通的人，並不是他們沒有智慧；而是時
勢所驅，爲求保安而已。你聽說過嗎？水上討生活的人，不怕蛟
龍，這是漁夫的勇敢精神。山林求生活的人不怕兕獸猛虎，這是
獵人的勇氣。白刃鋼刀架在脖子上，毫無畏懼，他視死如歸，這
是烈士的勇氣。知道窮苦是命運，通達是時勢。臨大難不畏懼不
退避，是聖人的勇氣。仲由呀！你安心吧！沒有事的。沒有多久
的時間，有某甲來告罪，說聲對不起！是我們弄錯了，以爲夫子
是陽虎，所以才包圍。現在弄清楚了！很抱歉，耽誤了你的行

程。請便吧！

【註】匡ㄎㄨㄤ　春秋時衛國的匡城，非宋國，今河北長垣縣。

臨難不懼　凡遭遇危難時，冷靜下來，鎮定心意，切不可亂。以無畏無懼的大勇精神面對，常可轉危為安。

陽虎　即陽貨　面貌與孔子相似為季氏家臣。論語有陽貨篇。

公孫龍問於魏牟曰：龍少學先王之道，長而明仁義之行。合同異，離堅白，然不然，可不可，困百家之知，窮衆口之辯，吾自以為至達已，今吾聞莊子之言，汒焉異之。不知論之不及與，知之弗若與？今吾無所開吾喙，敢問其方。公子牟隱几太息。仰天而笑曰：子獨不聞埳井之蛙乎？謂東海之鼈曰，吾樂與，吾跳梁乎井榦之上。入休乎缺甃之崖，赴水則接腋持頤，蹶泥則沒足滅跗。還虷蟹與科斗。莫吾能若也。且夫擅一壑之水，而跨跱埳井之樂，此亦至矣！夫子奚不時來入觀乎！東海之鼈左足未入，而右足已縶矣！於是逡巡而卻。告之海曰：夫千里之遠不足以舉其大，千仞之高，不足以極其深。禹之時十年九潦，而水弗為加益，湯之時八年七旱，而崖不為加損，夫不為頃久推移，不以多少進退者。此亦東海之大樂也。

【譯】公孫龍問魏牟說：龍少年時學先王治世的道理，及年便可明白仁義的行為。在哲理上正反合的推論也知道一些，對離形格物光影的論辯，可與不可的詰問，然與不然的說法，使百家都發生疑問，所知有限。而我卻能雄辯滔滔，眾人難與我爭辯，我自以為所具有的知識與論辯能力已達高峰。可是今天聽到莊子的言論，感到茫然詫異，不知是我論辯不如他，還是知識不如

他。竟然使我沒有開口的餘地！請問這是何道理？

公子牟，在几榻上嘆口氣，啊！了一聲，仰天一笑，哈！哈！回答說：先生你有沒有聽過坎井之蛙的故事。有一天，井蛙對東海的海鼈說：我非常快樂；我跳上井口的圪垣上居高臨下，悠然自娛，何其逍遙。休息時，躲在井中崖壁空隙處，既隱秘又清涼，真是舒服極了！跳入水中時，輕快浮首支頤，暢快得很！在泥中行走足爪輕盈自如是那麼安適！盤旋在小蟹，虷蟲，科斗之間，惟我獨尊，誰還能與我爭鋒！而我專擅一窟的清水，獨享坎井的樂趣，這也是最欣慰的事了！先生何不到我井中參觀參觀！

海鼈左足還沒有進去，右膝已經被絆著了！於是海鼈只得在外面看看便拒絕了！並且告訴青蛙。海有多大，即使千里也不能形容海的廣大。千萬尺也測不到海的水深。在大禹的時代，十年有九年都是潦災，但海水並沒有高漲。商湯時期八年七旱，像這樣的乾旱，海岸線並未下降。不會因旱澇的時期長久轉變，使海洋涯崖有明顯的痕迹。這也是東海的至樂了！

【註】公孫龍一、春秋衛人字子石，孔子弟子。二、戰國趙人，字子秉，以堅白異同之辯，即名家，著有公孫龍子十四篇，以白馬，指物，堅白，名實最有名。

魏牟，戰國魏國公子牟。

埳ㄎㄢˇ 陷下的地方，即埳井。

鼃ㄨㄚ 古體蛙字。

甃ㄓㄡˋ 磚砌的井壁。

蹶ㄐㄩㄝˊ 跌倒，艱難支持。

跗ㄈㄨ 腳背，此指青蛙的蹼。

縶ㄓˊ 拘執罪人。

逡巡ㄑㄩㄣ ㄒㄩㄣˊ 巡查，察看。

虷ㄏㄢˊ 水中小赤蟲。

潦ㄌㄧㄠˊ ㄌㄠˋ 同澇，水災。

於是埳井之鼃聞之，適適然驚，規規然自失也。且夫知，不知是非之竟。而猶欲觀莊子之言，是猶使蚊負山，商蚷馳河也。必不勝任矣。且夫知，不知論極妙之言，而自適一時之利者。是非埳井之鼃與？耳彼方跐，黃泉而登大皇。無南無北，奭然四解，淪於不測。無西無東，始於玄冥，反於大通。子乃規規然而求之以察，索之以辯。是直用管闚天。用錐指地也。不亦小乎！子往矣！且子獨不聞，夫壽陵餘子之學行於邯鄲與！未得國能，又失其故行矣？直匍匐而歸耳。今子不去，將忘子之故。失子之業，公孫龍口呿而不合，舌舉而不下，乃逸而走！

【譯】井蛙聽後大吃一驚！詫異莫名，手足無措。不但沒有聽過，到底怎麼回事，全然不知？對於莊子的言論：猶如蚊子背山，馬陸渡海，真是痴人作夢。不但知識不夠，更不懂所說的真諦是什麼？自以為得一時之利，就洋洋自得，並非只有井蛙而已。舉手投足，如像幽冥進入皇天，南北不分，赫然無礙，四達皆通。莫測高深；沒有西東，窈冥混沌，進入無極場域，回歸大通之路。你應虛心求是，詳察究理。明辯申義。不可用竹管中去看天那麼狹隘，以錐子指地那麼淺薄；實在是簡陋小器了！你還是走吧！你沒有聽過壽陵餘子學步吧！他到邯鄲沒有學到趙國的步伐，反而失去了燕國原有的步伍。最後爬著回來。今天你還不走，將會忘記你的本業。公孫龍張口結舌，一句話都說不出，夾著尾巴逃逸。

【註】適適ㄕ丶丶ㄏㄜ丶　驚怖。

規規ㄍㄨㄟ　驚視自失貌：失態無措。

商蚷　即馬蚿蟲——蚿，馬陸。

爽ㄕ丶　飛怒，聲勢盛大。

跐ㄘ　滑交，蹈、踐。履也。按釋文

管闚ㄍㄢˇ ㄎㄨㄟ　喻見識小

壽陵　燕邑，餘子，未成年兒童，學行，學走路。

邯鄲　趙都，俗云趙人很會走路。即邯鄲學步。

呿ㄑㄩ丶　張口難閉貌。

　　莊子釣於濮水，楚王使大夫二人往先焉。曰：願以竟
內累矣！莊子持竿不顧。曰吾聞楚有神龜，死已三千歲
矣！王巾笥而藏之廟堂之上。此龜者，寧其死為留骨而貴
乎！寧其生而曳尾於塗中乎！二大夫曰：寧生而曳尾於塗
中。莊子曰：往矣！吾將曳尾於塗中。

　　【譯】莊子有一天在濮水釣魚；楚威王派了兩位大夫前來請
莊子出山；大夫對莊子說：國君想請先生委以重任。把國家大事
託付先生。莊子手持釣竿不理他。莊子說：聽說楚國有一神龜，
已經死了三千年，國王還用黃綾把它包起來，收藏在竹箱子中放
在廟堂之上。這隻烏龜，寧可死了留骨顯示尊貴？還是活著搖曳
著尾巴，自由自在的在污泥中生活呢？二大夫說：當然是活著的
好呀！莊子說：那麼，我也願意拖著尾巴搖曳在泥中過活；二位
請回吧！

　　惠子相梁，莊子往見之。或謂惠子曰，莊子來，欲代

子相，於是惠子恐，搜於國中，三日三夜。莊子往見之，曰：南方有鳥，其名鵷鷯，子知之乎？夫鵷鷯發於南海，而飛於北海，非梧桐不止，非練實不食。非醴泉不飲，於是鴟得腐鼠，鵷鷯過之，仰而視之曰，嚇！今子欲以子之梁國嚇我邪！

【譯】惠施在梁國爲相。莊子去拜訪他，有人在惠施面前說閒話：說莊子此次來見你，是想取代你的相位。於是惠施有點恐慌；在國內搜尋了三天三夜。莊子終於見到了惠施。

莊子說：南方有一種鳥，名叫鵷鷯。你知道嗎？鵷鷯生在南海，飛向北海，凡經過的地方，不是梧桐樹，它不會棲息。不是練實（如梧桐子）不食。不是甘泉不飲。於是貓頭鷹撿到一隻死老鼠，正在享用，看到上空的鵷鷯飛過，仰頭看看它，很生氣的嚇了它一聲。今天你是不是以梁國來嚇唬我呀！

【註】鵷鷯ㄨㄢˇ ㄔㄨ 釋文鸞鳳之屬。

醴泉ㄌㄧˇ 甘泉，釋文。

練實ㄌㄧㄢˋ 樹上結的小菓，如梧桐子，苦練子，酸棗子，榕樹子……等。

此章結構語意，均非莊子之手，為郭象狗尾續貂，或後人枉纂？

莊子與惠子遊於濠梁之上，莊子曰：儵魚出游從容，是魚樂也。惠子曰：子非魚，安知魚之樂。莊子曰：子非我，安知我不知魚之樂？惠子曰：我非子，固不知子矣！子固非魚也。子之不知魚之樂全矣！莊子曰：請循其本。子曰：女安知魚樂云者。既已知吾知之而問我。我知之濠上也。

【譯】莊子與惠施二人，有一天到濠水的橋上玩。看到水中的白鯈。莊子說：白鯈出游從容，是魚的樂趣。

惠施說：你又不是魚？怎知魚的快樂？

莊子說：你也不是我，怎麼知道我不知魚的快樂？

惠施說：我不是你，當然不知你啊？你不是魚，當然也不知魚的真正樂趣？

莊子說：請把話說端的？

惠施回答：你說，我怎知魚樂的話，既然已經知道我所知如此，還來問我？我所知的是在橋上觀魚吧了！

【註】濠水　在今安徽鳳陽縣東北。

鯈ㄊㄧㄠˊ ㄔㄡˊ　白鯈。

擬人法 —— 以作者心情抒發於物情，所謂寄情於山水之間，尋生活旨趣。

【錄評】至人訪道，精益求精，時命不計，名譽不爭，昏昏默默，惟希自適其樂而已。昔鐵腳道人。和雪嚙梅，讀此不輟；其殆別有會心者乎？

【讀後】有謂秋水是莊周思想的總結；完整、清析。行文如浩瀚海洋，思想深度，高深莫測，物我無間，萬物為一，無大小。九觀論證，稊米乾坤，天人合一，道一歸真，樸素守常，和光同塵。

亦有謂向秀之作，郭象完成竊為己有，然太史公史記已有秋水篇名，固非向秀郭象所為。後三章為後人續貂或否！因其思維簡陋；有以語錄驟數之嫌。或茶餘牙膾。

至樂　第十八

　　天下有至樂，無有哉！有可以活身者，無有哉。今奚爲奚據矣！奚避奚處，奚就奚去，奚樂奚惡。夫天下之所尊者，富貴壽善也。所樂者，身安厚味美服好色音聲也。所下者貧賤夭惡也。所苦者，身不得安逸，口不得厚味，形不得美服，目不得好色，耳不得音聲。若不得者，則大憂以懼。其爲形也，亦愚哉。夫富者，若身疾作，多積財而不得盡用。其爲形也，亦外矣。夫貴者，夜以繼日，思慮善否。其爲形也，亦疏矣！人之生也！與憂俱生，壽者惛惛，久憂不死；何之苦也。其爲形也，亦遠矣！烈士爲天下見善矣。未足以活身，吾未知善之誠善邪！誠不善邪！若以爲善矣！不足活身。以爲不善矣！足以活人。故曰忠諫不聽，蹲循勿爭。故夫子胥爭之以殘其形。不爭名亦不成。誠有善無有哉。今俗之所爲，與其所樂，吾又未知樂之果樂邪？果不樂邪！吾觀夫俗之所樂；舉群趣者，誙誙然；如將不得已。而皆曰樂者。吾未之樂也。亦未之不樂也，果有樂，無有哉。

　　【譯】天下有最快樂嗎？沒有呀！有沒有可以快活安身處所呀？沒有的。今天你爲啥，又憑藉什麼過活？又在逃避，又在生活，何去何就，是樂是苦，只有自己去承受。天下最尊榮的，是富貴，壽善。最快樂的事。有肥厚美味，衣服漂亮，老婆美艷，聲色俱佳，歌舞歡娛。最難看的事，貧窮低賤夭折使人厭惡！最苦的事，得不到安逸的生活，吃不到山珍海味，穿不到美麗華

服，看不到美色，聽不到樂曲音聲，如果得不到，心中憂懼難忍，像這樣為形骸貪戀的人，真有點愚不可及吧！

因為財富是勞形苦心累積下來的。可說是身外之物，又何必那麼重視呢？所謂高貴的人，日夜都在動腦經。瞻前顧後，恐怕出亂子。弄得神經些些的。所以說：要看開點；人生下來，本來就與憂患俱生。小時怕長不大，老時惛耄，耽心憂愁，何時死亡，真是辛苦，形容日漸憔悴，活著也難受。

烈士是天下善舉的楷模？但為名殉身，未活天年。我對這件事的想法，可能有些不同；像這樣的行為，是美善，還是遺憾！真有些說不準！如果說：這是了不起的美事，那麼為什麼要犧牲一條活生生的性命呢？如果說：不必這麼作，還可以救人一命！所以說：忠諫不聽，不如蹲下來不必與上位者爭辯，那不就得了嗎？因此伍子胥的忠諫反而成為被誅戮的藉口，不必去爭名殉身也不成嗎？所以說天下絕不會有善美兩全的事。

現在世間的所作所為，與其說是歡樂社會。吾未知樂在何處？還是真快樂，或是根本不快樂；依我看，簡直是一群瘋子，在那裡狂吼嘶喊！發洩亢奮，那算什麼快樂，完全在麻醉自己嗎？大家都說快樂，惟有我不覺得這是快樂，也無法說是不快樂；因為天下根本沒有真快樂。

【註】誙誙然ㄥㄥ ㄎㄨㄣ ㄏㄧㄣˋ　釋文崔云以是為非，以非為是。

蹲循ㄉㄨㄣ　逡巡不進貌。

吾以無為誠樂矣。又俗之大苦也。故曰至樂無樂，至譽無譽。天下是非果未可定也。雖然無為可定是非，至樂活身，唯無為幾存。請嘗試言之，天無為以之清，地無為

以之寧，故兩無爲相合，萬物皆化。芒乎芴乎！而無從出乎！芴乎！芒乎！而無有象乎！萬物職職，皆從無爲殖，故曰天地無爲也。而無不爲也。人也孰能無爲哉！

【譯】我以無爲才是真樂。但一般世俗之輩則認爲是苦差事。因爲最快樂，就是不快樂，何不如不樂，不樂即無爲，那末無爲才有樂。最高的榮譽，就是沒有榮譽，因爲爲了至譽去殉身，殉名隨去，何來至譽之有。果然天下是非無法定論。

雖然無爲可以定是非，人活著最快樂，無爲者方存。我們不妨說說看。天無爲，自然清明，地無爲方可寧靜，然而兩個無爲相配合，萬物得以化育。濛茫洸忽中看不到它的生長，窈窈冥冥中沒有徵兆，是我們肉眼無法看到的。萬物都有它的作用，都是在無爲中繁殖出來的。所以說：天地無爲，可是牠卻是無不爲。人是不是也可以無爲呀！

【註】伍子胥　春秋楚人，名員，父奢，兄尚爲楚平王所殺。子胥奔吳，仕行人，佐吳王闔廬伐楚，五戰，而入楚都郢，時平王已死，子胥掘墓鞭屍以報父兄之仇。

夫差立伐越大破，越王勾踐請和夫差許之。子胥諫不聽，太宰伯嚭受越賄讒伍員。夫差賜劍曰「子以此死」。子胥囑舍人「抉吾眼，懸諸吳東門，以觀越人之入滅吳也」。自剄死。九年後，越果滅吳。

芴通惚ㄏㄨ　芴乎！忽明忽暗

芒ㄇㄤˊ　芒通茫，看不清楚。

莊子妻死，惠子弔之，莊子則方箕踞鼓盆而歌。惠子曰，與人居，長子老身，死不哭亦足矣！又鼓盆而歌，不

亦甚乎！莊子曰：不然，是其始死也，我獨何能無概然。
察其始而本無生，非徒無生也而本無形，非徒無形也而本
無氣，雜乎芒芴之間，變而有氣，氣變而有形，形變而有
生。今又變而之死。是相與春秋冬夏四時行也。人且偃
然，寢於巨室，而我噭噭然，隨而哭之。自以爲不通乎
命！故止也。

【譯】莊子的妻子死了！惠施去弔詢。莊子蹲在地上，敲打
鍋盆當樂器，邊打邊唱，煞有介事。惠施覺得有違情理，便對莊
子說：她與你長相廝守到老，死了，你不哭也罷！還敲打盆子唱
歌，你不覺得有些過份嗎？

莊子說：不是這樣的，在她剛死的時候！我確實很感慨！我
想了一下，本來沒有生嗎？人在未生之前，是沒有形影的。在無
形之前根本就沒有氣，只是夾雜在濛芒中變成有氣，有了氣才變
成形，有了形才變成人生下來，今天再一變是死，這與春夏秋冬
四時的變化沒有兩樣。人且偃臥在天地間的巨室裡，你叫我哀聲
大哭，我認爲這樣是不通性命之情的，所以我沒哭！

【註】鼓盆《ㄨˇ ㄆㄣˊ　以盆當鼓，敲打臉盆或菜盆。

槩《ㄞˋ　概通慨　感慨，慨嘆！

噭噭ㄐㄧㄠˋ　哀叫、噭咷。哭號。

偃ㄧㄢˇ仰面躺下。偃臥。

支離叔與滑介叔，觀於冥伯之丘，崑崙之虛，黃帝之
所休，俄而柳生其左肘，其意蹶蹶然惡之。支離叔曰：子
惡之乎！滑介叔曰：亡，予何惡生者。假借也。假之而生
生者。塵垢也。死生爲晝夜，且吾與子觀化，而化及我，

我又何惡焉！

【譯】支離叔與滑介叔，到亂葬崗去觀看。遠遠看到崑崙山的廢墟中，黃帝躺在那兒休息；一會看見他左肘上長了一塊腫瘤，有些不安厭惡的樣子。支離叔說：你也厭惡嗎？滑介叔說：沒有，我為什麼厭生呢？人生不過是四大假合而成？假藉為生才有生命。像塵埃聚集一樣；生與死，如同晝夜輪轉；你與我都一樣，我們今天在官山上看那些孤魂野鬼的腐化。明天就會輪到我，我又有何厭惡呢？

【註】支離、滑介　釋文：李云支離忘形，滑介忘智，言二子皆識化也。陳註滑介忘心。

德充符「闉跂支離無脤」崔云支離傴者也。

支離，本形容一人六根不全，故崔云傴，即駝背，形容醜陋。滑介，近似滑稽，只是逗人一笑！形容無心亦是。二人皆借名，莊子常用此法。想到什麼？就給它定名，如冥伯也是，冥是幽冥，冥伯即是死人。冥伯之丘，即是公墓所在地，古稱官山，俗稱亂葬崗。

莊子之楚，見空髑髏髐然有形，撽以馬捶，因而問之曰：夫子貪生失理而為此乎？將子有亡國之事，斧鉞之誅，而為此乎？將子有不善之行，愧遺父母妻子之醜，而為此乎？將子有凍餒之患，而為此乎？將子之春秋故及此乎？於是語卒。援髑髏枕而臥，夜半髑髏見夢曰：子之談者，似辯士，視子所言，皆生人之累也。死則無此矣。子欲聞死之說乎？莊子曰：然，髑髏曰：死無君於上，無臣於下，亦無四時之事。從然以天地為春秋，雖南面王樂不

能過也。莊子不信，曰：吾使司命，往生子形，爲子骨肉肌膚，反子父母妻子。閭里知識，子欲之乎？髑髏深矉蹙額曰：吾安能棄南面王樂，而復爲人間之勞乎？

【譯】莊子到楚國，在途中看到一個枯髏頭，頭骨十分完整，竅孔空洞如馬捶大小；他對枯髏說，你是貪生怕死，還是失去理性，才成這樣嗎？你是否出賣國家，被斬首誅戮，變成枯骨。或者是你不作好事，有遺害父母妻子的醜聞？是這樣嗎？你是不是受凍挨餓，餓死路旁，還是壽命如此，到此爲止。莊子話說完了，將枯髏當枕頭，睡到半夜，夢到枯髏在與他說話：你所說的這席說：好像是辯論家，是諸子常講的一些廢話，這是生人的累贅；死人那有這麼多麻煩呢？你想不想聽死人怎麼說？莊子說：好！請你說說看？

枯髏說：人死了，就沒有帝王在上，臣子在下的問題，也沒有四季時節之分，誰也不管誰！竟然可以與天地同壽命！即是南面稱王也沒有如此快樂！莊子不相信？他說：我告訴閻王爺，讓你還陽，恢復肉身，回到父母妻子兒女身邊去？恢復你在生時的一切記憶！你覺得如何？枯髏蹙額皺眉，十分爲難。說話了！我怎麼能放棄南面王之樂，再回到人間去受苦勞呢？

【註】髑髏ㄉㄨˊ ㄌㄡˊ　死人頭骨、枯髏。

髐ㄒㄧㄠˊ　白骨。

撽ㄒㄧㄠˋ　通竅。

馬捶ㄔㄨㄟ　馬杖也。

春秋　指人的壽命！

蹙額ㄘㄨˋ　皺著眉頭，愁苦貌。

莊子認爲，生是勞累，苦楚，死是休息安樂。

　　以道家言，生死皆無苦楚歡樂，死生皆物之始然，時秋之必然，故為天命。苦樂皆享受。

　　顏淵東之齊，孔子有憂色，子貢下席而問曰，小子敢問：回東之齊，夫子有憂色何邪？孔子說：善哉！女問昔者管子有言，丘甚善之。曰褚小者不可以懷大，綆短者不可以汲深？夫若似者。以爲命有所成，而形有所適也。夫不可損益。吾恐回與齊侯言堯舜，黃帝之道，而重以燧人神農之言，彼將內求於己而不得，不得則惑，人惑則死，且女獨不聞邪？昔者海鳥止於魯郊，魯侯御而觴之於廟，奏九韶以爲樂，具太牢以爲膳，鳥乃眩視憂悲，不敢食一臠，不敢飲一杯，三日而死。此以己養養鳥也。非以鳥養養鳥也。夫以鳥養養鳥者，宜栖之深林，遊之壇陸，浮之江湖，食之鰌鰍，隨行列而止，委蛇而處。彼唯人言之惡聞。奚以夫譊譊爲乎！咸池九韶之樂，張之洞庭之野！鳥聞之而飛！獸聞之而走，魚聞之而下入。人卒聞之，相與還而觀之。魚處水而生，人處水而死，彼必相與異其好惡；故異也。故先聖不一其能，不同其事，名止於實，義設於適，是之謂條達而福持。

　　【譯】顏淵要到齊國去！孔子有點耽心；子貢看見老師的臉色愁苦，便走到孔子跟前對先生說：我敢請問老師，顏回去齊國，你有什麼可耽心的。
　　孔子說：好！你有沒聽說：管子曾經說過，囊袋小了，無法裝多的東西，井索短了無法汲取深井的水。如果是這樣，要達到使命，是須要有適合的人選。才會考量到用事的彈性增損。因爲

我耽心的是：怕顏回與齊侯談堯舜黃帝的治道。重複燧人氏，神農的話：因他內省功夫還不夠，所以說話不能讓人有所疑惑的地方。如果是這樣，就是死路一條。

你有沒有聽說過，曾經有一隻海鳥停在魯國的郊外，魯侯用繩子繫著，把它放置在廟堂之上。奏九韶大樂來歡迎它，並且以太牢的饍饌供養它，可是鳥兒呆呆的看了一眼，有些憂傷，不敢吃一塊肉，更不敢喝一杯酒，三天以後，鳥就死了！

這種作法，是以自己給養的方法去養鳥！不是以養鳥的方法去養鳥！養鳥是要選擇一處適合的山林，有沙灘，有陸地，還要有江河，或是湖泊的地方，它是吃小魚小蝦的，同時還得有同類相隨，相互斯磨，對人的言語是厭惡的。何必去喧撓它呢？

咸池九韶大樂章，是要在廣大如洞庭湖般的地方去演奏才有意義，鳥聞聲飛揚，獸聞之起舞，魚聞聲潛水，人聽到，群聚欣賞。要知道，各有適性。魚是生長在水中的人在水中就會淹死。他去那兒，必然大異其趣，這是我所耽憂的。對事的好惡，各有不同，即是先賢先聖，他們也是各有所能，並不一致，任事也不同，名符其實，義在得當，就是能條理通達，方可保有福氣的持久。

【註】褚ㄓㄨ　赭　赤色，橐，囊，文指小囊。

綆ㄍㄥˇ　汲水所用的繩。

觴ㄕㄤ　酒器

眩ㄒㄩㄢˋ　目昏花。

咸池ㄒㄧㄢˊ ㄔˊ　樂名，亦曰大咸，黃帝所作，堯修之而用。

九韶ㄕㄠˊ虞舜樂名。

鰍ㄊㄠˊ　ㄧㄡˊ　ㄊㄧㄡˊ　小魚。

譊譊ㄌㄧㄠ　喧雜聲。

所謂用人要人事相宜為主。用事要有彈性，不可一成不變。

列子行食於道從。見百歲髑髏攓蓬而指之曰：唯予與女知，而未嘗死，未嘗生也。若果養乎！予果歡乎！種有幾，得水則爲䰩，得水土之際，則爲䵷蠙之衣，生於陵屯則爲陵舄，陵舄得鬱棲，則爲烏足，烏足之根爲蠐螬，其葉爲胡蝶，胡蝶胥也，化而爲蟲，生於竈下，其狀若脫；其名爲鴝掇，鴝掇千日爲鳥！其名爲乾餘骨，乾餘骨之沫爲斯彌，斯彌爲食醯，頤輅生乎食醯，黃軦生乎九猷，瞀芮生乎腐蠸。羊奚比乎不筍，久竹生青寧，青寧生程，程生馬，馬生人。人又反入於機，萬物皆出於機，皆入於機。

【譯】列子在路旁吃東西時，看見草叢中一具百年枯髏；手指著枯骨說：只有我與你知道。生也不一定是生，死也不一定就是死？如果能生養，我真的很高興嗎？因爲生養的情況有很多種，各有居處不同，愬生各異。譬如，得到水可以長苔蘚。在有水有土的邊際，就會長蝌蚪苔。如果是在崗陵上，就會生出陵舄草，如果陵舄受鳥糞的滋潤，又會長出烏足草，烏足草根若長蛾虫，就會在草葉上孵化出蝴蝶。蝴蝶又變爲虫，得爐竈的熱氣成爲蛹。（鴝掇）經過千日就變成鳥，它的名字叫乾餘骨。乾餘骨口中的唾沫又變成斯彌虫。斯彌又化成蝕醯蟲，頤輅虫是從蝕醯虫缸中長出的蛆。黃軦虫是從九猷中化生的。瞀芮（酒蚊）生放腐蠸，羊奚草副生在竹根上，竹子就不會生竹笋，老竹也會被虫蛀，長竹蛆。青寧生程（據鷔蟲，猛禽猛獸，古皆稱蟲，故程應是虫之誤！老虎稱母大蟲是也。列子注：程或謂虫名，或謂豹之

別名。）程生馬，馬又生人，人又反爲機化物，萬物演化，都是在機化演成。所以生死只是物化的演變過程，故苦樂在於一念之間了！

【註】攓ㄑㄧㄢ ㄐㄧㄢˋ蓬ㄆㄧㄥˊ拔取　指蓬草中凸出。又謂撥開雜草。

䜌ㄐㄧˋ　指水苔若生若䜌，似連非連。

蛙蠙ㄨㄚ ㄅㄧㄥ　即蝌蚪草，蛙卵生於水中苔狀細草上。

陵屯ㄌㄧㄥˊ ㄊㄨㄣˊ　即陵阜，小山。

陵舄ㄒㄧˇ　草名。

鬱棲ㄩˋ ㄒㄧ　司馬云蟲名李云鬱栖糞壤，言陵舄糞化為烏足。蠐螬ㄑㄧˊ ㄔㄠˊ　司馬本作螬蠐，云蝎也　蛀虫，木中虫。

竈縫中生虫是蟑螂，亦有壁虫。蝴蝶卵化非出竈中。

鴝掇　成玄英疏；虫名，狀如新脫皮毛，形容雅淨也。以成疏形容；應為蛆，尚未成虫。

乾餘骨ㄍㄞˊ　鳥名，不詳。

斯彌ㄇㄧˊ　虫名不詳。

食醯ㄕ ㄒㄧ　司馬本云蝕醯為酒上蠛蠓也，俗酒蚊（蠓）子。

頤輅ㄧˊ ㄌㄜˋ　釋文虫名不詳。

黃軦　司馬云頤輅、黃軦ㄑㄧㄤˋ皆虫名，不詳。

九猷ㄧㄡˊ　李云虫名，不詳。

瞀芮ㄨˋ ㄖㄨㄟˋ　按埤雅釋虫，似蟲而小，一名瞀芮。

腐蠸ㄑㄩˋ、ㄈㄧㄞˊ　司馬云亦虫名，爾雅一名守瓜，一云粉鼠也。一名蠸，又名瓜蠅。為金花蟲之類似。

羊奚　司馬云羊奚草名根，似蕪青與久竹比合而為物，皆生於非類也。

青寧，俗云打竹虫，在竹中如蛆，又稱竹蛆，成虫如蟋蟀。

司馬云蟲。

　　程　列子程或謂蟲名，或謂豹之別名，郭註：謂青寧三句，俗本多誤！姑且錄之。

　　據　鶩蟲條，猛禽猛獸，古皆稱虫；故程應為蟲之誤。老虎稱母大蟲是也。列子註程或謂虫名，或謂豹之別名。

　　此章意旨，人死腐朽為蛆蟲，以時地居處，化生萬物，萬物亦會演化為人。如此機化是自然現象，若能超脫生死，唯修道養精化神，超凡入聖。方可不死不生。即永生也。

　　【錄評】大道無為，活身其效也，能遺棄死生，一念不起。是無為始基。能超出生死，萬變不渝，是無為定境。至無為而無不為，則其身常存，其樂亦未始有極，固非特犯人之形，而一得自喜者比也。蓋道力勝，而氣化無權，邴邴乎先萬物而誕登矣！

　　至樂，如佛家之極樂世界，但道家以無欲無為，反樸歸真，故開宗名義，即看破榮華富貴，名位爵祿。殉名好義之說。以無形無心談生死。由莊子妻死說人生。以顏回使齊言用事任人之道，謙讓，屈伸適時適機而用。人事相宜為任，條達章程競其功。造福於民。

　　莊子對枯髏死樂的質疑：列子對枯髏百年腐朽的演化，萬物自然輪迴之說：反於盜機，若能超脫生死！不與物化，不生不滅，唯無為，一念不生與天地同參，與道不息。

達生　第十九

　　達生之情者。不務生之所無以為！達命之情者。不務知之所無奈何！養形必先之以物。物有餘，而形不養者有之矣。有生必先無離形，形不離而生亡者，有之矣！生之來不能卻，其去不能止；悲夫！世之人以為養形足以存生。而養形果不足以存生，則世奚足以為哉！雖不足為而不可不為者，其為不免矣！夫欲免為形者，莫如棄世。棄世則無累。無累則正平。正平則與彼更生。更生則幾矣！事奚足棄而生奚足遺？棄事則形不勞，遺生則精不虧。夫形全精復，與天為一。天地者，萬物之父母也。合則成體，散則成始。形精不虧，是謂能移；精而又精。反以相天。

　　【譯】欲達生命的情素，並不是在生中有沒有作為！對命運的掌控，雖然知道。有時候，是無可奈何的。要長養身體，就必須先有物資。但物資充足，尚有餘裕的時候！而人卻不在了！也有這種事的。人生來世，是無法阻止的。人的死亡，也無法拒絕的。這是十分可悲的事。世上一般的人，以為能養身形，就可以保全生命！這是生存之道，如果生命沒有保障，世上還有什麼意義呢？雖然是不能達到百分之百的安全，但不能不作，這是難免的事。如果要避免勞形，就只有棄世一條路。因為棄世，就沒有勞累、牽累。人沒有累贅，就會心正氣平。能夠心靜氣和，湛然澄明，就可以更生，更生就可以達到人生另一境界。在此種情境中，一切都可丟棄，對生之道進入高一層的看法。能進入這層天

地。對世事已無意義，爲化精練氣養神去下功夫。能忘身，就能
精全，元精充盈，與天道微一，純陽得位。天地是萬物化育的父
母。所以天地相合，萬物成體。若分散爲二，則始生未判。（即
陰陽未動）因形全精盈，可移形補腦，回春注顏，精益求精，脫
胎換骨，返老還童。達到宇宙在乎手，萬化生乎身的妙諦。

【註】養形ㄧㄤˇ ㄒㄧㄥˊ　形指人的形骸，即身體。養，長
養保養，首在飲食。

物ㄨㄛˋ　指物資，生活資料。糧食，魚肉蔬菓。

無離形ㄨˊ ㄌㄧˊ ㄒㄧㄥˊ　指身體健康，精神飽滿。

形不離而生死　指人的精神渙散，如行屍走肉。

棄ㄑㄧˋㄝˋ世ㄕˋ　指與世隔絕，離群而居，或謂不問世事。

正平ㄓㄥˋ ㄆㄧㄥˊ　心正氣平。

遺生ㄧˊ ㄕㄥ　忘生，忘卻生死。

移ㄧˊ　指移形補腦，即是腦部功夫。頭皮充氣運動。可使
禿髮重生，白髮轉青，顏面穴道通達，可使返老還童，簡單的
說，維持年輕顏容，九十歲也不長老人斑，所以言更生。

子列子問關尹，曰：至人潛行不窒，蹈火不熱，行乎
萬物之上而不慄，請問何以至於此？關尹曰：是純氣之守
也。非知巧果敢之列。居，予語女。凡有貌象聲色者皆物
也。物與物何以相遠；夫奚足以至乎先？是色而已。則物
之造乎不形，而止乎無所化。夫得是而窮之者，物焉得而
止焉。彼將處乎不淫之度。而藏乎無端之紀；遊乎萬物之
所終始。壹其性，養其氣，合其德，以通乎物之所造，夫
若是者，其天守全，其神無郤，物奚自入焉！

【譯】列子問關尹。至人遁行不窒，踏入火燄不熱，行走在萬物上不會驚慄：請問，何以能夠如此？

關尹說：是善守純陽之氣！並不是智巧果敢的手法。

我告訴你，居處之道，凡是有聲色形貌的都是物。物與物之間相去不遠。但必須看後天與天先的秉賦，如果仍然不脫色相；物的造化是從無形中得來，亦在無所化中不生不滅，如不生不滅的沈寂寞然，就沒有色相。若能進入如此境界，則受用無窮。物相就無法附著，行為無所窒礙，故能蹈火不熱，行於萬物重力場，輕如羽毛空行。此時他是處虛不盈，潛藏在沒有端紀的虛無空間。遊離在萬物終始之間，無生無息。真性為一，畜養先天之氣，與道相通，合德於造化之妙。如果能入是境，就可守住天全成德。神氣圓融，無隙可乘，物因無緣參入。無相之相存滅由之。

【註】潛行，潛入水火土中行走，不會有窒礙，這在道學來說，是用兵的奇門遁甲。遁法，一般以水火土為之。是一種法術。以修法、畫符唸咒為術，亦有修魯班者，也有修武昌者，但大都是江湖術士。

亦有天生奇能異士，穿墙越壁，隔山打牛，偷天換日。今世亦有異能之士，在氣功界的特異功能常有聞見。然真假難分。

本文關尹言守氣，是練純陽之炁。以修真為本，以後世呂洞賓之例，可證關尹之言不虛。

因人體是一座電容器，有電磁場，有頻率，可發聲、發光，可與宇宙電離層相通。具有發射接收的功能。

夫醉者之墜車，雖疾不死。骨節與人同，而犯害與人異，其神全也。乘亦不知也，墜亦不知也。死生驚懼不入乎其胸中，是故遻物而不慴，彼得全於酒而猶若是，而況

得於天乎。聖人藏於天，故莫之能傷也。復讐者不折鏌干。雖有忮心者，不怨飄瓦。是以天下平均，故無攻戰之亂，無殺戮之刑者，由此道也。不開人之天，不開天之天。開天者德生，開人者賊生，不厭其天。不忽於人，民幾乎以其眞。

【譯】酒醉的人從車上墜落下來，雖然受傷，但沒有死，骨節與他人都相同，但所受的傷害不同，是怎麼回事。因爲他精神完整。在出事的時候，他喝醉了，根本就不知道他在坐車還是出了車禍！那時他對生死的驚懼毫無知覺，雖然墜車落馬，但神智未驚散，即是靈魂仍能守舍。能夠保有生命不死，是拜酒之賜。這是譬喻的說法，何況能得天全；聖人藏神在自然之天。所以不會受外物的傷害。復仇的人，是不會折毀莫邪干將厲劍，雖有妒忌心的人，但被風吹落的瓦片打傷，也不會怨人。若能如此，無怨無尤，天下都能平等均一看待，世上就不會有戰亂發生。也用不著刑罰殺戮。由此道法妙用，不開人智的竅門，不關虛靜之天，能開天門則道生。開人智，就會生賊心。不厭天忽視人世。使人民都有機會返樸歸真。那末天下當然泰平了！

【解】酒醉墜車之說：以無知無覺守神，全神故無礙！復仇不折兵，飄瓦不怨尤，在於氣平心靜。

事實非也。若是修道守氣防身之人，練功至某一境界，全身如氣囊相罩，被碰撞跌打，重者只皮肉之傷，無生命危險，輕者，如拍灰去塵，毫髮無傷，不知者以爲神佑。知者功夫力道反彈自我防禦之術也。余見某被車撞倒地、車壓手指，起身拍灰，手指運氣淤青紅腫立消，若無其事，氣平鎮定心靜，是處危不二法門，無論戰陣，突發危難皆然。某於某戰役，以諸葛以空城得

脫即是。

　　仲尼適楚，出於林中，見痀僂者承蜩，猶掇之也。仲
尼曰：子巧乎！有道邪！曰我有道也。五六月累丸二而不
墜，則失者錙銖；累三而不墜則失者十一。累五而不墜，
猶掇之也。吾處身也，若橛株拘，吾執臂也。若槁木之
枝，雖天地之大，萬物之多，而唯蜩翼之知，吾不反不
側，不以萬物易蜩之翼，何為而不得。孔子顧謂弟子曰：
用志不分，乃凝於神，其痀僂丈人之謂乎！

　　【譯】孔子去楚國，經過一座山林，看見一位駝子在捕蟬，
好像用手撿東西一樣，一出竿就是一隻。孔子說：你真巧手呢？
還是有道呀？
　　駝背說：我有門道，五六月這個季節，只要在竹竿尖頂上纏
二個蜘蛛網，蟬被粘上就跑不了！失手的時候不多，若再加一
個，則十拿九穩！如果增加到五枚，就如同撿拾枯枝柴薪。我這
人處世安身，也是如枯樹挺立，不怕風吹雨打，攘背一撓，雖槁
木殘枝，但也能頂天立地。天地雖然很大，萬物眾多不知其數。
我所知有限，只不過如蟬翼那麼一丁點，我專注捕蟬工夫，所以
不會失手。
　　孔子回頭對弟子們說：「專心一志，精神集中。百事可
成。」這就是駝背人的銘言。
　　【註】佝僂，即傴僂，俗言，駝背。
　　承蜩　承即是捕捉　蜩亦云黑蟬，承蜩　後人引為捕物，亦
云手到擒來。　掇　說文「掇，拾取也。」
　　累丸　累　集也。丸　枚也。累丸是言蜘蛛網。累集蛛網

二指二枚。將二枚蛛網搓成丸狀，黏在竹竿頂上。將竿頭蛛丸向蟬翼一黏，像撿東西一樣。輕輕的便捕捉到了。鄉間兒童，人人都會。

失者錙銖，古時的小錢。引為很少失手。

橛　凸出之意。株拘　枯木殘枝，引駝背老人手臂上舉，也是頂天立地的一條漢子。

顏淵問仲尼曰：吾嘗濟乎觴深之淵，津人操舟若神。吾問焉曰：操舟可學邪？曰：可！善游者數能，若乃夫沒人，則未嘗見舟而便操之也。吾問焉，而不吾告。敢問何謂也。仲尼曰：善游者數能，忘水也。若乃夫沒人之未嘗見舟而便操之也。彼視淵若陵，視舟之覆，猶其車卻也。覆卻萬端，陳乎前不得入其舍，惡往而不暇，以瓦注者巧！以鉤注者憚，黃金注者殙，其巧一也。而有所矜則重外也。凡外重者內拙。

【譯】顏淵問孔子，他說：老師我想請教你。我時常經過觴深的渡口，看到船家擺渡十分神妙。我問他，駕舟能不能學？他說：可以，只要你會游泳，假以時日就學會了！若人沈入水底，尚未看見船怎能操練？吾再問他，他不告訴我？這是什麼道理呢？

孔子說：會游泳的人他只要練習幾次就會操舟。因為他忘了水。如果人沈水中還沒看到船，你叫他怎麼去練習呢？因為他看淵深如看丘陵，看到船翻了！好像是駕車上坡倒退回來，關鍵就在這裡，翻船也好，翻車也好，其中事故的發生，有各種不同的可能，技術、車船結構、年齡、載重等，平時保養的諸多因素都在其中。最重要一點是你有沒有專心操術，若精神分散，危險就

來！故要能專注神定，亦要有事先豫防的準備。以修房子時拋瓦的工人來說：一個在屋簷上踞著，雙手攤開，一個站在地上，承著瓦片一疊，往上空一拋，不高不低，不偏不倚，在簷上的人輕輕一接，毫不用力，二人的配合，是那麼精準巧妙。擲鉤投注又有一番功夫必須精準無傷。如果用黃金去下注賭博，就完全不同了！你怕輸，神智惛憒，根本無法專注，當然惟有輸錢一途了！因為你是有所矜持，猶豫不決，只見外物，心弛力拙，神不守舍，故與道遠。

【解】拋瓦之說：唯心手合一，二人同心，糞土成金。神全精注，精準無礙；是言操持心法的不二法門，所謂精誠所至，金石為開，此言確鑿。人的念力神全，百事不難。

因注瓦、注鉤、注金，仍糾結於物的價值觀；不若拋瓦投注的巧匠功夫，專精心誠意貫。同時也可與痀僂承蜩之說相應，意以一貫也。

田開之見周威公，威公曰：吾聞祝腎學生。吾子與祝腎遊，亦何聞焉！田開之曰：開之操拔篲以待門庭，亦何聞夫子。威公曰：田子無讓，寡人願聞之。開之曰：聞之夫子曰：善養生者若牧羊然，視其後者而鞭之！威公曰：何謂也！田開之曰：魯有單豹者，巖居而水飲，不與民共利，行年七十，而猶有嬰兒之色，不幸遇餓虎，餓虎殺而食之。有張毅者，高門縣薄，無不走也。行年四十，而有內熱之病；以死。豹養其內，而虎食其外，毅養其外，而病攻其內。此二子者皆不鞭其後者也。

仲尼曰：無入而藏，無出而陽，柴立其中央，三者若得，其名必極。夫畏途者，十殺一人，則父子兄弟相戒

也。必勝卒徒，而後敢出焉！不亦知乎！人之所取畏者，衽席之上，飲食之間，而不知為之戒者過也。

【譯】田開之見到周威公。威公說：我聽說祝腎學養生之術，你是祝腎的門生，有沒有聽聞怎麼養生呀！田開之說：我只不過是他家拿掃帚打帚門庭的小徒弟而已！能夠學到甚麼東西呢？威公說：你小子不謙虛。寡人倒要聽聽他有何能耐。

田開之說：我只聽老師曾經說過，善於養生的人，就像牧羊的牧人。看到走在最後的羊，鞭策它趕上去。

威公說：那是為什麼？

田開之說：魯國有一個人名叫單豹。他是巖穴之士，不吃人間煙火，只飲清泉度日，到了七十歲，臉色仍然像嬰兒般那麼苗嫩。但是很不幸，碰到餓虎，把他吃了！另外有一個人名張毅，在他的大門上掛上一幅薄簾顯示家小業小，競競業業經營生計。沒想到四十歲，便得了內熱病死了！單貌只知養內功夫，被虎食其外。張毅能賺錢養形，不知養內，故得內熱而死。這兩人就是不懂事鞭策落後的那隻羊。

孔子說：無入於藏其內，也應知無出於陽外的說法。即是說修行者，應內外兼修，不可偏廢，所謂養生之術，養身養心，同時並重。柴立中央，即抱元守中，三者皆得，就可功德圓滿，名勝一時，德高於人。

凡險惡的道路，若發生十人中有一人遭殺害，父子兄弟就必須嚴加戒備，有必勝的把握，走出這條險路，看到最後一人安全走出才放心。才是聰明的辦法。

人應畏懼的事，並非走險路一關。平常對衽席之間的事亦應注意，飲食之間也應知戒拒，才是養生之道。

【註】操拔篲ㄍㄠ ㄆㄛˋ ㄕㄨㄟˋ　操，拿，拔篲，掃帚。

單豹ㄕㄢˋ ㄅㄠˋ　姓單ㄕㄢˋ名豹ㄅㄠˋ。

縣ㄒㄩㄢˊ　懸掛也。薄ㄅㄛˊ　薄簾。

柴ㄔㄞˊ　指練氣如添柴薪。立中，即守中。

祝宗人玄端，以臨牢筴。說彘曰：女奚惡死？吾將三月㹖女，十日戒三日齊，藉白茅加女肩尻乎？雕俎之上，則女爲之乎！爲彘謀曰：不如食以糠糟，而錯之牢筴之中，自爲謀則苟生有軒冕之尊，死得於腞楯之上，聚僂之中，則爲之，爲彘謀則去之。自爲謀則取之，所異彘者何也。

【譯】祭司穿著法衣，走到圈柵去看飼養的豬隻。並對大肥豬說：你不必怕死！我在這三個月內，會用上好的飼料餵你。在臨祭祀之前十日會舉行齋戒，香湯沐浴，吃齋三天，用白茅草從背脊舖蓋到尾巴：把你放在案板之上，抬入廟堂祭典。這都是對你的優待與尊重。

如果真的是爲豬兒設想，不如吃點糟糠普通飼料。更不必關在豬圈中，讓它廠放自由自在，不是更好嗎？

爲自己謀畫，未免有嫌苟且的說法：大家都希望生前能戴高帽、坐大車，顯示身份的尊貴。死了之後，衣裳棺槨都得唐皇華麗，才覺得尊榮。對一隻祭禮犧牲和與自己設想又有什麼分別。所謂養生，是修德建業，不是養豬，更不是培養虛榮心。若能知道這一點，才知養生之道。

【註】祝宗人、祭司。

玄端　祭司所穿的法衣，戴的法帽。

彘ㄕˇ　同豕。

牢筴ㄌㄠˊ ㄔㄧㄝˋ　豬圈。柵欄圈養。

豢擾ㄏㄨㄢˋ　食穀的家畜。

彫俎ㄉㄧㄠ ㄗㄨˇ　彫刻精美的木架，放置犧牲的木架或木板。

糠糟ㄎㄤ ㄗㄠ　糠指米糠。糟，指糟粕，作酒剩下的酒糟。二者皆為傳統飼料。

腞楯ㄓㄨㄢˋ ㄙㄨㄣˇ　靈車（柩車）上彩畫的龍鳳畫飾。

僂ㄌㄡˊ　通蔞，棺木上的彩繪。

桓公田於澤，管仲御，見鬼焉？公撫管仲之手，曰：仲父何見？對曰：臣無所見！公反誒詒爲病。數日不出。齊士有皇子告敖者，曰：公則自傷。鬼惡能傷公？夫忿滀之氣，散而不反，則爲不足；上而不下，則使人善怒。下而不上，則使人善忘。不上不下，中身當心則爲病。桓公曰：然則有鬼乎！曰有，沈有履，竈有髻，戶內之煩壤，雷霆處之，東北方之下者。倍阿鮭蠪躍之。西北方之下者。則泆陽處之，水有罔象，丘有峷，山有夔，野有方皇，澤有委蛇。公曰：請問委蛇之狀何如？皇子曰：委蛇其大如轂，其長如轅，紫衣而朱冠其物也。惡聞雷車之聲，則捧其首而立。見之者殆乎霸。桓公辴然而笑曰：此寡人之所見者也。於是正衣冠，與之坐，不終日，而不知病之去也。

【譯】齊桓公去藻澤深處田獵；由管仲駕車，碰到鬼！桓公的手放在管仲的手上，對管子說：仲父，你有沒有看見什麼？管仲說：我沒見什麼呀！回到官邸後，桓公悶悶不樂，生起病來

了！有幾天都沒有出來！

　　齊國有位賢士，姓皇名告敖，他說：桓公是自己傷害到自己，不是受到鬼的傷害？是因為不慎岔了氣！沒有調元，因陰陽氣不和，上不上，下不下，就會使人容易發怒，如果是下氣不接上氣，就容易健忘。既不上也不下，梗在中間，則心氣不通，就會生病。

　　桓公說：依你這麼一說：是病的起因。這是當然的說法！我想問你，到底有沒有鬼。

　　告敖說：當然有呀！譬如說：沈履淤水處有漏神，灶下有髻鬼。

　　身穿紅衣如美女。屋內有不乾淨的地方，有穢鬼。被雷公打死人的地方也有陰鬼。東北方有倍阿、鮭蠪等鬼魅活躍，西北方陽氣不足的地方，水中常有魍魎發生，崗陵險峻之處，常有惡鬼，荒山野蓁有夔怪，野外有鬼打墻，藻澤深處有委蛇！

　　桓公說：請問委蛇像什麼樣貌？

　　告敖說：委蛇大如車轂，長如車轅，身穿紫衣紅帽，這個怪物，最怕雷聲車聲，它亦聽到車聲，就捧著腦袋站在路中。看見他的人，將來會稱霸。

　　桓公哈哈大笑！這就是我所看到的那個怪物！於是整理一下衣冠與皇子相座，沒有一天的功夫。不知不覺中，病完全消失了！

　　【註】田於澤，指去濕地田獵，狩獵。

　　倍阿ㄅㄟˋㄚ　司馬云，倍阿神名。

　　鮭蠪ㄍㄨㄟㄌㄨㄥˊ ㄌㄨㄥˊ　本亦作蛙，司馬云鮭蠪，狀如小兒，長尺四寸黑衣，赤幘，大冠帶，劍持戟。

　　髻ㄐㄧㄝˋ　灶髻，司馬云，灶神，著赤衣，狀若美女。

　　罔象ㄨㄤˋ ㄒㄧㄤˋ　司馬本作無傷，云狀如小兒，赤黑色，赤爪、大耳、長臂，一云水神。

泆陽ㄧ　ㄧㄤˊ　司馬云豹頭馬尾，一作狗頭，一云神名。

峷ㄒㄧㄣˊ　司馬云：狀如狗，有角，文身，五彩。

夔ㄎㄨㄟˊ　石木之怪，像龍一足，司馬云：如鼓而一足。

方皇　本亦作徨，司馬云：方皇，狀如蛇，兩頭，五采文。一般稱倒路鬼，又名鬼打牆，若碰見，整晚都在那兒繞圈，若有人路過驚醒，則回復神智。這是民間常有的事。

委蛇　司馬云：委蛇之朱冠，應為俞冠，云俞冠即俞國的制式帽子，似螺。

覝ㄔㄣˋ　笑貌，李云大笑貌。

【解】人的精神恍忽，疑神疑鬼，岔氣，陰陽氣不和，真的會生病，陰勝陽衰，為女鬼，陽勝陰衰為厲鬼。明乎此，點穴調氣立愈，若有高明能調元氣和最佳。讀此文，桓公是真病、疑心病，莫衷一是，告敖說完委蛇模樣，桓公哈哈一笑，不一日，病愈不知。

關鍵處即在哈哈大笑。這一笑即如點穴，打通了穴道，故不藥而愈！若小笑，微笑，就沒有效果。大笑則力道已達點穴功夫。故能痊愈。這是臨床經驗，非虛言妄語。

紀渻子為王養鬥雞。十日，而問雞已乎！曰未也。方虛憍而恃氣。十日又問：曰未也。猶應嚮景。十日又問：曰未也。猶疾視而盛氣。十日又問：曰幾也。雞雖有鳴者，已無變矣！望之似木雞矣！其德全矣！異雞無敢應者。反走矣。

【譯】紀渻子幫國王養鬥雞，十天以後，問他，現在可以出場了嗎？渻子說：不行，現在牠還有虛憍之氣。不能作戰。再過

十天，問說：現在如何？回答說：還不行，還看不出牠的影響力
在那兒。過了十天再問，還是不行。牠眼睛疾視，盛氣臨人，尚
不穩健；又過了十天。再問他：現在總可以下場了罷，回答說：
差不多了！雖然雞有時還會叫！但是已經沒啥變動，看去好像是
一隻木雞。牠已經有全德的寧靜，穩若泰山，其他的雞是應付不
了的。

【註】虛憍ㄒㄩ　ㄐㄧㄠ憍　指氣是虛勢，司馬云高仰頭也。是
傲氣，不堪一擊。

嚮景ㄒㄧㄤˋ　ㄧㄥˇ　即影響。

疾視ㄐㄧˊ　ㄕˇ　屬眼相視，帶怒氣。

盛氣ㄕㄥˋ　ㄑㄧˋ　驕傲之氣。

木雞，呆滯貌，無心，不驕，不餒，寧靜自然，故能德全。
即能全神貫注，其氣未發若無一發其勢無人能擋。

孔子觀於呂梁，縣水三十仞。流沫四十里，黿鼉魚鱉
之所不能游也。見一丈夫游之，以爲有苦而欲死也。使弟
之並流而拯之。數百步而出。被髮行歌而游於塘下。孔子
從而問焉！曰：吾以子爲鬼？察子則人也。請問蹈水有道
乎？曰：亡，吾無道，吾始乎故，長乎性、成乎命。與齊
俱入，與汨偕出。從水之道而不爲私焉！此吾所以蹈之
也。孔子曰，何謂始乎故？長乎性，成乎命？曰吾生於
陵，而安於陵，故也！長於水，而安於水，性也。不知吾
所以然而然，命也。

【譯】孔子到呂梁，站在高處觀看，大概有兩三百尺的懸崖
上。水流湍急，泡沫隨流四十里！黿鼉，魚鱉都無法游過如此惡

水。看到一個壯年人蹤身往水中一跳，以爲他有什麼痛苦，想不開，投水自殺？孔子很急，趕快叫弟子們順著水流去拯救他，害怕他溺死？沒想到，他入水中數百步之遙，從水中冒出，游到灘岸，披髮高歌，怡然自得，十分快樂的樣子。孔子的侍從弟子問他！我以爲你是鬼矣！詳細一看，原來你也是人！孔子說：請問你跳水有沒有道門？答曰：沒有，我沒啥道門！我就是這樣子嗎？長在這地方，就知水性，能有此技能，那也是命矣！隨著水流下去，與水經流注的地方同時出來，這就是與水流經共進退，不能有其他的私念，否則會出事！這就是我懂得跳水的一點竅門吧！孔子再問：怎麼叫始乎故？長乎性，成乎命？回答說：譬如生在山坡上的人，你就得安生立命於此，時日一久，你便懂得如何山居，這就是長乎性。即是故有的環境形成！像我這生長在水邊的人，不知不覺中，自然就懂得水性，無形中知其然，不知其所以然，這叫命。

【註】呂梁，是地名。此處指站在高高的石梁子上。

懸水ㄒㄩㄢˊ　是指離水面的懸崖。

仞ㄖㄣˋ　八尺為一仞。

流沫ㄌㄡˊ ㄇㄛ　水流上的泡沫。

黿鼉ㄩㄢˊ ㄊㄨㄛˊ　像鱉似龜。鼉長二丈餘，背尾有鱗甲，像鱷魚，產我國江湖中。今尚存者唯安徽揚子鱷近似。

被髮ㄆㄨㄟ　髮，即披髮。

齊ㄑㄧˊ通臍，即水流漩渦。

汩ㄍㄨˇ　渦流涌出處謂汩ㄍㄨˇ

臍汩，是渦流起始涌出水經，我蹈水的竅門。若不能掌握水經流程必溺。能者順流而出。此即水性。

山性、水性，能生於斯、長於斯，其性一也。性命相繫，物

我兩忘。命也！隨自然而化。勿爭！

　　梓慶削木爲鐻；鐻成，見者驚猶鬼神。魯侯見而問焉。曰：子何術以爲焉？對曰：臣工人何述之有，雖然有一焉！臣將爲鐻，未嘗敢以耗氣也。必齊以靜，心齊三日，而不敢懷慶賞爵祿。齊五日而不敢懷非譽巧拙。齊七日輒然忘吾有四肢形體也。當是時也。無公朝，其巧專而外滑消。然後入山林，觀天性，形軀至矣，然後成。見鐻，然後加手焉。不然則已，則以天合天。器之所以疑神者其是與（ㄩ）。

　　【譯】有一個巧匠，名阿慶，他是製作廟堂，鐘鼓架的高手。凡是他製作的東西，精妙絕倫，大家看了，驚如鬼神。真是梓工傑作。

　　魯國的諸侯召見他。問他：他有什麼巧妙的技術，可以作到如此精美。

　　阿慶說：臣下只是一個工人，那能有什麼高明的技術可言？雖然如此！但是還有一點點可以說一說：我在作鐻時，不敢耗損元氣。必定事先求安靜。必齋三日，不敢懷有獎賞，爵祿的心。齋戒五天，不敢想他人的毀譽與批評巧拙。齋戒七日後，惝然忘我，連四肢形骸都忘得一乾二淨。在這個時候！公家朝堂也不知道了！所有外物雜事，一概全忘。然後才進入山林去尋找，先看看木材的本質如何？再看看牠天生的形象合不合用。如果合乎我心意的材料，事情就成了！因爲牠已經具備了鐻的天然形狀，拿回去，我只須手工琢磨，假以時日就完成了！否則不如放棄，另選適當材料。我的作法就是天合天。即是說，巧妙天成，技奪天

工，配合得天衣無縫。那巧妙之處就出來了！器物的精神超絕。

【註】梓ㄗˇ 梓是指梓人，即木匠師。

慶ㄑㄧㄥˋ 名字，故俗稱阿慶。

鐻ㄐㄩˋ 司馬云樂器也？似夾鍾。鐘鼓之栒，即懸掛鐘鼓的架子。按鐻同簴。

慶賞爵祿 —— 功名利祿。

忘吾，即忘我。形體，忘形。

輒ㄓㄜˊ 不動貌，惝忘貌。

公朝ㄍㄨㄥ ㄔㄠˊ 公朝，公家朝堂，廟堂。

疑神ㄧˊ ㄕㄣˊ 神似，亦云專注。此文指，疑為神妙。

誠則靈，精誠專注：用心巧思。意氣天然，神思妙用，巧奪天工。

東野稷以御見莊公，進退中繩，左右旋中規。莊公以為文弗過也。使之鉤百而反。顏闔遇之。入見曰：稷之馬將敗？公密而不應，少焉，果敗而反。公曰，子何以知之？曰其馬力竭矣！而猶求焉，故曰敗。

【譯】東野稷御馬的技術很好，有一天表演給魯莊公看。無論是馬的前進後退都能合乎要求，右左旋迴亦能中規中矩。但是莊公看了之後，認為有點矯作、文過飾非之嫌，尤其是馬身百轉方回到原地。適巧被顏闔看到。進去對莊公說：阿稷之馬將失敗！莊公默不則聲，不多時，東野失敗回來。莊公說：你怎麼知道他會敗。

顏闔說：他如此御馬，馬力已經用盡了，還在磨蹭；再好的馬，也經不起他的折磨、不敗，往那裡走。

【註】東野姓，稷名。

中繩ㄓㄨㄥˋ　ㄕㄥˊ　指如繩墨規畫過。

中規ㄓㄨㄥˋ　ㄍㄨㄟ　如圓規畫的。

文過ㄨㄣˊ　ㄍㄜˋ　指大過講求準則，故文過飾非。

鈞百ㄍㄡ　ㄅㄞˇ　指馬轉身如鈞狀。

顏闔ㄧㄢˊ　ㄏㄜˊ　顏姓闔名。

　　工倕旋而蓋規矩。指與物化。而不以心稽。故其靈臺一而不桎。忘足履之適也。忘要（腰）帶之適也。知忘是非，心之適也。不內變，不外從事，會之適也。始乎適，而未嘗不適者。忘適之適也。

　　【譯】工倕是古代的巧匠，手一轉，畫個圈比圓規畫的還圓，墨籤一畫，比工尺還要方。這個說法，是指此人與物成為體，想方就能方，說圓就是圓。他的靈感身心如一，不受任何阻礙。忘了穿鞋，足同樣舒適，沒有紮腰帶也如束了腰帶那麼安逸。知道忘記是非，才是心裡最舒服的事。內心安穩不變，外務無法干擾，就能心平氣和，所謂無事一身輕。什麼事都沒有罣記，當然是輕鬆愉快的了！這是坐忘的功夫。能有此能耐的人，真是快樂似仙神。

　　【註】工倕ㄔㄨㄟˊ　按司馬本，工倕是堯時巧匠。

　　稽ㄐㄧ　稽核，校正。　不稽，不必校核。

　　靈臺　是督脈主要穴道之一，在脊椎第六節。上通神道，與玄武相連。這是人的靈感，神通，關鍵的大穴。

　　工倕巧匠，技精術妙，不但是熟能生巧，更是業精於勤。心無旁騖！有工德而通妙道的至人。

　　靜坐功夫，強調的僅此一字「忘」。能忘即無　無則空，空則靈。玄玄出焉！妙道生焉。

　　有孫休者，踵門而詫子扁慶子曰：休居鄉不見謂不修？臨難不見謂不勇。然而田原不遇歲，事君不遇世。賓於鄉里，逐於州部，則胡罪乎！天哉？休惡遇此命也。

　　扁子曰：子獨不聞夫至人之自行邪！忘其肝膽，遺其耳目。芒然彷徨乎塵垢之外，逍遙乎無事之業；是謂爲而不恃，長而不宰。今女飾知以驚愚。修身以明汙。昭昭乎若揭，日月而行也。女得全而形軀，具而九竅，無中道夭於聾盲跛蹇。而比於人數，亦幸矣！又何暇乎天之怨哉。子往矣！孫子出。扁子入，坐有間，仰天而歎！弟子問曰：先生何爲歎乎！扁子曰：向者休來。吾告之以至人之德，吾恐其驚而遂至於惑也。

　　弟子曰：不然，孫子之所言是邪！先生之言非邪。非固不能惑是。孫子所言非邪；先生所言是邪！彼固惑而來矣！又奚罪焉？

　　扁子曰：不然；昔者有鳥止於魯郊。魯君說之；爲具太牢以饗之。奏九韶以樂之。鳥乃始憂悲眩視。不敢飲食。此之謂以己養養鳥也。若夫以鳥養養鳥者。宜棲之深林。浮之江湖。食之以委蛇。則平陸而已矣！今休款啓寡聞之民也。吾告以至人之德。譬之若載鼷以車馬？樂鴳以鐘鼓也。彼又惡能無驚乎哉！（魯君飼鳥以太牢，九韶之樂，已在至樂第五章，顏淵東之齊被孔子引用過。於此篇作結論，是否得當，還是後人畫蛇添足？）

【譯】有孫休這位先生。到扁慶家去登門責備說：我孫某人是久居鄉間，不能說我沒有修身。臨到急難的事，也不能說我不夠勇敢。可是在鄉下耕種卻逢天災水旱，想求個公職，也沒有機會。被鄉下人擯棄，奔波在州府鄉村的道路上。我有什麼過錯？天呀！孫休運道不濟，真是苦命！

孫休發完牢騷。扁子說：你沒有聽過賢人的行為吧！他們是不求富貴，忘記肝膽，遺棄耳目的人（老子道德經墜肢體，黜聰明。）茫然超脫塵世，遊乎方外，逍遙自在的過活，即是道德經所講的「恃而不待，長而不宰。」今天你對我所說的話，真的有些詫異？還是我太笨？你說你有修身！但你應知道，修身是省身知過。昭昭若揭的光明正大的事，是日月可鑑的行為。今天你四肢健全、身體健康，九竅通達，聰明有佳。沒有在成長遭到任何不幸的事件，譬如早夭、聾啞、瞎眼、跛腳、畸形。在眾多的人群中，已經是很幸運的了，今天還有啥功夫來怨天尤人；請你回去吧！孫休走了以後。扁子回到室內，坐了一會，仰天歎了一大口氣！

弟子問先生：為什麼歎氣？

扁慶說：剛纔孫休來；我告訴他至人的德行修養；我恐怕他驚異感到疑惑？

弟子說：不會吧！孫休所說的也是事實；先生說的話可能不對？如果是這樣！就不會困擾他。孫休說的話錯了，老師說的話是對的；孫休固然起了疑惑之心，他就不會再來了！先生有什麼自責的呢？

扁慶說：不然！曾經有一隻怪鳥，停留在魯國的郊外，魯王很高興，以為是瑞鳥，準備了太牢餵養牠，還演奏九韶樂章來歡迎牠。此鳥卻感到憂傷，頭目昏眩，不敢飲食。這就是以供養自

己的方法去飼養鳥！如果改用養鳥的方法去養鳥，把牠放回山林，生活在河海水域！讓牠自選飲食，以平常心去處理此事，則不會三日後鳥死的悲劇。今天孫休只是一個孤漏寡聞的小老百姓，我給他講了一篇聖賢的大道理，不是對牛彈琴，就是載鼠過河！還是以鐘鼓大樂娛於小鵪鶉。他怎麼不會驚訝呢？

【註】孫休　人名

子扁慶子　子扁　是稱姓即張先生、李先生。此即扁先生。慶是名，以慶子稱之，即阿慶先生，較為親切。

踵ㄓㄨㄥˇ門　即登門。

詫ㄔㄚˋ　驚異，怪異，責怪。

賓ㄅ一ㄣ通擯，即拼棄也。

惡遇ㄨ ㄩˋ　歹命，運氣不好。

九竅　眼耳口鼻，幽門，下陰。眼耳鼻各二孔。

跛ㄅㄛˇ　即跛子。

蹇ㄐ一ㄢˇ　同跛，即不良於行。蹇，姓。卦名，山上有水蹇，象難也。蹇，春秋秦大夫，蹇叔之後。

委蛇ㄨㄟˇ ㄕㄜˊ　李云大鳥吞蛇，司馬云委蛇泥鰍。釋文二家之言皆不明確。若以大鳥吞蛇小鳥抓泥鰍，在食時鳥與捕獲物未吞入肚內前從水中到喙中掙軋，拖延時間貌形容為委蛇較恰當。可釋為捕食貌。

鼷ㄒ一　小老鼠，體長二寸許，全身灰黑色。

鶉ㄔㄨㄣˊ　像小雞，羽上有斑點。現通稱鵪（鶴）鶉。鳥蛋如指大有麻斑。

【錄評】精氣神三寶，闡發無遺，是參同悟其之嚆矢也，長生久視。道盡於此矣！

【解】達生在於性命雙修，以棄世忘形。以精養氣化氣為

神。即練精氣神初階。

關尹之語：養純陽之氣，以合德通物的造化。鎮定守全，去智黜聰明。

仲尼見痀僂承蜩之說：乃用志不分，疑神貫一，這是道家入行，三大法門之一。

顏淵津人操舟之說：在養性修命。神形合道，無心無物。

田開之與周威公言，是繼性命雙修，內外俱備，無內無外無大無小，抱一守元，看開世事，捨棄一切。

桓公田澤見鬼，驚心岔氣，諜詒成病。修練過程中如不鎮定，意念油生，常現妖魔鬼怪，開朗一笑置之，天下泰平。鬼神皆避。

紀渻為王養雞，在養氣靜心，無物無尤，萬事萬物置若泰然。勇者不懼。

孔子觀於呂梁。在於始乎故，（懂得天賦）長乎性（本性與自然環境的淘冶成為真性）成乎命（成功是要有天命的）（有了本事 —— 聰明才知能力技術 —— 還得要有機會，被人賞識，成事在人。命運由天。）知其然，不知其所以然，糊塗一點，免煩惱。

梓慶削木之言，在於誠敬，天德合，人神無二的心法。

東野以御見莊公，言文過飾非，巧拙立現。損益適度，過則必敗。

工倕巧技，神乎其神，熟能生巧，精則玄妙。在於忘心，靈機無礙，盡在全忘，歸元守一。

扁慶子之言，敗其事，應以道範，勸善，再言修身，進德較當，更不應重引魯王太牢供鳥之說，是為本文一大敗筆。

山木　第二十

　　莊子行於山中，見大木枝葉盛茂。伐木者止其旁而不取也。問其故，曰無所可用。莊子曰，此木以不材得終其天年。夫子出於山，舍於故人之家。故人喜，命豎子殺雁而烹之。豎子請曰，其一能鳴？其一不能鳴？請奚殺？主人曰：殺其不能鳴者。明日弟子問於莊子曰：昨日山中之木，以不材得終其天年。今主人之雁以不材死，先生將何處。莊子笑曰；周將處夫材與不材之間。材與不材之間，似之而非也。故未免乎累。

　　【譯】莊子從深山經過，看見一株大樹，枝葉長得十分茂盛，破伐木頭的工人站在樹旁，沒有採伐的意向。便問他，你為什麼不取用此樹？回答說：沒有用處。

　　莊子說：此樹不能作材料，可以得到天命，終老山中。莊夫子出了山林，投宿到朋友家裡，朋友一高興，叫小童去殺雁招待他。童子請問主人，兩隻雁，有一隻會叫，一隻不會叫，要殺那一隻。主人說：殺那隻不能叫的。

　　第二天學生問莊子。昨天老師在山中說：不材之木可以終老天年。今天主人的雁因不會叫則被殺。老師有什麼看法？莊子笑說：我的處置方法，是在材與不材之間取捨；這話怎麼說呢？看起來好像相似，但實際並不是如此。未免仍有一些牽累。

　　若夫乘道德而浮游則不然，無譽無訾，一龍一蛇，與時俱化。而無肯專我，一上一下，以和為量。浮游乎萬物

之祖，物物而不物於物，則胡得而累邪？此神農黃帝之法則也。

　　若夫萬物之情，人倫之傳，則不然，合則離，成則毀。廉則挫，尊則議，有為則虧，賢則謀，不肖則欺。胡可得而必乎哉。悲夫！弟子志之，其唯道德之鄉乎！

　　【譯】如果說：我們要沒有牽罣，不受塵俗的勞累；唯一辦法，是與道德浮游於天地之間，就不會受到世俗觀念的拖累。因為你已看開名利。與人無爭！就沒有毀譽的存在。如龍蛇身法，能屈能伸，放捨士大夫的想法！與時代潮流冶化，無我無欲，無論是潮漲，潮退，都以和衷共濟，同流而不合汙。再進一步，提升人格的精神面。把思想改觀成萬物一體，天下唯一的想法。把生命的起源，推昇到陰陽未動之初，萬物同源，完全靜止狀態，無為無態，無生，無成，無物無無的玄瞑中。在如此的景況中那會有勞累纏身呢？這就是神農黃帝的辦法。

　　如果我們還是墜入萬物有情的世俗之中，受人倫傳統的約束，情事就不是這樣了！有正就有反。所以說合則離，有成就有毀，廉潔反面就是挫敗，因你擋人財路，他便想辦法整你。得到尊榮，在他人妒忌心中，就產生非議。你有了作為，就會有人虧損你攻擊你。你表現得賢能，也會有人謀害你。不肖之徒也會欺騙你。由此看來：人生得失都是是非之門，何不如跳出三界外，不與鬼為鄰！可悲呀！同學們的志趣，應該走道德的精神大道。遠離塵俗的功名富貴榮華的牽絆，才是人生清明的標竿。生活在自由自在的天地間才是真快樂。

　　【註】舍ㄕㄜˋ　客寓。

　　豎子ㄕㄨˋ ㄗˇ　僮僕，小童。

處ㄔㄨˇ　處置、處理。

亨ㄏㄣ　應為。烹，煮也，按釋文。

將何ㄐㄧㄤ　即如何也。未來式。

乘ㄕㄣˊ　當以解，若是以道德。

浮游ㄈㄨˊ ㄧㄡˊ　漫游，不受拘束。

無譽ㄩˊ沒有贊譽，榮譽。

無訾ㄗˇ　說人的壞話，挑人毛病，即訾議之詞。

道德之鄉，即道德中去追求快樂。

物物而不物於物。物的因子在沒有變化成物種細包之前，還沒有為物的成因。即是說能通鬼神，造化。通陰陽之數，造天地之妙。這是以太狀態的無限空間，那有為人的牽累？

市南宜僚見魯侯，魯侯有憂色。市南子曰：君有憂色！何也？魯侯曰：吾學先王之道，修先君之業；吾敬鬼尊賢，親而行之，無須臾離居，然不免於患！吾是以憂。市南子曰：君之除患之術淺矣。夫豐狐文豹棲於山林。伏於巖穴，靜也，夜行晝居，戒也。雖饑渴隱約；猶且胥疏於江湖之上。而求食焉！定也。然且不免於罔羅機辟之患。是何罪之有哉。其皮爲之災也。今魯國獨非君之皮邪。吾願君刳形去皮，洒心去欲，而遊於無人之野。南越有邑焉。名爲建德之國。其民愚而樸。少私而寡欲。知作而不知藏。與而不求其報。不知義之所適，不知禮之所將。猖狂妄行。乃蹈乎大方。其生可樂。其死可葬。吾願君去國捐俗。與道相輔而行，君曰，彼其道遠而險。又有江山。我無舟車奈何？

市南子曰：君無形倨，無留居，以爲君車。君曰：彼

其道幽遠而無人，吾誰與爲鄰。吾無糧，我無食。安得而
至焉！

市南子曰：少君之費，寡君之欲。雖無糧乃足。君其
涉於江，而浮於海，望之而不見其崖，愈往而不知所窮。
送君者，皆自崖而反。君自此遠矣。故有人者累，見有於
人者憂。故堯非有人，非見有於人也。

吾願去君之累，除君之憂。而獨與道游於大莫之國。
方舟而濟於河。有虛船來觸舟。雖有惼心之人，不怒，有
一人在其上，則呼張歙之。一呼而不聞，再呼而不聞。於
是三呼邪？則必以惡聲隨之。向也不怒，而今也怒，向也
虛，而今實。人能虛己以遊世，其孰能害之。

【譯】宜僚有一天去拜見魯侯！魯侯滿臉愁容。

市南子說：國君面有憂色，你在耽心什麼？

魯侯說：我學先王的治道，又勤修先祖的事業。我十分敬仲
鬼神。尊敬賢腎。凡是躬親。沒有半點疏漏之心，處處兢兢業
業。然而不免發生禍亂，所以我很憂心。

市南子曰：國君對避禍的方法還不夠？譬如狐狸豹子都是棲
息在山中的動物。躲藏在山洞中。靜悄悄的不動，白天蟄伏，夜
間出來捕食。算是頗有戒心的吧！在覺得餓渴的時候！就疏忽了
外面的危險！小心異異的出來獵食。然而躲不過罔羅機弩陷阱的
捕殺。牠們犯了什麼罪過，被人謀殺！說穿了！不爲別的，只是
牠們身上長了一張美麗的皮毛。帶來了災禍。以今天的形勢來
說：魯國就是這張皮草。我希望國君把這張皮拿掉，洗心去欲。
生活在沒有人的曠野之中，就沒有煩惱，沒有顧忌憂心的事了！

我知道南方越人居住的地方，有一個叫建德之國的鄉邑！那

兒的老百姓誠樸單純，沒有私心，欲念不多。只知耕作，不懂庋藏，施捨他人，不求圖報。不知義行為何物。亦不懂禮教是何用？狂放恣意，行事大方，隨心所欲。生活過得非常快樂。死後也安得其所，我希望國君能夠，放下國事，捐棄陳俗，與道相輔相乘。

國君說：到那邊去，路途遙遠險阻太多，還要拔山涉水，我又沒有車船代步！奈何不得？

市南子說：國君只要有心，沒有倨傲陳見，放棄過去的享樂，那就是你的車輛。即能遠行！

魯侯說：那地方幽遠無人，我與誰作鄰居，我沒糧食那有飯吃！怎麼可以到那兒去呢？

市南子說：你只要少消費，清心寡欲，雖然沒有糧食，但仍可足夠你生活的。譬如你渡江跨海，望不到涯崖，愈走愈遠，送你的人，在岸邊就回頭走了！你離他們就更遠了！所以說有人者累。看到有人也會憂煩。過去堯帝的治道就是這樣。所謂有天下而不與，忘帝力何有。我願意消除你的勞累，解決憂心苦悶。唯獨與大道相游相沫。蕩漾於大漠之國。自然有慈航可渡。有虛舟接應。但是要注意的是，不可心急，不能忿怒。假如有一人在撼動你時，你不理他，二人再動搖你心，仍可不聞不問。可是三人合力嘶喊！你可能會動搖，隨惡聲發怒，過去你隱忍過了！今天再也無法忍下去！怒從中來，功虧一簣。如果你能衝破此難關。能達到虛極寧靜的無極空間，世上沒有任何事可傷害到你。

【註】市南宜僚。按釋文，司馬云：熊宜僚也。居市南因為號也。李云姓熊名宜僚。案左傳云：市南有熊宜僚，楚人也。

無須臾離ㄩˊ　須ㄒㄩ臾，一會兒，很快時間。此文指沒有間斷過時間，時時都放在心上。

居然：即竟然。此句有句讀之議。無須臾離居，無須臾，崔本無離字。並與上字（臾連讀，而成無須臾居。若以正讀，應為「無須臾離」。「居然」為助動詞。）

豐狐，指肥美的狐狸。

文豹　豹子的花紋漂亮。

胥疏ㄒㄩ ㄕㄨ　司馬云「胥疏也。按朱駿聲說文，須疏胥古今字。」陳注：則以胥相也。疏遠也。如以文義解，胥疏應指忘記，猶且，即猶如，忘記了江湖險惡，較當。

罔羅　捕鳥獸器，機辟，即弩。專捕大形動物的暗器。

剶ㄎㄨ　剖皮，剖開。

北宮奢，為衛靈公賦歛以為鐘。為壇乎郭門之外。三月而成，上下之縣。王子慶忌見而問焉。曰：子何術之設？奢曰：一之間無敢設也。奢聞之，既雕既琢。復歸於朴。侗乎其無識。儻乎其怠疑。萃乎芒乎！其送往迎來。來者勿禁，往者勿止。從其疆梁，隨其曲傅，因其自窮。故朝夕賦歛而毫毛不挫。而況有大塗者乎！

【譯】衛夫人奢，徵稅造鐘，在城門外建一座壇場懸掛編鐘。三個月完成。鐘架是兩層，上下都掛著不同大小的鐘。周大夫慶忌看見了，詢問此事：你為什麼要建設此神壇？奢說：一時之間是無法建起來的。我聽說：設壇祭祀，是十分莊重的事，必須精雕細琢，金璧輝煌；甚致由祝司主持，繁文縟節一大堆，倒不如簡單從事，免了這些功夫。用不著意見太多，更不必趕工勞累，勞動許多人力。我如此簡單造就，三月完成。同樣對迎來送往的賓客沒有妨礙。並不是強求曲傅的作法；況且一時的徵收，

只是毫毛錙銖。不會影響到國家正常的賦稅。

【註】北宮是指衛人住所，故以此為號，奢是她的名。

賦斂ㄈㄨˋ ㄌㄧㄢˇ　征稅　賦即稅賦，斂是征收。

鐘ㄓㄨㄥ　是古樂器，小大長短，音色不同。此指上下兩組，一組是三、六、九、十二分。兩組普通採上三下五。所謂古制八音。

侗乎ㄊㄨㄥˊ　無知貌。

王子慶忌。李云王族也。慶忌周大夫。

強梁ㄑㄧㄤˊ ㄌㄧㄤˊ　彊通強；強梁、梗頑、惡人，後引為土匪惡霸。

曲傅ㄑㄩ ㄈㄨˋ　司馬云曲附。柔順。曲從。順從。

挫ㄓㄜˋ　挫措，挫敗，損傷。

孔子圍於陳蔡之間，七日不火食。太公任往弔之。曰子幾死乎？曰然。子惡死乎？曰然。任曰：子嘗言不死之道。東海有鳥焉！其名曰意怠，其為鳥也。翂翂翐翐。而似無能。引援而飛。迫脅而棲。進不敢為前。退不敢為後。食不敢先嘗，必取其緒。是故其行列不斥。而外人卒不得害，是以免於患。直木先伐，甘井先竭。子其意者。飾知以驚愚，修身以明汙。昭昭乎若揭，日月而行，故不免也。

昔吾聞之大成之人曰。自伐者無功。功成者墮。名成者虧。孰能去功與名。而還與眾人。道流而不明居。德行而不名處。純純常常。乃此於狂。削迹捐勢。不為功名，是故無責於人。人亦無責焉。至人不聞，子何喜哉。

孔子曰：善哉！辭其交遊，去其弟子。逃於大澤，衣

裘褐，食杼栗。入獸不亂群。入鳥不亂行。鳥獸不惡，而
況人乎！

【譯】孔子被圍困在陳蔡兩國交界處。七天沒有開火，幾乎
餓死。任太公去慰問他。說：你幾乎被餓死。

孔子說：是呀！

對曰：先生怕死嗎？

孔子說：那當然。

任公說：你不是時常講不死的道理嗎？東海有一種鳥牠叫鷾
鴯（是海燕中的一屬，體小、不善飛、遲緩。）看來笨笨的，好
像不會飛。大家一塊舞動翅膀才會飛。全體停下來，一塊兒棲
息。不能單獨前進或者後退。捕食也不能爭先恐後，必須按次秩
魚貫而來。由於牠井井有緒，牠的行列不容破壞，所以外力很難
傷害到牠，避免受到侵害。

端直好的木材容易被人砍伐。甘泉好井容易涸竭。

先生的意向，粉飾知識，驚動愚賢。修身省過明心盡性；打
著招牌高喊口號。大搖大擺列國之行。難犯忌，才會遭到困窮之
禍。

吾曾經聽說過，凡是能成大器的人，自己找自己麻煩，是不
會成功的。大功告成，聲望便消失了。成名了！慢慢便虛虛走
弱。如果一個人能放棄功名利祿。回到社會大眾行列中。與大道
流通不必凸出。有了德行不必居名守位，應尋尋常常的過日子。
以狂狷棄智，隱迹江湖。不為功名爭逐，這樣就不會有人責難
你。你更不可責備他人。至尊至上的賢聖，是不會以聞名天下為
務。你說是嗎？喜不喜歡。

孔子說：太好了！辭去各國交遊，遣散徒眾。避居在大澤山

林之中。穿獸皮麻布。食山蔬野菓，喝甘泉露飲。走入獸群，虎豹不侵，與鳥爲伍，飛禽自性。不受干擾亂行。如此一來，鳥獸都不會排斥，何況是人啊！

【註】孔子困於陳「蔡」絕糧。孔子遊於匡，宋人圍之數匝。三日絕糧，七日不火食。按論語：衛靈公，在陳絕糧，從者病，莫能興，子路慍見曰：君子亦有窮乎。其實同是一回事。莊子以一事二論手法不同。被宋人圍，雖斷糧，但是並不慌亂，仍弦歌不輟，子弟病倒，子路質問，靜以待變，最後以被誤認爲陽虎，道歉收場，接近演義事實。

把困於陳蔡之間，以任太公勸道，棄功名入大澤，遊於道，遁於群結，效果方法不同。但二則合一論，則顯出莊子的高明處。由傳統的靜定安慮得。轉而聽道釋名棄功，與物和光同塵，超然於外。

意怠ㄧˊ ㄉㄞˋ　鳥名曰燕，以其描述是鳥性行。以筆者旅遊海外，在澳洲，黃金海岸所見的小企鵝的生活習慣很接近。是余所見鳥類最有組織，如軍隊編組、有前哨、有斥俟。七八成伍十四五成隊，小隊大隊有秩成群，早出海覓食，晚歸巢棲息。均由探哨警戒，悉知安全後出海。歸時灘岸哨所監視，連絡信息鳥兒知會岸邊水際，確認安全，如行軍狀，出入。歸巢後，雌雄一對對並宿岸邊巢穴，各安其室。企鵝雖名爲鳥，有翅無羽，不會飛，但有安全組織。不受外敵侵犯。

翂翂翐翐ㄈㄣ ㄈㄣ ㄓˋ ㄓˋ　形容翅膀擅動聲音。

太公任，即任太公，釋文李云太公，大夫稱，任其名。

自伐ㄈㄚ　指誇耀自己，眩耀自己。

隳ㄓ ㄨㄟ　墜同，指毀也。墮同。

虧ㄎㄨㄟ　損也。失也。

去ㄑㄩˋ功ㄍㄨㄥ　放棄功名。

不明居ㄐㄩ　道在隱，不必彰顯。

不名處ㄔㄨˋ　有了名望，不可自為擁有，應謙讓不居。

狂ㄎㄨㄤˊ　指狂狷，無心無知。

不聞ㄨㄣˊ　不必有名器。

衣裘ㄑㄧㄡˊ　並非指狐裘，是指獸皮。

褐ㄏㄜˋ　指麻布、粗布。

杼ㄓㄨˋ　麻母草，結實，稱麻籽。

栗ㄌㄧ　毛栗子。

　　孔子問子桑虖曰，吾再逐於魯，伐樹於宋，削迹於衛，窮於商周，圍於陳蔡之間。吾犯此數患。親交益疏，徒友益散，何與。子桑虖曰，子獨不聞假人之亡與？林回棄千金之璧，負赤子而趨。或曰為其布與。赤子之布寡矣！為其累與。赤子之累多矣！棄千金之璧，負赤子而趨何也？林回曰。彼以利合，此以天屬也。夫以利合者，迫窮禍患，害相棄也。以天屬者，迫窮禍患害相收也。夫相收之與相棄，亦遠矣！且君子之交淡若水。小人之交甘若醴，君子淡以親。小人甘以絕。彼無故以合者，則無故以離。

　　孔子曰：敢問命矣！徐行翔佯而歸。絕學捐書。弟子無挹於前，其愛益加進。

　　異日桑虖又曰：舜之將死。眞泠禹曰：女戒之哉！形莫若緣，情莫若率。緣則不離。率則不勞。不離不勞，則不求文以待形。不求文以待形，固不待物。

【譯】孔子問子桑虖；我仲尼一再被迫離開魯國，去宋無避蔭的樹木，到衛國路不留迹。到商周窮困無助。卻被圍困在陳蔡之間，幾乎餓死。我受了這麼多苦難，好朋友日漸疏遠，弟子一天一天的離開，這是什麼原因。

子桑虖說：先生，你沒有聽說過，亡國棄璧，負子逃亡的故事嗎？林回把價值千金的璧玉丟掉，背著小孩逃走。或者有人說：是為了保護錢幣？才把珙璧丟了！可是小孩的身價是不值多少錢的。不願遭受拖累，背著小孩比多一塊璧的累贅更麻煩。這是什麼道理。

林回說：璧是高價利多。背負小孩逃走是人的天性。由於璧值錢，在遇到盜匪時，牠就變成了禍害，以致有生命的危險，所以把牠丟了。人子是天性，兩相比較，孰重孰輕，看法不同。而且差別很大。況且君子之交淡如水。小人之交甘若醴；君子淡交尤親，小人之交雖甘而常有絕情的事發生。他沒有必要與你合作，也沒有必要疏離你。

孔子說：敬請你對命的看法如何？

桑虖說：慢慢的徜徉在人生道路上就可以了！你把書捐出去，不必再講學了，徒弟門生對你遠一點，反而會更敬愛你。

第二天桑虖又對孔子說：在舜帝將死之前，召見大禹，對他警示！你要注意；看人不可以貌取，應以緣份相與較為重要。情感的審度，應當注意他的率直。才是真性。有緣他就不會離開你。率性他就會自動達成任務，不會勞累你。凡事不必講求形式，誠懇相待。沒有形式文過。以真心相待，就無物牽累。

【註】子桑虖ㄈㄨㄟ　釋文李云桑姓寧其名隱人也。或云桑虖姓，名隱。

伐樹：破伐樹木。此可解去宋國尋求奧援。或尋找躲避風雨
的地方。

削迹ㄒㄧㄩ 被衛國拒絕，不受歡迎。

假ㄍㄚ 釋文李云國名。

布ㄅㄨˋ 是古代貨幣㕥。

赤子 指小孩。

醴ㄌㄧˇ 甜酒。

翔佯ㄒㄧㄤˊ ㄧㄤˊ 徜徉，輕漫悠遊之貌。

泠ㄌㄧㄥˋ 曉喻。直言，嚴肅的言語。

莊子衣大布而補之正緳。係履而過魏王。魏王曰：何
先生之憊邪？莊子曰貧也。非憊也。士有道德不能行。憊
也。衣敝履穿貧也。非憊也。此所謂非遭時也。王猶不見
騰猿乎，其得枏梓豫章也。攬蔓其枝。而王長其間，雖羿
逢蒙睥睨也。及其得柘棘枳枸之間也，危行則側視振動悼
慄。此筋骨非有加，急而不柔也。處勢不便，未足以逞其
能也。今處昏上亂相之間，而欲無憊奚何得邪？此比干之
見剖心徵也乎！

【譯】莊子披了一塊大布，上面還補了個丁。穿一雙破鞋，
還用草繩綁起來。去會見魏王。魏王說：先生看起來有些疲憊
啊？

莊子說：窮嗎？不是疲憊，讀書人有道德的學問無法推行，
所以疲勞呀！衣不敝體，鞋穿洞破是貧窮，不是疲憊。這是時運
不濟呀！大王沒見過山林中飛騰的猴子。在楠木梓檀樹林中，攀
枝攬葉是那麼快樂適意。如果帝王生長其中，如后羿、逢蒙也比

不上牠。可是牠去尋找食物，如黃枝枳、枳實、枸杞也會碰倒危險。因爲這些菓實都是矮樹，有的還有刺，在地上行走，小心異異，必須瞻前顧後。精神緊張。懍慄不安，筋骨緊拵。心中焦急，無法放鬆。由於所處的地勢不方便。沒辦法發揮牠的能力。今天處在昏上亂相之間，想不疲憊，也得疲憊。這比古代比干剖心還要焦慮。怎不使人疲頓難忍啊！

【註】正廠ㄐㄧㄝˋ ㄎㄧㄝˋ　腰帶，言莊子沒有穿正式的衣服，披了一大塊布，用腰帶綁著，免強敝體。故後有衣敝，穿鞋之詞。

柟ㄌㄢ是枏的俗字ㄌㄢˊ　即楠木，傢俱的上等木料。

梓ㄐˇ　即梓檀木，上好的木料。

羿ㄧˋ　即后羿。

逢蒙ㄈㄨㄥˊ ㄇㄨㄥˊ　是后羿弟子。

枳ㄓˇ　枳柑、枳實、山中野菓。

柘ㄓㄜˋ　即黃柘，實如橄欖形，可吃，可染色，俗稱黃枝子。

枸ㄍㄡˇ　即枸杞，壯陽合血！味甘，常用吃補草本。

比干　商紂之叔，諫言除妲妃。被剖心而死。

孔子窮於陳蔡之間，七日不火食，左據槁木，右擊槁枝，而歌焱氏之風，有其具，而無其數，有其聲而無宮角。木聲與人聲，犁然有當於人心。

顏回端拱還目而窺之。仲尼恐其廣己而造大也。愛己而造哀也。曰：回無受天損易。無受人益難。無始而非卒也。人與天一也。夫今之歌者其誰乎？回曰：敢問無受天損易？仲尼曰：饑渴寒暑，窮桎不行。天地之行也。運物之泄也。言與之偕逝之謂也。爲人臣者不敢去之。執臣之

道猶若是。而況乎所以待天乎！何謂無受人益難？仲尼
曰，始用四達，爵祿並至而不窮。物之所利。乃非己也。
吾命有外者也。君子不爲盜，賢人不爲竊。吾若取之何
哉。故曰鳥莫知於鷾鴯，目之所不宜處。不給視，雖落其
實。棄之而走。其畏人也。而襲諸人間，社稷存焉爾。

　　何謂無始而非卒？

　　仲尼曰：化其萬物而不知其禪之者。爲知其所終。爲
知其所始；正而待之而已耳。

　　何謂人與天一邪？

　　仲尼曰：有人天也。有天亦天，人之不能有天，性
也。聖人晏然體逝而終也。

　　【譯】孔子受困於陳蔡之間，七天沒法開火。將左邊的枯木
當樂器手拿枯枝敲打，唱神農的風頌之歌。雖有擊木的聲音，但
不合節拍，有歌唱之音，但缺乏韻律。此種擊木聲與人聲，好像
是犁田的農夫在吆喝。

　　顏回嚴肅的站著，用目環視了一週。孔子恐怕被人誤會自己
狂妄自大。愛惜羽毛，反而唱衰自己。看出了顏淵的顧慮關切之
心。便對顏回說：不受自然的損害容易。不受人爲的好處是困難
的。沒有起點，並不表示沒有終點。人與天都是一樣。今天在此
唱歌的人以後誰還會知道？

　　回說：請問什麼是「無受天損易？」

　　仲尼說：穿衣吃飯，饑渴寒暑交迫，窮困潦倒，是人生命中
常會遇到的事。萬物運轉中的天數，在人曰氣數。時候到了，一
切都消逝了！這是自然率例。可是作人臣的就不然，沒自然律的
淘汰法則。只有尊巡君臣之道辦事，不能隨便棄官而逃。若叛

逃，後果不堪設想。那還能等待天命。

問：何謂無受人益難？

仲尼曰：初進官場，好像四通八達，爵祿並至，解決了窮苦的民間生活，這是物質的利益，並不是自己非有不可的東西。人還有更值追求的另外一面。君子不可強盜權勢，聖人不作竊賊據位。我是不可能去作這些事呀！所以說：沒有智慧的鶪鳥，只靠眼睛去觀察判斷，決定居處。沒有看到的地方。雖然落實無礙，沒有安全的顧慮。仍然不敢逗留，為什麼？恐怕仍然受到人的侵害，把這件事轉換成人世的社會，即是國家存廢的安全問題了。

那末什麼是「始而非卒」？

仲尼說：萬物化育生長的時期不知有禪繼的終始。既不知結果如何，也不知從何處生長。只不過是在等待成長的生命而已啊！

什麼又叫人與天一呢？

仲尼說：有人與天一的說法；可是天亦有天的獨特性，人也有人的秉賦不同。這即是人性。聖人安然體會到時間的流轉，有如日月的盈虧。是人生的過程，且不是天人合一嗎？

【譯】焱ㄅㄧㄠ氏ㄕˋ　亦ㄧㄢˋ　焱氏指神農氏之風即風詩。

端拱ㄉㄨㄥˇ《ㄨㄥˇ　謂王者無為而治也。亦用為臣下正色立朝之稱。

還ㄒㄩㄢˊ目ㄇㄛˋ即環視。

窮桎ㄑㄩㄥˊ ㄓˋ　窮困、艱苦。

泄ㄒㄧㄝ　司馬云發也。以此句文意言巧恰相反，應是衰敗現象，故云衰泄，方與下文（我與你）偕逝意貫通。

饑渴寒暑，是人生中常會遇到的。尤其窮人。

窮桎不行，窮困的活不下去時候！

受人益難，接受他人好處是十分困難的。他人為什麼給你好處，常常是有對價的。

莫智ㄇㄛˋ ㄓˋ　即沒有智慧。

鷁鴯ㄧˋ ㄦˊ　陳本注「燕」，不知何據。釋文音而，鷁鴯燕也於意怠即鷁鴯條，試舉小企鵝生態已有說明。那不是沒有鳥的智慧，甚至智慧高於其他鳥類，只是不會飛。

禪ㄕㄢˋ　指繼往新生。

晏然ㄧㄢˋ ㄖㄢˊ　安靜的樣貌或曰安然。

體會、逝、消逝也，即體會人的生命在時間中漸漸消逝。

人的本來面目，不過如此。

莊周遊於雕陵之樊，**覩**一異鵲，自南方來者。翼廣七尺，目大運寸，感周之顙，而集於栗林。莊周曰，此何鳥哉。翼殷不逝，目大不**覩**。蹇裳躩步，執彈而留之。**覩**一蟬方得美蔭而忘其身。螳蜋執翳而搏之。見得而忘其形。異鵲從而利之。見利而忘其真。莊周怵然曰：意，物固相累，二類相召也。捐彈而反走。虞人逐而誶之。

莊周反入，三日不庭。藺且從而問之。夫子何為頃間甚不庭乎！莊周曰：吾時形而忘身。觀於濁水而迷於清淵。且吾聞諸夫子曰。入其俗，從其俗，今吾遊於雕林而忘吾身。異鵲感吾顙，遊於栗林而忘真。人以吾為戮，吾所以不庭也。

【譯】莊子到雕陵的栗子園遊玩，看見一隻奇怪的鳥，是從南方飛來，翅膀廣約七尺，眼睛有一寸大。使莊周很感動，停留

在栗子林中。莊周說：這是什麼鳥？翅膀展開不收。眼大不看東西。拖著羽毛跳躍而行。彈一彈毛上灰土停留下來。看見一隻蟬停在栗樹的蔭影下，忘記自身的安危。螳蜋張開翅膀與他搏鬥。得意忘形。異鵲一看，正是下手的有利時機。成爲見利忘真的一幅畫面。莊子驚懼的說：事物相互累贅，不同類別亦互相召引；異鵲連彈灰的時間都沒有，還被園丁咒罵趕走！

莊子回家後，三日不出門。藺且來問候師父。對莊子說：先生呀！你怎麼好久都沒有外出，是爲了啥事？

莊子說：我神迷物美，卻不知身在何處，看到物欲的引誘，亡了清心妙諦的所在。我聽老子說過：「入其俗，從其俗」。今吾遊於雕陵，卻亡了我自己所犯的禁忌。一隻怪鳥使我感動，這是心念不定，在栗園中竟亡了守貞。栗園管理員以爲我傷害了異鵲，被罵驅趕。所以我閉關三日思過，靜心修煉，避免外界干擾，所以沒出門。

【註】雕陵　徐本亦作彫。司馬云雕陵，陵名。樊ㄈㄢ遊栗園藩籬之內也。樊或作埜，埜古野字ㄧ∨。

顙ㄙㄤ∨　感觸。

翼殷ㄧ丶　ㄧㄣ　翅膀大。李云，翼大逝難，目大視希。故不見人。前有鷗鴟之愚。今有翼鵲之笨。何也？愚有妙法。笨可亡心。

寨躩ㄐㄢ∨　ㄐㄩ丶　ㄐㄛ指羽生散亂，行走無步，用跳躍前進。

司馬云疾行也。案即論語云足躩如也。

執彈ㄊㄢ　亦可解爲跳，彈亦抖，此行狀，是鳥獸潔身，起步常有動作。故可解舉翼一彈便逃走了，或飛走了。若停則翅下陸，故一彈一跳之勢也。

執翼　螳螂執翼是作勢狀，是搏鬥前的動作。

此爲螳螂捕蟬黃鵲在後的典故。只是莊周誇大黃鵲如鷙鷹。

見讀ㄒㄧㄢˋ

怵然ㄔㄨˋ ㄧㄢˋ　驚懼貌。

蘭且ㄘㄨ莊子弟子一本作簡。

誶ㄔㄨㄟˋ　誶詈，ㄌㄧˋ　咒罵。

老子云「入其俗，從其俗」。是和光同塵之意。註：和光，在空間的光束中有無限微塵，若不細觀則無。

陽子之宋，宿於逆旅。逆旅人有妾二人，其一人美，其一人惡，惡者貴，而美者賤。陽子問其故。逆旅小子對曰。其美者自美。吾不知其美也。其惡者自惡，吾不知其惡也。陽子曰：弟子記之。行賢而去自賢之行。安往而不愛哉！

【譯】楊朱到宋國去，在旅途中住宿棧房。見店家有兩位老婆，一個長得漂亮，一個長得醜。美的低賤，醜的反而主貴。楊朱問店家，這是什麼道理。店小二說：美的自然美，我卻不知道她美。醜的也是自然如此，我不知她醜就好了！

楊朱說：弟子謹記在心。行賢善舉自在人心，心安理得行事，自然安樂如意，誰不喜愛呀！

【註】陽子，司馬云陽朱。

去　讀ㄑㄩ　行讀ㄒㄥˊ

【錄評】塵網彌天。憂患百出，志道之士，必於此關參破。方能安身立命。悟入性真，譬海上之有神仙，欲造其巔。先求航濟，否則煙波淼淼，喚渡無人。雖復方丈，蓬瀛羅列彼岸。其如可望而不可即乎！

【解】孔子問桑虖言命。命運應安處，自有天數。對榮華富

貴，艱困窮桎均能淡然處之，方可安享人生之樂。故絕學捐書，遯入山林修道，返樸歸真爲至樂。

莊子見衛王，勸君清政除獎，讓人民恢復天生本能，使社會蓬勃發展起來。

此處是三提孔子困於陳蔡。說法是從靜定自恃不誇。自省而覺。以無受天損、人益。無始非卒，天一樂道。

以莊周遊栗園觀濁忘清，忘身失真。三日閉關沈潛修性靜心。故有陽子美醜出於自然。無賤貴，行賢自賢，道在天心。逍遙自樂。

田子方　第二十一

田子方侍坐於魏文侯，數稱谿工。文侯曰：谿工子之師邪？子方曰：非也。無擇之里人也；稱道數當。故無擇稱之。文侯曰：然則子無師邪？子方曰：有。曰，子之師誰邪？子方曰：東郭順子。文侯曰：然則夫子何故未嘗稱之？子方曰：其為人也真。人貌而天虛，緣而葆真。清而容物。物無道，正容以悟之，使人之意也消。無擇何足以稱之。子方出，文侯儻然終日不言，召前立臣而語之曰：遠矣！全德之君子。始吾以聖知之言，仁義之行為至矣！吾聞子方之師，吾形解而不欲動，口鉗而不欲言。吾所學者真土梗耳，夫魏真為我累耳。

【譯】田子方陪侍魏文侯，數度稱他為谿工。

魏文侯說：谿工，你的老師是誰？

子方說：沒有，是無擇的鄉里人這麼說的。他們認為谿工的稱呼比較洽當，所以我也用谿工之名自稱了！

魏文侯說：那麼你真的沒有老師了！

子方說：有。

文侯說：你的老師到底是誰？

子方說：是東郭氏的順子。

文侯說：那末你師父為什麼不稱谿工。

子方說：他是真人。看他是人像，但他有天心容物的精神。虛己順物葆貞的修養。清靜無為以應物，如果物非道用！只要他正色以對，見者自悟！受物的心立即消失！這種道化的人格，我

沒有辦法用什麼稱號敬稱他。

　　子方走了以後；魏文侯心中悵然若失，整天沒有講話。召喚站在前面站著的幾位臣工。告訴他們說：作一個全德的君子，距離還遠啊！我以為以聖賢的言語，仁義的行為治國是已經很了不起。可是我今天聽了田子方老師所講的一番話；使我形骸奔解不能動彈。嘴巴說不出話來。我所學到的東西，只不過是粗糙的童玩與小智，非大方學問。唉！魏國真的受我牽累，沒能治好。

　　【註】田子方，名無擇，魏文侯師。

　　谿工ㄒ一　司馬本作雞。李云谿工賢人也。

　　稱道ㄔㄣ ㄉㄠˋ　推崇之意。盛名，亦謂地方尊重顯名。

　　數當ㄕㄨˇ ㄉㄤˋ　適當之意，名符其實。

　　東郭順子　居東郭因以為氏　順子其稱也。

　　虛緣ㄒㄧ ㄩㄢˊ　緣謙虛己之意。

　　葆真ㄅㄠˇ ㄓㄣ　保衛真性。或謂真宰、真知。

　　儻然ㄊㄤˇ　司馬云失志貌：愕然。措愕不解貌。

　　聖知　ㄓ讀ㄓˋ　智也。

　　口鉗ㄑㄧㄢˊ　閉口不說話，閉口悶聲不語。亦鉗口、緘口。

　　土梗ㄍㄥˇ　司馬云土梗，土人也。即泥偶。

　　溫伯雪子適齊，舍於魯，魯人有請見之者。溫伯雪子曰：不可。吾聞中國之君子，明乎禮義，而陋於知人心。吾不欲見也。至於齊，反舍於魯。是人也，又請見。溫伯雪子曰：往也蘄見我，今也又蘄見我，是必有以振我也。出而見客，入而歎！明日見客。又入而歎！其僕曰：每日見之客也。必入而歎！何邪？曰：固告子矣！中國之民，明乎禮義，而陋乎知人心。昔之見我者，進退一成規，一

成矩，從容一若龍，一若虎。其諫我也似子，其道我也似父。是以歎也。仲尼見之而不言，子路曰，吾子欲見溫伯雪子久矣！見之而不言何邪？仲尼曰：若夫人者，目擊而道存矣！亦不可以容聲矣。

【譯】溫伯雪到齊國去，在旅程中經過魯國住宿旅舍。魯國有人想晉見他。溫說：不見。爲什麼？他說魯國中的人都是只知道禮義；而不懂得人心的人，所以我不想見他們。到了齊國辦完事，回程中也住在魯國的客棧，也有人要求晉見。溫伯雪終于答應見客。因爲來去都有人請見，對他也是一種鼓勵。對人的禮貌。所以開門見客；當他見過第一批客人後，回到房間，嘆了一口氣。第二天再見另一些客人。回房後仍然是欬聲歎氣。似乎很失望的樣子。他的僕人問他，你每次見客回房都嘆息！是啥道理？溫說：我已經告訴過你，他們國中的人，只懂禮義二字，根本不懂人心！我昨天見過的那些人。應對進退的規矩知道的不多，只有一二成。講態度嗎？有的人像龍，有的像虎，也佔一二成。勸諫我的人有如兒子般恭敬，開道我的人，又好像父親在訓戒。所以我嘆息失望。

離開魯國之前，孔子也去旅邸拜候。仲尼沒有說話。子路對孔子說：老師不是說了很久，想見見溫伯雪子嗎？爲什麼？見了面不說一句話，你是怎麼來著。

孔子曰：眼睛一看，他是一個有道之士，還能有你說話的分嗎？

【註】溫伯雪子　李云南國賢人。南國　指楚國。

陋ㄌㄡˋ　狹小

蘄ㄑㄧˊ　同祈

振ㄓㄣˋ　振奮，盛大，仁厚。

　　顏淵問於仲尼曰：夫子步一步，夫子趨亦趨，夫子馳亦馳。夫子奔逸絕塵。而回瞠乎其後矣！

　　夫子曰：回，何謂邪。

　　曰：夫子步亦步也，夫子言亦言也。夫子趨亦趨也。夫子辯亦辯也。夫子馳亦馳也。夫子言道，回亦言道也。及奔逸絕塵。而回瞠乎其後矣。夫子不言而信。不比而周，無器而民蹈（滔）乎前。而不知所以然而已矣！

　　仲尼曰：惡！可不察與！夫哀莫大於心死！而人死亦次之。日出東方而入於西極，萬物莫不比方。有目有趾者。待是而後成功。是出則存，是入則亡。萬物亦然。有待也而死，有待也而生。吾一受其成形，而不化以待盡。效物而動，日夜無隙，而不知其所終。薰然其成形，知命不能規乎前，丘以是日徂。吾終身與女交一臂而失之可不哀與。女殆著乎！吾所以著也。彼已盡矣！而女求之以為有，是求馬於唐肆也，吾服女也甚忘，女服吾也亦甚忘。雖然女奚患焉。雖忘乎！故吾吾有不忘者存。

　　【譯】顏回問孔子。老師在前面走，我在後面跟，老師在前面跑，我在後面追，老師跑得快，我卻跟不上，看你越跑越遠，我只有在後面乾瞪眼的份。

　　仲尼說：顏淵：你這是甚麼意思？

　　回答說：先生前面走，我跟在你後面，你講什麼話！我也跟著說同樣的話。你在前面追趕，我也跟著追。你在與人辯論，我也跟著辯論。你奔跑得快，我也緊跟在後不離。老師講道，我也

說道。但在你跑在前面絕塵而去，我就無法跟上了！只有睜大眼睛，在後面看到你遠去！你不講話；自然被人信服，不加譬諭自然周全。不必定下規則，人民自然遵循。雖不知所以然，但仍然遵守。

仲尼說：你錯了！你沒有察覺到嗎？最大的悲哀，是心死。而人死還是次要。太陽從東方出來，從西邊下去，這是自然的道理，所以萬物都仿照它的運行生活工作。有眼睛有足趾的人，是向成功的道路前進。出即是生存之道，入即是死亡的路。萬物都是如此。在這時光的流程中，有的是追求生存，有的則走進死亡。我從父母生下為人。便隨時光的成長，努力工作，日夜不懈，沒有偷懶，並未考慮結果如何。在不知不覺中有了一些成果。這不是命途中事先可以規畫的。但是同樣與年歲衰老。病痛纏身。我與你師徒終身，難能啊！若時晨一到，兩相分離，當然是十分悲哀的。那時你可看成擦肩相遇，很快就過去了！不必瞻顧。將來你同樣有顯名的時候。我在今天有此名聲，是有軌迹可循的。不必在意，話就說到這裡為止。

你追求在世有所作為；只不過是物的假設詞！那末如同到賣布的地方去買馬，一定向背。我對你很難忘懷，你佩服我同樣難忘。雖然如此，你也不必牽掛！還是忘了吧！以我來說，亦有不能遺忘的東西存在下去。

【註】奔逸ㄅㄣ　司馬本又作徹。形容跑得快，逸消失貌。

絕塵ㄐㄩㄝˊ ㄔㄣˊ　言只見奔馬過境的塵埃，人馬已經去遠了。

瞠乎其後　睜大眼睛看物。

無器ㄨˊ ㄑㄧˋ　本指沒有神器，即沒有國家權力。孔子憑一布衣大司寇，對社會的影響力。

蹈乎前ㄊㄠˋ ㄊㄠ　釋文滔，聚其前也。以文義，應是手舞

足蹈，爭相施行之意。

與凵盧字，同歟。以下皆同。

日徂如字司馬本作疽云病也。徂ㄘㄨˊ往，人死，如徂謝。此文日徂，應是日漸衰老。有如走向死亡之路。

女讀曰ㄖㄨˇ　女通汝，你也。

著　司馬云以著者，外化也。汝殆庶於此耳。吾一不化者也。則非汝所及也。

唐肆ㄊㄤˊ ㄙˋ　郭云非停馬處也。司馬本作廣肆云廣庭也。以非停馬處為當。因古代牛馬豬，都是分開的專市，各有市集、地、時均不同。唐肆，應廣義言，普通市集。即生活日用品市場，非牲口市場。

交一臂而失之，可不哀與，即後世所用的成語「失之交臂」的原意。引為遺憾之詞。

【解】顏淵之言與仲尼的解釋，一語道破，「道在聖傳、修在己。」並不是有孔賢人為師，聰明努力之徒如顏淵者即可得道。因人的個人特質不同，穎悟力亦不同，時間不同，地理環境不同。而悟的竅門又在陰符。必須在不同因素中悟出真理。故顏回的作法；孔子認為不對。但孔子的說法非一般學生能解的。知牛馬不相及，何來「服膺」。「佩服」。忘即忘也。忘即無，故無為自化。更不能不化以待盡而有餘存之說。

孔子見老聃。老聃新沐。方將被髮而乾。慹然似非人。孔子便而待之。少焉見曰，丘也眩與！其信然與，向者先生形體，掘若槁木，似遺物離人而立於獨也。老聃曰：吾遊心於物之初。孔子曰：何謂邪？曰心困焉。而不能知，口辟焉，而不能言，嘗為女議乎將。至陰肅肅，至

陽赫赫。蕭蕭出乎天，赫赫發乎地。兩者交通成和。而物
生焉！或為之紀，而莫見其形。消息滿虛，一晦一明。日
改月化。日有所為，而莫見其功。生有所萌，死有所乎
歸。始終相反乎無端。而莫知乎其所窮。非是也。且孰為
之宗。孔子曰：請問遊是。老聃曰，夫得是至美至樂也。
得至美而遊乎至樂。謂之至人。孔子曰：願聞其方。曰，
草食之獸，不疾易藪，水生之虫，不疾易水。行小便而不
失其大常者。

喜怒哀樂不入於胸次。夫天下也者。萬物之所一也。
得其所一而同焉？則四肢百體，將為塵垢，而死生終始。
將為畫夜，而莫之能滑，而況得喪禍福之所介乎！棄隸者
若棄泥塗。知身貴於隸也。貴在於我而不失於變，且萬物
未始有極也。夫孰足以患心。已為道者解乎此。

【譯】孔子去拜會老聃。正巧剛沐浴完，披著頭髮等待晾
乾。儼然像一尊神像坐在那兒。孔子隨意的等待那兒。過了一會
與孔子相見。仲尼說：丘的眼睛有些昏花了！真是如傳說中一
樣，令人敬服。過去先生的形像，好像是佇立不動的一棵枯木。
脫離人世獨立不移的封碑。

老子說：我遊心在萬物未生化的時間之前。

仲尼說：這是什麼意思？

老聃說：這叫心中困頓。沒有知覺，也無法敘述。也就是你
們時常討論的議題。在陰極沉靜未發之時，是靜肅無息的肅然狀
態。陽極無息安定狀態時，赫然若揭，這是陰陽太和之初的離子
世界。可說是天地初始的混沌時期。

但當正極遇勢引動，產生陰陽交合，相互振動，熱量愈強，

精子活動力隨之增強。與負電通連，陰卵亦隨之鼓動，隨溫度時間的變化。生命開始產生了！物形隨時間成長，這就是生化，生長與時間有一定數據。萬物便在這一時程數據中成形為物，脫胎為器。在這化育過程中，有時刻漏紀，尚未看到形象，傳遞的消息，有強有弱，也有明暗，每天都會不同，每月都在改變。若只看一天的流程，則感覺不到成果。所以生物有萌發期，也有死亡期。如果說：我們以相反的看法去論斷。在陰陽輪轉的圓周中，就找不到頭緒，起點何處？亦找不到終點。是在何處，非又怎講，那又宗從何來，陰陽幻化，一氣而已。

孔子說：請問遊「是」。（是，正，正方。── 論是非之「是」。）

老聃說：若能得「是」。是最美最快樂的事。得到最美好的是遊心於最快樂之境。這人就是至人（聖人）。（此「是」即「道」，是正，即正道，得是，即得「道」。）

孔子說：願意聽聽解釋。

老子說：草食的動物，不隨便轉移牠的山林水澤。水生動物，離不開水域活動。雖然這是些微小事，但不失為物性的常態。喜怒哀樂，是人情感的常態，但不必存留胸中。所以說，天下萬物都是一樣 ── 固有自我的常性。萌生所出也是有同樣過程，故天下一也。生滅過程也一樣。

人的四肢百骸，死後歸於塵土。所以說：死生終始，和晝夜交替一樣，誰也無法逃避的。何況一生中有得有失，遭遇禍福的機會，甚至有別離流浪之苦。所以身貴重於隸屬之物。人的可貴處是知道變易的方法。因為千變萬化的社會是沒有止境的，所以要隨機而處，隨遇而安。但不能因變動心易志。這是為道的人應了解的。

【註】新沐　言剛沐浴後。

　被髮　讀披夂一　被古通披。

　慹然ㄉㄧㄝˋ ㄅㄧ ㄖㄧㄝˋ　司馬云不動貌，說文云怖也。

　掘若ㄑㄩ通屈，委頓貌，委縮，即身形乾枯貌。

　槁木ㄎㄠˇ　枯木也。

　女議ㄖㄨˇ ㄧ　汝在此當你們講。女議：即你們議論的。

　至陰。即陰極，靜止狀態。

　至陽。即陽極，不動狀態。此陰陽是指雌雄母體未交合之前有各自具有的精卵。

　萌ㄇㄥˊ　草木初生貌：故萌發，物之初始貌。

　口辟ㄅㄧˋ　司馬云卷不開也。又ㄅㄧ　徐ㄈㄧˋ如鉗口，口不能言。

　臂次ㄒㄩㄥ ㄔˋ　胸古今字　即言胸中。

　能滑ㄍㄨˇ　以文意，是跳過，或躲過。

　所介ㄐㄧㄝˋ　即介乎之間。

　解乎ㄐㄧㄢˇ　了解嗎？

　此言生死──終始陰陽之道，萬物俱同。

　孔子曰：夫子德配天地。而猶假至言以修心。古之君子孰能脫焉！

　老聃曰：不然。夫水之於汋也。無爲而才自然矣。至人之於德也。不修而物不能離焉！若天之自高。地之自厚。日月之自明，夫何修焉！

　孔子出；以告顏回曰：丘之於道也。其猶醯雞與。微夫子之發吾覆也。吾不知天地之大全也。

【譯】孔子說：先生的道德，有如天高地厚。還假藉美言說是修心。這是古代君子謙遜的說法。

老子說：不是這樣，凡是水能積蓄成澤，無為才是自然！人有德望，是從修養中得來。如果不修身！物欲就不會脫離凡心。有如天高是自然的，地厚也是自然的，日月光明也是自然的。那就不用修了！

孔子出去告訴顏回，我孔丘對於道學的修養。好像醋甕罈口的酒蠓子。唯老聃的微言，使我打破醬缸。我不知天地之大，知識浩瀚如海洋！誰能全知？

【註】汋ㄕㄜˋ　ㄕㄜ　一ㄛˋ　李云取也。陳木汋　澤也。

醯雞ㄒ一　ㄐ一　即蠛蠓，俗稱酒蠓子。（小飛虫如蚊）

微ㄨㄟˊ　微言即銘言，亦曰希言。

發ㄈㄚˋ　發言，發人深省。

覆ㄈㄨˋ　翻覆，引為打翻了，打破，開竅了！如禪謁。

汋如以李云取，即是舀水的勺子，與下文義難通，惟「澤」即溼地，才合乎生物繁衍的條件。

莊子見魯哀公，哀公曰：魯多儒士；少為先生方者。莊子曰：魯少儒。哀公曰：舉魯國而儒服，何謂少乎！莊子曰：周聞之，儒者冠圜冠者，知天時，履句屨者知地形。緩佩玦者，事至而斷。君子有其道者，未必為其服也。為其服者，未必知其道也。公固以為不然？何不號於國中曰：無此道而為此服者，其罪死？於是哀公號之五日。而魯國無敢儒服者，獨有一丈夫，儒服而立乎公門，公即召而問以國事，千轉萬變而不窮。莊子曰：以魯國而儒者一人耳，可謂多乎！

【譯】莊子拜見魯哀公。

哀公說：我們魯國是儒士較多；對先生那方面的學問研究的人數少！

莊子說：你們的儒士很少？

哀公說：全國的人大都穿著儒服？怎麼說少呢？

莊子說：我聽說，儒士頭戴圓頂帽的，能知天時，穿麻鞋的能知地理山川。佩玉玦，緩帶的能斷國家大事。所以說：君子有道並不在穿著上面去判斷。穿什麼樣的服裝，不能與他的學問畫上等號。公若不相信，你可以下一道命令。說：沒有真才實學的儒生，不能穿儒士服，若有違反者處死！哀公頒佈號令五天以後，沒有人敢穿儒服。只有一位大夫，站在哀公的公門前。哀公召見，以國事徵詢：此人滔滔不絕對答如流，千迴百轉，萬變無窮。還真有點分量。

莊子說：以魯國之大，真懂儒學的人僅此一人，可以說太少了！

【註】儒士　研究儒學的士人。

方ㄈㄤ　指方面，說莊子的學術方面，魯國研究的人少。

履ㄌㄧˇ　今通謂鞵ㄒㄧㄝˊ　即鞋的本字

屨ㄐㄩ　麻鞋也，亦有皮耳麻鞋，即輕便的鞋履。故能察山川地理學者常穿著，易於行走方便。

履句屨，實為便鞋之意，亦有鞻履之謂。

緩ㄈㄢˇ馬司作綬ㄕㄡˋ　以繫印信或徽章的彩帶謂綬帶。

佩玦ㄆㄟˋ　ㄐㄩㄝˊ　即玉玦，帝王獎勵臣下的飾物。民間信物。

百里奚爵祿不入於心，故飯牛而牛肥，使秦穆公忘其

賤，與之政也。有虞氏死生不入於心。故足以動人。

【譯】百里奚對官爵祿位不放在心上；故養的牛都十分肥壯。使秦穆公忘記了他出身低賤，把國政交他治理。

古代有虞氏治國，忘記個人生死！所以能感動人心。

【註】百里奚　虞人字井伯，少貧流落不偶。為虞公大夫。晉滅虞被虜。逃走被地方惡徒劫掠，秦穆公聞其賢。以五羖羊皮贖之，授以國政。七年穆公稱霸。

有虞氏　舜受堯禪為天子。以其先國於虞。故稱有虞氏，虞國在今山西平陸縣。

宋元君將畫圖，眾史皆至。受揖而立。舐筆和墨。在外者半。有一史後至者。儃儃然不趨。受揖不立，因之舍。公使人視之。則解衣般礴臝。君曰，可矣。是眞畫者也。

【譯】宋元君召請畫家來公廳作畫。來了很多人。大家拱手拜見站在一旁。筆墨都已準備妥當，但外面還有一半的人未進來。有一位後來的人。不急不忙的前來。拱手招呼後，直接進去室內作畫。宋公派人去看他怎麼作畫。回答說：此人進室內把衣服脫了，打個赤膊，正在作畫。元君說：可以了！他才是真正的畫家。

【註】宋元君　春秋時公國，今河南商丘至江蘇銅山。

儃儃ㄊㄢˊ　ㄊㄢˇ　徐音ㄉㄢˋ　李云舒閒之貌。

般礴ㄆㄤˊ　ㄆㄛˋ　又作槃。今作磅。

贏ㄌㄨㄞˇ　ㄌㄨㄛˇ　又作贏ㄌㄨㄛˇ　即裸。

為畫者解衣露體，為真性情也。唯聚精會神，專心一致，心手合一，精到神全，必有可觀，故畫亦道也。

文王觀於臧，見一丈夫釣。而其釣莫鉤，非持其釣。有釣者也。常釣也。文王欲舉而授之政，而恐大臣父兄之弗安也。欲終而釋之。而不忍百姓之無天也。於是旦而屬諸大夫曰：昔者寡人，夢見良人黑色而頯，乘駿馬而偏朱蹄。號曰，寓而政於臧丈人。庶幾乎！民有瘳乎。諸大夫蹵然曰：先君王也。文王曰：然則卜之。諸大夫曰：先君之命。王其無他。又何卜焉？遂迎臧丈人而授之政，典法無更。偏令無出。三年文王觀於國。則列士壞植散群。長官者不成德。斔斛不敢入於四竟。列士壞植散群則尚同也。長官者不成德則同務也。斔斛不敢入於四竟。則諸侯無二心也。文王於是焉！以為太師。北面而問曰，政可以及天下乎！臧丈人昧然而不應。泛然而辭，朝令而夜遁，終身不聞。

顏淵問於仲尼曰：文王其猶未邪！又何以夢為乎！仲尼曰：默女無言：夫文王盡之也！而又何論刺焉？彼直以循斯須也。

【譯】文王到臧地去巡狩，看到一位丈夫在釣魚，可是沒有釣鉤。好像不是釣魚，但又像真的在垂釣，還有常釣的心。文王想把國政授他治理。又恐怕大臣與地方兄弟父老不服，對此事不免作罷。但又不忍百姓無人管理，社會混亂。於是第二天。召見朝中的大夫商議此事。

　　文王說：我昨晚作了個夢，夢見一個鬍鬚烏黑的善人，騎了一匹駿馬！四蹄赤色；他對我說：你把國政託負臧丈人。我想這樣作可以嗎？老百姓會同意嗎？

　　大夫們突然說：那人就是先王。

　　文王說：我們就沾卜相問吧！

　　各大夫同聲說：既然是先王的命令，就照他的指示去辦吧！何必再沾卜呢？

　　按照大家的意見，把臧丈人迎接來朝，把政事授予他。典章法治依舊。也未頒行特別法令。三年後，文王視察全國，地方沒有派系，過去的土豪惡霸都自動解散了！壞分子不復存在。地方官也沒有人敢作威作福。作到折衡毀斗的無為而治。沒有派系爭鬥，大家都是一樣日出而作，日入而息，是何等的安樂。地方官盡責務實。權衡之器不用，則諸侯小國無二心。

　　文王於是十分滿意，便拜臧人為太師。文王坐在南面面向北方。對太師說：你的政績良好，可否推行天下嗎？臧丈人悶聲不響！沒有回答他。早上提出辭呈，晚上就偷偷的跑了！終身沒有再見到此人。

　　顏淵問孔子。文王既然無法啟用臧人。又何必托夢而為呢？

　　孔子說：緘默無言最好，不必多說了！文王已經盡心了！又何必刺傷他。因為他的作法，是權宜之計。以僻人口涉。

【註】臧ㄗㄤ地名　姓。儲藏。

　　頯ㄇㄢˊ通顳。鬍鬚。顳同

　　瘳ㄔㄡ　病好

　　列士ㄌㄧㄝ ㄕˋ　此文義非公義犧牲的壯士，而相反是指好勇逞鬥之人士。

　　壞植ㄏㄨㄞˋ ㄓˊ　壞習慣。

列士壞植，指地方派系 —— 惡霸，壟斷等壞習。

散群　解散群眾。

不成德，不自居功。

斛ㄩˇ　六斛四斗的量計。十斗為一斛。文指升斗大小不一。即老子之折衡毀斗之說：指無為而治。

昧然ㄇㄟˋ　ㄖㄢˊ　暗然，指神色暗然。

泛然ㄈㄢˋ　ㄖㄢˊ　淡然，平淡之意。

遁ㄉㄨㄣˋ　逃遁，即逃走，夜遁，夜晚逃走。

此章文意是無為而治的假設文字。並非事實。臧丈人亦化名，史無此人。以敘釣者如呂尚釣於渭水。但治世，武王得天下與臧丈人完全不同。治兵以陰符，是史上兵家。

列御寇為伯昏無人射。引之盈貫。措杯水其肘上，發之適矢。復沓，方矢，復寓。當是時猶象人也。

伯昏無人曰：是射之射，非不射之射也。嘗與女登高山，履危石，臨百仞之淵；若能射乎？於是無人遂高登山，履危石，臨百仞之淵。背逡巡足二分垂在外，揖御寇而進之。御寇伏地汗流至踵。伯昏無人曰：夫至人者。上闚青天，下潛黃泉。揮斥八極。神氣不變。今女怵然有恂目之志。爾於中也殆矣乎！

【譯】列御寇與伯昏無人相約去射箭。當扣弦滿弓的時候，拿一杯水平放在持弓的左肘上。對準箭靶，發了一箭，第二支已搭在弦上。當時文風不動，杯水未濺一滴，到還真像個人樣子。伯昏無人說：你到真能射，看不出你在射箭。過去與你常去爬高山。踩在危險的石頭上，身臨百仞的淵藪，也像今天射箭那麼鎮定。

　　於是伯昏無人便邀約列御寇去登高山，站在危崖深淵之上，從背後去看，足有二分懸在外面，只有一分站在崖邊。拱手招呼列御寇過來。同他一樣站在危岩之上，列御寇赫得全身大汗，伏在地上不敢看。

　　伯昏無人說：凡是至人，能上探皇天，下入地府。揮洒悠遊於八極之間。神氣不變。今天你驚怵一時的表現，是有些失望。你若要能夠達到不驚不懼，悠遊自在的功夫，尚待時日的修悟。

　　【註】盈貫一ㄣˊ《ㄨㄢˋ　指弓滿弦之意。

　　適矢ㄕˋ ㄙˇ　箭矢。

　　沓ㄊㄚˋ　重疊之意。

　　闚ㄎㄨㄟ　偷看。

　　黃泉　即地府。語出左傳隱公元年「不及黃泉，無相見也。」

　　八極ㄐㄧˊ　八方最遠之處。四面八方也。

　　怵ㄕㄨˋ　驚懼貌。

　　恂ㄒㄩㄣˊ　目動瞬間的怯色。

　　肩吾問於孫叔敖曰：子三為令尹而不榮華，三去之而無憂色。吾始也疑子。今視子之鼻間栩栩然。子之用心獨奈何？孫叔敖曰：吾何以過人哉？吾以其來不可卻也。其去不可止也。吾以為得失非我也。而無憂色而已矣！我何以過人哉。且不知其在彼乎！其在我乎？其在彼邪亡乎我，在我邪亡乎彼。方將躊躇，方將四顧。何暇知乎人貴人賤哉。

　　仲尼聞之曰：古之真人。知者不得說：美人不得濫，盜人不得劫。伏羲黃帝不得友。死生亦大矣！而無變乎己。況乎爵祿乎！若然者，其神經乎大山而無介。入乎淵

泉而不濡。處卑細而不憊。充滿天地,既以與人己愈有。

【譯】肩吾對孫叔敖說:先生當了三次令尹,也沒有榮華富貴。三次下台也沒有憂煩的臉色。開始我對你有些疑問?可是今天我看見你的鼻子生氣勃勃。你的努力是無人可比的。

孫叔敖說:我那有過人之處?我對工作的看法是,有任務給我,我不會推辭,任務完了不會留戀,說走就走。我對得失的想法,事不在我,無何計較!所以毫不耽心,那會有憂色情緒呢?我那有過人的工夫呢?從不多想,事在他人,還是在我。這都是多餘的。是他人忘了我,還是我忘了他人,一切聽其自然!絕躊躇進退,更不會瞻前顧後。那還有時間去考慮人貴人賤的俗事。

孔子聽了這段話說:古代的真人。智者是不會表現喜悅的。贊譽美言是不會亂用。竊取他人優點是不會劫掠。伏羲黃帝不交朋友。死生雖然是人生大事。但個人的精神人格不變。那還去計較爵祿名位呢?若是這樣,大山在前也擋住他的去路。深淵惡水亦無法濡溼他的身體。即使一時處於卑微小職也不會疲憊的。他的精神充滿天地。人與我無分彼此,愈為富有,是多麼值得贊美之事。

【註】肩吾　神名,山海經西山經。崑崙之丘神陸吾師之,即今肩吾也。莊子肩吾古賢者,一說姓肩名吾。

孫叔敖　春秋楚人,蒍賈之子,亦曰蒍敖。字孫叔。兒時殺兩頭蛇埋之聞名。及長性恭儉。代虞丘為楚相。

栩栩ㄒㄩˇ　喜貌。

躊躇ㄔㄡˊ ㄔㄨˊ　猶豫不決。

知ㄓ丶智

說ㄩㄝ丶喜悅

美人　是指對人贊美，美言也。

盜，竊取，取用，指學人用他人長處。不是劫掠。盜用。

以與人己俞有，人我之間無閒隙，隔賅，就俞富有。

楚王與凡君坐，少焉，楚王左右曰，凡亡者三。凡君曰，凡之亡也。不足以喪吾存。夫凡之亡不足以喪吾存。楚之存，不足以存存。由是觀之，則凡未始亡。而楚未始存也。

【譯】楚王與凡國君主同坐一起。沒有一會兒；楚王的左右臣子對他說：凡國亡國有三大危機。

凡君說：凡國被滅，並不表示我不存在。即是說：凡國滅亡了，我仍然存在並未喪志。而楚國今日的存在，並不表示存在的精神。由此看來，我凡國還沒有亡，楚國未常存在。

【註】凡君，凡國的君王。因凡國弱小，楚國有併吞的野心。楚王虎視瞻瞻一旁。凡君面對危機，以不屈不撓的精神震爍楚王。

【錄評】萬物皆幻相也。惟道爲真，能與道合，斯真人矣。

田子方虛緣葆真，清而容物。正容以悟。爲全德君子。

溫伯雪子以知心修性以明道，真性爲一存誠。

顏淵與仲尼論道，在性空歸元，初始陰陽之極。在玄同齊物。

老聃之言闡明道之微精微徹，常與變，萬化無極。無終始，在於空寂守真。

莊子與哀公之辯，在於真道力行，非形式粉飾。

百里奚以真性面事，忘生死富貴爵祿。

宋元君選畫士，以專注精一，真性神全任人。

文王夢求無為而治，臧人夜遁。言明道之難，行道不易，道貫天下更難。

列御寇，伯昏無人，射技之精，登高山履危石，臨深淵的凝氣、神定、專注。

肩吾孫叔敖事只一淡字。萬事作如是觀。無貴賤，無榮辱，守真常。

凡君以弱國抗強楚。非兵事，在於人氣，精神壯志。不畏不懼，存神明道。

知北遊　第二十二

　　知北遊於玄水之上；登隱弅之邱。而適遭無為謂焉，知謂無為謂曰：子欲有問乎若；何思何慮則知道？何處何服則安道？何從何道則得道？三問而無為謂不答也。非不答，不知答也。知不得問，反於白水之南；登狐闋之上，而覩狂屈焉！知以之言也。問乎狂屈，狂屈曰：唉！予知之將語若，中欲言而忘其所言，知不得問，反於帝宮，見黃帝而問焉。黃帝曰：無思無慮始知道。無處無服始安道。無從無道始得道。知問黃帝曰：我與若知之，彼與彼不知也。其孰是邪！黃帝曰：彼無為謂真是也。狂屈似之，我與女終不近也。夫知者不言，言者不知。故聖人行不言之教。道不可致，德不可至。仁可為也。義可虧也。禮相偽也。故曰失道而後德，失德而後仁，失仁而後義，失義而後禮，禮者，道之華而亂之首也。故曰為道者日損，損之又損之以至於無為，無為而無不為也。今已為物也。欲復歸根。不亦難乎！其易也。其唯大人乎！生也死之徒，死也生之始。孰知其紀。人之生，氣之聚也。聚則為生，散則為死。若死生為徒，吾又何患。故萬物一也。是其所美者為神奇。其所惡者為臭腐。臭腐復化為神奇。神奇復化為臭腐。故曰通天下一氣耳。聖人故貴一。知謂黃帝曰。吾問無為謂，無為謂不應我，非不應我，不知應我也。若問狂屈，狂屈中欲告我，而不我告，非不我告，中欲告而忘之也。今予問乎若，若知之奚故不近。黃帝曰，彼其真是也。以其不知也。此其似之也，以其忘之

也。予與若終不近也。以其知之也。狂屈聞之，以黃帝爲
知言。

【譯】知者去北海玄水訪道，在海上登臨隱弅仙山。適巧遇
見無爲謂。知者對無爲謂說：先生！我想請問一下，想甚麼？考
慮那些事，才能知道。到何處去，去作啥事才能安於道。從那兒
著手；才明道而得道。這三個問題提出後，無爲謂沒有回答他。
不是不回答，而是不知如何回答。知者所問非人。返回南海，悠
遊在白水之上。登上狐闋仙山，看到狂屈。知者把所說過的話，
向狂屈討教。狂屈說：唉！我知道你想說啥？這樣一來，使知欲
言中止，忘了要說什麼？知者又問非得人。只有返回命宮。回到
黃庭之後，問黃帝：將遊北溟南海之經過訴說一遍。黃帝說：無
思無慮方始知道。無處無服方始安道。無從無道方始得道。即是
說：放下一切，沒有任何罣念，不思不想丟去念頭。不求方法技
巧，一切處之泰然，安順即可。不必從宗投門問人，專一精進自
會有道。

　　知者問黃帝說：只有你我知道。他與他們都不知道嗎？是不
是如此呀！黃帝曰：無爲謂不言，是真知。狂屈所說的話；是半
調子。似知而真不知。我和你是不能近似此類人物。所以說：知
者不言，言者不知。

　　所以聖人主張推行感化教育，以躬身力行，不必用言詞指
導。道不必用力推進，是取法自然。德是秉性修爲中自然形成。
是無法勉強的。仁是可以用意去推行。義是損虧將事的作法。禮
則是相互虛僞應付的表現。因此失道而後有德。失德而後有仁，
失仁而後有義。失義而後有禮。所謂禮：是道的外表美服，不但
不是真道，更是人心貪欲的禍首。故說：爲道者日損，在德與

仁，義與禮的環環相扣和中日漸虧損磨蝕中。到最後什麼都沒有。到此田地，什麼事都幹得出來。成爲道德喪盡，人心腐敗。而今已成物欲橫流，欲想返樸歸真，真是難上加難啊！

　　現在我們換句話頭來說吧！人之大事，唯生死莫屬，你有沒想過，生下來，一天一天的走向死亡。但是死了，則是重生的開始，誰能知道延續多少。人的生存，是一口氣而已，人死則氣散，亦可說是氣散了，人就死了！這是人人都必須經過的途徑，沒什麼可怕的。世間萬物都一樣，有生就有死。人生是神奇美好的。最厭惡的是，死後那張臭皮囊會臭腐。可是臭腐後復生又變爲神奇。成了活生生的神奇形骸，由神奇再變成腐臭。所以說，普天下的生死只是一口氣而已。聖人最珍視這口氣。

　　知者問黃帝：我問無爲謂，他不回答我，並不是不回答，而是他根本不知如何回答。我問狂屈。狂屈在話中想告訴我。但我又不想他告訴我。不是我不想知道，而是我在說話中忘記了！今天我問你這些話，你說我何故不相近。

　　黃帝說：他的表現是「真是」。因他不知就是不知，不能說似是而非的話。把他忘記吧！你與我並非近似。那是你自知的事。狂屈聽到此話，以黃帝爲知己之言。

　　【註】知出，無為謂，狂屈，皆假名。

　　隱弇ㄈㄧㄣˊ ㄈㄣ　狐閡ㄎㄜ　皆借海上有仙山，山在虛無飄渺間，（白居易句）莊生雖然早生千多年，但海上有仙山的傳說：非先秦始。故姑且將二山以仙山述之。

　　玄水：指北溟之水是玄水。北溟是玄天。玄是黑。故稱黑水。在人身，玄武──北溟。

　　白水：指南海之水，丙丁屬火，光明，故稱白水。

　　在人身　青龍、白虎。即腎。穴在玄牝。

語若ㄖㄨ、　若即汝，語若，告訴你。

不近　附近之近。近似，相近也。

黃帝。中土主命宮，反帝宮，主宰生命的臟器。土為黃色，為中宮，故稱黃帝。丹道學黃庭經，即以此為命名。為道家煉丹主要經典。余有專論。

此章主旨。言吐納法修真。亦即道家練功的基本法門，在一個「忘」字，故無思無慮，無處無服，無從無道。即沒有念頭掛記，進入無知無覺的靜止狀態，故言槁木死灰。

天地有大美而不言，四時有明法而不議。萬物有成理而不說。聖人者原天地之美，而達萬物之理。是故至人無為。大聖不作。觀於天地之謂也。今彼神明至精，與彼百化。物已死生方圓，莫知其根也。扁然而萬物。自古以固存。六合為巨，未離其內。秋毫為小，待之成體。天下莫不沈浮，終身不故。陰陽四時，運行各得其序。惛然若亡而存。油然不形而神。萬物畜而不知。此之謂本根。可以觀於天矣！

【譯】天地最美不必講，四時分明不必議論，萬物成長有牠的道理不必多言。所謂聖人，他們是本原於天地的善美，通達萬物成因的致理。所以聖人無為。大聖不作。是觀察天地運行的大道。對他如神明精微，視萬物生化演繹，生死的軌跡。但牠的根本原由，尚不知曉。遍天下的萬物生存更替，是古來就有的。在六合之大包涵在內。像秋毫般的小東西，假以時日牠就會長大成物體。天下的事情，有升也有降，不是那麼風順，也不是一成不變的。陰陽四時的運行是有秩序的。惛然忘我的存在。便會產生

神奇的事。（這是練功中的某種感應）。萬物畜養成長，自身是不知道的，這就是本根的所在，可以觀天法地探原。

【註】大美，釋文覆載之美也。天地能化育萬物。如神明之美德也。

扁夂一ㄢ ㄈㄢ　番然，更代，更替。

惛然ㄏㄨㄣ ㄇㄣˊ即茫然。

油然，一ㄡˊ　釋文謂無所給惜也。

物畜ㄒㄩˋ ㄔㄨˋ本亦作滀，畜養、滀、集、鬱結，但以畜養較當。

【解】旨在歸根復命。

　　齧缺問道乎被衣，被衣曰，若正女形，一女視，天和將至，攝女知，一女度，神將來會。德將爲女美，道將爲女居。女瞳焉知新生之犢。而無求其故，言未卒。齧缺睡寐。被衣大說：行歌而去之。曰：形若槁骸，心若死灰。眞其實知，不以故自持，媒媒晦晦。無心而不可與謀。彼何人哉。

【譯】齧缺向披衣問道。披衣說：身形端正放鬆。眼光低垂凝視，氣息自然均匀。收心歛知，自息悠緩微一。精神集中，意守丹田。你將得到美好的效果。道脈反應自然形成大洞之內。眼瞳如盲內視，有如初生小牛。還未明周遭景物。也不知需要什麼。話未講完。齧缺已經呼呼入睡了（此句有待商榷。應改爲，齧缺惛然入寐。）披衣非常高興，哼著漁歌走了！這就是息數法所說的槁木死灰。才能求得真知。但不可刻意追求。最重要的一點，是在迷迷朦朦中無心無意中得來。你想能演得此法的披衣，

是何等樣的人？

【註】齧缺ㄧㄝ　成玄英疏：齧缺，王倪弟子，高士傳，齧
缺者，堯時人，許由之師也。

被衣ㄆㄟ通披，疏：被衣王倪之師也。

瞳ㄔㄨㄥˊ ㄉㄨㄞˇ ㄊㄨㄥˊ　即瞳仁。俗稱眼珠子。牛眼天
生色盲。

初生小牛，根本無法辨識方向。

大說ㄩㄝˋ　通悅，大悅　即很高興。

槁ㄎㄠˇ　枯槁也。即言枯木，槁木。

媒媒ㄇㄟˊ　通寞，冥也。

晦晦ㄏㄨㄣ ㄏㄨㄟˋ　昏暗不明　李云媒媒晦貌。

舜問乎丞曰：道可得而有乎！曰：女身非女有也。女
何得有夫道？舜曰：吾身非吾有也。孰有之哉？曰：是天
地之委形也。生非女有。是天地之委和也。性命非女有。
是天地之委順也。孫子非女有，是天地之委蛻也。故行不
知所往，處不知所持，食不知所味。

天地之強，陽氣也。又胡可得而有邪？

【譯】舜帝問丞，你說，道是否可得有呢？

丞說：你的身體並不屬於你。你怎麼能夠得道呢？

舜說：我身體不屬於我，那是屬誰呢？

丞說：那是天地委托的形貌。生來就不屬於你，而是天地和
合的產物。性命也不屬於你。是天地順應的律曆，子孫也不是你
的。那不過在律例中蛻變的嗣裔。故行不知至那兒，處所不知如
何持有。食也不知是什麼滋味。（言一切皆空）天地間最強勢

的，唯有陽氣，牠才是萬有動力的源泉，又怎麼能夠求得呢？

【註】丞ㄔㄥ╱　李云舜師也。古有四輔，前疑後丞蓋官名。

委形　司馬云委積也。

委蜕ㄊㄨㄛ　ㄊㄨㄟ╱　ㄔㄨㄞˋ　ㄕㄨㄟˋ　ㄕㄜˋ

天地之強陽氣也。郭云強陽如運動耳。言天地尚運動。況氣聚之生，何可得而執而留也。

此章之言。古人避諱男女之事。如以今說，直言男女交媾，強勢一方是男，由陽氣注入。自古父如天，母如地。有父母才有子孫。但意不在此。以自然行為不是自己能持有，一切皆空，身形體骸，性命俱為暫存的假藉，隨時隨物湮滅。以無無至空無滅度。道是無無無有有無間的玄理。

孔子問於老聃曰：今日宴間，敢問至道。老聃曰：女齋戒疏瀹而心，澡雪而精神，掊擊而知。夫道窅然難言哉！將為女言其崖略。夫昭昭生於冥冥。有倫生於無形。精神生於道。形本生於精。而萬物以形相生。故九竅者胎生，八竅者卵生。其來無迹，其往無崖，無門無房，四達之皇皇也。邀於此者。四枝彊，思慮恂達。耳目聰明，其用心不勞。其應物無方。天不得不高，地不得不廣，日月不得不行，萬物不得不昌。此其道與！且夫博之不必知。辯之不必慧。聖人以斷之矣！若夫益之而不加益，損之而不加損。聖人之所保也。淵淵乎若海。魏魏乎其終。則復始也。運量萬物而不匱。則君子之道，彼其外與。萬物皆往資焉而不匱，此其道與。

【譯】孔子在空間時問至道。老聃說：你齋戒疏淡其內心。

以煥發的精神，把智慧的塵垢拍打乾淨。

　　道是深隱奧妙，是很難說得清楚的。我只能與你說個大概。那末光明生於黑暗，有形生於無形。精神生於道。形本生於精。萬物是以形貌來分辨的。故有九竅的動物是胎生，八竅的動物是卵生。如何生成各種形態，很難找到原因。死亡時日不同，各有長短期數，也無法說出牠的理由。現在還無法弄清，如何著手。類別繁多，遍地都有，像這樣的狀況，誰能說得清。

　　就以我們人來說罷。四肢強壯，思慮明達。耳聰目明，所用心思不竭。但應對事物，沒有絕對的方法，個人處置思維不同。

　　以天來說：祂不得不高，高到何度，無法定論。地大無邊，難以丈量。日月不得不明，萬物不得不昌盛，誰也阻止不了。所謂野火燒不盡，春風吹又生。這就是道啊！如此廣博幽遠，不必那麼多知慧，辯論也是多餘的。聖人早有定論了！是再多也加不上，再虧也損不了！聖人能保有的胸懷，浩大如海洋 —— 能容。巍巍顯赫的終復輪動。使萬物運行不匱乏。所謂君子之道，不過是外在的皮象啊！萬物相互資助是自然形成的。此種情況也可稱為道。

　　【註】齊通齋ㄓㄞ。

　　宴ㄧㄢˋ通晏。宴會，晏臥。晏開　即空閒。

　　間ㄐㄧㄢ通閒ㄒㄧㄢˊ　以ㄐㄧㄢ為正。

　　淪ㄌㄨㄣˊ　瀹　或云漬，釋文。

　　掊擊ㄆㄡˇㄐㄧˋ　拍打貌。

　　而知ㄓˋ　智慧。

　　窅ㄧㄠˇ然　深遠貌。

　　九竅ㄑㄧㄠˋ　竅孔，人有九竅眼耳口鼻、幽門、下陰。

　　邀ㄧㄠ　請，到也。

恟達ㄒㄩㄣˊ　信實，通達，暢達。

與ㄩ虛字，驚嘆！語助詞。即歟，通與。

不匱ㄎㄨㄟ　不缺乏。

以斷ㄉㄨㄢˋ　已經斷定。

資ㄓ　資助。

　　中國有人焉，非陰非陽。處於天地之間。直且為人。將反於宗，自本觀之。生者暗醷物也，雖壽夭。相去幾何？須臾之說也。奚足以為堯桀之是非。果蓏有理。人倫雖難。所以相齒。聖人遭之而不違。過之而不守。調而應之德也。偶而應之道也。帝之所興，王之所起也。

　　人生天地之間，若白駒之過郤，忽然而已。注然勃然，莫不出焉。油然漻然，莫不入焉？已化而生，又化而死。生物哀之，人類悲之。解其天弢，墮其天袠。紛乎宛乎魂魄將往。乃身從之。乃大歸乎？不形之形，形之不形，是人之所同知也。非將至之所務也。此眾人之所同論也。彼至則不論，論則不至。明見無值。辯不若默，道不可聞，聞不若塞。此之謂大德。

　　【譯】中國自有人類來說：是在渾沌時期，萬物濛溟，能直立行走的被稱之為人。若要逆究本源，觀其根本，不過是聚精氣而化物。雖然有存活長命，但也有夭折不少。二者相較，相差無幾。不過是像說話一樣短暫就過去了！又何必為堯桀的是非追論呢？果蓏的生長內實有別。人倫難別，可以年齡輩分相序。聖人相遇也不會違背，過去的事就不必再留戀祂。為適應時代可略微調整。這就是德。若能配合應用，就是道。所以說：帝王的興

起，是順天應人的道。

人生在天地之間，不過是白駒過隙，瞬間的事而已。出生成長壯盛是自然的道理。委頓病患垂老至死，是必然的行徑。從化生而成人。又從腐化而成物。生物哀戚，人類悲傷。裂解這張臭皮囊，粉碎骨骸爲塵土。塊塊飛散，就是大歸。那末，可以這麼說：人的形象並非真的形象，是非形之形的幻影。是人所共同認知的。並不是應有的本務。也是大家公論的議題。但是以道來說：修到某一階段是無法以言語說清的。若可以講得出來，那你還未臻至火俟！能看得見的，只是皮象。深層的東西是默無沈寂中去參悟。所以說，道不可說：說不如兌塞不聞。能得其竅，是謂大得。

【註】非陰非陽，即是混沌時代。

直且為人，是言直立行走者，才稱為人。

喑醷ㄧㄣˋ，ㄩㄞˋ ㄩㄧㄢˋ ㄊㄢˇ　李郭皆云聚氣貌，即閑口縮腹吸氣，深呼吸。故曰：熊經鳥申。

幾何ㄐㄧˇ ㄏㄜˋ相近，相差不多。

果ㄍㄜˋ蓏ㄌㄨㄛˇ　果指水果。蓏，指堅果類。

白駒ㄐㄩ　是形容時間，光陰，白駒　是壁縫，門隙透過的白光。像白馬般跑過去。

注然，青苗育長貌。

勃然ㄅㄨˋ　生氣蓬勃貌。

油然ㄧㄡˊ　自然貌。

漻然ㄌㄧㄠˊ ㄌㄧˋ　粉碎貌。

弢ㄔㄠ ㄊㄠ　弓衣。弓袋

褷ㄔㄧ ㄓˋ　囊衣曰褷。釋文，陳本云意與囊同，袋也。

此章言生死大事。重點是道家尸解的說法，譯文中已說明。

【陳論】萬物形形相禪，無往非道。然可見者道之粗。非其至也。惟能不落言詮。不參色相。獨於未有天地。自古以固存者。躬身求之。庶幾默默昏昏，得其一萬事畢也。

贅言，道是摸不著、看不見，沒有輕重，沒有空間，游離於天地之間，人身修道，以坐亡心齋為基，何得，何所，何時，皆唯一悟，出於機緣造化，非求可得也。

東郭子問於莊子曰：所謂道惡乎在。莊子曰，無所不在。東郭子曰：期而後可。莊子曰：在螻蟻，曰：何其下邪！曰在稊稗，曰：何其愈下邪！曰在瓦甓，曰何甚愈甚邪！曰在屎溺。東郭子不應。

莊子曰，夫子之問也。固不及質。正獲之問於監市履狶也。每下愈況。女唯莫必，無乎逃物。至道若是，大言亦然。周徧咸，三者異名同實。其指一也。曾相與遊乎無何有之宮，同合而論無所終窮乎。嘗相與無為乎，澹而靜乎。漠而清乎。調而閒乎。寥已吾志。無往焉！而不知其所至。去而來，不知其所止。吾已往來焉，而不知其所終。

彷徨乎馮閎，大知入焉，而不知其所窮。物物者。與物無際。而物有際者。所謂物際者也。不際之際，際之不際者也。謂盈虛衰殺。彼為盈虛非盈虛。彼為衰殺非衰殺。彼為本末，非本末。彼為積散非積散也。

【譯】東郭子問莊子。道是否存在。

莊子說：無所不在。

東郭子說：是否可以期待？

莊子說：在螻蟻。

郭子說：怎會那麼低下。

莊生說：在糠秕之中。

郭子說：怎麼愈說愈賤？

莊生說：在瓦片中（註：瓦溝用瓦曰瓴，覆蓋之瓦曰甓。）

郭子說：有那麼低賤嗎？

莊生說：在糞尿。

東郭子一聽，愈說，愈不像話；只有默不著聲。

莊子在興頭上，看他沈默無言，便大發高論。對東郭說：你所問的，沒有觸及到道的本質。如像豬市的釐金收稅的稅務員。不是豬牙捐客，真懂得大豬的肥瘦。只要用腳一踢，從肩脥到後腿，肚囊就知道牠的斤兩。

你也不必有何期待，想獲得什麼。任何事物自有道在。關於至道之事，牠猶如真是，銘言所然，是周延遍布咸同的三大原則。雖然說法不同，但它的意義是一樣的。你是否與它時常交遊。而在不定的場所，不同的空間、不同的時間 —— 道不可須臾離也，能夠與它合體交往，不論終始，沒有企求，澹然寧靜，在惛亡中清徹，與它合而為一沒有距離。但要寂寥不取，守其空相。不知去處，不知何方。去而往來，不知止境。我已經往來無度，不知道有何結果。徜徉在廣大無邊的曠野之中，大智慧注入聖心。沒有窮盡的涯涘！

所謂物役其物，沒有分際；可是也難說沒有界別。而是無邊中有涯，有涯中無涯。為什麼？因為它有盈虛蕭殺的過程。但盈虛又不是真的盈虛。它的蕭殺亦非衰殺。追它的本末，亦沒有本末。它的積成消散並不是真的積成消散。只是輪轉的度數。這即是道樞天均的大義。

【註】東郭子，即東郭子綦。

螻蟻，指小虫與螞蟻的總稱ㄌㄡˊ 一ˇ

稊稗，即稻中雜生的稗子。俗稱毛稗。

瓦甋ㄅ一ˋ陳注甋甎也。以詞義，應是瓦片。上仰下覆的名詞，非磚瓦也。即瓦片。用時瓦溝上仰曰瓵下覆曰甋。故曰瓦甋。

屎ㄕˇ溺ㄋ一ˋ ㄋ一ㄠˋ同尿。同糞。

正獲，司市官，即市場稅司。

市監，是牙子、搗客。賣豬叫豬牙，牛市有牛牙。因牛馬是看年齒。操業者執牛馬頭張口看牙故稱牙子。

履狶，狶ㄒ是肥豬。履，是用腳去踢觸，從足尖的反應便知豬的肥瘦斤兩。

周徧ㄅ一ㄢˋ 全身，全面

澹ㄉㄢˋ 恬靜。

調而間乎！應解調適其間距，非閒空。

寥ㄌㄠˊ 寂寥

馮ㄆㄥ ㄆㄥˊ ㄅㄥ 閎ㄏㄨㄥˊ 馮閎李云皆大也。郭云虛廓之謂也。

衰殺ㄕㄞ ㄕㄚˋ 枯死。衰 委枯，殺，死滅。

陳論 道未嘗離物，歧視之不可，物不足盡道。一視之亦不可。以為是則皆是，以為非則盡非。是是非是，是非非非，悟得此旨，乃可言道。

妸荷甘與神農同學於老龍吉。神農隱几闔戶晝瞑。**妸**荷甘夆戶而入。曰：老龍死矣！神農隱几擁杖而起。嚗然放杖而笑！曰：天知子僻陋慢訑。故棄子而死已矣！夫子

無所發子之狂言而死矣夫。弇堈弔聞之曰：夫體道者，天下之君子所繫焉。今於道秋毫之端，萬分未得處一焉？而猶知藏其狂言而死。又況夫體道者乎！視之無形，聽之無聲。於人之論者，謂之冥冥，所以論道而非道也。於是泰清問乎無窮曰：子知道乎？無窮曰：吾不知。又問乎無為。無為曰：吾知道。曰：子之知道，亦有數乎！曰有。曰：其數若何？無為曰：吾知道之可以為貴。可以為賤，可以約，可以散，此吾所以知道之數也。泰清以之言也。問乎無始。曰：若是則無窮之弗知與。無為之知孰是而孰非乎！無始曰：不知深矣！知之淺矣。弗知內矣。知之外矣！於是泰清中而歎曰：弗知乃知乎！知乃不知乎！孰知不知之知。無始曰：道不可聞，聞而非也。道不可見，見而非也。道不可言，言而非也。知形形之不形乎！道不當名。無始曰：有問道而應之者，不知道也。雖問道者，亦未聞道，道無問，問無應。無問問之是問窮也。無應應之，是無內也。以無內待問窮。若是者，外不觀乎宇宙，內不知乎太初。是以不過乎崑崙，不遊乎太虛。

【譯】妸荷甘與神農都是老龍吉的學生。神農躺在几案後面，把窗戶關上畫寢。妸荷甘中午把窗戶推開爬進去說老龍死了！神農拿著拐杖從几案後起來。突然把手杖放下笑了一笑說：天都知道你是個放蕩不羈的大騙子。所以拋棄你這無聊的人死了。師父尚未發現你的狂言就死了！

弇堈聽說跑來弔祭。能體道的人，是天下所有的君子都嚮往的。今天尚未體驗到毫毛末端，未得到萬分之一。還知道隱藏狂言歸真。何況能體道者的應有行為！道體應是看不見形象聽不見

聲音。給人議論的都是不成熟的說法，所以說，可以說的都不是道。於是太乙問無窮。你知道什麼是道嗎？無窮說：我不知道。再問無爲。無爲說：我知道。對曰：你所知的道，有數據嗎？說：有。那末你說來聽聽！無爲說：我知道很可貴。亦能低賤，可以約制；也可以散失。這就是我所知道的數據。

太乙把無爲的與無窮話去問無始。對曰：如果是這樣！無窮是不知的啊！無爲的說法，孰是孰非很難定論。無始說：以我的看法，他不知內在深遠之處，是很淺薄的見解。只知其外，不知其內的浮淺論見。於是太乙中斷了說話，嘆息的說：不知就是知，知則不知啊！誰知不知即知呢？

無始說：道不可聞，聽問就不是道。道不可見，能見即不是道。道不能說，說就不是道。知形其形即非形。道不必有名。無始又說：有問道能回答他的就不知道。雖然問道的亦沒有聽道。道不可問，問不能答，無問而問是問無窮啊！無應回應，是沒有內涵的。以無內去期待問窮。

如果是如此，對外沒有觀察到宇宙。對內不知太初。還沒有越過崑崙之巔，怎能夠悠遊於太虛呢？

【註】婀荷甘ㄎㄜ ㄏㄜˊ ㄍㄢ　疏姓婀字荷甘，釋文本或作苟。

老龍吉ㄌㄠˇ ㄌㄨㄥˊ ㄐㄧˋ　莊云神農師，疑非實皆假名。

隱几ㄧㄣˇ ㄐㄧ，古之几案。隱几，指人在几案後面。因古時是席地而坐，此風直至宋代。自唐有坐橙、椅以來及今僅千年。古席舖地可坐可臥，置一矮案——曰几，可看書寫字，飲宴。席平民大都草編，富者毡毯，亦有皮革。

闔戶，ㄏㄜˊ　關窗戶。

畫瞑ㄓㄨˋ ㄇㄧㄥˊ　睡午覺。白天睡覺。

　　奓戶彳ㄟ ㄈㄨˋ ㄕㄟ　推開窗戶。

　　僻陋ㄆㄧˋ ㄌㄡˋ　風氣不開，交通不便，指粗俚之人。

　　慢訑ㄇㄢˊ ㄧˊ　自作聰明的樣子。釋文慢ㄨㄢˋ　徐ㄨㄧㄢˋ　郭如字。

　　訑ㄊㄢˋ　徐ㄊㄧㄢˋ　郭ㄊㄧㄢˊ

　　弇峒ㄧㄢˇ 《ㄤ　通崗，莊子藉山海經大荒西經神山弇茲命名。非真也。

　　中而難，崔本作印。

　　去教ㄑㄩˋ ㄐㄠˋ　就教，求教。

　　太初ㄊㄞˋ 彳ㄨ　開天闢地之前。

　　【解】不過崑崙，不遊乎太虛。指修道人，從海上有三神山，方壺、蓬萊、大瀛洲。而到崑崙。以今日丹道學與人體經絡學，氣場學的解釋。應該是從丹田、命門、玄武、百會的脊椎神經至大腦。如果人體磁場能穿透百會。發出的腦波，可以與太空某種頻率發生交感，便會收到不同訊息。那末此人可神遊太虛。亦可離形漫遊天地之間。

　　【附】關於瓦甓一詞加以解析。雖江南人稱磚、塼、甎叫甓，因它是單詞。而瓦甓是複詞。其本意是屋瓦，屋瓦是上下相扣。故有瓴甓之詞。以瓴甓注：仰為瓴覆為甓，即是瓦溝與瓦楞的總稱成詞。這是瓦片的仰合詞。是一般瓦屋修蓋的片瓦材料。

　　如殿堂，亭臺，樓榭，廟宇。瓦的製作就比較複雜。從漢代的無極瓦到長壽瓦就可得到證明。瓴瓦形式未變，只是屋簷一片加滴水。如反僧帽。所指無極瓦，是簷前覆瓦，是半圓形，在封口加一圓形上片粘合。上印有不同花紋或圖案、文字。稱筒瓦。唐以後瓦變為陶瓦，上釉。至今有不同釉色製作琉璃瓦。但民間青瓦仍然存在。

　　瓦是舊石器時代的產品，祖師爺皋陶。（此人應是新石器時代的人。）說文言「瓦」即是蓋房屋的瓦。是錯的。瓦是陶以前最古老的家用器具，是粘土製，草火低溫。四至六百度。沒有窰，只挖一土坑，坑中置滿器物，上以草火燃燒。無釉，呈土紅色。以後在成形後，覆青草澆水，使青煙倒貫入坑，待冷卻後器皿就變成灰青色。此青以後應用到製瓦，故稱青瓦。由於瓦的建材耗量大，才有窰的產生。到明清以後窰的變化很大。但青瓦、青甎的窰，變化不大。

　　光曜問乎無有曰：夫子有乎？其無有乎？光曜不得問，而孰視其狀貌，窅然空然。終日視之而不見，聽之而不聞。搏之而不得也。光曜曰：至矣。其孰能至此乎？予能有無矣！而未能無無也。及爲無有矣！何從至此哉。

　　【譯】光曜問無有：先生「有」嗎？或是沒有呢？沒有回答，就無法再問下去。只能看看牠的形貌表情。但是那麼深隱空洞，整天都看不到什麼，也沒聽到任何聲音。用手去抓，也是空無所有。光曜自言自語的說：好了，已經到了至高境界。要怎樣才可達到這一步景緻，我能嗎？尚未進到無無之境啊！要能修到無有的境界。要從那裡著手呢？

　　【註】光曜ㄧㄠˋ　無有ㄨˊ皆為虛擬之名。

　　窅ㄧㄠˇ　深遠貌通窈。

　　搏ㄅㄛˊ　捕捉。

　　如何能達到窅然空然的境界。惟有致虛極、守靜篤。是唯一法門，故無無空相。

　　大馬之捶鉤者，年八十矣，而不失豪芒。大馬曰：子巧與？有道與。曰：臣有守也。臣之年二十而好捶鉤；於物無視也。非鉤無察也。是用之者。假不用者也。以長得其用。而況乎無不用者乎！物孰不資焉。

　　【譯】大司馬的鑄劍師所用的鉆捶鐵鉗。已經八十年了！但是仍然如新，沒有絲毫磨損。司馬說：師傅，你真的很巧啊？還是有道！對曰，有守也。我二十歲開始，就喜好捶鉤功夫，對其他的事啥也不管，不是火鉗上的東西我不看。是用借不用為長年得用。那有不用的道理呢？有東西怎麼不去資用呢？

　　【註】大馬，即大司馬？

　　捶鉤ㄔㄨㄟˊ《ㄡ　按釋文，郭音ㄊㄨㄟˋ　徐ㄓㄨㄟˋ　李ㄓㄨㄟˋ。司馬，郭云捶者玷捶鐵之輕重而不失豪芒也。

　　玷ㄓㄢˋ　通鉆。鐵鉆，打鐵的工具。即打鐵時用的鐵鐃。鉤，是火鉤，火鉗，皆為打鐵工具。鋒鉤是劍屬，非鐵工用具，而是成品，故書生之見，只是猜想，不知實際工序及用具，故常誤導讀者。以打鐵來說：如風箱、水桶、火鉗、火鉤、鐵鉗、大錘、手錘、鉆鐵等等。

　　本章旨意，只一守字，叫守常。以無用為大用。許多解釋都是外行廢話。

　　冉求問於仲尼曰：未有天地可知邪？仲尼曰：可。古猶今也。

　　冉求失問而退。明日復見，曰：昔者，吾問未有天地可知乎？夫子曰：可。古猶今也。昔日吾昭然，今日吾昧然。敢問何謂也。仲尼曰：昔之昭然也。神者先受之。今

之昧然也。且又爲不神者求邪！無古無今，無始無終。未有子孫，而有子孫可乎？冉求未對。仲尼曰：已矣，未應矣！不以生生死，不以死死生。死生有待邪？皆有所一體。有先天地生者，物邪？物物者非物。物出不得先物也。猶其有物也。猶其有物也無已。聖人之愛人也。終無已者，亦乃取於是者也。

【譯】冉求問孔子。天地間有沒有不知的事。孔子說：可能。古今都是一樣。冉求沒有繼續再問。第二天見到孔子再問。他說我昨天問老師。有沒有天地間不知的事？仲尼說：可能？古今都同。冉求說：昨天我聽後很明白，今天聽了反而矇昧無知。這是什麼道理。孔子說：昨天的昭然知曉，是你精神貫注通達。是神受。今天是精神渙散，所以不明瞭。是傳授。

無古無今，無始無終，就是古猶今的意思。無始無終是天地運行的自然律例。在沒有子孫，而有了子孫可以嗎？冉求沒有回答。

仲尼說：好吧！沒有反應。不知生即是走向死亡。死即是復生的開始；死生是有期待的。但都是一體的。如果在未有天地之前就有某種物質。因爲有物，但此物並不是真的物，待有物種的出現有了人，而人也是物，故人我之間應以無我的精神相待。聖人之所以愛人，就是無我。能無我則湛然澄明，即可取法這一克己精神而成道。

【註】明日復ㄈㄡˋ ㄈㄨˋ 見ㄒㄧㄢˋ

又為ㄨㄟˋ

釋文未有子孫而有孫子。是言沒有兒子那來孫子？如人天地，不得先無而今有也。陳本「未有子孫而有子孫可乎！」讀雖順意也通，然不若陸本（孫子）明確。）

有先ㄒㄧㄢˋ

此章言看破生死。玄覽三界，直悟本真。超乎聲聞目染，以體道歸真還虛。

　　顏淵問乎仲尼曰：回嘗聞諸天子曰：無有所將，無有所迎。回敢問其遊？仲尼曰：古之人外化而內不化。今之人，內化而外不化？與物化者。一不化者也。安化安不化。安與之相靡，必與之莫多。狶韋氏之囿。黃帝之圃，有虞氏之宮，湯武之室。君子之人，若儒墨者師。故以是非相整也。而況今之人乎！聖人處物不傷物。不傷物者，物亦不能傷也。唯無所傷者，為與人相將迎。山林與，皋壤與？使我欣欣然而樂與。樂未畢也。哀又繼之，哀樂之來，吾不能禦，其去不能止。悲夫！世人真為物逆旅耳！夫知遇，而不知所不遇。知能能而不能所不能。無知無能者，固人之所不免也。夫務免乎人之所不免者，豈不亦悲哉！至言，去言，至為去為，齊知之所知則淺矣！

　　【譯】顏回問孔子。我常聽老師說：無有所將，無有所迎，到底是怎麼回事？要怎麼去作。

　　仲尼說：古代的人，外化而內不化；現代的人，恰相反。是內化而外不化。此話怎麼說呢？即是古人並不注意物質生活，只求一飽而已。內心如一，不會多想。今天的人，心事多端，外在物欲相逐，已成物化，缺乏人的精神陶養。不知一心靜定安樂。那知化與不化的分際所在。怎能與他去調諧呢？狶韋氏的囿苑。黃帝的園圃。有虞的宮牆，湯武的殿堂。

　　學習儒墨的士子。是以是非曲直調和為本。何況現在的人

啊！聖人與物相處，是以不傷物為原則。你不傷物，當然物也不會傷害你。唯有互不相傷，才能與人和善往來。譬如說山林呀！田畝壟丘，能使我們歡欣快樂。但是樂趣未盡，哀歌繼起。哀樂臨人，是無法禦防的。它的消失，我們也無法阻止。可悲呀！人生勞碌奔波一輩子，都在物質追求中打滾。是多麼可憐！

那末在社會上或官場中你碰到知遇的人拉你一把。但你有了進身，又何嘗想到那些尚未被拔擢的人。知道你有能力能幹，但還有一些缺乏能力。沒有事務的人，你又能幫助他多少。天下有許多事是個人不知道的，亦有無能為力的；固然避免不了！若你務必避免強求，他人無法避免的事，那就非常悲哀了！所以說，至言不如不言；至為不如不為；你若要什麼都知道，那也是不可能的。即是知識淵博，也是所知淺薄啊！

【註】之囿ㄧㄡˋ　囿是有柵欄的園苑。以養鳥獸林園為主

之圃ㄆㄨˇ　以種植果木蔬菜的田畦。

相蘁ㄑㄧˊ　ㄓˊ　相和也

與ㄩ通歟；虛字，感嘆語

而樂ㄌㄜˋ　快樂。

能禦ㄩˇ　禦防。

齊知之ㄑㄧˊ　全都知到。

【錄評】道不可名，故強為之容，元之又元，眾妙之門開矣！陸方壺云，讀此則三藏大乘皆可迎刃而解，信哉。

道德經是玄之又玄。雖然玄元為辭，但一分意義有別。不能不慎。

道釋通處，在玄理之合，非真性唯一。

【解】知北遊一篇，才是莊子作品中對道家思想修練作了有系統完整的敘述。對道術道學，均有精僻之處。

莊子新解雜篇

目　次

庚桑楚　第二十三　　天　下　第二十九
徐無鬼　第二十四　　讓　王　第三　十
則　陽　第二十五　　盜　跖　第三十一
外　物　第二十六　　說　劍　第三十二
寓　言　第二十七　　漁　父　第三十三
列御寇　第二十八

南華經　雜篇

庚桑楚　第二十三

　　老聃之役，有庚桑楚者，偏得老聃之道。以北居畏壘之山，其臣之畫然知者去之，其妾之挈然仁者遠之。擁腫之與居，鞅掌之為使。居三年，畏壘大穰，畏壘之民相與言曰。庚桑子之始來，吾灑然異之。今吾日計之而不足。歲計之而有餘。庶幾其聖人乎！子胡不相與尸而祝之。社而稷之乎！庚桑子聞之，南面而不釋然。弟子異之？庚桑子曰，弟子何異於予。夫春氣發而百草生，正得秋而萬寶成。夫春與秋豈無得而然哉？大道已行矣。吾聞至人尸居環堵之室，而百姓猖狂！不知所之往。今以畏壘之細民。而竊竊焉，欲俎豆予於賢人之間。我其杓之人邪！吾是以不釋於老聃之言。

弟子曰，不然，夫尋常之溝。巨魚無所還其體。而鯢
鰌爲之制。步仞之邱陵。巨獸無所隱其體。而孽（蘖）狐
爲之祥。且夫尊賢授能，先善與利。自堯舜以然，而況畏
壘之民乎？夫子亦聽矣！

【譯】老聃的門徒中，有位庚桑楚，唯有他得到老子之道。
他居住在北部的畏壘山上。從屬他的人，修習之后成了智者。離
開下山，投入社會，潔身自愛，成了仁者。與他有距離的人。則
是呆笨萎靡不振。在那兒住了三年。畏壘大豐收。畏壘的鄉民
說；庚桑子初來，我們還有些詫異，他是個啥人物？今天我們以
日算起來，好像不足開銷。但是以整年換算，卻足足有餘，改善
了生活。那麼，他是一個聖人啊！我們大家把他供奉起來：建立
生祠、時常拜祭。成爲我們鄉社的領袖。

庚桑子聽到他們的議論，要他南面爲王，心中感覺不快。他
的門人弟子很詫異，是怎麼回事？

庚桑子說：你們對我有什麼好奇怪的？春天到了！百草齊
發，花木扶疏，秋天到了！是萬寶生成，正是豐登時節，春秋季
節相禪是有律令的。並不是無中生有。而是大道倡行的結果。我
曾經聽說：至人居住在斗室之中。老百姓癲狂無主，不知怎辦？
今天畏壘地方人口稀少！我私下正爲耽心，還想把我供俸在賢人
之間。我不是成了一個標靶嗎？我只是服膺老子學說的言論，沒
有什麼別的想法。

弟子們說：不然！如八尺溝渠，大魚在其中沒有旋迴的餘
地。泥鰍居其中正合它的意。矮小的邱陵山坡，大形野獸無法藏
身。唯有狐狸認爲是它理想的地方。況且尊重賢人，傳授技能學
說；是要與他們善處，給他們好處。自古堯舜都是如此，何況畏

罍的人民呢？老師就聽他們的吧！

　　【註】役司馬云，役學徒弟子也。因古時作學徒，要為師傅作勞役。

　　庚桑楚，司馬云，楚名，庚桑姓也，太史公書元桑。

　　偏得　向秀音篇ㄆㄧㄢ

　　畏ㄨㄟˋ　本或作喂，又作猥　向音ㄩㄟˇ

　　罍ㄌㄟˊ崔本作㶕，向ㄌㄟˇ　李云畏罍山名也。或云在魯，又云在梁州。

　　畫然ㄏㄨㄛˋ　ㄏㄨㄞˋ獲然也；釋文音ㄏㄨㄛˋ　如獲取、獲得。

　　擁腫ㄩㄨㄟˇ　ㄓㄨㄥˇ　陳注呆笨之意。

　　鞅掌ㄩㄤ　ㄓㄤˇ　郭云擁腫朴子，鞅掌自得也。擁腫，病態也，不健康，有病也，亦云瘤腫。崔云鞅掌不仁意。

　　按：擁腫之與居，鞅掌之為使。以詞意言，看似手足麻木不仁，不聽使喚。故引擁腫為笨拙，鞅掌為失容。正得秋而萬寶成，天地以萬物為寶，至秋而成也。元嘉本作萬實。

　　大穰ㄖㄤˊ　陸本作壤　廣雅云豐也。

　　灑然ㄕㄣ　ㄒㄧˇ　李云驚貌，陳注：微驚貌，陸本洒然。

　　大道已行矣，本或作天道。

　　環堵ㄊㄨˇ　環廣雅云圍也。堵司馬云一丈曰堵，環堵者各面一丈言小也。

　　俎豆ㄗㄨˇ　祭祀時置牲的木架，豆ㄉㄡˋ是盛祭品的器具。故俎豆即祭祀之意。

　　杓郭音ㄅㄧˋ又ㄆㄠˊ又ㄅㄠˋ廣雅樹末也，郭云為物的標杓也。

　　王云斯由己為人準的也，向云馬氏作馰音的。

　　標ㄅㄧㄠ　ㄅㄧㄠˋ

　　尋常之溝ㄍㄡ　尋八尺也。倍尋曰常。即周禮洫澮之廣深

也。洫廣深八尺，澮廣二尋，深二仞也。

　　洫周代井田制，按考工記：「方十里為成，成間廣八尺深八尺，謂之洫。」

　　澮《ㄎㄞˋ　田間水道也。按周禮：地官稻人。「以澮寫水」。注「澮，因尾去水大溝」。

　　所還音旋ㄒㄩㄢˊ　迴環曰旋。即旋轉也。

　　鯢鰌，即泥鰍，小水溝污泥中是它的樂園。

　　步仞之丘陵　六尺為步、七尺曰仞，廣一步高一仞。

　　孔安國云八尺曰仞小爾雅云四尺曰仞（註：古之度量衡不一，雖秦代有統一，但漢唐都有變革，以今日之說：尋是八尺，仞為一丈——舊制。）

　　孽狐ㄋㄧㄝˋ　即狐狸也。一般喜歡說狐狸是妖孽。

　　祥ㄒㄧㄤˊ　李云祥怪，崔云野狐以之為祥善也。即好所在。

　　庚桑子曰：小子來。夫函車之獸，介而離山，則不免於罔罟之患。吞舟之魚，碭而失水，則蟻能苦之。故鳥獸不厭高，魚鱉不厭深。夫全其形生之人。藏其身也，不厭深眇而已矣！且夫二子者，又何足以稱揚哉？是其於辨也。將妄鑿垣牆而殖蓬蒿也。簡髮而櫛。數米而炊。竊竊乎又何足以濟世哉！舉賢則民相軋，任知則民相盜。之數物者，不足以厚民。民之於利甚勤。子有殺父，臣有殺君。正晝為盜，日中穴阫。吾語女大亂之本。必生於堯舜之間，其末存乎千世之後，千世之後，其必有人與人相食者也。

　　南榮趎蹙然正坐曰：若趎之年者已長矣，將惡乎託業以及此言邪！

庚桑子曰，全女形，抱女生，無使女思慮營營。若此三年，則可以及此言矣。

南榮趎曰，目之與形，吾不知其異也。而盲者不能自見。耳之與形，吾不知其異也。而聾者不能自聞，心之以形，吾不知其異也。而狂者不能自得。形之與形亦辟矣！而物或間之邪！欲相求而不能相得。今謂趎曰，全女形，抱女生，勿使女思慮營營，趎勉聞道達耳矣！

庚桑子曰，辭盡矣！曰：奔蜂不能化藿蠋，越雞不能伏鵠卵，魯雞固能矣。雞之與雞，其德非不同也。有能與不能者。其才固有巨小也。今吾才小不足以化子。子胡不南見老子。

南榮趎贏糧，七日七夜，至老子之所。老子曰：子自楚之所來乎？南榮趎曰：唯。老子曰：子何與人偕來之眾也。南榮趎懼然顧其後。老子曰：子不知吾所謂乎？

南榮趎俯而慙，仰而歎曰；今者吾忘吾答，因失吾問，老子曰：何謂也。

南榮趎曰：不知乎人謂我朱愚。知乎反愁我軀。不仁則害仁。仁則反愁我身，不義則傷彼，義則反愁我己。我安逃此而可？此三言者。趎之所患也。願因楚而問之。

【譯】庚桑子說：好、年輕人，你過來。我告訴你。像籠車那麼大的野獸，單獨離開山林，就難免遇到罔羅陷阱的危險。可以把船都吞得進去的大魚，也可能沖到沙灘失水，被螞蟻咬食。所以鳥獸不怕高，魚鼈不怕深。那末能夠全身安穩生活的人。是要懂得潛藏自己，不怕深隱無名。像你二人的說法，有什麼可以稱頌表揚的呢？你要想清楚。不必打掉圍墻，再去種雜草青蒿。

挽髮簪結，數米煮飯。去計較這些瑣碎雜務，怎麼能濟世鼎興呢？舉賢則人民相互傾軋爭奪。委任聰明的官吏，又會發生官商勾結，盜取國家財富。所舉的幾件事，都不是厚植民富的辦法。你沒看到人民為利的賊心有多恐怖。有子殺父的逆倫，有臣弒君的叛逆。光天化日，明目張膽的去搶竊。強盜。中午也毫不忌憚的打窃。

我告訴你，大亂的根源，是從堯舜時代埋下禍根。在未來千年以後，必定會發生人吃人的時代。

南榮趎突然正襟危坐說：像我這樣的年齡，要怎麼託負事業；慎記此言呢？

庚桑子說：保全自己，抱元守一。無思無慮，努力修習，三年以後，就可以兌現我說的話。

南榮趎說：眼睛看去，我的身影仍然如此，沒有什麼改變。難道說，是瞎子看不見自己。用耳朵去聽；我也沒有什麼差異，是聾子不能聽到自言嗎？若狂放自如呢？也不能自得其所。是神形離守，還是身影失焦。是物與物間有無限落差，欲想追求的無法達到。你今天說的，要我保身全生。去思棄慮，努力修習；我今天可以說勉強達到了！

庚桑子說：我的話說到此為止。

再說：土蜂是不能變成藿豆的青蟲。越國母雞不能孵化鵠蛋。而魯國的雞就可伏化。雞與鷄並不是牠本質有所不同，是牠沒有如此能量。是牠具有才力大小而已。今天我的才能不夠，教化不了你。你不如去南邊，拜見老子。

南榮趎，裹了足夠的糧食，走了七晝夜，到了老子的寓所。

老子說：你是從楚師父那兒來的嗎？

南榮趎說：是的。

老子說：你怎麼帶領了那麼多的人來呢？

南榮趎一聽害怕了！趕快往後一看，什麼人也沒有，便愣在那兒。

老子說：你不知我說的意思是什麼？

南榮趎低著頭慚愧的仰面歎息，今天吾忘了我應當怎麼回答，所以錯失我要請問的問題。

老聃說：你想問什麼？

南榮趎說：不知道旁人都說我智慧低能，笑我低能兒。知道以後，我耽心身體不好，作不好會害人，太過仁慈，又反而傷身。若不行義對他人有害，犧牲行義，我又如何能保生。我要如何才能逃脫這三項為難的問題？使我煩惱不已！是否看在我師父的面上，請加以指點。

老子曰：向吾見若眉睫之間，吾因以得汝矣！今汝又言而信之。若規規然，若喪父母，揭竿而求諸海也。汝亡人也。惘惘乎，汝欲反汝情性而無由入，可憐哉。

南榮趎請入就舍，召其所好，去其所惡，十日自愁，復見老子。

老子曰：汝自洒濯孰哉？鬱鬱乎然。而其中津津乎猶有惡也。夫外韄者，不可繁而捉，將內揵。內韄者不可繆而捉。將外揵。外內韄者，道德不能持。而況放道而行者乎！

南榮趎曰：里人有病，里人問之，病者能言其病，然其病病者猶未病也。若趎之聞大道，譬猶飲藥以加病也。趎願聞衛生之經而已矣！

老子曰：衛生之經，能抱一乎，能勿失乎！能無卜筮

而知凶吉乎！能止乎，能舍諸人，而求諸己乎！能翛然乎！能侗然乎！能兒子乎？兒子終日嗥而嗌不嗄，和之至也。終日握而手不掜。共其德也；終日視而目不瞚，偏不在外也。行不知所之，居不知所為？與物委蛇而同其波。是衛生之經已。南榮趎曰：然則是至人之德已乎？

【譯】老子說：你來見我，像眉宇間事，有那麼急捷嗎？今天就為了這丁點事，來到我家。但你說的話，倒還實在。若是喪魂落魄的急急趕來，等於拿支竹竿去測量海深，你是一位不知深淺的盲人。落魄喪志，要想返回真性，很難啊，真可憐呀！

南榮趎請求入館進修。以自己所喜歡的去研究，不喜歡的加以改進。十天以後仍有些耽心。再見老子。

老子說：你有洗心革面了嗎？看樣子，你還是有點悶悶不樂，但也有津津樂道的表現，只是還有些惡習未除。凡是外在的東西不可繁雜。應該內儉。內在的東西應執著堅持不放，不可意念渙散，要內外掌握得恰到好處，收放自然。道德不能相持，何況棄道而行是不對的。

南榮趎說：鄉里人有病，里人去問他，病人把病情告訴他。然而生病的人，好像沒有生病。如果我欲聞大道，猶如吃藥，反而增加病情。

南榮趎說：敢問夫子，養生大經是如何著手。

老子說：養生的主要方法，是你能否抱一守元。不能失散元神。不用卜筮之法也能知道吉凶，能夠趨吉避凶。不必請人幫助，一切都靠自己。凡病痛安危，你都能平安度過。你能像嬰兒般無邪嗎？你能終日生津不渴。口內津液滋潤清滑嗎？能夠身心泰和。整天拳手不疲，同德相乘。能否整天不眨眼嗎？絕外物於

眼簾，行不知去何處。居停不知爲什麼？與物週旋隨波蕩漾！即是養生的大經。

南榮趎說：若能作到此勝景，不是成了真人嗎？

【註】函車ㄏㄢˊ　逢車，載物者籠車。

碭ㄉㄤˋ　漂浮之意，言海浪漂碭也。

深眇ㄇㄧㄠˇ　很深遠！眇茫之意。

妄ㄨㄤˋ鑿ㄐㄧㄠ　ㄗㄠˊ　胡亂鑽鑿。

蓬蒿ㄆㄥˊ　ㄏㄠ蓬起雜亂的蒿草。苦蒿本草入藥，性苦，形如野菊。作飼料。

簡ㄐㄧㄢˇ髮ㄈㄚˋ　簪髮也，簡言竹簪，櫛ㄐㄧㄝˊ梳子，理髮。

數ㄕㄨˇ　ㄙㄨˋ米ㄇㄧˇ斤斤計較。一絲不苟，小器，瑣碎。

竊竊，司馬云細語，一云計校之貌。崔本作察察。

軋ㄧㄚˋ　排擠、傾軋，爭奪。

任知ㄓˋ智慧之智，任用有智能的人。

穴阫ㄆㄧㄟˊ　阫牆也，向云無所畏忌也。

女音汝ㄖㄨˇ你也。

有殺音ㄕˋ

南榮趎ㄔㄨˋ向音疇ㄓㄨˋ　ㄔㄡˊ　ㄕㄡˋ李云庚桑子弟子。漢書古今人表作南榮疇，或作儔。又作壽，淮南作南榮幬。

贏糧ㄧㄥˊ擔著糧食，背著足夠的糧食。亦音果ㄍㄨㄛˇ裹糧。用糧帶纏裹腰間，曰盤纏ㄔㄢˊ。即今日不用糧用錢，曰旅費。

越鷄　司馬　向云小鷄，或曰荊鷄。

藋蠋ㄏㄨㄛˋ　ㄕㄨˊ　司馬云豆藋中大青蟲也，應是豆葉上長的青蟲。廣雅　豆角謂之夾，其葉謂之藋。

能伏ㄈㄡˋ　ㄈㄨˋ　通孵。

鵠ㄏㄛˊ ㄏㄜˋ 本作鶴 鴻鵠也。

魯雞 向云大雞也，今蜀雞也。

女亡人哉 崔云喪亡性情之人。亡通無，通盲可釋為盲目，缺乏思考的人。

因失吾問，元嘉本問作聞。

向吾ㄒㄧㄤˇ 本又作嚮同。音嚮往也。

眉睫 音接ㄐㄧㄝˋ 釋名云目毛也。形容詞言眉宇間的事，即相關聯的事，相近的說法。形容時間，則很快。

所惡ㄨˋ 厭惡，或云缺點，壞習。

洒濯ㄒㄧˇ今洗，古文以為灑ㄕㄚˇ埽。濯ㄓㄨㄛˋ 澣滌也。

津津如字崔本作律律ㄐㄧㄣ`云惡貌，以詞意言，應是趣味深長的樣子。並無惡貌，但可能忘形。

猶有惡也。ㄜˋ尚有壞習慣，或云尚有壞處。

外韄 音霍ㄏㄨㄛˋ 崔恢郭也又如字本亦作韄。ㄏㄨㄛˋ又ㄨㄛˋ又音羈ㄐㄧ李云縛也。應是刀劍皮套的繩索。

韄ㄏㄨㄛˋ 成玄英疏：「韄者繫縛之名」。郭嵩燾曰，說文：「佩刀絲也。」按二家之言，應是佩刀皮囊的飾緒。與束帶。故云「不可繁。而捉一要好握（捉）」。

內揵：郭ㄑㄧㄢˋ 徐ㄐㄧㄢˋ關也。向云閉也。又音ㄐㄧㄢˇ。

繆ㄇㄡˇㄇㄡˊ稠結也，崔向云綢繆也。

加病 「病病」元嘉本作知病。崔本作駕，云加也。

然其病病者猶未病也，若以詞意直譯，然而，他的病好像病家沒有生病。若以元嘉本知病，即是說探問的人知道他的病情。好像沒什麼病。若以崔本作駕，探訪的人去時他的病情已控制住了，好像沒啥病。若駕釋為加則是病情增加了！與結語背離。若以修道言是忘痛忘憂之意，故猶未病。

衛生　李云防衛其生，令合通也。即言養生合道的要旨。衛指防衛，護衛生命也。

能舍ㄕㄜˇ通捨。

翛然音蕭ㄒㄠ又ㄩˋ崔本作隨，順也。陳註無累。云澹然。

侗ㄊㄨㄥˇ又ㄊㄨㄥˋ　ㄔㄨㄥˊ　ㄊㄨㄥˊ　陸本作侗。云直而無累之謂。三蒼云殼直貌，字林云，大也。以道言，應是空明。

嗃ㄍㄠ ㄏㄜˋ嘷、號ㄏㄠˊ。

嗌一ˋ崔本喉也司馬云咽，李音厄ㄜˋ謂噎也，一本作而不嗌。案，如李音，有不字，若以實情言，李音ㄜˋ較正確。

不嗄ㄒㄚˋ　本又作嚘。徐音一ㄡ，司馬云、楚人謂啼極無聲為嗄。崔本作喝云啞也。從哭、號，極不成聲則嗄，嗄極則啞。是悲傷哭情，最悲者聲啞而後死。此言嬰號則非悲極之詞。如乳子天真無邪情狀也。很單純，無食，無暖則嗃。

終日握　李曰捲手曰握。修道吐納、握固的導引術。

不挽ㄋㄧㄝ　向音一，崔云寄也。廣雅云捉也。以導引言挽是手疲憊，把拳手放鬆，捏數次使其活絡。

終日握不挽，是指終日修練握拳。都不會麻木。即言你已經有了深厚的功夫了。得到了竅門。

瞚ㄕㄨㄣˋ　通瞬、眨眼也，不瞚，即不眨眼。以道言，內視斂心，無視外物也。

偏不　徐音篇，意是土語。不必、不願。就是不要。

委蛇ㄨㄟˇ ㄕㄜˊ 一ˊ數衍應酬，曰虛與委蛇，逶迤，音ㄊㄜˋ。

曰：非也。是乃所謂冰解凍釋者。能乎？夫至人者。相與交食乎地，而交樂乎天，不以人物利害相攖。不相與為怪，不相與為謀，不相與為事。翛然而往，侗然而來。

是謂衛生之經已。曰然則是至乎。曰未也。吾固告女曰，能兒子乎！兒子動不知所為，行不知所之。身若槁木之枝，而心若死灰。若是者，禍亦不至，福亦不來。禍福無有，惡有人災也。

【譯】老聃說：不是，只是如冰解凍釋般回到本性。關於至人的說法。他是與地食天樂共參，與世間人物利害互不爭逐，對人不會亂來，更不會耍計謀，也不會擾事擾民。行事瀟灑。往來光明正大。這就是養生的最大原則。

南榮說：如此即是至人嗎？

老子說：還沒有。我昨天告訴你，要能像嬰兒般，他的活動不知是為什麼？你對自己的行動無介意。身若槁木，心如死灰。若能如此，禍不相侵，福也沒有，即是說，無災無難。雖無福可享，但平安安全是多麼自在。

【註】冰解凍釋，釋文音ㄒㄧㄢˋ。ㄐㄧㄢˋ言解凍，解除僵硬。還原靈活身段，以文義言，是却除靈頑不靈的身心。回歸到本來面目。

食地樂天ㄌㄜˋ　文義是回歸自然。

不以利害相攖　言不與人發生利害關係。

為怪ㄎㄞˋ　不亂來。怪，亂也。

為謀ㄇㄡˊ　謀計，計巧，算計。

槁木ㄋㄠˋ　枯木。言修行人，守神斂內，外表如枯枝朽木。沒有一點活力。

心若死灰　言修行，要不動心。心如冷却的灰爐。

宇泰定者，發乎天光。發乎天光者。人見其人，人有

修者。乃今有恆，有恆者，人舍之，天助之。人之所舍，謂之天民。天之所助，謂之天子。**學者學其所不能學也。行者行其所不能行也。辯者辯其所不能辯也。知止乎其所不能至矣。若有不即是者，天鈞敗之。**

【譯】所謂器宇軒昂，光彩奪目。是說修行人內在安泰，坦然寬厚。內氣的明潔，受到外氣的和諧共振，發出天然的光耀。看起來，雖然是平常人一般。但他的神氣十足，是一位有修爲的人。

修行是要有恆心的，你今天有了恆心，明天你就會精神守舍。若得天之助，即能全神無物。你能安神守舍，則爲天民。受到天助全神，可說是得天獨厚的天子。

由於你有好的天賦，就可以學到人家學不到的東西。作人家作不到的事，辯論他人無法爭辯的事。知道他人無法知道的事，如果你不能即時求真，就會失敗在天均的律令中。

【註】宇泰定　王云宇器宇也，謂宇器閒泰，則靜定也。應言內修靜定安泰，宇應是人身內在小宇宙。

學者學其所不能學也，釋文：言人皆欲學其所不能知凡所能者，故是能於所能。夫能於所能者，則雖習非習也。

王弼雖然是天才，但因早卒，對道家之言，深層面的東西是不知道的。此章的文義，是大洞經的「大洞通明論。」雖大洞經成書在漢唐之間，但大洞經是仙經重要寶典之一。是仙道必修之課，能修通，就有人所不知不能之事。

假設此章是莊子原作，證明齧缺等道學在春秋先秦已盛行，若是向秀、郭象之作，據王論纂言則可疑。在郭象時，研究道術者以葛洪爲首。所著抱朴子，對大洞經欠習。最有成就的是魏伯陽，一部周易參同契，影響道家五百年的發展。

備物以將形，藏不虞以生心。敬中以達彼。若是而萬惡至者，皆天也。而非人也。不足以滑成。不可內於靈臺。靈台者，有持而不知其所。持而不可持也。不見其誠已而發。每發而不當。業入而不舍，每更爲失。爲不善乎顯明之中者。人得而誅之。爲不善乎！幽間之中者。鬼得而誅之。明乎人，明乎鬼者，然後能獨行。行乎無名。夯內者行乎無名，夯外者，志乎期費。行乎無名者，唯庸有光。志乎期費者，唯賈人也。人見其跂，猶之魁然。與物窮者，物入焉！與物且者，其身之不能容，焉能容人。不能容人者無親，無親者盡人。兵莫憯於志。鏌鋣爲下。寇莫大於陰陽。無所逃於天地之間。非陰陽賊之，心則使之也。

【譯】備物誠身，養其形骸，藏私納物以養心。以敬順中參入彼物。如果是這樣，就會陷入萬惡不劫。那是天意，並非人爲！因性空無物；心物相參則不能進入虛靜。應以真性修心，靜篤方成大藥。能如此才不會砭損內修成德。靈神靜定不受外物干擾。甚麼是靈台？是人人皆有的靈角感應，但誰也不知祂藏於何處，雖然有，但無法長控。如果你的靈光發兆。非出自誠正善心，則每發都不恰當，罪業就會注入心田。每次你都自圓其說；加以掩飾；反而很明顯的暴露了你不善之心。此時人人都會誅殺你。若你使用在幽冥之中，鬼怪也會誅滅你。能光明鏡鑑，人間地府，任你往來。能內斂陰符，自然契合其道。與外相契，則如商賈交易，是貪多愈失的愚行。

行道修業，不可求名，故曰無名。才是庸德的行爲，自然光耀輝煌。若是有期待所獲，與商人交易有何分別。表面上看你趾

高氣揚，儼然魁首領袖。那是物窮欲束的凡人俗物。與物欲苟且相待。自無容身之地。還能夠容得下人嗎？不能有容人的肚量，那有親人立身之處。無親的人人親盡失。

軍人最大的悲哀，是喪志失職。並非兵器的良窳。即使有莫邪，干將利器在手，也是無用。

說到天下最能盜取精華的大寇，要算陰陽吧！但他也無法逃出天地之間。並不是陰陽之賊。是心賊使然。

【註】備物以將形。釋文：備具也，將順也。陳注：具眾理以成形。

藏不虞以生心。陳注：卻退藏於不思度之地，以活其心。

敬中以達彼。陳注：然後以不二之心，以達於外。

陸本　億度ㄊㄛˋ　猜想、猜測，即今言憶度。

以滑ㄍㄨˇ　損也。

靈臺，郭云心也。案謂心有靈智，能住持也。許慎云人心與上氣所往來也。以道者言，應是神靈的感應。從神道、靈臺至玄武三大穴的連屬，功夫到一定階段，必有神奇巧妙發生。

不見其誠已而發。謂不自照其內而外馳也。

每發而不得當ㄉㄤˋ　爾雅云：每，雖也。謂：雖有發動，不中當。靈光之兆，是事前先發。不限時，限次。限地。不中，則是不準確。那是假象孚光。非靈覺也。

幽間，釋文ㄒㄧㄢˋ　應音ㄐㄧㄢ　間。指幽冥，非閑空也。

券內　釋文字又作卷。徐音勸ㄑㄩㄢˋ　陳注：券，契也。契合符內者。

券外期費　陳注：契合乎外者。貪多務得，求其外矣！

廣雅云期卒也，費耗也。若存分外而不止者，卒有所費耗也。

人見其跂猶之魁ㄎㄨㄟˊ　安也，一云主也，然謂眾人已見

其政；猶自安可羞愧之甚也。以今日的話說；大家都看到他的醜態。還裝模作樣，恬不知恥。

陳注：恰巧相反，解為志高氣揚，猶然龐大一物也。問題在政魁二字，釋文以一貫說法「政」是足有六指跰指也。陳注：釋為「趾」以氣勢解，故趾高氣揚。故下文「魁」解為魁悟盛大。若領袖一方的霸主。

物且　陳注：與物苟且。

莫懬ㄎㄨㄟˋ　ㄑㄧㄢˊ　廣雅云痛也。元嘉本作潛。

鏌鋣　即莫邪，越國神劍。削鐵如泥之屬兵。

五藏ㄘㄤˋ　即五臟也。心肝脾肺腎。

其分ㄈㄣˋ　範圍，分際，領域。畛域。

陳解：天人之際，相感甚微，夫天能厄人之身。天不能厄人之心。心死而身亦次之，皆人心之自賊耳。非獨厄於天地。萬物芸芸同歸於盡。負陰抱陽。人是以生。亦以是死矣。果能勘破此關。而思以道力自勝。

非其心之必誠必敬，陰騭格天，又烏足與氣數爭權也。

　　道通其分也。其成也毀也。所惡乎分者，其分也以備。所以惡乎備者，其有以備。故出而不反見其鬼。出而得是謂得死。滅而有實。鬼之一也。以有形者，象無形者定矣。出无本，入无竅。有室而无乎處。有長而无乎本剽。有所出而无竅者有實。有實而无乎處者宇也。有長而无本剽者宙也。有乎生，有乎死。有乎出，有乎入。入出而无見其形，是謂天門。天門者无有也。萬物出乎无有。有不能以有為有，有必出乎无有。而无有一无有，聖人藏乎是。

【譯】道是有分際的。有通達的範圍。成功失敗，其分際在於量子的等合。如能恰如其分，陰符相融，能熔合一，便可成功。反之量差，性渙，就無法成功，反而損傷，以致毀滅。修道之微在精、修道之危在入。故出而不反見鬼。若元神出竅有泮則死，那末自身毀滅，與鬼不分。故以有形之身，化無形之影，在於大定。能大定神全，才能破生死之門。出入自如，飛天遁地，任你逍遙。

如果根基不好出神，就應竅門回歸本體。元神漂蕩在外，雖有肉身，則是行屍走肉。

以生死關來說：應是生有源頭死有去處，但肉身可解；秉賦、靈性何來。滅度後神魂又何處去。以生命來說，他是實實在在一個活生生的形體。但他的神魂安放何處。在成長中，他的稟賦又有什麼標準。雖然如此，我們無法找到他的竅門。但人的性格精神是存在的事實。我們只能說他在內宇身桶之中，在成長完成定性之后，也只能說他潛藏於體內而已。這肉身的桶子，即人生命的宇宙，所以萬化生乎身也。

在生死出入間，似乎有一道門。我們暫時說祂是天門，實際上是沒有的。萬物出自無，有不能以有為來解釋，有必定是從無中來。無與有是一體兩面，即是說：有是從無中來，從有又化為無。故未始有無也者，因此聖人神藏於是，如此如此矣。

【註】其分ㄈㄧㄣˋ ㄈㄧㄣˊ　有分也。

所惡ㄨˋ　好惡也。

故出而不反　釋文謂情識外馳，而不反觀於內也。

見其鬼，王云：永淪危殆資死之術，己行及之，故曰見鬼也。陳注：心神外馳，死期近也。

　　出而得是謂得死。釋文，若情識外馳。以為得者，是曰得死耳。非理也。陳注：以外馳為有得，何得乎！但得死耳。

　　滅而有實鬼之一也。廣雅云：滅殄也、盡也。實塞也，既殄塞純朴之道，而外馳澆薄之境，雖復行尸於世，與鬼何別，故云鬼一也。

　　陳注：真神己滅，但有形體。與鬼何異。列子。以上深言，不悟真空，迷於色相之害。「以上之言近道之說」。簡單的說法，修道之成敗，在於開竅，而生死之門只此一步，正邪善惡分際微危，元神進出有方，否則出而不反，歸而無門。失神落魄與鬼無異。

　　竅者有實，既言有實，求實不得竅亦無也。應言訣竅，即實際的方法。

　　有長ㄐㄤˇ　增長之意。

　　本剽ㄅㄧㄠ　本亦作摽。崔云末也。即本末也。

　　有實而無乎處者宇也。三蒼云，四方上下為宇，宇雖有實，而無定處可求也。陳注：道無定所，上下四方皆是也。

　　有長而無本剽者宙也。三蒼曰往古來今曰宙。說文曰舟輿所極，覆為宙。陳注：古往今來曰宙，有長而無本剽者，道之往來，千萬年常如是。

　　若以宇宙解釋，不如充塞於天地萬物之中，何必來那麼多贅言。以修道言，則體腔——身桶、人身之宇宙也。

　　天門　陳注：眾妙之門也，原文「無有」。應言，無與之間生滅所在的關竅，並非無有，根本沒有。

　　聖人藏乎是　陳注：即齊物論中所云。未始有無也者，聖人藏神於是。

　　陳解：道非形相，形相皆後起也，迷而不返，近死之心，不

可復陽矣。至人翛然塵外，遊心於虛。即色即空。故不生不滅耳。嗟乎！重濁者墜，輕清者昇，鬼窟天門，惟人自取，昇墜之幾，可不慎乎！

本章意旨深奧，純屬還虛。出神入化，非修真難悟，以文意析論皆敗。這是治莊學之難處。何敢多言。

古之人其知有所至矣！惡乎至，有以爲未始有者。至矣！盡矣。弗可以加矣！其次以爲有物矣。將以生爲喪也。以死爲反也。是以分已。其次曰始無有。既而有生，生俄而死，以無有爲首。以生爲體。以死爲尻。孰知有無死生之一守者。吾與之爲友。是三者雖異。公族也。昭景也。著戴也。甲氏也。著封也。非一也。有生黬也。披然曰移是。嘗言移是，非所言也。雖然不可知者也。臘者之有膍胲。可散而不可散也。觀室者周於寢廟，又適其偃焉？爲是舉移是。請嘗言移是。是以生爲本。以知爲師。因以乘是非，果有名實。因以己爲質。使人以爲己節，因以死償節，若然者，以用爲知，以不用爲愚。以徹爲名，以窮爲辱。移是今之人也。是蜩與學鳩同於同也。

【譯】古人知識有限，也不必知道那麼多。以爲在沒有物種產生時，已經有某一主宰在運作，是極至盡理的觀念，無以復加的認證。有了至高的主宰，才會有萬物，未來即是生的喪滅的道路。死後是回歸生之處所，然後再生。即是輪回之說：以生爲有，死則無。既然生了，又匆匆忙忙的死去。故以無有爲始，以生爲本體。以死爲終極。那能知道，有無生死是一致的。應是一元論。吾與他爲友。這三種說法雖異，可是他卻在同一軸線上，

如楚國的公族。有昭屈景三族。他們都是頂戴高冠，名揚天下的首姓。受封采邑的榮顯。雖非一致，但身貴榮耀皆同。生是默默無聞而來。但在或然率中也會分歧。即是造化不同。常講基因轉移，其實是不太正確的，當然是我們還無法知道的。臘祭（多至後的三成大祭）牲禮，用雜碎牛肚牛蹄，可分享鄰人。但也有不請客人的。（若殺豬，也是用雜碎享客）寢廟設置要周全，正殿供神敬禮祭祀，後進則爲神主的墓穴或衣塚。兩側爲祭祀後休息場所，（是古制）這是生死敬畏轉移的禮制。民間常有的俗事，都是以生者設計的。以這樣的方法教人。由於代代相傳，也衍生出是非議論。其結果便成了名實相爭。以自我觀念爲中心，教人爲己守節或殉節。對循節者獎賞鼓勵。這種作法，是利用智巧玩弄鄉愚。以顯達爲名，以窮困爲恥辱。這樣惡習轉移到今天的社會。人的思想完全被物化了，與蜩學鳩叫有何分別。

　　【註】弗可ㄈㄛˊ不可也。

　　俄而死ㄙˇ很快死去。

　　死爲尻ㄎㄡ　尻是脊椎末梢尻骨。完了，沒有了。

　　死生一守，死與生是一體的。

　　移是一ˊ　言集非爲是。指時日久了，集非爲是較當。

　　臘ㄌㄚˋ　說文徐鍇注「臘合也。合祭諸神也。」按冬至後三戌（第三次戌日）臘祭百神。此日也是醃藏魚肉類食品的時間，大家準備過年。

　　膍胲ㄆㄧˊ　ㄏㄞˊ　膍司馬云牛百葉也。即草肚，千層肚。

　　胲ㄍㄞˊ　指牛蹄，帶毛牛蹄。

　　寢廟ㄑㄧㄣˇ，亦云廟寢，有兩種：一是死人用；一是生人用。禮記月令「寢廟畢備」。注「凡廟，前曰廟，後曰寢。」注「廟是接神之處，寢是衣冠所藏之處」。

偃ㄩㄢˋ，司馬郭皆云屏側，又ㄩㄢˋ掩避也。以文義言，偃
應是休息處所。「又適其偃焉」。即適合休息的地方。

移是一ˇ轉移風氣，移風易俗。以上是聽。

以生為本。是以生者的本位設想。

以知為師。是以知識為老師。

以乘是非。增加了是非。

果有名實。結果形成名實相爭。

以己為質。以自身立場為出發點。

以為己節。為我守節赴義。

以死償節。犧牲自己表現節烈。

以用為知ㄓˋ以智慧謀人。

以不用為愚。不會謀巧的人是愚魯。

以徹為名。以顯耀為名望。

以窮為辱。以貧窮為恥辱。

是蜩與鷽鳩同於同也。好像蟬鳴雀叫鳩呵！都是同樣的意
氣。同於聲息。

蹍市人之足，則辭以放鶩，兄則以嫗，大親則已矣！
故曰至禮有不人。至義不物，至知不謀，至仁無親。至信
辟金。徹志之勃。解心之謬。志德之累。達道之塞，貴富
顯嚴。名利六者勃志也。容動色理，氣意，六者謬心也。
惡欲喜怒哀樂。六者累德也。去就取與，知能六者塞道
也。此四六者不盪，胸中前正。正則靜，靜則明，明則
虛，虛則無為而無不為也。道者德之欽也。生者德之光。
性者生之質也。性之動謂之為。為之偽謂之失。知者接
也。知者謨也。知者之所不知，猶睨也。動以不得已之謂

德。動無非我之謂治。名相反而實相順也。

【譯】在市集時踩倒他人的足，放下身段，鞠躬致歉。如果是弟踩到兄。只要溫言細語，說聲對不起就沒事。如果換成是父母踩倒你，回望一眼，笑笑也就沒事。所以說，至高的禮節是以人爲論。最好的義行不能以物相待。最聰明的作法是不講智謀。最仁愛的行爲是不分親疏的。最可靠的信用不在金錢。

能貫澈自己意志，去除障礙。解除心中的謬誤，卻除德業的累贅。大道的阻塞，貴富顯嚴名利。這六個字，是勃離人生立志的障礙。容動色理氣意六字，是心謬誤的導引線。惡欲喜怒哀樂六字，是德行拖累的情關。去就取與智能六字，是阻塞大道通達的欲念。這四個六字，不能搖盪你的心性。那末，你就達到正心的標準。心正則能靜，能靜心則明，明心則可至虛。虛極則無爲而無不爲。道是德的天命，天德昭著生人，是德的光輝。性是人生的本質，心性有了動念，便是作爲的主使。若行使有僞，便失去真性。知是接物於外，謀慮思考在內。知道的與不知道的。好像眼睛瞟視般過去，不可存於心，以免過慮深思傷神。在不得已時才有動作即是德。行動以無我驅赴即可治。名義相反，但實際上是順理成章的事。

【註】蹍ㄓㄢˇ　踏、踩司馬李云，蹈也。

驁ㄠˊ　ㄠˋ　驕傲，廣雅云妄也。

嫗ㄩˋ　ㄩˇ　嫗煦，愛護。

辟金ㄆㄧˋ通避，避免金錢交易。

之勃ㄅㄛˊ　勃離，本又作悖。

之謬ㄇㄧㄡˋ　一本作繆。

惡欲ㄜˋ　ㄨˋ　即好ㄏㄠˋ惡ㄨˋ。

知能业丶即智能。

不盪ㄅ尢丶本亦作蕩，郭云動也。不盪，即不動搖。盪漾。

德之光，一本光字作先。

睨也ㄋㄧ丶睥睨，左顧右盼。左右斜視。

謂治业丶管理，如治國、治世。道家通常以治世為意。此章旨意、六勃、六謬、六累、六塞不盪心慢性。能正心才能靜，靜而后明，明而后虛，致虛極則無為而無不為。

羿工乎中微，而拙乎使人無己譽。聖人工乎天，而拙乎人。夫工乎天，而俍乎人者。唯全人能之。唯蟲能蟲，唯蟲能天。全人惡天，惡人之天。而況吾天乎人乎。一雀適羿，羿必得之。威也，以天下為籠，則雀無所逃。是故湯以庖人籠伊尹。秦穆公以五羊之皮籠百里奚。是故非以其所好籠之而可得者，無有也。

介者拸畫，外非譽也。胥靡登高而不懼。遺死生也。夫復謵不餽而忘人。忘人因以為天人矣。故敬之而不喜，侮之而不怒者。惟同乎天和者為然；出怒不怒，則怒出於不怒矣。出為無為，則為出於無為矣！欲靜則平氣，欲神則順心，有為也，欲當則緣於不得已。不得已之類，聖人之道。

【譯】箭士能中微敵（標的），但笨拙到沒有人贊賞他。聖人用心在天。對人卻遲頓。能用心天道又能適宜於人道。只有真人才有此能力。唯蟲只能作蟲事，也唯有蟲能安於天命。全人厭人，是厭惡人為的天，何況我們常人，既不是天，也不是全人。

射鳥之矢，輕重適宜，必定中的。是人為的威力。若以天下

爲籠，不必用羿工之巧。雀鳥也逃不出去，如商湯以庖人爲辭，籠絡伊尹。秦穆以五張羊皮羅置百里奚。從這兩件事看，是投其所好，就無法逃出你的疇謀。

　　刖足之人不必掩飾，並不怕外人議論。刑徒登高沒有懼色，是他亡了生死。修道不懈，日夕勤工忘了人事，忘人成天德之民，故敬仰他不會歡喜，侮辱他也不發怒，唯有與天和同生息方爲真是。發怒而不怒，則是所發的並不是怒氣。行有爲而出於無爲，是無爲之心始發於初。

　　欲靜就必須心平氣和，先把心安定下來，神元氣始才會順暢。有爲是要正當，而是有不得已的緣由，不得已的課題，才是聖人之道。

　　【註】羿一ヽ　后羿也，古之最佳箭手。羿工乎中微。言后羿精研中的方法。因標靶中心小，故曰微。言工於心計，較欠妥當。

　　　拙乎ㄓㄨㄛˊ　愚笨。

　　　而很ㄌㄤˇ通良，崔云良工也，又音浪ㄌㄧㄤˋ。

　　　唯蟲　一本唯作雖。自能爲蟲者天也。

　　　惡天ㄨˋ　即厭惡。

　　　籠ㄌㄨㄥˊ鳥籠，犬籠，獸籠，對人則云籠絡。

　　　湯以庖ㄆㄠˊ本一作胞，庖丁也，今之廚師。

　　　伊尹，商之名相。

　　　百里奚，秦穆公名相。

　　　介ㄍㄞˋ　郭云刖也，廣雅云獨也，崔本作兀，即獨足。

　　　挐畫ㄋㄚˊㄏㄨㄚˋ　本作移，司馬云畫飾容之具，無足故不足愛之，一云移離也。崔云移畫，不拘法度也。

　　　刖足的人，恥於裝飾、掩飾其醜也。

胥靡ㄇ一ˇ　ㄇ一ˊ　奢靡、浪費、腐。司馬云刑徒人也。一云癙人也。崔云腐刑也。刑徒，行刑的胥卒也。癙——通濃。

夫復謵不餽，ㄒ一ˊ ㄘㄨㄟˋ翫習好閒的習慣很難改變。

而忘人，惡習難改，忘了人生目的。故曰忘人。

侮之ㄨˇ　侮辱也。

陳解。相忘於天，體道之妙也。不見可欲，飛鳥得而籠之。曰全人、曰聖人，皆人而天者也。

庚桑楚之旨，是道術進修之訣竅，心法。雖非傳密。但已進道心，無非虛化靜寂。忘人忘天，至天人泰和，人神天德一體。

徐無鬼　第二十四

徐無鬼因女商見衛武侯。武侯勞之曰：先生病矣。苦於山林之勞，故乃肯見於寡人。徐無鬼曰：我則勞於君，君有何勞於我，君將盈耆欲長好惡，則性命之情病矣。吾將黜耆欲，掔好惡，則耳目病矣。我將勞君，君有何勞於我。

武侯超然不對，少焉，徐無鬼曰：嘗語吾君相狗也。下之質執飽而止，是狸德也。中之質若視日，上之質若亡其一。

吾相狗，又不若吾相馬也。吾相馬，直者中繩，曲者中鉤，方者中矩，圓者中規。是國馬也，而未若天下馬也。天下馬有成材。若恤若失。若喪其一。若是者，超軼絕塵，不知其所。

武侯大說而笑。

徐無鬼出，女商曰：先生獨何以說吾君乎？吾所以說吾君者。橫說之則以詩書禮樂。從說之則以金板六弢。奉事而大有功者。不可爲數。而吾君未嘗啓齒。今先生何以說吾君？使吾君說若此乎？

徐無鬼曰：吾直告之，吾相狗馬耳！女商曰：若是乎？曰子不聞夫越之流人乎！去國數日，見其所知而喜。去國旬月，見所嘗見國中者喜，及期年也。見似人者而喜矣！不亦去人滋久，思人滋深乎！夫逃虛空者，藜藋柱乎，鼪鼬之逕。踉位其空，聞人足音跫然而喜矣。而況乎昆弟親戚之聲欬其側者乎！久矣夫莫以眞人之言，謦（謦）欬吾君之側乎！

【譯】徐無鬼由女商的陪同，請見魏武侯。武侯說：有勞了。先生病了，是在山林中勞苦所致嗎？所以才肯來見我。

徐無鬼曰：是我勞煩君上。並不是主上勞動我前來。在我看來，君上耆欲過多，好惡增長。是性命之情有病啊！請君上節耆欲。遣好惡。如同耳目有病。我想麻煩君上，你有什麼需要我效勞的。

武侯沈默不說話。過了一會兒，徐無鬼說：我嘗講，我相狗，下等之資質只求吃飽就可以了。這是黃鼠狼的生性，無儲糧的好處。中等之資質如像看太陽，是有高遠的意志。上等的資質是亡內外，守一全神。我相狗，但是又不如相馬！如果相馬，直的地方像墨線彈的那麼直，曲的地方如鉤畫。方的地方像矩尺量度。圓的地方像圓規界畫。國馬又不如天下的馬，天下的馬比較成材。有憂患之心。如果死去歸元，則是超塵絕俗；不知處於何有之所。

武侯聽了十分高興，哈哈大笑。

徐無鬼走後，女商說：先生對君侯說了些什麼？我平常對君侯所談論的，大都是詩書禮樂。要不然是三韜六略，奉命立大功的人不知凡幾。君侯都未開口，今先生對君侯講了些什麼，使他如此開心。

徐無鬼說：我直截了當的告訴他，我相狗馬。

女商曰：如此說來，你有沒有聽說過，越國的流徙的罪犯，離開家園數天，見到他知道的就很喜悅。離家十日或一月，見到在家鄉常見的就很喜歡。若離開一年，見到人就很欣喜，就是離大眾太久，思念人群深情表露。何況逃遁空山野蓁，過著荊棘滿徑，鼠蹊腸道，山泉野菓的生活。蹌踉貧乏，聽到人的足音，當

然高興。何況兄弟親戚的聲音繚繞身邊的日子，相隔很久了！你莫非以真人的話告訴君侯，使他感到十分溫馨，非常欣喜。

【註】徐無鬼　緡山人，魏之隱士。司馬本作緡山人，徐無鬼　女商　人名也。李云：無鬼、女商並魏幸臣，武侯　名擊，文侯之子，治安邑。

武侯勞之ㄌㄠˋ　慰問之意，如犒勞。

耆ㄕˋ　耆好、愛好。

長ㄓㄤˇ　好ㄏㄠˋ　惡ㄨˋ　黜ㄔㄨˋ　退也司馬本作咄。

挈ㄎㄧㄢˋㄑㄧㄢˊ　爾雅云固也。崔云引去也，司馬云牽也。

超然，司馬云悵然。

不說音悅ㄩㄝˋ

吾相ㄒㄧㄤˊ

下之質一本無質字。

執飽而止，司馬云，執字絕句，云放下之能執禽也。是狸德也。謂貪如狐狸也。陳注：執求飽得飽則止。

示日音ㄕˋ司馬本作視，云視日瞻遠也。

若亡其一，一身也，謂精神不動，若無其身也。

直者中繩ㄓㄨㄥˋ　ㄔㄨㄥˊ　司馬云，直謂馬齒，曲謂馬背，上方謂頭，圓謂馬目。應言，寶馬天生，身材、氣勢、神情均是上乘。可用規矩、繩墨、鉤股度量完美無缺。徐無鬼云是法度，既修煉要有法度，不可苟且，處處要踏實，亡身亡形歸元守一也，不能以馬經對待。那是字義而已，非內涵。讀莊之難，即在此，若不透，只是門前春風。

成材，字亦作才。言自然已足，不須教習也。應言行功自然，不能勉強，功夫到家，自有成就。

若卹音恤ㄒㄩˋ　若失音逸ㄧˋ，司馬本作佚，李云，卹失皆

驚竦若飛也。

喪ㄒㄤ丶　其一言喪其偶也。

超軼　李音逸一丶　徐ㄊㄝ丶　崔云徹也，廣雅云：過也。

金版　本又作板ㄅㄢ丶　六弢ㄊㄠ　弓衣滔ㄊㄠ，通韜。

六弢，即六韜，太公兵法，即陰符經，失傳。現陰符經是六朝寇謙本（殘卷），托黎山佬母授，傳李荃增益而成今本。

因是書屬祕籍，故曰金版。

司馬、崔云、金版六弢，皆周書篇名，或曰祕讖也。本又作六韜，謂太公六韜。文武虎豹龍犬。

及期　音ㄐ期年即週年。

夫逃，司馬本作巡。虛空者司馬云故壞家處為空虛也。

藜ㄌㄧˊ藿ㄊㄩㄢˋ　本或作權。柱ㄓㄨˋ　司馬云塞也。

藋蒢通韻，藋，藜藋，灰草也。荒草也。長於路徑兩旁。

鼪鼬ㄕㄣ一ㄡˊ　即鼬鼠、飛鼠之屬。

之逕，本亦作徑，司馬云徑道也。本又作跡。元嘉本作迭。徐音逸，崔云迭跡也。

佷位其空。司馬云良、良人。謂巡虛者也，良或作跟，音同。以今日語，妻子守空房。——因丈夫被流徙。

跫然　郭ㄐㄩㄥˇ　通窮。司馬云喜貌。崔云：行人之聲。

謦ㄋㄧㄥˋ　又音磬ㄑㄧㄥˊ　欬ㄎㄞˋ　一音ㄑㄧㄥˋ　又音ㄑㄧˊ，李云謦欬喻言笑也。但呼聞所好猶大悅，況骨肉之情，歡之至也。

久矣夫音扶ㄈㄨˊ。

此章旨，在戒五色五欲五音，以清心寡欲為宗旨。

徐無鬼見武侯。武侯曰：先生居山林，食芧栗。厭蔥韭，以賓寡人久矣夫。今老邪！其欲干酒肉之味邪！其寡

人亦有社稷之福邪！徐無鬼曰：無鬼生於貧賤。未嘗敢飲食君之酒肉，將來勞君也。君曰何哉。奚勞寡人。曰：勞君之神與形。武侯曰：何謂邪！徐無鬼曰：天地之養也一，登高不可以爲長，居下不可以爲短。君獨爲萬乘之主，以苦一國之民，以養耳目鼻口，夫神者不自許。夫神者好和而惡姦，夫姦病也，故勞之，唯君所病之何也。

【譯】徐無鬼拜見魏武侯。

武侯說：徐先生久居山林，食素，以毛栗山菓爲食，不食蔥韭。很久沒來見我了！現在我老了！不想酒肉之味，但寡人尚有社稷的福份。

徐無鬼說：無鬼出身貧賤，不敢食君的酒肉，使你操勞呢？

武侯說：你這什麼話，那有勞煩我呢？

無鬼說：是使君勞神與形。

武侯說：怎會呢？

無鬼說：天地的給養都是一樣，登高不能說長高了！在山下不能說他長矮了。君侯是當今萬乘之主。勞苦了全國的百姓。供養耳鼻口。況且神聖不是自許的。神是喜好和諧社會、厭惡奸巧的人心。社會有奸僞的毛病；才會煩勞。君侯現在有何病患呢？

【註】芋栗。ㄒㄩˊ即毛栗子樹。栗子仁可食。

擯ㄅㄧㄣ　通拼，拒絕之意，或云放棄。

蔥韭ㄘㄨㄥ　ㄐㄧㄡˇ即蔥子、韭菜。小五葷。

欲干ㄍㄢ　李云干求、冒犯、干犯。干涉，干預。

社稷之福。李云：善言嘉謀。

自許　司馬云：許與也。

夫姦病　王云：姦正以從邪也，謂病也。

　　所病之可也　李云：服而無朋也。或云：養達天地之平，獨
姿其欲自許，不損於神。而以姦為病，故不知所以，以此為病，
何為乎。

　　本章旨在清心寡欲。

　　武侯曰：欲見先生久矣。吾欲愛民而為義偃兵。其可
乎？

　　徐無鬼曰：不可！愛民害民之始也。為義偃兵。造兵
之本也。君自此為之，則殆不成。凡成美，惡器也。君雖
為仁義，幾且偽哉。形固造形。成固有伐。變固外戰。君
亦必無盛鶴列於麗譙之間。無徒驥於錙壇之宮。無藏逆於
得。無以巧勝人，無以謀勝人，無以戰勝人。夫殺人士
民，兼人之土地。以養吾私與吾神者。其戰不知孰善，勝
之惡乎在。君若勿已矣。修胸中之誠，以應天地之情而勿
攖，夫民死已脫矣。君將惡乎用夫偃兵哉。

　　【譯】武侯說：想與先生見面很久了！我想愛民為義息兵，
是否可以。

　　徐無鬼說：不可。愛民即是害民的源頭。為義休兵，本來就
是建軍的目的。君上好自為之即可，是不能懈怠的。凡事若加以
美化，便成了錯誤的策定。君上雖然是為了仁義，幾乎是一種虛
偽的想法。有了虛偽之心，神形變樣，兵心不定，身心交戰，士
氣全失。君侯就沒有壯盛軍容之師，列隊唐煌譙樓之前給你校
閱。步兵騎兵在閱兵台前無精打采。何來軍威矣。所以說：沒有
藏私貪得的偽心。用兵不在以巧勝人，要以無謀勝人，最高原則
是以不戰而屈人之兵。況且殺他人的兵士民眾，兼併他人土地。

來增加自己稅賦，供養私欲銳氣。如此征戰不是好事，反而引起惡怨仇恨。君侯不應忽略這點，應當修心誠正相交，不必以武力征伐。以順應天地情懷，不必用兵，老百姓也擺脫了戰死的厄運，則那時，君王就不必偃兵息鼓了。

【註】偃兵一ㄢˇ　息兵、罷兵、休兵也。

愛民為義偃兵，陳註：愛民為仁，偃兵為義。

成美惡器ㄜˋ　陳注：天下皆知美之為美斯惡也ㄨˋ。

應言美是凶器，君不見西施傾夫差之國乎！

成固有伐，變固外戰。王云：成功在己，亦眾所不與欲無有伐其可得乎，夫偽生形造又伐焉？非本所圖，勢之變也，既有偽伐，得無戰乎。

鶴列，李云謂兵如鶴列，司馬云鶴列鐘鼓。二家之言只言一隅，應為閱兵分列式。鍾鼓齊鳴兵陣演練。

麗譙，本亦作嶕ㄐㄧㄠˊ　司馬郭李皆云：麗譙樓觀名也，案謂華麗嶕嶢，古之閱兵樓觀也。

徒驥ㄊㄨ、ㄐㄧˋ步兵，驥為騎兵。

錙壇ㄓ　ㄊㄢˊ　徐壇名，錙重堆集所也。

無藏ㄘㄤˊ　一本作臧，司馬本同。

逆於得，司馬本作德，李云：凡非理而貪，貪得而居之，此藏逆於德內者也。孰有貪德而可以德不失哉。直言之，有違道德，是貪污的惡行。

惡乎ㄨˋ厭惡。　勿攖一ㄣ　一ㄥˊ　擾亂，不必騷亂。

已脫　音ㄉㄜ、　逃脫也。

黃帝將見大隗乎具茨之山，方明為御，昌寓驂乘，張若謵朋前馬，昆閽滑稽後車，至於襄城之野，問塗焉。七

聖皆迷，無所問塗，適遇牧馬童子。問塗焉！曰；若知具
茨之山乎！曰；然，若知大隗之所存乎！曰；然。

黃帝曰：異哉小童，非徒知具茨之山，又知大隗之所
存，請問為天下。小童曰：夫為天下者，亦若此而已矣！
又奚事焉！予少而自遊於六合之內，予適有瞀病。有長者
教予曰：若乘日之車，而遊於襄城之野，今予病少痊，予
又且復遊於六合之外。夫為天下，亦若此而已。予又奚事
焉！黃帝曰：夫為天下者，則誠非吾子之事。雖然，請問
為天下。小童辭。黃帝又問，小童曰：夫為天下者，亦奚
以異乎牧馬者哉，亦去其害馬者而已矣！黃帝再拜稽首，
稱天師而退。

【譯】黃帝想去大隗的具茨山遊。方明駕車，昌寓驂乘，張
若諿朋為前導。昆閽滑稽為後衛。到了襄城的郊外，七人都迷
路，也找不到問路的人。遇見一位放馬的孩童，向他問路。你知
道去具茨山的路嗎？小童說：知道。那末你是否知道大隗所在
嗎？知道。

黃帝說：奇怪哪，小朋友。你不但知道具茨山，也知道大隗
的所在，請問天下如何？小童說：安天下的人，也不過如此而
已。又何必有事呢？我小時自遊於六合之內。我適纔發生眩目
症。遇見一位長者，教我說：如像乘坐日車去遊襄城郊野，今天
我的病好了！我又去悠遊六合之外。那末治理天下也是如此，就
沒事了！

黃帝說：為天下事，當然不是你的事，雖然請問為天下事。
小童辭讓不答。

黃帝又問。在此三問中，小童說：整治天下，跟我牧馬的情

況差不多。只要剔除其中的害群之馬就可以了！

　　黃帝拱手三拜。稱小童為天師而退。

　　【註】黃帝非軒轅也。而是體內中土之黃也。在道學是黃庭，因居中，故為黃帝。

　　大隗ㄨㄟˋ即大塊噫氣。又司馬崔本作泰隗或云大隗神名也，一云大道。

　　具茨ㄐㄧ　ㄔˊ　司馬本作疢，山名也又云在滎陽，密縣東，今名泰隗山，亦云夐山即大隗山。

　　昌寓ㄩˇ　驂乘ㄔㄣ　ㄕㄥ　張若ㄖㄨㄛˋ（即張素）　謵朋ㄒㄧˊ（翼宿）　昆閽ㄏㄨㄣ（龜）

　　滑稽《ㄨˇ　ㄐㄧ（蛇）以上六人皆假托之人名，以驂乘排列有前後左右去研機，應暗合，方陣左青龍（青童星）東方，右白虎（白虎星）西方。前朱雀。（朱雀星）南方。後玄武（北斗星）北方。

　　以臟器論，東方甲乙木肝臟。西方庚辛金肺臟。北方壬癸水（玄武神水）通玄牝接腎水。即腎臟。南方丙丁火（朱雀）心臟。中央戊己土脾藏。

　　五臟、心肝脾肺腎，只五聖，尚差二人。以前後論，朱雀心臟外，連屬的是心胞絡。後五臟、心肝脾肺腎，只五聖，尚差二人。以前後論，以南天七宿論，即南天門二星。人格化為武將玄武，應是龜蛇二將。故莊子言七聖，這是丹道學中的大藥。能通此大竅，功夫進入法門了。

　　以經卷論：以童子論道。應似胎息經，以嗽津吞液，閉氣辟谷為丹法。一般以寶瓶氣法始。

　　循具茨之山，尋大隗之所，即是找氣海的位置，即下丹田也。

謅朋ㄒㄧˋ　釋文作屖ㄕˊ崔本作廖，本亦作朋ㄆㄨㄥ　徐ㄈㄥˊ
昆闇音昬ㄏㄨㄣ

襄城之野，李云，地名。若以莊子著作論。雖假托，但也有
意向。對南方楚國大鎮，襄陽多次提及，而夔山即魁山在三峽上
游。況夔峽是最險、水最深、風聲水聲如橐籥，故亦稱風箱峽。
莊子的虛擬，倒還有幾分神似。

予少ㄕㄠˋ

瞀ㄇㄧㄡˋ　郭音ㄨˋ　李云，風眩貌。司馬云，瞀讀曰瞡，
謂眩瞡也。

乘日之車，司馬云，以日為車也。元嘉本，車作居。陳注：
乘日之車。與日俱進也。道日進而復遊心於無城府之野，所以治
瞀病者工矣。

以上各家之言，均在字義打轉。不知乘日車之意何也？所謂
吸取日月精華，尤其是日出東昇，坐於山崖海邊，吸食朝露晨
光，隨日運行，故曰乘日車。

少痊ㄑㄩㄢˊ　李云除也。

知士無思慮之變則不樂。辯士無談說之序則不樂。察
士無淩誶之事則不樂。皆囿於物者也。招世之士興朝，中
民之士榮官。筋力之士矜難。勇敢之士奮患。兵革之士樂
戰。枯槁之士宿名。法律之士廣治。禮教之士敬容。仁義
之士貴際。農夫無草萊之事則不比。商賈無市井之事則不
比。庶人有旦暮之業則勸。百工有器械之巧則壯。錢財不
積則貪者憂。權勢不尤則夸者悲。勢物之徒樂變。遭時有
所用。不能無為也。此皆順比於歲。不物於易者也。馳其
形性。潛之萬物。終身不反，悲夫。

【譯】智士沒有思慮變化就不快樂。辯士沒有論辯的題材就難過。觀察家找不到漏洞就沒有樂趣。有招賢納士的領袖人物就可以鼎興朝庭。能順應民意的人，官運亨通。矜持身強力壯者容易遭禍。勇敢負氣的人容易喪身。玩刀弄箭的人好戰。修道養性的人隱名。法學人士廣言法治。禮教人士，一本正經。仁義之士貴在際遇。農夫沒有作物耕耘，無法相比，商人沒有市場，那能與人相比。一般人只要有日夕工作場所，就得勸他敬業樂（ㄧㄠˋ）群。工藝師傅若有巧技在身，一定興旺。沒有積蓄，貪財好物的人就很憂慮。權勢不順的人，感到悲哀。勢利小人則樂於世變。遭到時勢變故，就不能沒有作為。這是順比年歲的說法。居於變易不測之地。鬆弛個人精神意志。終身不反，實在可悲啊！

【註】知ㄓˋ　智士，知識分子。

察士ㄔㄚˊ　李云：察識也，今之觀察家。

淩ㄌㄥˊ　李云：相淩轢。誶音信ㄒㄧㄣˋ，廣雅云問也。又音崇ㄙㄨㄟˋ，又音ㄐㄧㄥˊ，一本作說。陳注：淩鑠誚誶也。

皆囿ㄧㄡˋ　非強ㄑㄧㄤˋ　興朝ㄓㄠˋㄔㄠˊ

中民ㄓㄨㄥ　李云：善治民也。

矜難ㄌㄢˋ，陳注：多力，故以禦難自矜。此言有待商榷。應喻力士矜持己力常招不測，較合上下句的語意。

枯槁ㄎㄠˋ，言瘦骨嶙稜，癯瘦之人。好說仙風道骨之士宿名（隱名），宿積久也。王云：枯槁一生，以為娛其所寢宿，唯名而已。為道者以隱遁歸入山林，非為名而隱。若是者，不知道也，非修道者意，俗人之言也。

貴際，釋文：謂盟會事。陳注：際，猶遇也。仁義之於有關出處尤為不苟。

草萊　荒蕪之地也。

高賈《ㄨㄟ　商人。

則壯　李云壯猶疾也。

以要一ㄠ　同邀。

權勢不尤夸者悲。言失去權勢，沒有貪瀆憑藉，自覺悲哀。

勢物之徒樂變。指勢利的小人喜歡社會變亂，好混水摸魚，發點小財。

遭時有用，不能無為。時勢擾亂，要能撥亂反正，應有作為。

不物於易者也，不貪財愛物是道德中人不易的法門。馳其形性，鬆弛神形，心性放縱。是潛在的物欲貪念，終身不反，即悔恨終身，萬劫不復之意，故可悲矣。

莊子曰：射者非前期而中，謂之善射，天下皆羿也，可乎？惠子曰：可。莊子曰：天下非有公是也，而各是其所是，天下皆堯也，可乎？惠子曰：可。莊子曰：然則儒墨楊秉四與夫子為五。果孰是邪？或者若魯遽者邪！其弟子曰：我得夫子之道矣，吾能冬爨鼎而夏造冰矣！魯遽曰：是直以陽召陽，以陰召陰。非吾無謂道也，吾示子乎吾道，於是為之調瑟，廢一於堂，廢一於室，鼓宮宮動，鼓角角動，音律同矣！夫或改調一弦，於五音無當也。鼓之二十五弦皆動，未始異於聲，而音之君已，若是者邪。

【譯】莊子說：射手若不是以前置瞄準射中標敵，是神射手，那末天下的射手都是后羿，可以嗎？惠施說：可以。

莊子說：天下沒有公議是非，而是各是其是，各非其非。那

末天下都是唐堯了，可以嗎？惠施說：可以。

莊子說：那麼，儒墨楊朱公孫四家與你加在一起成了五家。如果是這樣，大家都成了魯遽。

他的弟子說：我學到了老師的道了！我冬天能煮鼎食，夏天可以製冰。

魯遽說：是直接陽氣與陽氣相召，陰氣與陰氣相召。不是我說的道。我對你們說：我的道，有如調瑟。是像一座瑟放在大堂上，或是一室之中。調整它的音律，如試音宮商角徵羽一樣，如果改調一弦，那末五音就不準了，要能彈出廿五弦的正音，才是琴師高手。

【註】羿一ㄟ，即后羿，上古最佳射手。

前期，凡射擊，無論箭矢槍砲，必須前置錨準方可中敵。練習叫飛靶射擊法。

而中音ㄓㄨㄥ丶

儒家、墨家，楊朱（唯我主義）公孫龍子（名家）

儒家　凡宗述孔孟之學（說）與性理之學者，稱儒家。

墨家　戰國時人，名翟。以兼愛非攻，崇儉尚賢。

楊朱　戰國時人，字子居，其說主為我，拔一毛而利天下不為也。（絕對自私主義）

公孫龍子　書名　周公孫龍撰　名家。公孫龍，春秋衛人，亦曰楚人。字子石，孔子弟子，按本文之秉字。則是戰國趙人，字子秉，與孔穿同時，為堅白同異之辯，平原君厚之。及齊使鄒衍過趙言至道，乃絀公孫龍，魯遽。陳注：周初人，亦自是者也。李云人姓名也。

調瑟　即調音，瑟與琴音域相近、能諧，但瑟較琴大，有雅瑟長八尺一寸、寬二尺八寸，二十三弦或十九弦。頌瑟長七尺二

寸、寬一尺八寸，廿五弦。而琴從舜五弦，到周時加二弦。長三尺六寸六分，寬六寸。

　　爨ㄔㄨㄢ丶　炊爨，烹煮之意。

　　改調ㄊㄠ丶 ㄉㄠ丶　指音調，改變調子。

　　無當ㄉㄤ丶　不恰當

　　相拂ㄏㄨㄛ丶　不諧，不諧調。

　　廢一，廢置也。

　　魯遽對各家之言的評議，獨立看，各家皆是。自是均非，統觀而論在於調和方有大用。如瑟師調瑟，能發出各階正音，才能匡救社會。

　　以練氣來說，亦如調琴，使內腑之氣達到泰和方能靜入虛，至空。

　　惠子曰：今天儒墨楊秉，且方與我辯。相拂以辭，相鎮以聲，而未始吾非也，則奚若矣！

　　莊子曰：齊人蹢子於宋者，其命閽也不以完，其求鈃鐘也以束縛，其求唐子也。而未始出域，右遺類矣。夫楚人寄而蹢閽者，夜半於無人之時，而與舟人鬭，未始離於岑，而足以造於怨也。

　　【譯】惠施說：如果今天儒墨楊秉四家與我辯論，只是在言辭中有不同的說法。放大嗓門壓制對方，並沒有說我有錯誤，這又有什麼關係。

　　莊子說：好似齊國的削足小子丟到宋國去。他的命運在施閽守門中不知未來一樣，以跛子施門搖鐘束縛著他相似。又像在找他的失蹤兒子，未出國境，四處搜尋，最後仍然找不到。楚國的

看門小施也是用跛子，但他是寄住在小船上，趁夜半無人的時候，他想逃走與船夫打架，人還沒有靠岸，結果造成怨懟，脫離不了苦海。

【註】蹢ㄓㄥˊ投也。司馬云：齊人憎其子，蹢之於宋，使門者守之，令形不全，自以為是。

　　鈃鐘ㄒㄧㄥˊ　ㄓㄨㄥ　字林云，鈃似小鐘而長頸也。即看門施閽人，所持的搖鐘（手鈴）也。

　　束縛　郭云：恐其破傷也。釋文案此言，賤子貴鈃，自以為是也。

　　唐子　謂失亡之子。即今之失蹤兒童。

　　於岑ㄑㄧㄣˊ　謂崖岸也。

　　陳評，惠子伏於才。而未聞道者也。漆園反覆指陳，冀其覺悟，情詞悱惻，可謂婉而多風者也。

　　莊子送葬，過惠子之墓，顧謂從者曰：郢人堊漫其鼻端若蠅翼，使匠石斲之。匠石運斤成風，聽而斲之，盡堊而鼻不傷。郢人立不失容，宋元君聞之。召匠石曰：嘗試為寡人為之。匠石曰：臣則嘗能斲之；雖然臣之質死久矣。自夫子之死也，吾無以為質矣，無與言之矣。

　　【譯】莊子為惠施送葬，到了他的墓前，對他的門生們講，我講個故事給大家聽，荊州人喜歡在鼻子上塗石灰。鼻尖上的白灰像蒼蠅翅膀那麼薄，請石匠將它削去，石匠拿著斧頭，像用剃刀那麼利落，把白灰刮得乾乾淨淨。荊州人不動如山，站在那兒，一點也沒有懼色。宋元君聽到以後，也召來石匠試試。石匠說：臣下過去有作過，可是現在我已經很久沒有行試了！自從我

師傅死了以後，我就失去了這份巧藝，我無言對答了！

　　【註】郢人一ㄥˇ，哀郢的人，即楚國都城，荊州。

　　漢書音義作慢人，服虔云：慢人，古之善塗墍者，施廣領大袖，以抑塗而領袖不污，有小飛泥誤著其鼻，因令匠石揮斤而斲之。慢音混，韋昭音ㄅㄨㄟ、。

　　堊ㄜ、，白粉，石灰。

　　慢，李亦作漫，郭ㄇㄢ、　徐ㄇㄢ、　李云猶塗也。

　　此章言惠施的學說，死後就成了絕響，無人能繼承他的學問，是莊子對好友悼念的感嘆語。

　　管仲有病，桓公問之。曰仲父之病病矣。可不謂云，至於大病，則寡人惡乎屬國而可。管仲曰：公誰欲與？公曰鮑叔牙。曰，不可。其為人絜廉善士也，其於不己若者不比之。又一聞人之過，終身不忘，使之治國。上且鉤乎君，下且逆乎民，其得罪於君也，將弗久矣。公曰：然則孰可。對曰：勿已，則隰朋可，其為人也，上忘而下畔，愧不若黃帝，而哀不己若者，以德分人謂之聖，以財分人謂之賢，以賢臨人，未有得人者也。以賢下人，未有不得人者也。其於國有不聞也，其於家有不見也，勿已，則隰朋可。

　　【譯】管仲生病時，齊桓公去探病。桓公說：義父，你的病病得怎樣，請告訴我好嗎？若是大病，我的國家重任要託負給誰較恰當。

　　管仲說：你心目中是否已有人選。

　　桓公說：鮑叔牙。

　　管仲說：不可以！他這個人廉潔謙和，是位要求完美的好人，沒有人能比得上他，可是他聽說某人犯錯，終身不忘，如果把國家交他治理，上可糾舉君的錯誤，對下不便順應民意，會得罪君上，幹不久的。

　　桓公說：那麼怎辦？

　　管仲回答說：不忙，那末隰朋可以。他的爲人，對上應對得宜，對下不擾民，愧不如黃帝牧民，哀矜出自內心，以德分給人叫做聖，將錢財分配給人民叫賢。以賢臨人接物，沒有不得人心的。以賢勞待下屬，沒有不齊心盡職的。如此賢人，全國都會知道，家戶都會察覺。好吧！交給隰朋可以了！

　　【註】鮑叔牙，管仲的好友，齊國大夫。

　　隰朋　齊國隰城人，賢士。

　　上忘而下畔，釋文：言在上不自高，於下無背者也。

　　陳注：上忘者，善事上，而若與之相忘也。下畔不擾下，而使之自爲界畔也 —— 即權責分清。

　　下人，對待下屬。

　　吳王浮於江，登乎狙之山、衆狙見之，恂然棄而走，逃於深蓁，有一狙焉！委蛇攫搔，見巧乎王，王射之，敏給搏捷矣。王命相者趨射之，狙執死。王顧謂其友顏不疑曰：之狙也伐其巧，恃其便以敖予。以至此殛也。戒之哉！嗟乎，無以女色驕人哉！顏不疑歸，而師董梧以鋤其色。去樂辭顯，三年而國人稱之。

　　【譯】吳王乘船渡江，到猴山遊憩。登上山坡，猴群一見吳王，大家趕快逃跑。跑入深山野蓁，唯有一隻猴子不走，反而撓

首弄姿，與吳王週旋逗趣，引他注意。吳王舉弓射去，猴子手腳靈活，伸手接著他的箭矢逃跑。吳王命隨從追趕射殺，提著死猴向吳王交差。

　　吳王轉身對朋友顏不疑說；這隻猴子，演示牠的巧技，憑恃牠的能耐敖漫對我。才遭致如此殛厄。要戒慎呀！嗚呼！不可以臉色驕氣臨人。顏不疑回去以後，拜董梧為師，以剔鋤面色敖氣，放棄享樂，辭去官爵，三年以後，國人都讚美他。

　　【註】浮於江，渡江也。

　　狙　獼猴。

　　恂然　畏懼貌

　　攫揉ㄐㄩㄝˊ　ㄖㄠˇ　陳注：攀援自得。揉ㄖㄠˇ又作搔，徐本作揉，司馬本作條。

　　敏給，靈活快捷。

　　搏捷　快捷搏者。

　　殛ㄐㄧˊ　擊殺

　　相者ㄒㄤˋ　司馬云佐王獵者也。

　　趨射ㄔㄨㄈㄛˋ　急趨也。

　　執死　司馬云，見執而死也。

　　之狙也　之猶是也。本或作是。

　　其便ㄅㄧㄢˋ

　　以敖　司馬本作悼，云很也。

　　董梧　有道者也，師其德以鋤色。

　　去樂ㄑㄩˋ　ㄌㄜˋ

　　南伯子綦，隱几而坐，仰天而噓。顏成子入見曰：夫子物之尤也。形固可使若槁骸，心固使若死灰乎？曰：吾

嘗居山穴之中矣！當是時也。田禾一覩我；齊國之眾三賀之，我必先之，彼故知之，我必賣之，彼故鬻之，若我而不有之，彼惡得而知之。若我而不賣之，彼惡得而鬻之。嗟乎！我悲人之自喪者，吾又悲夫悲人者，吾又悲天悲人之悲者，其後而日遠矣。

【譯】南郭子綦，正好坐在几案後面跌坐。作吐納功夫。仰著頭在噓氣；顏成子游進見說；先生真是高明，形體安座如槁木，心靜如死灰。

南伯說：我常住山林野穴。在某一時間，齊君看見我，齊國百姓三呼祝賀，我必定有一點可取的地方，他才會知道。我必定會賣力，他才會買帳，他並不是那麼容易的買家。如果我沒有可取之處，他那會知道，如果我不賣給他，他那能買得到。唉！我對自喪其力的人感到悲哀，我也對悲哀的人感到悲哀。我又悲哀被悲哀的人的悲哀。往後的日子還遠得很呢。

【註】南伯子綦，即南郭子綦。齊國賢人。

顏成子　即子游，孔子學生。

鬻之ㄩˋ　賣　陳注：買。ㄓㄡ又粥也。大鍋粥。

自喪ㄙㄤˋ　喪力、喪志、喪真。

仲尼之楚，楚王觴之。孫叔敖執爵而立。市南宜僚受酒而祭。曰：古之人乎於此言也。曰：丘也聞不言之言矣！未之嘗言，於此乎言之。市南宜僚弄丸而家之難解。孫叔敖甘寢秉羽，而郢人投兵，丘願有喙三尺。彼之謂不道之道，此之謂不言之辯。故德總乎道之所一，而言休乎知之所不知，至矣！道之所一者，德不能同也。知之所不

能知者，辯不能舉也。名若儒墨而凶矣。故海不辭東流。
大之至也。聖人并包天地。澤及天下。而不知其誰氏。是
故生無爵死無諡，實不聚，名不立，此之謂大人。狗不以
善吠爲良。人不以善言爲賢。而況爲大乎。夫爲大不足以
爲大。而況爲德乎？夫大備矣。莫若天地。然奚求焉？而
大備矣！知大備者無求，無失，無棄，不以物易己也。反
己而不窮，循古而不摩。大人之誠。

　　【譯】孔子到楚國去訪問，楚王設宴款待，孫叔敖拿著酒杯
站在旁邊，宜僚盛酒後，傾杯祭酒。祭後發言，說：古人在此言
喻了！（稱讚孔子的官話，意思是你來我國，有什麼建議呀！）
　　孔子回答說：我也聽說過，不言之言的意義，沒有說話，意
思到了就可以了！南宜僚這一搓，弄得雙方尷尬。
　　孫叔敖安臥床上持羽扇，以示楚國息兵。
　　孔子說：我願長三尺之喙，不會說話。彼此一來一往，這叫
不道之道。孔子指的就是不言之辯。所以說德，總不能離道。在
說話時應停止既知卻不知之間，不必多說；到此爲止就夠了！
　　道一所歸，德不盡相同。知其所不能知的，是拿不出辯證的
理由。儒墨重名，其名即是凶器。海納百川，不拒東流，是至大
的容量。聖人包容天地，澤惠天下蒼生，并不必要人知道他是
誰？所以生前無爵祿，死後沒裹諡。實不聚有，名不立傳，這才
是偉人。狗不亂叫才是好狗，人不多言方是賢德。況且偉人啊！
凡是想作偉人的人就不能作偉人，何況道德了！最完備的，莫如
天地的大備。祂沒有什麼要求，自然大備了！知大備的人，沒有
要求什麼，也沒有錯失。亦沒有放棄，而是不會受到物欲貪念，
改變自己的立場。反諸己就不會窮盡，遵循古人之道就不會遭受

磨難，是自古以來不變的真理。偉人的德行，就在一個誠字。

【註】觴　音商ㄕㄤ，李云酒器之總名也。

孫叔敖執爵，案孫叔敖是楚莊王相。孔子未生；哀公十六年孔子卒後。白公為亂，宜僚未嘗仕楚。又宣公十二年，傳楚有熊相宜僚，則與孫叔敖同時，去孔子甚遠，蓋借言也。

兩家之難解ㄌㄧˋ　ㄒㄧㄢˋ，司馬云：宜僚楚之勇士，善弄丸（即運動手握的彈丸。）楚伯公勝，將作亂，殺令尹于西子期石乞曰：市南有熊宜僚者，若得之，可以當五百人。乃往告之，不許也。承之以劍不動，弄丸如故。吾亦不泄子，白公遂殺子西。子期歎息兩家而已，宜僚不預其患。

甘寢秉羽　又音翿ㄏㄜˊ，司馬本作翲ㄑㄧㄠˊ，云讀若翿ㄍㄜˊ。或作翅雩舞者之所執。崔本作翼。

喉ㄏㄡˋ　ㄅㄨˋ又ㄔㄟˋ，三尺司馬云，喉息也。宜僚弄丸而弭難。叔敖除備以折衝、丘亦願有歎息。其三尺，三尺匕首劍也。

彼之謂此之謂，郭云：彼謂二子，此謂仲尼也。司馬云：彼謂甘寢，此謂弄丸。

不能同，一本作相同。

善吠　司馬云：不別客主而吠不止。

善言　司馬云：失本逐末，而言不止也。

不舍ㄕㄜˋ　同捨。

循古而不摩　一本作麼，郭云：摩、拭也。王云摩消滅也。雖嘗通物而不失其己，雖理於今而嘗循古之道焉，自古及今其為不摩滅也。

子綦有八子陳諸前，召九方歅曰：為我相吾子，孰為

祥？九方歅曰：梱也爲祥。子綦瞿然喜曰：奚若，曰梱
也。將與國君同食以終其身。子綦索然出涕曰：吾子何爲
以至於是極也。九方歅曰：夫與國君同食。澤及三族。而
況於父母乎！今夫子聞之而泣。是禦福也。子則祥矣。父
則不祥。子綦曰，歅女何足以識之。而梱祥邪。盡於酒
肉，入於鼻口矣！而何足以知其所自來。吾未嘗爲牧而牂
生於奧。未嘗好田而鶉生於宎。若勿怪何邪！吾所與吾子
遊者，遊於天地。吾與之邀樂於天，吾與之邀食於地，吾
不與之爲事，不與之爲謀，不與之爲怪，吾與之乘天地之
誠，而不與物之相攖；吾與之一委蛇，而不與之爲事所
宜。今也然；有世俗之償焉？凡有怪徵者，必有怪行，殆
乎！非我與吾子之罪，幾天與之也。吾是以泣也，無幾何而
使梱之於燕，盜得之於道。全而鬻之則難。不若刖之則
易，於是乎刖而鬻之於齊，適當渠公之街，然身食肉而終。

【譯】南郭子綦有八個兒子。有一天請九方歅來府，爲他的
兒子看相。子綦說：你看看如何。

九方歅說：好呀！好得很。梱就是吉祥（子綦之子名梱）子
綦非常高興。他說：爲什麼？

九方歅說：梱字，就是將來同國君一樣，終身食肉，是富貴命。

子綦蕭索不已，竟涕然落淚。他說：我兒子怎有這好的命。

方歅說：與國君同食，澤及三族，何況父母。今天先生聽我
說，竟然掉淚，是禦防福澤過高。但對兒子是吉祥，父親則不祥。

子綦說：歅，你怎麼看出梱是吉祥的呢？食盡酒食，只是入
於口腹之味。他怎知美味是從那兒來的呢？我雖然沒有放過羊，
但知道是母羊在羊圈中生的。我雖然沒有種過田，但是知道鶴鶉

生在鳥窩中，如果我對你的說法，不感覺奇怪，那才真的是怪事呢？我能給我兒子的，是遊於天地之間，我與他樂天安命，我與他自食有力。我沒有事業交給他，我也不會與他為伍。更不會去幹驚世赫俗的怪事，安份守己，我與他是仰天俯地的真誠作人。更不會有貪欲利害相爭，我同他只是一心敬德為善，並無權宜將事的心。今天如此，若有世俗所說的富貴，那不是怪事，是啥。凡是有奇怪的徵兆，必定有怪異的行為，那麼是危險的事了！那末不是我與我兒子的罪過，那恐怕是天意啊？因此，我十分耽心，所以傷心落淚。怎麼有機會使我兒子享宴呢？那不是盜取之道嗎？要全然傾囊相售，十分困難。不如受刖刑來得容易。於是乎我只有受刖之心傾囊售於齊國了。才有可能與渠公買梱相稱，食肉終身了。

【註】九方歅ㄧㄣ又ㄇㄧㄡㄧㄢ。善相馬。淮南子作九方臬。

相ㄒㄧㄤˋ　即看相、相人、相馬，相豬、牛者皆有其人。

梱ㄎㄨㄣˇ又ㄎㄨㄣˋ　子綦之子名梱。

瞿然ㄐㄩˊ　司馬云喜貌，本亦作戄ㄩㄛˊ，字林云，大視貌，李云，驚視貌。睜大眼睛驚喜貌皆可。

索然ㄙㄨㄛˋ　司馬云，涕下貌。

禦福ㄩˋ　距也，逆也。

未嘗　釋文嘗，或作曾。ㄔㄥˊ

而牂ㄓㄤ　爾雅云，牝羊也。

於奧ㄨㄠˋ　釋文：西南隅，未地也。一曰豕羊牢也。以屋南向，午為正南，未是西南，耳房設羊圈。

於宎ㄨㄧㄠˋ又ㄧㄠ，作窔徐ㄨㄠˋ，司馬云，東北隅也。一云東南隅鶉火地生鶉。一云窟也。郭ㄊㄛˋ字則突。以屋言，應是

狗洞，這是夜間防盜，狗出入之洞穴。與方位無涉。遊於天地，
司馬本地作沺，云亂也，崔本同。

邀樂之償，陳注：今乃不期然而然，得此飲食之報，是不牧
而牂生，不田而鶉生矣。是何怪也。

渠公　或云渠公齊之富室為街正。買梱自代，終身食肉至
死。一云，渠公、屠者，與梱君臣同食肉也。

注意：「買梱」二字。中國俗話：「有錢之人買柴燒，無錢
之人打柴燒。」街上賣的柴薪，是論梱計價。渠公作街正，必是
一鄉紳士富戶。所以不用上山打柴，是買柴燒的人。富人才有能
力終生吃肉，這是中國人講的福氣。

陳注：常人之所謂祥，至之所謂怪也。然則求合乎至人。當
以見怪於常人為大祥。

齧缺遇許由曰：子將奚之。曰將逃堯。曰奚謂邪！曰
夫堯畜畜然仁。吾恐為其天下笑。後世其人與人相食與。
夫民不難聚也。愛之則親，利之則至，譽之則勸，致其所
惡則散，愛利出乎仁義，捐仁棄義者寡，利仁義者眾，夫
仁義之行，唯且無誠。且假夫禽貪者器，是以一人之斷制
利天下，譬言之一覕也。夫堯知賢人之利天下也。而不知
其賊天下也。夫唯外乎賢者知之矣！

【譯】齧缺遇見許由。他說：先生你要往何處去？

許由說：我將離開虞堯？

齧缺說：為什麼？

許由說：他整天勞勞碌碌的在推行仁德。我恐怕被天下人笑
話，這樣下去，往後的世紀，會變成人食人了！要聚集百姓並不

難。你愛護他，他就會親近你。對他有利，他就會跑來擁護你。讚譽他即是勸業，對他厭惡的事消除，愛利自仁義中來，捐仁棄義的人少，利害相乘爲仁義而趨的人多。邪末仁義的行爲，就誠意不夠，反而變成貪名好利的工具。所以說：個人獨斷以利天下；猶如轉眼一瞥那麼膚淺，是不週全的。堯只知道賢人可以利天下，但不知他也能害天下，唯有不自爲賢的賢人才知道啊！

【註】齧缺ㄋㄧㄝˋ　堯時人，道家，，許由師之。

許由，上古高士，陽城槐里人，字武仲，據義履方。隱於沛澤。堯以天下讓之不受。遁耕於中岳，潁水之陽箕山之下。

畜畜ㄒㄩˋ又ㄊㄨˋ　李云，行仁貌。王云卹愛勤勞之貌。

人相食與讀吁亦音ㄩˊ　言將馳走於仁義，不復營農，飢則相食。

譽之ㄩˋ又ㄩˊ

覕ㄅㄧㄝˋ　郭云割也，向ㄈㄧㄝˇ　司馬云暫見貌。又ㄆㄧㄝˋ又ㄆㄧㄝˋ又ㄧˋ　陳注：覕通瞥，暫過目也。

禽貪　司馬云：禽之貪者，殺害無極，仁義貪者，傷害無窮。陳注：從禽而食，貪得無厭，假之以弋取之器。喻仁義之用，本非至誠，以之治民，適以爲貪具。

天下事，無利則無害。見以爲利害己乘之矣。治術如此，道術可知。

有暖姝者，有濡需者，有卷婁者，所謂暖姝者，學一先生之言。則暖暖姝姝而私自說也。自以爲足矣！而未知未始有物也。是以謂暖姝者也。

濡需者，豕蝨是也。擇疏鬣自以爲廣宮大囿。奎蹄曲隈，乳間股腳。自以爲安室利處。不知者之一旦鼓臂布

草，操煙火，而己與豕俱焦也。此以域進，此以域退，此其所謂濡需者也。卷婁者舜也，羊肉不慕蟻，蟻慕羊肉。羊肉羶也。舜有羶行，百姓悅之。故三徙成都。至鄧之虛。而十有萬家。堯聞舜之賢。舉之童土之地。曰冀得其來之澤。舜舉乎童土之地。年齒長矣。聰明衰矣！而不得休歸。所謂卷婁者也，是以神人惡衆至，衆至則不比，不比則不利也，故無所甚親。無所甚**疏**，抱得煬和，以順天下，此謂眞人。於蟻棄知，於魚得計，於羊去意，以目視目，以耳聽耳，以心復心。若然者，其平也**繩**，其變也循，古之眞人。以天待之，不以人入天。

　　古之眞人，得之也生，失之也死，得之也死，失之也生。藥也，其實**菫**也。桔梗也。雞**癰**也。豕零也，是時爲帝者也。何可勝言。

　　【譯】世間有三種不同的人物。即是暖姝、濡需、卷婁。什麼是暖姝呢？執一家之言曖昧私熟。自鳴得意，自說自話，自以爲滿足。而不知道的學術內容，是空乏無物的一堆廢話，這就是暖姝之徒。

　　濡需者又怎樣呢？他嗎？像豬蝨子一樣；見到豬鬃之處，以爲是黌宮石渠。卷著豬蹄，灣著肥腿，躺在圈中，自以爲安穩無憂。這些因循苟且之士，躲在夾縫中生活。沒有前瞻性的腐儒。那會想到，有朝一日，屠夫降臨，大臂一伸，五指一抓捲耳拖到屠場。一刀殞命，柴草舖地。引火焚燒，豬毛蝨子均成焦炭，這就是不知進退的迂儒可悲之行。

　　卷婁者又如何？他像大舜一樣。羊肉不召蟻，可是螞蟻卻很喜歡羊肉，羊肉有羶味，大舜的行事就帶了點羶味，老百姓也就

喜歡他這份羶味，所以遷徙了三次終於建立都城。到了鄧邑之墟，已經聚集了十萬家，在當時確實是一龐大集團。

堯聽說舜的賢德，將所有未開墾的土地，希望交他去開發。舜墾殖童山荒地，時間久了，年齡增長，體力衰退，智力減退，老來還無法退休，勞苦不已，這類人物就叫卷婁。

因此神人不主張叢聚，人太多，難免會發生不均。不均就會有不利的地方，群眾不會親蜜，無所謂疏不疏遠。若能以抱德沖和，順應天下，即是真人。對群眾不必用智取，要能魚我相忘，沒有利害。無意祥福自有，一切澹然處之。要以眼見事為準，以親耳所聽為實，將心比心，才算公平。有了準繩，即使產生變動，也是循規蹈矩，不會亂來。

古代的真人，是自然相待，並不是人為天職。

古之真人！

【註】暖姝ㄩㄢˊ ㄓㄨㄡㄧㄢˋ イㄨˊ，陳注：溫柔妖媚。應是趕時髦，追流俗的投機知識份子。

濡需ㄖㄨˊ ㄒㄧ　陳注：因循偷安。即因循苟安、目光短。

卷婁ㄑㄩㄢˊ ㄌㄡˊ　釋文拘攣也。陳注：拘攣劬瘵。即勞苦拘謹。宜小心將事，操勞接物。

自說ㄩㄛ通悅：喜悅也。

之竟ㄐㄧㄥˋ　通境。蟁、蟁子，吸人畜之血的小蟲。

奎ㄎㄨㄟˋ　本一作睽。

鬣ㄌㄧㄝˋ　豬頸脊的鬃毛。

羊肉不慕蟻，李云年長心勞無憂，樂之至。是猶羊肉不慕蟻也。

羶也ㄕㄢ　即羊羶味，腥臊味。

鄧ㄉㄥˋ　向云，邑名。虛　通墟，本又作墟。

童土　向云，童土，地無草木。即荒地。未墾發之地。

齒長ㄔㄤˊ　喻年長ㄔㄤˇ，若少ㄕㄠˋ

惡眾ㄨˋ，厭惡。非好ㄏㄠˋ，愛好、非好，即不愛好。

不比ㄅㄧˇ　陳注：比和也。比應是平比，大家皆相同，亦即平等。所謂一切都要公平。

煬ㄧㄤˊ和ㄏㄜˊ　陳注：煬融也。鎔和，容和也。

於蟻棄智，於魚得計，於羊棄意。司馬云：蟻得水則死，魚得水則生，羊得水則病。一說：云真人無羶，故不致蟻，是棄智也。共處相忘的大道，無沾濡之德，是魚得計也。羊無羶行而不致蟻，是羊棄意也。繩其變也循。應以規範其變遷為原則。

以天待之，不以人入天。以自然相待。不可以人為奪天之行，才是真人。

古時候的真人，有得即是生，有失就是死。是什麼意思？即是說：凡事要能對症下藥，用得對就生，用錯藥，必然是死。藥性各有不同，配方有君臣之分。譬如說烏頭、桔梗、雞金、豬苓，都可以為主藥，也是方劑中的不同分量的配藥。那是以病情來主方，是一時不可勝舉的。

實董ㄐㄧㄥˇ　徐音ㄐㄧㄥ，司馬云：烏頭也，治風冷脾，固腎益精，補脾治濕，泄瀉帶濁，小便不禁。

案即草木附子，亦名芡實。本草有雞頭烏頭雁頭等別名。

桔梗ㄐㄧㄝˇ　ㄍㄥˇ　亦作結，司馬云：桔梗治心腹血淤瘀脾。

案桔梗根部供藥用，通血氣、瀉火散寒，載藥上浮，是中藥常用藥物。

雞癰，釋文本作雁，徐ㄩㄥ或作癰，司馬云即雞頭也。一名芡，與藕子（蓮子）合為散，服之延年。

若以司馬云，烏頭即雞頭，即芡實，莊子會如此用詞嗎？四藥中兩藥相同，真會醫死人。

　　若以藥論：雞可入藥部位，惟雞肫內之厚皮，陳金色，草木曰雞內金，是消水穀，除熱止煩，疳疾用藥。雞肫即肫囊，為雞的主要消化器官。無論如何堅硬之物都能消化。沙石礫瓷粒均能消化，故有通小腸膀胱，治痢溺血，消疳的作用。

　　豕零　司馬本作豕囊，云一名豕苓根，似豕卵，可以治渴。案李時珍，豬苓是寄生菌，寄生於楓樹多，其他較少。形若豬屎，黑色，有毒，配伍時應注意。

　　云豕苓根誤。寄生菌無根也！本草苦泄滯、淡利竅甘助陽。

　　勾踐也，以甲楯三千，棲於會稽，唯種也。能知亡之所以存，唯種也。不知其身之所以愁。故曰鴟目有所適。鶴脛有所節。解之也悲。故曰風之過，河也有損焉。日之過，河也有損焉。請只風與日相與守河。而河以為未始有攖也。恃源而往者也。故水之守土也審。影之守人也審。物之守物也審。故目之於明也殆、耳之於聰也殆、心之於殉也殆。凡能其於府也殆，殆之成也不給改。禍之長也茲萃，其反也緣功，其果也待久，而人以為己寶，不亦悲乎！故有亡國戮民無已，不知問是也，故足之於地也踐。雖踐，恃其所不蹍，而後善博也。人之於知也少。雖少，恃其所不知，而後知天之所謂也。知大一，知大陰，知大目，知大均，知大方，知大信，知大定，至矣。大一通之，大陰解之，大目視之，大均緣之，大方體之，大信稽之，大定持之。盡有天循，有照冥，有樞，始有彼，則其解之也，似不解之者，其知之也。似不知之也，不知而後知之，其問之也。不可以有崖，而不可以無崖，頡滑有實。古今不代，而不可以虧，則可不謂有大揚搉乎！闔不亦

問是己。奚惑然爲！以不惑解惑，復於不惑，是尚大不惑。

【譯】勾踐以三千甲兵，駐在會稽山。只有文種知道從亡國中求生的道理。但他不知道自己如何保生。故言貓頭鷹的眼睛只適合夜間使用，白天就看不見。仙鶴的足脛有個大節骨，若把它去掉，就不適合在沼澤中覓食。又說狂風過後，河沙淤集。烈日高照，河水減少，若請風與日共同守護河川。而河川未曾想到過去有爭撓發生。是恃源頭過往獨自處之，所以水守土是安定的根本，影隨形是自然不離的道理。眼睛雖能明視，但也有殆惰的時候，耳朵聽力敏銳，但也有失聽的危機。亡心忍性，也有失錯的時機。凡是內腑潛藏的官能都會發生危殆的。若有殆勿之處，應設法改進，如果不改，日久茲積禍患臨身。反過來說，無懈可擊，功夫百倍，其成果是想像不到的。

人可一得以爲寶，若不能持久守梱。就很悲哀了！致使亡國戮民的慘禍。不知真象孰是，故勾踐受辱至極無可復加的地步。雖然如此，但勾踐自恃不死的信心，留待日後復國的戰力。

人的知識是有限的。雖然少。就因爲他有所不知的以後才會知天。知大一無生。知大陰極靜。知大目方有五行生尅。知大信有物所生，知大定天道不移。是所知天的極至。大一相通運轉，大陰相蕩解凝。大目各陳，可以相視。大均因緣，萬物化育。大方體現。大信可稽，大定相持，極盡天擇。可徵循脈絡明其大道。即使冥暗之中亦有樞機所在。這就是有二元的存在解析。尚有無法解釋的，即是知道，亦等於不知道。不知道的東西，以後多省問驗證就可以了！不能介說於某一範圍。也不能沒有研習的範圍在某一機巧中，可能找到所知的東西。古今是相通，而不是一成不變的。也不可缺少古代的史實。只是許多地方可以放膽的

去商榷。何不如問問自己。有什麼困惑之處。以清明不惑之心去解惑。就沒有困惑了，如此方是大不惑了。

【註】勾踐，春秋越國之君亡國，為吳王夫差養馬。

甲楯ㄕㄨㄣˇ　通盾，即盾牌。士兵裝備。戰鬥用具。

棲於，駐紮。

會稽，浙江會稽山

種：即文種，越國大夫。吳越春秋云，姓文字少禽。

所以存　釋文：本又作可以存，言知越雖亡，可以存也。

鵰ㄔㄧ′　梟鳥，夜鷹、貓頭鷹。

脛ㄒㄣˋ　指鶴的足脛，即上節。

解之ㄐㄞˇ　司馬云去也，又音ㄒㄧㄞ′

有損　釋文：有形自然相累，世能累物，物能累人。故大夫種，所以不免也。

恃　本亦作特。

源而往者也。釋文，水由源往，雖遇風日不能損也。

道成其性，雖在於世不能移也。

茲萃ㄕㄣ　郭云聚也，李云多也。本又作萃。

恃其所不蹎。李云一足常不往，故能行廣遠也。

解之音ㄒㄢˋ又ㄐㄞˋ　不撓ㄌㄠˊ　樞ㄔㄨ

頡滑　向云錯亂也。

揚搉ㄐㄩˋ又ㄎㄩˋ　三蒼云：搉敵也，許慎云：揚搉，粗略法度。王云，搉略而揚顯也。

惑解ㄐㄞ ㄐㄧㄢˋ　復於ㄈㄜˋ

陳解：大道活身，往而無害。凡狃於一偏，而有可有不者。其源也。源者何，蓋即先天自然發見之處。順其自然，則定而不易，違其自然，則危而不安。

　　然所謂問道以求知者。亦為即知之所知，養其知之所不知。勿助勿忘。由定生覺。然後自然之天。是問以解惑。惑解而知進矣。即知即行。大道於是乎得。

則陽　第二十五

　　則陽游於楚，夷節言之於王，王未之見。夷節歸。彭陽見王果曰：夫子何不譚我於王。王果曰：我不若公閱休。彭陽曰：公閱休奚爲者邪！曰：冬則擉鼈於江，夏則休乎山樊，有過而問者。曰：此子宅也，夫夷節已不能，而況我乎。吾又不若夷節，夫夷節之爲人也，無德而有知，不自許以之神其交，固顚冥乎富貴之地，非相助以德，相助消也。

　　【譯】則陽旅游到了楚國；夷節告訴王果。王果沒有見他。夷節走了以後，則陽才見到了王果。他說：老夫子對我請見，有何教誨。王果說：你來求教不敢當，我不如公閱休。彭陽說：公閱休是幹嗎的？王果說：他嗎？很簡單的人物，冬天在河裏捉鼈，夏天則在山蔭休息，有人經過問他，這就是你的住宅嗎？像他這樣高風亮節的人，夷節是辦不到的，何況是我。我還不如夷節也，夷節的爲人，是德行欠佳，智慧有餘。我不自以爲與他有神交，但我很了解他，他是沈迷在榮華富貴中的人物，不是相交於德的寒士，是追求榮顯的過中人。

　　【註】則陽，司馬云：名則陽，字彭陽，一云姓彭名則陽，周初人。

　　夷節　楚臣。

　　王果　司馬云：楚賢人。

　　譚ㄊㄢˊ　本亦作談。李云說也，郭ㄊㄢˊ　徐ㄊㄢˋ

　　公閱休　釋文：隱士也，音ㄩˊ

攦ㄌㄜˋ　又ㄔㄜˇ　司馬云剌也。郭音　徐音ㄌㄜˋ亦音ㄔㄜˋ

案民間漁具，捉鼈者所用漁戈。在竿頭著一刺針，覓穴深刺拖出，漁者識鼈生態，行跡，十拿九穩。

樊ㄈㄢ　李云傍也。司馬云陰也。廣雅云邊也。

予宅　司馬云，以隱居山陰自顯也。

有知ㄓ通智。

顛冥，音ㄇㄧㄢˊ　司馬云：顛冥猶迷惑也。言其交結人，主情馳富貴，即一般言勢利之輩。

非相助以德。陳注：言未能援人以德，適足以自敗者也。

相助消也，陳引列子，直言夷節之品，貪鄙如此。未免令求薦者惡然汗下。惡ㄨㄧˋ　又ㄨㄩˋ，自慙也，即汗顏之意。

　　夫凍者假衣於春，喝者反冬乎冷風。夫楚王之為人也，形尊而嚴，其於罪也。無赦如虎，非夫佞人正德，其孰能撓焉，故聖人其窮也。使家人忘其貧，其達也。使王公忘爵祿而化卑，其於物也，與之為娛矣！其於人也，樂物之通，而保己焉。故或不言而飲人以和，與人並立。而使人化。父子之宜。彼其乎歸居。而一間其所施。其於人心者，若是其遠也。故曰待公閱休。

　　【譯】中了寒氣的人，加衣保暖，有消渴症的人吃冰吹風。可是楚王的為人。外表上十分尊嚴。但行事如狼似虎不可饒恕。不是他身邊那些近臣佞人可以勸勉的。誰也把他沒辦法。即是有聖人出現，也窮於應付得了。

　　使家人忘卻貧苦，自會發達的。但使王公忘卻官位財祿放下身段，與庶民共清苦，就很難了！因為他們享受物欲貪念久了，

歡娛消遣，浪費慣了。惡習難改。而社會的一般人以通財愛物去賄賂官府，保己平安；藉故飲宴交往，說是官民和諧相處，製造國泰民安假象。好像官民平等，如父如子的親蜜。在如此的虛假政府中，看不過去的賢才大德的人，無法挽回社會頹風破敗，不如歸隱。

像公閱休這樣的賢士被閒置一傍，不為國家所用。對於社會人心，愈走愈遠，國家如何能富強呢？所以說：有待公閱休了！

【註】喝音謁ㄏㄜˋ　ㄏㄜ　字林云，傷暑也。即消渴症。

無赦如虎，陳注：此言楚王暴厲。應接上其於罪也無赦。如虎是所謂倒椿句。即楚王暴戾如虎，罪不可逭。

能橈　ㄌㄠˋ又ㄈㄨˊ擾也王云：唯正德以至道服之佞人，以才辯奪之故能。泥橈也。陳本　撓　釋文橈。ㄌㄠˋ又ㄇㄠˋ，說文：曲木也。爾雅：楫謂之橈。即划船的橈片。

以言意言，橈應是彎曲之意。是說無人能改變他。

此章言深意曲，習相近、性相遠。唯道在真，在藏，希夷為妙。

能橈：有變動之意。

聖人達綢繆，周盡一體矣。而不知其然，性也。復命搖作，而以天為師，人則從而命之也。憂乎知而所行恆無幾？時其有止也，若之何？生而美者人與之鑑，不告則不知其美於人也。若知之若不知之，若聞之若不聞之。其喜也終無已。人之好之亦無已。性也。聖人之愛人也。人與之名。不告則不知其愛人也。若知之若不知之。若聞之若不聞之。其愛人也無已。人之安之亦無已。性也。舊國舊都，望之暢然。雖使邱陵草木之緡，入之者十九，猶之暢然。況見見聞聞者也，以十仞之臺，縣衆閒者也。

【譯】聖人曠達與無羈。週全靜穆一體；並不知是爲了甚麼？這即是天性如此。故性爲根本，復命參悟之舉，應以天道爲師。一般人則是聽天由命。耽心他的智力不夠。恆心毅力也不夠。故有時中輟，這是什麼原因呢？不知「道」？也無可奈何！

生來就長得很美，是以他人比較才知道。沒人告訴他，他是不知道他比別人漂亮。如果知道了當不知道，或是聽人說：自己不把他當一回事。雖是高興的事，但不能放在心上。他人所愛好的，自己不會同樣去追求。這才算是真性。聖人愛人是自然本性，好像知道亦不知道，有人這麼說，但不可如此想。所以愛人是無限的。他人能安處，我同樣可以安居。這是人之群性。故國故都，望見心裏就十分暢快，雖然是小山崗陵，草木森森，但是進入之後覺得土親草香木馨，十有八九都感覺無限溫馨，這即是情性。何況所聽所見無不親切感懷。好像站在十仞高臺，與大家閒聊無間，沒有隔骸。大家和樂融融。

【註】陳注，達解脫也。宜用曠達較佳。

綢繆，陳注：事理糾纏之處　ㄓㄡˊ　ㄇㄡˊ　綢繆猶纏緜也。

同盡一體，釋文：所鑒綢繆精麤洞盡，故言周盡一體，一體死也。陳注：一即道也，一體猶道體也。

聖人達綢繆，周盡一體矣，不能斷章取義。應是聖人曠達無羈，一切皆放下，無罣礙，無心，無物，方可全神沖虛，入無無之境，化氣爲一。

復命搖作，釋文：搖動也。萬物動作生長，各有天然，則是復其命也。陳注：搖動也。靜極自動。

以丹道言，應是黃芽生月，萌發之意。回復嬰孩有期憂乎知ㄓˋ智也。王云憂乎志，謂有爲者，以形智不至爲憂也。若以丹道言，機遇巧智悟性大通。反之即智力不夠，悟性不高，有機緣

巧遇，無力安排。道不通則失。

　　而所行恒無幾。指有恆心的人很少。

　　時其有止也。言有的人半途而廢。

　　則不知其美於人。釋文：生便有見物之美。而無為心，人與作名言鏡耳。故人美之若不相告，即莫知其美於人。

　　好之ㄏㄠˇ

　　暢然：喜悅貌，暢快也。

　　之縵ㄇㄣˊ　徐音ㄇㄧㄥˊ　郭云合也，司馬云盛也。

　　十九，見十識九，即言十之八九。當然也有例外，譬如國破山河在，實際所見，山河變色。不但未見邱陵草木之縵。只見荒山草木無存。河水乾涸有之。人事全非之苦，何來暢然、爽快，只有悲悽泫然也。

　　縣ㄒㄩㄢˊ　通懸。顯也。高懸，名望也。

　　眾閒ㄒㄧㄢˊ　通閑。元嘉本作閑。

　　見見聞聞，即所見所聞。

　　十仞之臺，言高臺，一般是校場練兵、點兵的將台或祭福迎神的層臺，故有高高在上之喻。

　　懸眾閒者，即言在閒散人群中有獨立特行的傑出人士。陳解：聖凡同此性真，以凡人不能盡性。故特美於聖人。其實聖不自聖。惟以循其自然者。視萬物以歸根耳。自然者何、天也，即道也。

　　冉相氏，得其環中以隨成。與物無終無始。無幾無時，日與物化者。一不化者也。闔嘗舍之，夫師天而不得師天。與物皆殉。其以為事也若之何。夫聖人未始有天，未始有人，未始有始，未始有物。與世偕行而不替，所行

之備而不洫。其合之也，若之何？湯得其司禦門尹登恆，爲之傅之，從師而不圉，得其隨成，爲之司其名，之名嬴法。得其兩見。仲尼之盡慮，爲之傅之。容成氏曰，除日無歲，無內無外。

【譯】冉相氏悟得環中隨成的道理。在一個圓圈中，萬物起始終極是沒有端的亦沒有終點。無機無時可憑藉的。時時都在育化生滅。惟一不化的應歸於零，零即無。是不變的虛極常空。所以說法天亦不能師天，與物俱亡。心空至此，天下本無事了！

故聖人何嘗有天，亦未有人，也沒有始，更沒有物的存在。是隨世同行日夕如一。（齊物論在和同）

【註】冉相ㄒㄧㄤˋ　郭云：冉相氏古聖王。

環中隨成，陳注：環中真空之義，虛而善應，故隨在皆成其中也。即言宇宙的大圈圈中。萬物生滅是由無而有，由有而無的大道理。非今日的物質不滅定律。

無幾　陳注：幾，先幾（機）。事先沒有聯兆之意。

嘗舍ㄕㄜˇ　通捨。

與物皆殉ㄒㄩㄣˊ　陳注：純任自然者謂之天。環中之妙。全在無心。若一有心，名為師天。則不得師天。究歸於逐物也。

師天不師天，重點在一個忘字，故與物皆殉，殉即亡也。即以相忘，即無為也。既無為，何有天、有人，有始、有物。其意一貫，不可斷章。這是讀史書者常犯毛病，以似懂非懂而詮釋，故使後人更不懂，因此某些學說則廢了。

所行之備而不洫，音溢，郭ㄒㄧˋ　李ㄒㄩˋ濫也。王云敗也。無心偕行，何往而不至。故曰皆殉也。所行行備，而物我無傷。故無敗壞也。陳注：洫消也。從容肆應而精氣不消。陳引列子，從事於環中之道者如此。

　　偕行不替，備而不洫，應言修道者和光同塵於世。互不干
擾，各自保全，無盈無溢。故言合之也。若之何。門尹登恒。向
云：門尹官名，登恒人名。陳注：道之主調御者曰司御。道之
正，出入者曰門戶。道之致長久者，曰登恒。三者皆寓名也。

　　若以向秀之言講。直說：是商湯以登恒為門尹（門官）作御
前侍衛長。

　　以修道來說：練功時，深定無思，以防萬一驚魂走火，必須
有一護法保其安危。那末湯是主，登恒是護法。在修法中，大都
是相互參護。不但是護衛，也是參研的幫手。所以下面接著說
「為之傅之」。「從師而不圍，得其隨成」。必須如此才能貫通
莊周的本意。

　　不與之名贏法，得其兩見。釋文：同得其隨成之道。以司其
名，名實法立，故得兩見。猶人鑑之相得也。陳注：司、主也。
贏剩也。得其隨在皆成之名者。實之實。特心法外之剩餘耳。

　　其意應在。主使之人與護法相互斟酌行功的心得。尚未獲得
印證時，不可訂名為道法。

　　仲尼之盡慮、為之傅之。陳注：盡，絕也。兩者何名與法
也。名在外而法在心。由表測裏，斯兩見也。仲尼之何思何慮。
妙契真空，亦以待此心法。從而師之耳。引列子、湯與仲尼，能
合乎環中之道如此。

　　由湯與登恒引出孔子。仲尼以百思深慮求心法合道，可乎？
遠也。要知心法非言語可喻，非思慮能得。是心靈默契相通於
人、於道，於神的悟力。

　　容成，即容成子，黃帝史官，如造律曆，列仙傳，容成公自
稱黃帝師。道家採陰補陽之術出於容成。漢書藝文誌有容陰道二
十六卷。釋文：老子之師。

除日無歲、無內無外。即言山中無甲子。無內亦無外。復歸
於環中，以釋歸根復命大道。

　　魏瑩與田侯牟約，田侯牟背之。魏瑩怒，將使人刺
之。犀首聞而恥之。曰：君為萬乘之君也。而以匹夫從
讎，衍請受甲二十萬。為君攻之。虜其人民。係其牛馬。
使其君內熱發於背。然後拔其國，忌也出走。然後抶其
背，折其脊。

　　季子聞而恥之曰，築十仞之城。城者既十仞矣。則又
壞之。此胥靡之所苦也。今兵不起七年矣。此王之基也。
衍亂人，不可聽也。華子聞而醜之曰，善言伐齊者亂人
也，善言勿伐者，亦亂人也。謂伐之與不伐亂人也者，又
亂人也。君曰：然則若何？曰：君求其道而已矣。惠子聞
之，而見戴晉人。

　　戴晉人曰：有所謂蝸者，君知之乎！曰，然。有國於
蝸之左角者。曰觸（觸）氏，有國於蝸之右角者，曰蠻
氏。時相與爭地而戰。伏尸數萬。逐北旬有五日而後反。
君曰意，其虛言與。曰：臣請為君實之。君以四方上下有
窮乎？君曰，無窮。曰，知遊心於無窮。而反在通達之
國。若存若亡乎！君曰，然。曰，通達之中有魏，於魏中
有梁。於梁中有王。王與蠻氏有辨乎。君曰，無辨。客出
而君惝然若有亡也。客出，惠子見君曰：客，大人也。聖
人不足以當之。惠子曰：夫吹莞也，猶有嗃也。吹劍首
者，吷而已矣。堯舜，人之所譽也。道，堯舜於戴晉人之
前，譬猶一吷也。

【譯】魏瑩與田牟相約，但田牟現在背約，破壞雙方協定，魏瑩很生氣，想派人去刺殺他。公孫衍知道了，說此人不恥。他在魏王面前請命說：我王是萬乘之君，田牟這個匹夫，敢如此讐怨，請給我大軍廿萬，進攻齊國，俘虜他的人民，牽走他的牛馬，使他內部恐慌，腹背難安，然後滅了齊國。他想逃跑，我抓他的背，打斷他的脊樑。季子知道後，不贊成公孫衍的主張。他說：建築了十仞的城墻，安於高牆之內。為什麼要去破壞它，這是多少勞役犯才能建設得起來的。現在才休兵七年，安享太平日子不多，這是我王的基業。公孫衍沒有頭惱，是一個壞人，不可以聽他的。華子聽說後，也有自己的想法，他說：倡議攻打齊國的人是壞人，不主張伐齊的人也不是好人！攻與不攻都是亂人中的亂人。魏王說：那末怎麼辦？華子說：不如求道，尋求解決的辦法？

惠子知道以後，即引薦梁國的賢人戴晉人。

戴晉人來了以後，對魏王說：有一種小動物叫蝸牛，君王知道嗎？王回答說：知道。

晉人說：國家就像一隻蝸牛。牠頭上有兩隻角，左邊的叫觸氏，右邊那支是蠻氏，時常為了爭地發生戰爭，弄得屍橫遍野，民不聊生，把他們打敗了，但是半個月後又回來了！

魏王詫異的噫了一聲，你講的啥話，我不懂？

晉人說：臣下老實的說，以國君的意思來看，上下四方有無邊際。魏王說：無窮。晉人說：知道遊心在無窮中，再回到自己的國家，那時四顧茫茫，似有若無的景象，但又四通八達，在渺茫中虛無所有！魏王說：然也。

晉人說在通達中有魏國，魏國中還有梁國。在梁國也有一位梁王，王與蠻氏能辯論嗎？魏王說：無辯。

客人走了之後，魏王有點迷惘，似有所失。

惠子求見魏君。魏王說：你請來的客人是一位大人物，說他是聖人還不到那麼高度。

惠子說吹鼓手，必定手中有一支簫管或是喇叭。吹箭人則是矢藏管內。吹劍首試劍聲音很小，不過是嘴一噱而已，堯舜雖是人人稱頌的賢君，但以道來說，在戴晉人面前，也是小焉者罷了！（若云吹劍首，即是試劍鋒，向劍尖猛吹一口氣，聽聲音的反應，再看色彩的光度，劍尖那來的小孔，大刀也只有背環，沒有孔。）

【註】魏瑩，即魏國的君侯。惠王。釋文：郭本作瑩，唐本多作嫈ㄧㄥˊ，司馬云：魏惠王。

田侯牟，司馬云：齊威王也。名牟，桓公之子。案史試威王名因。不名牟。可能威王在作世子時封於牟國，莊據地為名。這是古代常有的稱呼！

約　即盟約。司馬云：約誓在惠王二十六年。

背之　即違背也。背約

刺之　即刺殺他。

犀首　是官名，即如狼將，公孫衍時任斯職。

萬乘　即一萬車馬。言當時齊國是大國。

季子、華子、惠子三人均為魏國大臣，惠子即惠施。戴晉人是梁國賢人，由惠施推薦給魏王。

蝸：蝸牛也音《ㄜ又《ㄨㄚ，李云蝸蟲有兩角，俗謂蝸牛，三蒼云小牛螺也。一云俗名黃犢。

逐北　即敗北。軍隊打敗仗曰敗北。逐北，即言打敗了逃跑之意。

觸氏，言抵觸，爭鬧之意，假名曰氏。

蠻氏，言野蠻，不用腦筋。所以雙方才會發生爭奪。鄰國相處是唇齒相依，應以和為貴。

惝然ㄔㄤˇ又ㄊㄤˇ　字林云惘然。均形容詞，但意略有分別。以今言，惝然，是如果之意。若用惘然，是失望之意。

管，釋文作筦。音ㄍㄨㄢˇ

嗃ㄒㄧㄠ管聲也。玉篇ㄏㄛ又ㄏㄠˋ廣雅云鳴也。

劍首　司馬云，謂劍環頭小孔也。只劍柄可置小環穿纓絡為飾，無吹之用。

唊而已矣，音血ㄒㄩㄝ又ㄟㄔㄩㄝˋ　司馬云：唊然如風過。應聲細微，如風絲輕過。為什麼用大氣吹而反應小。因劍尖細小應聲則微。若回音是清脆必是好劍。若噌音則是普通，若無聲則是破鐵。由於吹氣劍隨氣霧變色有青光，翠藍，藍暇，白者最差。

　　孔子之楚，舍於蟻邱之漿，其鄰有夫妻臣妾登極者。子路曰：是稯稯何為者邪。仲尼曰：是聖人僕也。是自埋於民，自藏於畔。其聲消，其志無窮。其口雖言，其心未嘗言。方且與世違，而心不屑與之俱，是陸沈者也。是其市南宜僚邪！子路請往召之。孔子曰已矣！彼知丘之著己也。知丘之適楚也。以丘為必使楚王之召己也。彼且以丘為佞人也。夫若然者，其於佞人也。羞聞其言，而況親其身乎。而何以為存，子路往視之，其室虛也。

　　【譯】孔子到楚國訪問，在旅途中，住宿在蟻山下的一戶賣豆漿的窮戶。附近有一戶茅草屋人家，看到他們浩浩蕩蕩大批人馬到來，都攀上屋頂觀看，其中是一對夫妻，還有男僕侍女。

　　子路說：那幾垛草杷子在幹啥？

　　孔子說：他是賢者的信徒。是隱姓埋名的人。潛藏在山崖水畔，消聲隱跡，不爲人知，但是他的志氣無窮，雖然平常亦會與人言談，但內心的話不會與人講，因此才與社會隔絕。他不屑與現世的人交往，像這類人物，是消失在陸地上一樣。故名陸沈，他就是楚人南宜僚呀！

　　子路說：叫他來見見夫子如何？

　　孔子說：免了！他知道我的著述，也知道我會來楚國，楚王也必定會召見我。他認爲我孔某人是小人，若是這樣，他對逢迎的人，是羞與他見面言論的。怎能躬親與他平身相見。他的面子不是丟光了嗎？

　　子路聽後很不服氣，我倒看看這老小子有什麼了不起？於是跑到他家去看看！當子路去到茅舍，空無一人，全家人都消失不見。

　　【註】蟻邱，李云蟻邱山名。若以莊子意言，蟻邱，即是蟻塚，俗話螞蟻窩。此種蟻巢是沙土構成。有一二尺高，如城堡，十分壯觀，大都在路旁、山邊。是指路邊有一家賣豆漿的窮戶，並非路旁客商酒家棧房。而以窮途荒野去襯托。

　　之漿　李云賣漿家。司馬云，謂逆旅，舍以菰蔣草覆之地。即是小得不能再小，簡陋的茅草屋。

　　登極，司馬云：極屋棟也。升之以觀也。一云極平頭屋。江南無平頂屋。無論瓦、草、茅柵均無平頂。

　　稯稯　音ㄗㄨㄥˇ　字亦作總，李云聚貌也。本亦作稷，聖人僕，釋文謂懷盛德而隱僕隸也。司馬本僕作樸。謂聖人坏（懷）樸也。

　　藏於畔　王云：脩田農於業，是隱藏於隴畔。

　　銷ㄒㄠ　司馬云小也。即消聲隱迹之喻也。

捐其　本亦作損

不屑　釋文屑絜也。不絜也。本或作肯。屑有輕貌，不屑，是不願與他交談或相見，交往。

陸沈　司馬云當顯，反而隱。如無水而沈也。陸沈即如地震，濠雨中，陸地下陷，沈淪消失，謂陸沈。此文是指賢人隱遁如陸沈。

市南宜僚　楚平王時武士，居郢都之南隅，熊邑人，故以邑姓熊，名宜僚。孔子以前的古賢士，莊子引之，是寓言，非事實，不能以史實相論。在此文中用已是二引。上篇在徐無鬼郢人投兵。仲尼見楚王。今是孔子逆旅舍蟻山，俱非實情。都是虛擬題目。

長梧封人問子牢曰：君為政焉勿鹵莽。治民焉勿滅裂，昔予為禾，耕而鹵莽之則其實，亦鹵莽而報予。芸而滅裂之，其實亦滅裂而報予。予來年變齊，深其耕而熟耰之。其禾繁以滋，予終年厭飧。莊子聞之曰，今人之治其形，理其心，多有似封人之所謂遁其天，離其性，滅其情，亡其神。以眾為，故鹵莽其性者。欲惡之孽為性，萑葦蒹葭，始萌以扶吾形，尋擢吾性，並潰漏發。不擇所出。漂疽疥癰。內熱溲膏是也。

【譯】長梧子問子牢。先生作官，不可魯莽。民政方面不可有閒隙。我曾經種田的時期，對禾苗粗心大意，對稻穗結實不佳，收成不好。是因為耕耘不善，所以得到歉收的回報。我次年把操作調整了一下。採深耕熟稔。秧苗長得很好，滋長繁茂，所以收成好，整年都吃不完。

　　莊子聽到長梧子的話心裏很感動。他說：今天的人，只重外表，對修心一點也不在乎。很多人都像封人所說的一樣，作事魯莽，粗心大意，荒疏自身責任。所以不懂耕耘方法，失去自然之情理，遠離天性，忘了精神所在。一天到晚庸庸碌碌，不知在忙些甚麼？所以魯莽生性，欲惡孽生，矇蔽了真性。如山間雜草，水際蘆茅，把人性掩蓋，惡形萌發。擾亂了自我善性的發揚。在如此情況的環境中，百病叢生，有如惡瘡潰爛，痔漏疽發，不知病從何來，蝦眼疔瘡，疥瘡撓癢，癰腫瘤毒，內熱痢瘧唐瀉，是多麼可怕。

　　【註】長梧　釋文：長梧地名，封人守封疆之人。

　　據齊物論篇，釋文：簡文說即長梧子也。

　　子牢　司馬云：孔子弟子名琴。

　　鹵莽　即魯莽。粗心大意也。

　　滅裂　釋文：猶短草也。李云：不熟也。司馬云淺耕稀種也。都欠妥。應言，只知耕，不知耘，以致雜草反而湮滅了稻苗。所謂耕之耘之。一分耕耘一分收穫。耕田種稻應經常除雜草、插秧後大概在兩三周後即要蹋秧（除草），農夫持棍立於秧行，用腳將雜草埋於泥中讓他腐爛作肥料，第二次除草，以拔除稗草為主，不用持棍。此時稻苗旺盛，除浮萍外，小草不易生長。抽穗後便不可以除草，因花粉決定種子結實的好壞，即使仍有稗草，讓它同時生長。

　　變齊ㄐㄧˋ　即濟也。變濟，即改變方法。

　　耰，音ㄧㄠ　司馬云鋤也。廣雅云椎也。字林云摩田器也。耕田常用工具，犁、耙，很少用鋤耜，以字林云摩田器，應是田刮子（形如耙、無齒）。使水田平整，準備插秧時的最後一道工序。

厭飧，釋文作飱ㄕㄣ。

以眾為　王云：凡事可為者也。遯離滅亡皆由眾為，眾為所謂鹵莽也。司馬本作為、偽。

欲惡ㄨˋ　害怕也，厭惡也。

之蘖ㄩㄝˋ，蔓長。

萑ㄓㄨㄟ，又ㄨㄢ/　益母草，此文以草多貌較宜。

葦ㄨㄟˇ　即蘆葦草，生於水際。

蒹ㄐㄧㄢ　萑、葭。

葭音嘉ㄐㄧㄚ　通笳　如云蘆笳，即是蘆草管可作笳（樂器），案說文：「凡經言萑（萑）葦，言蒹葭，言葭葭皆並舉二物。蒹、葭、萑一也，今人稱荻也。即言古人用萑葦，蒹葭是詞，形容詞。不可作單詞解。故言雜草叢生，荒草漫野解較妥適。

並潰ㄎㄨㄟˋ　潰爛也。言瘡毒。

漏　痔漏　漏發，言漏精，遺精，早泄等病。

漂ㄅㄧㄠ　通瘭，蝦眼症，即眼生疔瘡，很痛，故罵人眼中疔，痛澈心扉。又名瘭疽症。

疥ㄐㄧㄝ/　即疥瘡，先生於指縫，兩胯，嚴重到全身，是皮膚傳染病。軍營、工廠較普遍。發生騷癢難忍。俗名疥瘡。

疽ㄓㄨㄟ　一般雖部位不同，但以紅腫堅硬為主，日久會灌濃，疼痛輕重不一。以部位處方，針灸、湯藥不同。瘡口單頭者多，蜂窩形較少。

癰ㄩㄨㄥ　以多頭蜂窩形較多，生於要穴較難治，視部位用藥，內服湯藥，外塗膏藥、消炎粉。或用草藥搗爛敷覆。必須視病情部位處方。

溲膏ㄕㄡ　陳注：便濁也，即是赤痢。是最危險的痢癒之

一。溺血溺濃，赤白混濁等均有，傳染病之一。

　　柏矩學於老聃，曰請之天下遊；老聃曰，已矣，天下猶是也。又請之。老聃曰，女將何始。曰，始於齊；至齊見辜人焉，推而強之，解朝服而幕之。號天而哭之。曰，子乎子乎，天下有大菑，子獨先離之。曰，莫爲盜，莫爲殺人。榮辱立然後覩所病，貨財聚然後覩所爭。今立人之所病，聚人之所爭，窮困人之身。使無休時，欲无至此得乎！古之君人者，以得爲在民，以失爲在己，以正爲在民，以枉爲在己。故一形有失其形者，退而自責。今則不然，匿爲物而愚不識。大爲難而罪不敢。重爲任而罰不勝。遠其塗而誅不至。民知力竭，則以僞繼之，日出多僞，士民安取不僞？夫力不足則僞，知不足則欺，財不足則盜，盜竊之行，於誰責而可乎！

　　【譯】柏矩是老子的學生。想請師父週遊天下。老子說：我已經去過了，大概就是這樣子。柏矩再次相請。老子說：從那裡出發？柏矩說：先到齊國看看。到了齊國之後，見到那些無辜的人被判了死罪，橫屍荒野，無人照管。見到這樣殘忍的場面，實在不忍心。他倆把那些屍首扶正平躺，老聃把朝服脫下，蓋在他們的臉上，呼天搶地，號咷大哭。小子呀！小子！天下有大災難，你卻是最先遭殃的。你又沒作強盜，也沒有殺人，怎麼先逢此難。

　　以這情形看來，是爲了榮辱爭奪所產生的毛病。聚斂財貨以後，相互搶奪產生的社會病態，今天的立人處事發生了偏差，爲了聚斂財物大家爭奪拼命，窮困的人愈來愈勞苦，爲了一口飯，

終年無休以至不能糊口，才會造成社會的災難。

　　古代的帝王治理天下，是以民為本，對社會有益的事，都讓人民共享。若有差錯，為政者一肩承擔。以公正廉明對待百姓，若有失誤的決策，主政者一定負責到底。所以辭職下臺以自責。可是今天則不然。發生過錯，隱匿不報，弄虛作假，愚弄人民。大事情不敢負責，推委拖拉，重則大任怕幹不好受罰，不敢勝任。任重道遠的工作沒人能作好，老百姓已竭盡心力，只有跟著政府造假，上行下效，每天都在作偽，士民大家一起跟進，這就叫力不足則弄假玩虛，欺騙社會。智力不夠就欺騙，錢不夠就去偷盜，這種盜竊的行為產生，瀰爛了整個社會，誰來負責呢？

　　【註】柏矩　釋文：有道之人。

　　辜　釋文：辜罪也。李云應死人也。元嘉本作辛人。

　　強之　釋文くオ丶亦作彊，僵硬也。ㄐㄤ

　　朝服　即官服，老聃是有官位的。所穿的衣服是官方制式服裝。

　　幂ㄇ乙丶　司馬云覆也。覆蓋。

　　號天ㄏㄠ丶　大哭、哀號之意。

　　大菑　ㄓㄞ通菑，即言災難、ㄓㄞ菑，菑車，運物的車輛。

　　離ㄌㄧ丶　陳注：言天下人，行且盡懼於罪，子其先為者榮辱立然，言榮辱對立十分明顯。

　　貨財聚　貪贓枉法，惡霸劣紳聚斂財物。魚肉百姓。

　　窮困無休　人民貧窮困苦，沒有休息的時間。

　　欲無至此得乎！陳注：究其源，而歸咎於上之人之陷也，即言追究其原因，是被地方官吏誣陷。罪並不至此。

　　枉為在己　陳注：百姓有過，在予一人。言枉為，即亂了法紀。責任不在民，在為政者不力。

一形失其形　一有錯漏，影響他整個形象。

退而自責　退職下臺，以負政治責任。

匿物愚不識　隱匿不報，欺上瞞下，愚弄人民。

陳注：故隱其事，而以不識者為愚。

大為難而罪不敢　王云凡所施為者，皆用物之所能，則莫不易而敢矣。而故大為艱難。今出不能物有，不敢者則因罪之。陳注：大為所難，而以不敢為者為罪。應言最大困難，是為政者爭功委過，不敢負責。

重為任而罰不勝。陳注：過重其任，而於不勝者加罰應言：用人不當，往往重責大任交付於他，不能勝（ㄕㄥ）任。沒有加重處罰。辜息養奸。

遠其塗而誅不至。對長遠目標的執行，往往半途而廢，虛耗國家公帑。陳注：遠其限程，而於不至者，加誅。

民知业、通智。力竭　力氣衰竭。言民力枯竭。

誰責而可乎！誰能負此責任呢？

莊周之言，雖以齊國社會現象，但在戰國時代，普天下能安生立命者如鏡花水月，故託老聃言，全天下也不過如此。國家社會的病根，出在人的貪欲。自古至今皆然。故倡節用不爭，尚德愛民。以民為尊。自正安人。

陳言：蚩蚩者岷。求生而死。蓋有死之者矣。惟真知不死之道。庶幾與彼更生，得大解脫乎。

道家對國家社會的重要思想是，己不為，而以天下為。功成身退。

蘧伯玉行年六十而六十化。未嘗不始於是之。而卒詘之以非也。未知今之所謂是之。非五十九非也。萬物有乎

生，而莫見其根，有乎出而莫見其門。人皆尊其知之所知，而莫知恃其知之所不知。而後知，可不謂大疑乎？已乎、已乎！且無所逃此，則所謂然與然乎！

【譯】蘧伯玉到了六十歲，才知年歲的認知變化。是非觀念的了解。對過去未嘗不是正確的。但到最後說過去是非，那就成了昨非今是。卻不知道今天的是，拿去非比五十九歲時的非，那末明年又非今年的是了？

要知道，萬物的滋生，大家都未看到牠的根源，有生的形質，但不知從何化成。人人都會尊重自己所知道的知識，但是不可以自恃所知，還有許多不知道的東西。當他人有了新知，你便大大的疑惑，那不成了笑話嗎？人生有涯，學海無涯。知識界本來就是這樣；好了！好了！所謂知其然，而不知其所以然的事太多了！誰說不是。

【註】蘧伯玉　春秋魏大夫。名瑗，以字行，孔子弟子，年五十而知四十九歲之非。

莊周言六十而化。可譯為六十歲才化解人生迷團，也可譯為六十歲羽化（死亡）故有未嘗不始於是之。

而卒詘之以非，可譯為最後才知過去是非。也可譯為死後方知過去是非。

陳注：今六十而知五十九之非，再進一年，必又以今為非。則今所謂是，不可同於昨之非乎。

詘ㄑㄟ　廣雅曲也，郭音ㄔㄨㄟ

然與ㄩˊ虛字，然乎　釋文：言未然。

莫見其根，莫見其門，陳注：舉此以證是非不可知之理，物之生出可知者也。生之根，出之門，不可知者也，不知而後知，可不謂大疑乎！陳注：不知所謂知者，皆賴有此不知不識之地。

知識以開，不此之求，第即知覺已發之端，據以為知，其惑甚矣。

　　莊周引蘧伯玉昨非今是之說：為道日損可，進德修心，三反（省）吾身亦可。若言是非之門難徵，何嘗不可，讀書惟在活用，不可拘泥一隅。莊周引喻（寓）視學用何宗也。

　　仲尼問於太史、大弢。伯常騫，稀韋曰，夫衛靈公飲酒湛樂，不聽國家之政，田獵、畢弋，不應諸侯之際。其所以為靈公者何邪？大弢曰：是因是也。伯常騫曰：夫靈公有妻三人。同濫而浴。史鰌奉御而進所，搏弊而扶翼。其慢若彼之甚也。見賢人若此其肅也。是其所以為靈公也。

　　狶韋曰：夫靈公也，死，卜葬於故墓不吉。卜葬於沙邱而吉。掘之數仞，得石槨焉，洗而視之，有銘焉，曰，不馮其子，靈公奪而里之，夫靈公之為靈公也。久也。之二人何足以識之。

　　【譯】孔子問大弢、伯常騫，稀葦等三位古代的太史官；他說：衛靈公沈迷飲酒作樂，不理政事，在外狩獵，罔兔（田獵、畢弋）不參加諸侯的會盟。為什麼還稱譽他為靈公，是何道理？

　　大弢說：正因為他行事是非分明，守己正份。

　　伯常騫說：靈公有三個妻妾。同在一個浴池中沐浴。

　　史鰌（史魚，衛靈公時大夫。諫臣）奉命晉見。獲得賞賜，並輕扶身相謝。像他這樣的人，真是夠浪漫的了！平時與三個老婆洗澡嬉戲。對賢臣卻又一本正經，莊嚴肅穆。賞賜嘉勉。這就是他公私分明，被譽為靈公的理由。（另譯：史魚奉命進靈公浴室會見，當時靈公隨便拿一件衣服遮掩身體，便與史交談，還輕

鬆的拍拍他肩膀，如此慢怠賢臣，就不會有下句「見賢人若此其肅也」。）

猯韋說：衛靈公死時，說下葬在故有的墓園不吉利。要葬在沙坡上比較吉祥。在沙邱挖掘墓穴時，挖了幾丈深，竟然挖到一具石槨，把它清洗乾淨一看，石上刻有銘文曰「不馮（憑）其子」。靈公便葬在沙邱上。這就是靈公的靈驗處。這麼久遠的事，你二人怎能識破呢？

【註】大弢ㄊㄠ　古代史官。伯常騫ㄑㄧㄢ　稀韋三人均為古時的太史官。本亦作俙，郭音都彳李音熙ㄒㄧ

湛ㄊㄢˊ樂之久也，李音ㄕㄣˊ　文意引為沈、耽。

諸侯之際，言會盟，司馬云盟會之事。

同濫　徐ㄏㄢˋ或ㄌㄢˇ浴器也。能容數人同浴，應如華清池。不能以浴器缸、盆、桶言。以浴池較妥。

史鰌　注：史魚衛大夫史鰌，按史鰌字子魚，衛靈公不用蘧伯玉用彌子瑕，死以屍諫，故孔子稱之。

弊　郭作弊帛也，徐ㄏㄧˋ　司馬音ㄆㄧˊ　引衣裳自蔽。

摶弊而扶翼　司馬云，謂公及浴女相扶翼自隱也。此殊郭義。若以侍女均披弊浴袍隱退，公方披衣正容相見亦可。古人再浪漫也不會叫大臣到浴室召見。何況賢臣。

其慢若彼　如此慢怠他，實在太過分了。

沙邱　通丘，未指何丘，沙邱是通稱高的沙地。非地名。

不馮通憑ㄆㄧㄥˊ　其子靈公，郭讀絕句，司馬以其子字絕句，云言子孫不足可憑，故使公得此處為冢也。

這是斷句不同的說法，以上下文言，應以司馬以其子斷較當。

靈公奪而里　釋文：而汝也，里居處也，一本作奪而埋之。奪　取也。而非汝，應為他（彼），里為居處，即言墓地。

二人何足以識之　陳注：觀石槨所銘，可知未生之前其證已定。二子紛紛辨美惡，烏足識先天之妙蘊乎。讀春秋三傳，常有怪異之事產生，無論天象、地靈，神怪均有。可見巫醫之學在戰國時代還在流行。其中以假亂真者最多。江湖之術，矇、混、騙兼而有之。

少知問於太公調曰：何謂邱里之言？太公調曰：邱里者，合十姓百名而以為風俗也。合異以為同，散同以為異，今指馬百體而不得馬。而馬係於前者，立其百體而謂之馬也。是故邱山集卑而為高。江河合流而為之大。大人合併而為公。是以自外入者。有主而不執，由中出者，有正而不矩（距）。四時殊氣，天不賜，故歲成。五官殊職，君不私。故國治。文武大人不賜，故德備。萬物殊理，道不私，故無名。無名故無為，無為而無不為。時有終始，世有變化。禍福**滑滑**，至有所拂者，而有所宜。自殉殊面，有所正者，有所差。比於大澤，百材皆度。**觀乎**大山，木石同壇。此之謂邱里之言。

【譯】少知對太公調說：「甚麼叫邱里之言」？

太公調回答他：所謂邱里？就是有十個姓氏的人百名以上聚居在一起，形成了一個部落，建立了這個族群的風俗習慣。是在不同中求其共同。若個別去看就會發現他同中也有異。譬如說：今天我們把一百匹馬集合在一塊，只看到馬群的體集，沒有看到馬的長像。只有看到站在前面的馬像馬，整體來看就是堆不同的調和比例或是參差有趣的色塊，有形無物的集聚。

小山集聚在一塊，就成了高山，大江小河的水合流在一塊，

就成了大海。若能集眾議爲政，就是公正、公義。這是從外入內的德溥。有主宰權責的人不執行，是不完善美的。由中正的人出頭，雖有正當性，但不合法度。

四季的氣候不同，是自然的道理，春耕憂長秋收冬藏，就是一年的農耕進度，不可違背的。在政府設有不同的官職來處理政事，各司其職，辦理得好，老百姓就能安居樂業。無論文武大官，對施政保國的任務盡責惠民，是應該的，切不可視爲恩賜。

萬物不同形異質殊，自有它個別的道理。大道無私，所以無名，無名即無爲，然而無爲者無不爲，在於道的妙用。時間是有終有始，時代是有變化的，禍福相依，誰也說不準，有時反而因禍得福，亦有福來禍至的危機。是要看個人德澤，正邪心態。譬如大澤中生長的各類動植物都能相安成長。再看看大山，林木森森，奇石共生，更顯山林的特色。這就是「邱里之言」的最好詮釋。

【註】少知　太公調皆為假名。

邱里　李云四井為邑，四邑為丘，五家為鄰，五鄰為里。古者鄰里井邑土風不同，猶今鄉曲各自有方俗，而物不齊同。

十姓百名　一姓為十人，十姓為百名。則有異有同，故合散以定之。

合并而為公　釋文：合群小之稱，以為至公之一也。

淳淳　通渟ㄔㄨㄣˊ　單純王云：流動貌，陳注流行貌。

所拂　釋文音ㄈㄛˋ戾也。又音弗又音ㄈㄟˊ　逆也，勃也自殉殊面，廣雅云面向也。謂心各不同而自殉焉，殊向自殉，是非天隔。故有所正者，亦有所差。陳注：若專以己見自殉，如與人殊其面向，則於此有所正者，於彼此有所差。蓋不公因而不當也。

比於大澤　釋文比于。本亦作宅。應以澤為當。

百材皆度　度居也。雖別區異所，以大澤為居。

陳注：百材不同，而同歸於度。度者，謂合乎百工之所度也。應言度活共生。

木石同壇　陳注：木石不同，而同生於壇。引皆言合異為同也。邱里之言，其合異為同者，如是而已。

少知曰：然則謂之道！足乎？

太公調曰：不然？今計物之數不止於萬，而期曰萬物者，以數之多者號而讀之也。是故天地者，形之大者也。陰陽者，氣之大者也。道者為之公。因其大以號而讀之則可也。已有之矣！乃將得比哉，則若以之辯，譬猶狗馬，其不及遠矣。

【譯】少知說：那麼就是道，不是夠了嗎？

太公調說：不是這樣；以今天計算事物的數字到一萬為止。以數目很多的讀數為萬。實際數據又何止一萬呢？萬物是多數的代名詞吧了！即如我常說的天地，亦是形容很大的意思。陰陽是形容二氣的大用。道是共有公平的自然理數。由於祂的盛大，所以稱祂為大道就可以了！既然已有如此的號讀，就不必再類推了！如果再辯論下去，就像講狗馬之事一樣，為身邊小事，非宏圖大論。

【註】陳注：明明借邱里之言，發出渾同之道。今日謂之道，而又不以為然。何哉？蓋道可以意會，不可名稱。太公調意，非謂渾同者不足見道，特謂以道名之，未足盡無名之妙也。

天地形之大，陰陽氣之大。陳注：道為天地陰陽所公共不可指之為形，不可指之為氣，是其大更無偶也。

關於陰陽之事，是物質組成正負關係，因它的耦合產生化育作用。其間的成因即如國人所說的道，故道無名無相，看不見，亦不能捉摸。

少知曰：四方之內，六合之裏，萬物之所生惡起？

太公調曰：陰陽相照，相蓋，相治。四時相代相生相殺。欲惡去就，於是橋起。雌雄片合，於是庸有安危相易，禍福相生，緩急相摩，聚散以成。此名實之可紀。精微之可志也。隨序之相理，橋運之相使。窮則反，終則始，此物之所有。言之所盡，知之所至，極物而已。覿道之人，不隨其所廢。不原其所起。此議之所止。

【譯】少知說：四方上下六合之內，萬物生長是如何成因的，它的根本所在又是什麼？

太公調回答他。這是太陰（月）太陽（日）相互應照，相掩相映，相生相剋。在四季氣節變化中呈現出來。若要以人力去調整時序，那是枉費心機的。雌雄交配是自然的常數。無論動植物皆然。安危相易，禍福相生，這是無常，在於機遇巧合。若能隨機應變，便可轉危為安。緩急相摩，聚散以成。雖不由人，若能知因控成，亦可改善，這是名實可見可記的彰顯。在精微之處能發揮你的志向。應當隨著個人修練的進程體悟，這就要看自身的造化了！

所謂否極泰來。窮則反，終則始，這是物性的常態。我的話就說到此為止。所能知道的深奧理論，就是極盡物理的研究。若以道觀物，物非物以至無物。但亦不隨其所化。不追根到底，只能默會空明，自然中自有不可思議的洞然。

【註】六合　即是宇宙。

惡ㄨㄟ起，言如何產生。

陰陽：國人對陰陽之說：是根據太陽（日）、太陰（月）配合五行天干地支，成了一套不同學說；如病理、卜筮、地理（堪輿）……等不同學說。

故有太公之言——相照相蓋相治相生相殺之說。這是陰陽五行相生相尅的通論。

欲惡去就　是言驅吉避凶。

橋起　有架空之意。通達、互通等意。

庸有ㄩㄥˊ　言常有，庸常也。

緩急相摩，聚散以成。言物的成因是陰陽相蕩，緩急有序。聚散有數，一般而言，就是天命。

精微可志　言精微深義是可以志紀的。

少知曰：季眞之莫爲，接子之或使，二家之議，孰正於情，孰偏於其理？

太公調曰：雞鳴、狗吠，是人之所知，雖有大知，不能以言讀，其所自化，又不能以意其所將爲。斯而析之，精至於無倫，大至於不可圍。或之使，莫之爲？未免於物而終以爲過。或使則實，莫爲則虛。有名有實是物之居。無名無實在物之虛。可言可意，言而愈疏。未生不可忌，已死不可徂。死生非遠也。理不可覩，或之使莫之爲，疑之所假，吾觀之本，其往無窮。吾求之末，其來無止。無窮無止，言之無也。與物同理，或使莫爲，言之本也。與物終始。道不可有，有不可無。道之爲名，所假而行。或使莫爲，在物一曲，夫胡爲大於方，言而足，則終日言而

盡道，言而不足，則終日言而盡物。道物之極，言默不足以載，非言非默，議有所極。

【譯】少知說：季真主張莫爲（無爲），接子則主張有爲（或使，即行使）這兩家的說法，那方是正確的情況，那邊是偏執的理論？

太公調回答他：公雞叫，小狗吠，是人人都知道的，公雞鳴是報曉，狗吠是有陌生人進入，有防盜作用。雖然有大智慧，你講不出牠們爲什麼有如此特殊的反應，我們只能說牠是自然的天賦。不能用意去猜測牠的成因，再分析到精微之處，找不到牠的系數如何排列，範圍那麼廣泛。如何去下手。

對或之使與莫之爲的設定，未免對於物理都有偏失之處。若行驗證，發現實質，則是爲物（唯物也），莫爲則是虛無，成爲空談。有物就有名，有名就有存在。這是唯物的真理。那就成了可以言談，議論；但是愈講就愈失其真，議題難辯，模糊不清。

未生之前不能阻止牠生化。死了的也無法將牠復甦。死與生的觀念，其實相去不遠。其道理是十分明顯的。對於有與無，在懷疑與假設中去追求牠的根本，是無窮無盡的議題。若追根就底，那亦是了無止境的。對無窮無止的事，是無法以言語就可論說的。

若以物理同調，認爲可辯論，敘說物的終始，那末就沒有精神面的存在。換句話說，根本沒有道的分際。承然道不可有，有不可無，這又是何解釋？要知道也者；是陰陽運行中無法參透的律例，相因相成，相生相尅，無人能識，無人能知，只能隨天而化，隨地而生，隨時而成。牠是造物的真宰。但必須與天合、地宜、時成。所以說道無名，牠主宰萬物，萬一假牠而生化。以或

使莫為論，只是一家之言罷了！

　　什麼叫大方？所謂大方，就是大道。如果能以言傳講道，那末整天開講，終會把道理講完，使聽的人完全通曉就行了。言語不夠表達，整日說的話，都離不開物相。道與物的至高點，不是用言語去表達，或是沈默無言，亦或是不言不默就可達到的，更不是議論演說能了然的。牠是知行問題，非言語議論範圍的學說：學問再大，理論再完美，最後都是空言。太公調言其理，未教之「誠」。在知行中，以誠全其德。即是說，為道者必須以誠苦修，自有「悟」道的一日。

　　【註】季貞　接子　李云：二賢人。

　　莫為　即無為　或使　介或間行使之意，是疑問詞。

　　不以以言讀　即言語，亦讀數也。

　　自化　自然生成。

　　以意其所將，用思維方法去設想。

　　斯而析　用分析的方法去解釋。

　　精至無倫　精微到找不到系數。

　　於物而終為過　純以物示之最後是錯誤的。

　　則實　是使的結果，即是用。

　　莫為則虛　上句言用為實，此句無為則虛。即不為可言可意，言而愈疏，即言「道」是不可用言語去形容的，愈講離道愈遠。修道在己，是以知行合一，勤修苦練，待修習到某一層次，了悟之後才會明朗，是知行智慧、造化、機遇問題。無法以言語去詮釋的。

　　疑之所設　玄學之難，在於疑真作偽。若無誠，即不能成真，若誕妄則易成偽。

　　觀其本末　往來無窮，無休無止，在此虛極狀態中。若有

悟，是靠機緣。是沒有必然的學理。故道不可有，有不可無。

若道可為名，那是假藉的說法。

或使莫為的說法，皆是偏執之言。外行話，只有修真者才知其中奧妙。

非言非默，不是以言語或默然即能了然的。

議有所極，到終極的說法。那不過茫然，混沌一片。所謂道在聖傳，修在悟。不是靠言語智慧，即能追求的。

陳註：大道渾同，彌綸六合，一物一太極，萬物均此太極也。然道可因物而見。不可即物而名。惟能離物觀空，乃得不落言詮。清淨經云，吾不知其名，強名曰道。又云：遠觀其物，物無其物。── 蓋至斯大道之精得矣！

外物　第二十六

外物不可必；故龍逢誅，比干戮，箕子狂，惡來死，桀紂亡。人主莫不欲其臣之忠。而忠未必信。故伍員流於江，萇弘死於蜀藏其血，三年而化為碧。

【譯】身外之物不必計較。夏朝公龍逢諫言被誅，夏桀亦死，商朝比干苦苦相諫被刳心，箕子進諫不聽裝瘋。惡來這個佞臣死後，紂王也隨之滅亡。帝王都希望臣子對他效忠，但對他盡忠，未必取得他的信任。所以伍子胥被夫差賜死投入大江。萇弘被開腸剖肚而死，有人將他的血收藏在祭器中，三年以後變成了碧玉（即碧血丹心的典古）。

【註】公龍逢是夏代的賢臣，被憂桀聽讒言被誅。

比干、箕子都是殷商的忠臣，比干被紂王挖心。箕子發狂裝瘋，被髮為奴。

惡來ㄨˋ　通毋。紂王的佞臣。

伍員　即伍子胥　楚人，家被毀父被殺，逃吳復仇。忠於東吳，但為越國事被伯嚭進讒，被夫差賜殺，屍首投江。

萇弘　周靈王時大夫，被讒遭酷刑，開腸破肚。其血被藏三年成碧。呂氏春秋，藏其血，三年化為碧玉。

人親莫不欲其子之孝。而孝亦未必愛。故孝己憂而曾參悲。木與木相摩則然。金與火相守則流，陰陽錯行，則天地大絯。於是乎有雷有霆。水中有火，乃焚大槐。有甚憂，兩陷而無所逃；螴蜳不得成，心若縣於天地間，慰暋

沉屯，利害相摩，生火甚多，眾人焚和。月固不勝火，於
是乎有僓然而道盡。

【譯】人的親情最密切的是希望兒子孝順，但孝順未必獲得
愛。如孝己的愛，反而遭怨。所以曾參的孝順，換來的反而是莫
大的悲哀。

木與木相摩擦就會燃燒。金遇火相煉則成液體。陰陽反差，
天地氣亂。於是急雷風暴產生。水中有火，大槐氣亂。以致憂患
形成。由於二氣不調，衝突難免，相互矛盾無法求成。好像心懸
高空，上下不得。憂鬱沈悶，利害相擊，火氣甚大，傷了大家的
和氣。陰凝無法勝火（陽）。於是乎一切成空，生氣盡失。

【註】外物：王云，夫忘懷于我者，固無對於天下，然後無
所用心焉。若有所執為者。諒亦無時而妙矣！

孝己　李云殷高宗的太子。

曾參　李云曾參至孝，為父所憎，嘗見絕糧而後蘇。

大絃　音ㄐㄞ　又ㄅㄞˋ

水中有火乃焚大槐，司馬云水中有火，謂電也。焚謂霹靂時
燒大樹也。兩陷　司馬云兩謂，心與膽。陷破也。謂雷霆甚憂，
心膽破陷也。（即心膽俱裂）

憂樂ㄌㄛ

螴　郭音ㄔㄣˊ又ㄓㄧㄣˋ　徐ㄔㄧㄣˋ　蜳郭音ㄔㄨㄣˊ又ㄓㄧㄣˋ
徐ㄔㄨㄢˋ

李ㄩㄧㄣˊ　司馬云螴蜳，讀曰忡融，言怖畏之氣忡融兩溢
不安定也。若縣　通懸ㄒㄩㄢˊ

慰暋　ㄨㄧㄣ李音ㄇㄧㄣˊ　又ㄇㄧㄢˋ，慰鬱也暋悶也。

沈屯ㄓㄥˊ　司馬云沈深也。屯難也。

僓音類去ㄨㄟˊ　又ㄏㄞˊ　郭云順也。

　　本章意旨很難解，各家均以文字去解釋，無法了解底蘊。以文中關鍵，親密如父子，但衝突如水火。要如何使水火既濟、抽坎補離，才能泰和。這是修練中一大學問，不妨以參同契為參考，略言一二。

　　一、火生於木，禍發必剋（陰符經）注：火又焚木。即莊子言，木與木相摩則燃。參同契十一章，朱雀為火精。水勝火消滅。

　　二、金與水相守則流，按參同契第七章，白者金精。黑者水基。金為水母，水為金子。水者道樞。──西方庚辛金　即肺。主白，肺氣燃燒生水。背督脈中樞穴，為斗柄運轉的樞紐。若方向不對氣道逆行，會有危險。故有雷霆之說。

　　三、水中有火，參同第八章，履行步斗宿，陰道厭九一，悖逆失樞機。指二氣錯亂之後，大塊元氣損傷，不但無功，反而有害。陰陽二氣不調，功夫白費。朱雀真火既不能濟金水，亦無法抽腎水。這樣一來，整個內丹體系全亂了。陰氣（月固）凝結，陽氣過旺，一切皆枉然。故丹道者不得不慎。

　　附：在丹道中，真有雷霆之勢產生的，是丹田（下）煉成功時會產生激烈的振蕩，小腹的跳動頻率由小至大，由緩變急，急到至急的高頻，聲隨頻起，高低緩急成正比。濟公之神奇妙手，築基即在此。

　　風暴、渦流的產生，出在青龍白虎的雙搶關（玄牝）由左起，漩風轉動由慢漸速，繼之右起，左右速度均衡後由漸快至盡速，最後二氣合流，以極力之勢一氣相成，通過玄牝進入渾沌之天。故謂回天之術──

　　莊周家貧，故往貸粟於監河侯。監河侯曰，諾，我將得邑金。將貸子三百金可乎？莊周忿然作色曰：周昨來，

有中道而呼者。周顧視車轍中有鮒魚焉！周問之曰：鮒魚來，子何爲者邪？對曰：我東海之波臣也。君豈有斗升之水而活我哉。周曰，諾，我且南遊吳越之王，激西江之水而迎子，可乎？鮒魚忿然作色曰。吾失我常與，我無所處，吾得斗升之水然活耳，君乃言此，曾不如早索我於枯魚之肆。

【譯】莊子家貧窮，沒有米下鍋；去找監管黃河的河官借粟（小米）。河官說：好，沒問題。等我領到地方發的薪餉，借三百元給你如何？莊子一聽，老婆要米下鍋，你卻跟我打太極拳，十分生氣。但又不能罵人。無奈的說：昨天我來你家的路上，聽到有人呼救的聲音，我向前一看，車輛漕中有一條小鯽魚，布涸轍中掙扎。我問牠：你有什麼事？我可以幫忙嗎？牠說：我是東海的波臣。先生能給我一升半斗的水就可活命？我對牠說：好，我正要去南方，見到吳越的國王，請他激蕩西江的大水來迎接你好嗎？鮒魚很生氣的說：我失去了常性（水中生活），你叫我如何生存下去，我只要得到升斗的水就可以過活了！以先生的說法，我不是早已變成菜市場的魚乾了！還用得著你操心嗎？

【註】貸粟　釋文音特，或ㄊㄧㄝˋ　借小米也。

監河侯，《ㄅˊ　說苑作魏文侯。古代黃河每段都設有監管河官，亦即今日的水利官員，河侯相當於水利局也。

將貸ㄊㄞˋ　借貸

鮒ㄏㄨˋ　廣雅云，鰿音迹。今注：鮒　鯽魚也。為溪田中常有的小魚。早索ㄕㄜˋ　綁綑的意思。

枯魚　李云猶乾魚也。

借貸米糧，是不得已的事，窮人借米，是已無法為炊的事，

是不能等待的。要他等待，不是就要他命嗎？莊子固窮斷糧難炊在當時社會是難免的。但以車轍之鯽形容，「吾失我常與」之言，應是守「常」。無論貧賤富貴，都得守常，這是性理、道德、人格的風範。當然也涉及修為功夫。

　　任公子爲大鉤巨緇，五十犗以爲餌。蹲乎會稽，投竿東海，旦旦而釣，期年不得魚。已而大魚食之。牽巨鉤陷沒而下，驚揚而奮鬐，白波若山，海水震蕩。聲侔鬼神，憚赫千里。任公子得若魚，離而腊之，自淛（制）河以東，蒼梧以北，莫不厭若魚也。已而後世輇才諷說之徒，皆驚而相告也。夫揭竿累，趨灌瀆，守鯢鮒，其於得大魚難也。飾小說以干縣令，其於大達亦遠矣。是以未嘗聞任氏之風俗，其不可與經於世亦遠矣。

　　【譯】任國的公子作了一個大釣鉤及一大盤釣繩，用五十頭大公牛爲釣餌。蹲在會稽山頂，把釣竿伸入東海，每天都守著釣竿，探看有無消息，整整蹲了一年，還是沒有所獲。不知又過了多久，終於有魚上鉤，魚不知有多大，把釣鉤吞下，拖入海中，翻滾掙扎。白浪滔天，海水震蕩，排山倒海而來。叫聲鬼哭神號，恐怖萬分，驚憚千里生靈。

　　任公子釣得如此大魚，成千上萬的人才把牠拖上岸。像一座小山，把牠分解以後作成腊魚。從浙江到廣西梧州的老百姓都分到醃魚肉吃。任公子釣大魚的佳話，越傳越神。最後演變成釣魚狂，人人釣竿一枝，海邊江岸，全是釣魚的人。水潭溝瀆，抓不到大魚，泥鰍、鱔鱔也逃不過狂徒抓魚之樂，但誰也沒辦法抓到大魚。這叫街談巷議之言干犯政令。要想大達還差得太遠。以如

此不切實際的作法，不過是任國地方的風氣吧了！任公子的作法，是不能拿來經世濟國的，以大道相去太遠了！

【註】任公子　李云：任國名。

大鉤　本亦作約。

巨緇　司馬云：大黑綸也。

犗　郭音ㄍㄞˋ云犍牛ㄑㄧㄢˊ　徐音ㄐㄩˊ云騬也。司馬云：犧牛也。騬音ㄔㄣˊ　犍ㄐㄧㄢˊ。按：犗通犍、犍，即犍州所產的大牛。今四川犍為。犍亦稱閹割的公牛。

會稽　即浙江會稽山。

期年　本亦作朞　音同基ㄐ，言必久其事。

騖揚　釋文作騖。

鬐　徐音ㄑㄧˊ　李音ㄒㄩ　通鰭，徐音正確。即魚鰭掀動。

憚赫ㄉㄛ ㄏㄜˋ　恐怖貌，十分驚懼貌。

千里ㄒㄧㄢˊ　言千里之內都受到驚嚇。

銜沒　字林猶陷也。

若魚，司馬云大魚名，若海神也。或云若魚，猶言此魚。以形容詞解較當，即如此之大魚，不定詞。

腊　釋文　音昔　按詞意應作臘解，腊是簡體字。

臘　是腌也。即鹽漬防腐。

淛河　釋文本作制。制河　浙音ㄕˋ即今錢塘江也。

蒼梧　今廣西梧州。古稱蒼梧。

軨ㄑㄧㄢˊ　又ㄕㄧㄢ　又ㄑㄩㄢˊ，李云軨量人也，本或作軨軨，小也，本又或作輕。軨才，言小聰明的人。

諷說　即諷刺。

揭ㄑㄧㄝˋ　竿累ㄌㄟˇ　亦作纍，司馬云ㄌㄨㄟ　云綸也即釣絲。

趨　釋文本作趣。

灌瀆　司馬云涚灌之瀆。

守鯢鮒　即言鯢泥鰍也，鮒鯽魚也。所謂大魚抓不到捉泥鰍。

【解】旦旦而釣，期年不得魚。應是守常。知其白守其黑，知其雄，守其雌，雖出自老子，但後世丹家，無論內丹或爐鼎都是還丹要訣，所謂金液還丹的法門即在此。參同契亦然。守鯢鮒者何來大藥？

儒以詩禮發家，大儒臚傳曰：東方作矣。事之何若，小儒曰：未解裙襦。口中有珠，詩固有之曰：青青之麥，生於陵陂，生不布施，死何含珠爲？接其鬢，壓其顪，儒以金椎控其頤，徐別其頰，無傷口中珠。

【譯】儒家的學說是以詩經、禮爲張本發萌起家的。大儒說：東方發白，我們的學說將大放光明了！小儒說：還沒有了解裙邊小袴的學問。好像是塚中人口內含珠的樣子而已。詩經上曾經有記載：「青青之麥，生於陵陂，生不布施，死何含珠？」譯白話：麥苗青青繁茂，長在墓田山坡上。生前沒有布施積德，死後還含著一棵寶珠埋葬！

儒學視同把死人的髮鬢接上，壓貼在下顎兩旁的鬍鬚相連，把一根金針控制著頤含，再斜斜的穿入臉頰。無傷口中的明珠，這種死人臉上貼金，把珍寶藏在死人口中的作法，便是儒家發家的成績啊？

【註】臚ㄌㄨˊ　蘇林注：漢書，臚猶行也。傳ㄓㄨㄢˋ遽也。東方作也。司馬云日出也。襦ㄖㄨˊ　短衣。

青青之麥，司馬云：此逸詩刺死人也。

陵陂ㄆㄧˊ　陵墓也，陂坡也。言陵墓周邊的田爲墓田。古

人墓田是作為祭祀公業，或鄉儻慈善事業之用。故下文才有生不
布施之語。

　　擘　釋文作壓。郭云ㄩㄌㄱ又一ㄚ　字林云擘一指按也。

　　其顤　本亦作譺ㄒㄨㄟˇ　司馬云：頤下毛也。

　　金椎ㄓㄨㄟ　金針也。

　　徐別ㄅㄧㄝˊ　如別針扣合之意。

　　含珠修煉，是異物欲成人形之法，以狐仙為常。

　　人能含珠修養，是言煉真元精氣還神之法。

　　老萊子弟子出薪；遇仲尼，反以告曰：有人於彼，修
上而趨下。末僂而後耳，視若營四海，不知其誰氏之子。
　　老萊子曰：是丘也。召而來，仲尼至，曰，丘去女躬
矜與女容知，斯為君子矣！仲尼揖而退，蹙然改容而問
曰：業可得進乎？老萊子曰：乎不忍一世之傷，而驁萬世
之患，抑固窶也。亡其略弗及邪！惠以歡為驁，終身之
醜，中民之行，進焉耳。相引以名，相結以隱。與其譽堯
而非桀。而不兩忘，而閉其所譽，反無非傷也。動無非邪
也。聖人躊躇以興事，以每成功，奈何哉！其載焉終矜
爾！

　　【譯】老萊子的學生出外撿柴，在路上遇見孔子。學生回去
告訴老萊子。我看到有一個人，上身修長，下身短。前額低垂，
後腦朝天，兩耳如兔。視物如海中撈針，茫茫然，昏花老眼，駝
背躬行，不知道他是什麼人。
　　老萊子說：啊！他是孔丘，你去請他進來。仲尼來到老寓。
老萊子說：孔丘先生，你不必太過勞累，應多休息，過度勞心不

會長養智慧，對你謙謙君子之風益處不大。

孔子聽後揖拜致謝，告辭請退。但仲尼突然間好像想到甚麼？面色一變再問老先生。我的事業會發達嗎？

老萊子說：嘗言道：「不忍一世之傷，而驁萬世之患。」抑或固窶歟？亡掉策略未至之心。將魯驁的衝勁緩和下來，以歡顏和樂惠民不是更好嗎？不怕個人終身醜陋，就怕未能中用惠民之實，使他們能有高尚的德行。有所謂，「相引以名」，就是以名望相互吸引。「相結以隱」的意思，恐怕二者相結合之後，內部產生隱患。

【註】老萊子　楚人，侍親至孝，耕於蒙山，後移居江南，一年成落，三年成聚。

出薪　出去採柴薪。即上山打柴。

趨下　李云音促ㄔㄨㄟ　下短也。

末僂　李云末上，謂頭前也　僂　曲也，弓背貌。以文意言應是頭前傾，肩高聳。

後耳　形容耳朵長在後面，即頸向前傾，耳朵豎立也。

驁　本亦作敖或作驁。音ㄨㄟ　亂跑。驁音敖。駿馬，若千里馬。呂氏春秋注「驁千里馬名」「馬行縱姿也」。按庚桑楚，成玄英疏：訓驁為傲慢。漢書「驁與驁同」，驁同傲。

視若營四海。釋文：夫勞形役智，以應事務失去自然也。一句話說完，勞心勞力過度，老化得早，故背駝了，眼睛花了，行動遲緩了。

去讀ㄑㄩ　而躬矜，譯文：躬矜為身矜修善行。

容知音ㄓㄨㄟ　謂飾智為容好。言以智慧去包裝表面，內容不那麼實在？

業可得進乎！釋文：問可行仁義於世乎！言他的文化事業可

否發揚光大。

　　窶くㄩˋ　貧窮鄙陋。之行ㄒㄣˋ

　　相結以隱　郭云隱括也，李云隱病患也。雖相引以名聲，是
相以結病患。對堯帝的嘉譽，對夏傑的指責，倒不如閉口不談二
人的是非令譽。並不會有什麼傷害，也無是非爭議。聖人對興世
弘道，是有多方考慮的。可說是審慎將為，不會魯莽行事，故每
每都能成功。幹嗎一定要固執己見，背不必要的麻煩呢？

　　註：對堯推崇，對夏桀非難，不如閉口。閉一本作門。反無
非傷也；直言反而沒有沒有傷害。釋文反逆其理。

　　動無非邪也。釋文　邪ㄧㄚˊ　動矜於是也。

　　躊躇イㄡˊ　ㄓㄨˋ　言猶豫貌，不能斷然行事。

　　以興事，以每成功。釋文：每有者，每有成功也。

　　躊躇者，釋文：從容也。從容興事，雖有成功。聖人不存猶
致弊迹，流毒百世。況動矜善行，而載之不已哉。

　　宋元君夜半夢人被髮闚阿問（門）。曰予自宰路之
淵，予為清江使河伯之所。漁者余且得予。元君覺，使人
占之，曰此神龜也。君曰，漁者有余且乎，左右曰有。君
曰令余且會朝。明日余且朝。君曰，漁何得？對曰，且之
網得白龜焉。其圓五尺，君曰，獻若之龜。龜至，君再欲
殺之。再欲活之。心疑。卜之曰，殺龜以卜吉，乃剖
（剮）龜，七十二鑽而無遺筴。仲尼曰：神龜能見夢於元
君，而不能避余且之網。知能七十二鑽而無遺筴，不能避
剖腸之患，如是則知困。神有所不及也。雖有至知，萬人
謀之。魚不畏網而畏鵜鶘，去小知而大知明。去善而自善
矣！嬰兒生無石師而能言，與能言者處也。

【譯】宋元君半夜作了一個夢，看到一位披頭散髮的人在他寢宮側門偷看。牠對元君說，我是從宰路的深淵中來，是清江的使臣，受河神所管轄。被漁夫余且網羅。

宋元君覺醒。叫筮官占卜。卜筮者說：托夢之人是神龜。元君問：漁夫中有沒有余且？左右的侍從說：有。元君說：叫他明天朝會時來答話。第二天早朝時，余且來了！元君說：你昨天捕到什麼魚？余且說網到一隻大白龜。足有五尺多大。元君說：你將此龜獻上。他回去把白龜搬來獻給宋君。

宋元君見到如此龐大，所謂千年白的烏龜精，是已經通靈的神物，殺了牠太可惜，不殺牠又犯狐疑。再三斟酌，不知應該怎麼辦？最後仍用筮官占卜決定。卦象顯示：殺龜為吉。故將白龜刳殺。說也奇怪，七十二鑽都未遺漏，每占皆如此。決定了牠的生死。

孔子說：神龜可以托夢給宋元君，但逃不了余且的漁網。知道七十二鑽不會缺少。不能逃脫刳腸解腹的患難。像這樣困窘的事，神仙也難料。雖然有最高的智慧，有萬人的疇謀也無法逃此一劫。所謂是，魚不怕漁網，而怕鵜鶘的大嘴。損去小聰明，大智慧才能清明。去善方能自善。像嬰兒般，不須名師教導，自會說話。因為他是與會說話的父母相處在一塊。

【註】宋元君　李云元公也，案元公名佐平公之子。

阿門　司馬云　阿屋曲簷也。陳注曲側之門也。以理推斷是寢宮的側門。

宰路　地名　淵　淵澤也。史記云泉陽　縣名。

清江使　清江　水名　使　使臣。

河伯　即河神。余且　漁夫名。

刳丂ㄨ　剖也。即在卜前挖去龜甲內肚腸。

鑽炙龜。七十二是七十二枝兔絲草。易天衍之數五十，用之者四十九。即是用四十九枚蓍草，按史記龜策傳百年兔絲方能長百莖，後人卜筮改用狗尾草莖。

七十二筴，即七十二策，言七十二枚草莖。其占法有術數演算。將蓍草放於龜殼中，用占法推演。

宰路　李云淵名　案史記龜策傳　宋元王（君）時得龜亦殺而用之。按記載：宋元王二年，江使神龜使於河，至於泉陽魚者豫且舉網，得而囚之。置於籠中夜半，龜來夢見宋元王。……乃召博士衛平而問之。衛平觀天象言吉凶，與宋元君一場精彩的辯論。殺與不殺，德義雄辯，最後以衛平言殺藏為國家之寶。神龜仍難逃死劫。

余且　漁人名，史記豫且ㄓㄨ

遺筴　按史記龜策，策　即是筴，龜筴是卜筮歸藏法用七十二莖草為策，即是爻一策一爻也。

知能ㄓㄟ　智能

知有所困，釋文一本作知有所不同。史記作患。

至知即ㄓㄟ　智也。

鵜鴯　谷稱淘河，日本名伽藍鳥。淺海水鳥。

石師　石通碩、碩師也。釋文：石者匠名也。謂無人為師匠教之者也。一本作師，又作碩師。

惠子謂莊子曰：子言無用。莊子曰：知無用而始可與言用矣！天地非廣且大也。人之所用容足耳。然則廁足而墊之致黃泉。人尚有用乎？惠子曰：無用。莊子曰：然則無用之為用也。亦明矣。

【譯】惠施對莊周說：你說的話沒有一點用處？莊子回答他：沒有用才可以給他談好處。所謂天地之廣大是無以倫比的。人在地上只求能有落足之處。但是擠到最後，只有側身墊足的份。一杯黃土了結。惠子說：無用。莊子說：這是無用之用了！不是很明顯的嗎？

【註】廁足音側又音測ㄗㄜˋ　ㄐㄧㄝˊ　側足而墊，指側身墊足形容無立椎之地。非用足去挖土。致即至也。

　　黃泉　是言人死了！下黃泉。故流風在墳上洒三杯黃土。應言無為空。人生空幻，以無歸根。回到圓點。

莊子曰：人有能遊，且得不遊乎！人而不能遊，且得遊乎？夫流遁之志，決絕之行，噫，其非至知厚德之任與，覆墜而不反，火馳而不顧。雖相與為君臣，時也。易世而無以相賤。故曰，至人不留行焉！夫尊古而卑今，學者之流也。且以稀韋氏之流，觀今之世。夫孰能不波。唯至人乃能遊於世而不僻，順人而不失己，彼教不學，承意不彼。

【譯】莊子曰：人能夠在士宦中有一官半職，是沒有人會拒絕的。但是很多人不能擠身官場，他如何在職場中效力。由於社會如此，許多有識之士，便興起流遁江湖，絕世脫塵，隱居山林。這不是最聰明，厚德載任的辦法？所謂世事已至此，無法挽回，雖然深交到義無反顧，赴湯蹈火的交情，可為君臣相輔，可互相扶持，但時勢不宜，不如易地潛居，以免相互輕賤。所以說：賢明的人不可勉強他人志行，讓他去吧！

現在的學者是尊古而卑今。所以才會發生如狶韋氏的流放。正人君子遠遁，社會怎麼能夠安定下來。除非有聖賢出世，匡救世道，順應民漠，才不會使民心渙散。社會學說要相互包容，不可彼此攻擊。各安其位，各施所長，才是根本之道。

【註】能遊，指遊世，遊宦，職場中找到工作位置，非遊玩也。遊走的意思。

流遁　指流亡遁世，隱居。

決絕：訣絕，此文是痛苦的告別。

至知ㄓ丶　智也。最高的智能。

厚德之任與山欸也。德高望眾之意。任承擔也。

覆墜　跌倒落下。顛仆不磨。

水馳不顧　赴湯蹈火

易世　改變世事的作法，即易地潛居。

相賤　相互輕賤，無以，即不會相互輕賤。

狶韋氏　案伏犧之後裔，風姓，樸直。被流放。

不波、波折　挫折也。非流波，風潮也。

不僻　不逃僻。

目徹爲明，耳徹爲聰，鼻徹爲顫，口徹爲甘，心徹爲知，智徹爲德，凡道不欲壅，壅則哽，哽而不止則跈，跈則眾害生。物之有知者恃息，其不殷，非天之罪，天之穿之。日夜無降，人則顧塞其竇。胞有重閬，心有天遊。室無空虛，則姑婦勃豀。無心天遊，則六鑿相攘，大林邱山之善於人也。亦神者不勝。德溢乎名，名溢乎暴，謀稽乎誸。知出乎爭。柴生乎守。官事果乎眾宜。

【譯】眼睛清徹明亮，耳朵能清楚音正是聰敏，鼻子通暢，嗅覺才會靈敏。口感清爽才知味覺甘美。心淨安寧出智慧。智力透徹人心是至高的道德。道是週流不息的，不能有所壅塞。若受到壅塞，便會埂阻不通。埂阻不通氣行蹞轉，對其他氣道都有妨害。以致生病。身體組織能維持生機健康，全在氣息調協。故不能不注意，俗話說通則不病，病則不通，是很真切的說法。氣是血脈的推力。氣不暢順血液流注就會產生滯礙，病痛隨之產生，血液在體內循環，是日夜不停的。外氣是從鼻孔吸入，若鼻竇不通，體腔充氣不足，細胞死亡，白血球紅血球相互頃扎，如同死亡戰爭，還能活得下去嗎？所以說充氣以為和，氣血和暢，才能心曠神怡。若無遊心暢達的情懷，官能不敏。即使送去最美好的山林邱澤調養也是枉然。神仙也治不好你的病。

德流露在外表，是由名聲的表彰得來。名聲在外暴起是突然相機，謀疇稽實應出自賢任。智慧的顯揚，往往從爭論中產生。有所謂急中生智的說法。柴門柵欄的設置是防守家園的措施。政府的事務，往往亦有不適合人民的願望。

【註】顋ㄕㄧㄢˊ　ㄓㄢˋ　指臭聞氣味鼻翼戰動貌。

不殷ㄧㄣ　殷實　殷切　殷望

其竇ㄉㄡˋ　鼻腔也，鼻竇是鼻病的病灶。

閬ㄌㄤˋ　郭云空曠也。

勃磎，爭執　吵架。司馬云：勃磎反戾也。

六鑿　陳注：六根。六鑿　應以前文為解較宜，指眼耳口鼻。
鑿孔也。混沌一日鑿一竅。即是莊子言胎胞中開七竅的說法。

相攘ㄖㄤˇ　郭云逆也，司馬云六情攘奪。

泫　音ㄒㄩㄢˊ　郭音ㄒㄩㄢˊ　急也。向本作弦，云堅正也。

柴積也　郭云塞也。以柴門解較當。

果乎　即果然。真確之意，果敢，判斷。

春雨日時，草木怒生，銚鎒於是乎始修，草木之到植者過半。而不知其然。靜默可以補病。眥搣可以休老。寧可以止遽。雖然，若是勞者之務也。非佚者之所，未嘗過而問焉？聖人之所以駴天下。神人未嘗過而問焉？賢人所以駴世，聖人未嘗過而問焉？君子所以駴國，賢人未嘗過而問焉？小人所以合時，君子未嘗過而問焉？

【譯】春雨下得適時，草木復生，農家開始整修農具。草木復甦是自然現象。但不知它的必然。靜定可以幫助病患痊癒。眼角皺紋增多，即是老態標誌。但可以用眼部按摩術使皺紋減少，寧逸可以防止急躁。雖然如此，但是對勞動的事務，就不是閒散的人能適宜。那末就不必去過問。聖人之所以震攝天下。神人是不會過問他的。賢人能夠誚戒天下，聖人是不會過問的。君子所以能匡天下，賢人不會去干預他。普通的一般人物，只要適合時宜，安分守己，君子無法去干預的。

【註】銚一幺／　耕器名　案管子海王「耕者必有一耒、一耜、一銚」。注：大鋤謂之銚。即俗稱板鋤也。

鎒　通耨丂又ヽ　除草農具木柄鐵器，即草鐮也。

到植　即倒植，言枯草重生。如倒植。

靜然　即安靜，病後復健曰靜養。

補病　言對病患有幫助。

眥　即是眼角。搣　釋文：眥本亦作揃，搣本亦作搣。奚侗，眥疑為掔之誤。玉篇曰「揃搣也。搣摩也。」即今之按摩術也。今有專門眼部按摩術。

騍ㄏㄞˋ 通駭 釋文：改百姓之視聽也，按成玄英疏作駭。徐音戒ㄐㄧㄝˋ 謂上不問下也。

解：學道應適時適所，析心耕耘，守常安分，心閒氣定，更不能好高驚遠。保持神智清明。自有玄通之時。

演門有親死者，以善毀爵而官師。其黨人毀而死者半。堯與許由天下，許由逃之，湯與務光，務光怒之。紀他聞之，帥弟子而踆於窾水。諸侯弔之。三年申徒狄因以踣河。筌者，所以在魚，得魚而忘筌，蹄者所以在兔，得兔而忘蹄。言者所以在意。得意而忘言。吾安得夫忘言之人，而與之言哉！

【譯】宋國都門有一位抵死辭官的人。人稱這種行為是掛冠求去的榜樣。與他相近的人，大都是如此，死去過半。堯讓天下給許由，許由不受逃走。湯讓給務光，務光負石自沈蓼水而匿。紀他知道後帥領弟子跟隨隱於河穴。諸侯前往河畔弔祭（以為他們都死了。四百年後務光卻在武丁時仍在）三年後申徒狄也跟著投河。筌罩是用來抓魚的，抓到魚就忘了筌。活套安放田野，是捉兔子用的。捉到兔子後，卻忘了繩子。說話是在表答意義。得意之後就忘了所說的話。我在那裏去找忘言的人呢？與他對話呀！

【註】演門，宋國城門。

親死 即自弒之意。

毀爵 放棄官職。

許由 陽城槐里人。字武仲，隱於沛澤。堯以天下讓之，不受，洗耳潁水之濱。死後葬箕山。

務光 亦瞀光。夏人，好琴。湯讓天下不受，負石自沈蓼水

而匿。四百年後至武丁時復見。武丁欲以為相不受,復隱去。

　　踆於窾水　踆彳ㄣ╱　窾ㄎㄨㄢˇ　踆蹲也。窾穴隙也。

　　踣ㄏㄨˊ河　踣仆也　言投河

　　紀他、申徒狄二人與務光同為夏之賢人。

　　筌淺水中罩魚的竹器,竹編如圍,中一橫木為柄。輕巧易攜。江南水田常用。

　　蹄,活套,如鳥搭。是弩的原理,但機括控制繩套。弩用鏢矢。因採活套搬弩大可套野豬山羊,小者抓兔,因獸觸動機括,恰巧套住後蹄。弩弓大者可將獸彈懸空中,小者如兔系腿無法逃走。是活捉最好器械。若用鏢矢,則中其要害死傷。

　　筌蹄　後人據以為典。弘明集「不求魚兔之實。兢攻筌蹄之末」。起信論義記序。「真心寥廓絕言象於筌蹄。而後引為筌蹄所以取魚兔,而究非魚兔,言說所以詮真理。而究非真理」。故云絕言象於筌蹄也。

　　【解】修道在悟,故無言、絕言。在理學上性、命、心、理是一體多面,如何通達澄明,是需要篤實去體悟在誠中找出真理,是言詞無力說明的。悟亦是多元的官能機巧中產生,更無法以言語可通曉的。

寓言　第二十七

　　寓言十九，重言十七，巵言日出。和以天倪。寓言十九，藉外論之，親父不爲其子媒，親父譽之，不若非其父者也。非吾罪也，人之罪也。與己同則應，不與己同則反。同於己爲是之。異於己爲非之。重言十七。所以已言也。是爲耆艾。年先矣，而無經緯本末。以期年耆者，是非先也。人而無以先人，無人道也。人而無人道，是之謂陳人。巵言日出，和以天倪。因以曼衍，所以窮年。不言則齊，齊與言不齊，言與齊不齊也。故曰無言。言無言。未嘗不言，終身不言，未嘗不言。有自也而可，有自也而不可。有自也而然，有自也而不然。惡乎然，然於然，惡乎不然，不然於不然，惡乎可，可於可，惡乎不可，不可於不可，物固所有然，物固有所可，無物不然，無物不可。非巵言日出。和以天倪。孰得其久。萬物皆種也。以不同形相禪，始卒若環，莫得其倫，是謂天均，天均者天倪也。

　　【譯】寓言十有九成都可以實現的。重言是十有七成都可能存在的。巵言是常有的事。說出來都會得到大家的響應。這叫天倪。寓言十九，是藉外物論證其事。父親不爲兒子作媒。不如由他人來媒妁恰當，罪過不在自己，一切過錯都推給他人。與自己意見相同就響應。與自己意見不同就反對。對相同的認爲是。不同的就是錯。

　　重言十七，是過去已經有人說過的話，故叫重言。牠是五六

十歲老年人說的話，但是他們的話，對於本末出處，牽涉的事端，並沒有來由，只是陳年舊話重提。並不存在真言。人如果沒有前人，就沒有人道可言。人若沒有人道，過去的人，只能算是陳腐的殭屍。

厄言日出，能得大家響應，就如集市飲酒，厄子聊天。論世言己。是非參雜，曼衍叢談，窮年不息。只是消閒遣性的市井之言。不言則齊。不講反而對待同齊。同等相待若以言辨，就不會同等。講平等，就會產生不等。所以說：最好別講話。講無言，則是終身立言之言。沒有說話，終身未立言，並不代表他沒有言論的存在。因為在立言中，有典有故也可以。亦有出典之論的不可言。有故是自然成立的。有的固有並非如此。不願尋根故典，只顧當然之事。亦有厭惡不然之說：不然就是不然，毫無轉換的空間。仍有可否相姦的存在觀念。可就是可。否定不可。不可亦存在於不可之中的理論。物固有必然的存在論。當然有可容納的空間。若是否定無物。無物不可否定。若完全否定物的存在？精神寄托何處，氣（陰陽）如何運行。人從何出，人何以能存。並非厄言日出。能應和天倪，就能長久的。所以說：萬物都是有根源的。只是以不同形態相禪遞相繼相承的。牠是一個大圓環，在圓週上找不到起點，也沒有終點。就是所說的天均。天均即是天倪。

【註】寓言十九　釋文：寓寄也。以人不信己。故託之他人，而十言九見也。

重言イㄨㄥˋ　釋文為人所重者之言也。即重復老人的言論。厄言。厄出是量酒器，俗稱酒厄子。分一兩、二兩、四兩、半斤、一斤、兩斤。釋文各家之言都是滿天飛，不識小麥言蒜苗。厄言也。即是街談巷議，小說家之言，故日出。

天倪ㄋㄧˊ　即天均。自然公平均等的意義。

藉ㄐㄧ丶　郭云借也。李云因也。藉故、藉寄、借託也。

謦ㄑㄧㄥˇ之。耆艾，陳注：耆是六十歲。艾是五十歲。

耆艾即言老人。

曼衍ㄧㄢˊ　沒倫緒，雜亂叢生也。

窮年　文意　無休止。

可、然、惡，可、不可，連續數句，皆以辯證法，正反、反反、正反正、反正反反正、反正反。

始卒若環，循環不已。

莫得其倫，指沒有倫緒，或言端的。頭緒。

莊子謂惠子曰：孔子行年六十，而六十化。始時所是，卒而非之。未知今之所謂是之。非五十九非也。惠子曰：孔子勤志服知也。莊子曰：孔子謝之矣。而其未之嘗言，孔子云：夫受才乎大本，復靈以生。鳴而當律，言而當法，利義陳乎前。而好惡是非，直服人之口而已矣。使人乃以心服，而不敢蘁立，定天下之定。己乎已乎。吾且不得及彼乎！

【譯】莊子對惠施說：孔子到了六十歲，思想才開化。對過去認為是對的，最後才了解到那種想法是錯誤的。不知道今天認為是正確的觀念，拿去比較五十九歲以前的思維是不正確的。

惠子說：孔子是一個勤於勵學求知的先生。

莊子說：孔子是已經凋謝的黃花。他並沒有說要立言鳴世呀！

孔子曾經說過：人的才具，根源來自天賦；虛靈敏捷聰慧，是表現在生命力中。鳴放諍言應合乎律例。對大眾發表言論要不

違背法理。利與義擺在你面前以何種思維去抉擇。對於世人的好惡是非的評斷，應使大家不但口服，更要心服。不可隨便倡言，這樣才會安定天下人心定力。如此、如此！但我還無法達到這個境界。

【註】六十而化，莊子在則陽篇用於蘧伯玉。本篇（寓言）用於孔子。句法用意全同。這是什麼原因，應當說：人到了六十歲以後，才智慧大開，對過去所作所為，有了一個徹底的反省。六十是一輪甲子。在天地人三才的宇宙觀中，必須從頭開始。故提出昨非今是加以檢討，是何等高尚的想法。孔莊二人都活到七十多歲，能在老年對人生加以反省，確有他們了不起的地方。

化　可作開化解。通化，開通明瞭。通竅。開明也。

勤志服知　陳注：殆勵志而行其所知。故曰就月將如此也。今解　勤奮勵學，追求知識的學者。

謝之　凋謝也，過去的事。

受才乎大本。所謂天才，天賦的才能。

復靈以生　陳注：孔子嘗言人之受才於造物。須使生理無愧，平日持論如此。今解，應言，思維靈動，生氣勃發。

鳴而當律　規律、約制也。即說話要有規律清析

言而當法　法制、法令、法規，即言合法。

蘁立ㄨˋ　陳注：蘁　迕也。不敢與之相近而立。

曾子再仕，而心再化。曰：吾及親仕三釜而心樂，後仕三仟鍾不洎，吾心悲。弟子問於仲尼曰：若參者，可謂無所縣其罪乎！曰既以縣矣。夫無所縣者，可以有哀乎！彼視三釜三千鍾，如鸛雀蚊虻相過乎前也。

【譯】曾子再去爲官，心裏的想法再次改變了！他說：我爲了親人去爲官，能夠領到俸祿三釜心裏就感到很快樂。但是現在任職俸祿增加到三千鍾（對家用開銷仍不濟事），責任重大，隨時都得提心吊膽，感到有點痛苦。

有同門弟子問孔子，像曾參這樣子爲官，是否隨時都有犯罪的可能？仲尼說：既然已經有懸念在先，那能不耽心的道理呢？在他看來，三釜與三千鍾粟俸，如雀鳥蚊虻在身前飛過一樣。（隱寓大牛一條，不會因大施小惠有所動心。老牛知如泰山牧野。）

【註】三釜　小爾雅云：六斗四升曰釜。

曾子名參，仲尼弟子。

鍾　釜十則鍾，六斛四斗。所謂千鍾之粟的俸祿，是大官也。即今部級以上的官員薪俸。

縣罪ㄒㄩㄢˊ　通懸、懸罪，言官大責任大，隨時都有入罪的可能。故不能不兢兢業業。證明曾子為官是十分謹慎的。釋文：縣係也，心再化於祿所存者，親也。雖係祿，而無係於罪也。

如觀，釋文作鸛，以全句的意義言，以觀較妥當。鸛應是傳抄之誤。在田野只有雀鳥、如烏鶩、八哥等才會在牛背上停住，捕食牛虻、蚊虻，俗稱牛蚊。鸛子在田野是捕泥鰍或大蟲，亦到淺海捕魚。大如鶴的鸛，捕牛虻，有如大象捕鼠乎！

蚊虻ㄇㄣˊㄇㄤˊ　司馬云觀雀飛疾與蚊虻相過，忽然不覺也。王云鸛蚊取大小相縣，以喻三釜三千鍾之多少。元嘉本作鸛蚊，無虻字。

陳注：哀樂不入，斯帝之懸解。道所謂養生主也。可以保身，可以全生，其即可以養親者乎。

顏成子游謂東郭子綦曰：自吾聞子之言，一年而野，

二年而從，三年而通，四年而物，五年而來。六年而鬼入。七年而天成。八年而不知死不知生。九年而大妙。

【譯】子游對東郭子綦說：我習先生的吐納功夫之後，一年放開心懷，二年氣順，三年通筋，四年大洞有了反應，五年大小週天可以來回運行，六年便有神靈點化。七年功夫圓滿天成。八年對生死已超然度外，九年得到玄妙大通。

【註】子游，孔子弟子。莊子多次提及此人，他與子綦善，以本章內容。顏成子的吐納功夫是向子綦學的。莊周心目中吐納之功有代表性的是子綦，不論他住南廓也好東廓也罷，都是此道中有高度成就的人。

莊周本身也是吐納之士，對九年功夫養成之說法是標準說法，只要健康正常的人，有恆心毅力，九年功夫是會有一定的成效。如三年而通，打通任督二脈，是三年到三年半是很標準的。幫你打通任督的說法，是江湖騙子，能打通奇經八脈，在九年來說是可以達成的。若十二大經都能打通可能十年廿年都不等。能夠全身肌理氣場都能如天如幻的妙用玄通者。不知世有幾人？

生有為，死也勸公。以其死也。有自也。而生陽也。無自也。而果然乎！惡乎其所適。惡乎其所不適。天有歷數，地有人據，吾惡乎求之。莫知其所終，若之何無命也。莫知其所始，若之何其有命也。有以相應也。若之何，其無鬼邪！無以相應也。若之何？其有鬼邪！

【譯】人生處境不同，命運有別，事業各有分際。然而死後，大家完全相同，氣絕屍腐，黃土一杯，這是上天最公平的處

置。若以死爲生的根本來說：死是歸陰。那末重生就必須有陽的動力。否則即無生的希望，陽氣能適時激蕩，陰氣隨波激浪，才有育化的可能。所以對陰陽適度問題，會產生許多玄妙的關鍵生命化育作用。是不可想，亦不能追的課題。天有歷數，經緯之分。地上適人居處，是以山河爲依傍。我不願去深究這個道理，再追下去無窮無盡，是難有結果的。就像生命從無到有，爲什麼會有此生命的起始。那麼應當說是陰陽的感應。這樣的感應不是十分神奇嗎？若不是鬼怪作祟，那來感應呢？陰陽感應，相吸相成是那麼神奇巧妙的事。這應是生命的始原吧！

【註】天有歷數，釋文無數。陳注：日月五星，在天有經歷之度數。

地有人據　陳注：山河兩戒。在地有人物之依據。

若之何，其有鬼邪？陳注：幽明之故，有時相應，有時不相應。是謂之無鬼不可，謂之有鬼亦不可也。生長、陽長陰消，莫之止亦莫之禦。惟能遺棄生死。別求不滅之真，庶外其身，而身長存。冥冥之中，獨見曉焉。

衆罔兩問於影（景）曰：若向也，俯而今也仰，向也括而今也被髮。向也坐而今也起，向也行，而今也止，何也？景曰：授授也。奚稍問也。予有而不知其所以，予蜩甲也蛇蛻也。似之而非也。火與日吾屯也。陰與夜吾代也。彼吾所以有待邪？而況乎以有待者乎。彼來則我與之來，彼往則我與之往，彼強陽，我與之強陽，強陽者又何以有問乎？

【譯】山鬼問影子；你隨物隨人，都是俯仰相隨，被束隨

影，起坐不離，行止跟前跟後，這是為啥？

　　影子答曰：噓噓！這種小事還用說嗎？我是自有如此的行戚；何必多問呢？我好像蜩蟲脫殼的蟬蛻，蛇每年脫皮一次的蛇蛻；可是又不像，因蛇蟬之蛻是有實質的存在；而我呢？只有日月光輝，烈火強光才能顯影。陰暗夜冥，則休止無蹤。形與我是對待相成的。況且有形待我隨身相從。我就跟隨他前往。他是主動強行之主，我是不離寸步的附從吧了！如此之有無一體，是自然之理，何必多問呢？

　　【註】罔兩，即魍魎、魍魎，案山川之精物也。注「蝄蜽山精，好學人聲，而迷惑人也。」以今驗證，蝄蜽即是「回音」無論高山深谷以至洞穴只要高聲，必有迴聲，這是聲波遇阻反射之音。非山鬼精怪也。

　　以回音對待人影，到是很恰當的比喻，聲影對仗是妙句，以精怪論則粗俗多了！

　　郭象為罔兩，司馬彪為罔浪，罔浪景外重陰也。

　　以司馬彪的解釋：罔浪是影子外的餘陰。可乎？

　　括：束也　被ㄆㄧ　披之。

　　叟叟　釋文作搜搜又音ㄒㄧㄠ向云動貌。

　　蜩甲　蜩脫殼後變成蟬，蜩甲，即蟬蛻。

　　蛇蛻　即蛇每年脫皮一次，謂蛇蛻。

　　吾屯ㄊㄨㄣˊ　聚也，有影。所謂借光立影。無光即無影。

　　陳注：天地之正，以御六氣。至人之所以無待也。

　　聲影隨形，應是虛實相生，運行體內六氣，必須有餘裕空間，方可迴旋，若無迴旋餘地。強則危，僵則殆。亦有委蛇之說，是方家之道。非外人能言也。

陽子居南之沛。老聃西遊於秦，邀於郊，至於梁而遇老子。老子中道仰天而歎曰，始以為女可教。今不可也。陽子居不答。至舍，進盥漱巾櫛，脫履戶外，膝行而前曰，向者弟子欲請夫子。夫子行不間。是以不敢，今間矣！請問其故。老子曰：而睢睢盱盱；而誰與居，大白若辱，盛德若不足。陽子居蹵然變容曰：敬聞命矣！其往也舍者將迎，其家公執席。妻執巾櫛。舍者避席，煬者避竈。其反也。舍者與之爭席矣。

【譯】陽子居到南方沛地，聽說老聃要到秦國去，邀請相見在郊外，直到梁國境地，才追到老子。老子見到陽子居，仰天長歎一聲，啊！我以為你是可教之材。可是今天看來，沒有可教之處。陽子居悶不哼聲。

到了旅舍，進去洗臉漱口，梳理頭髮，整肅儀容後，將鞋脫下放在門外。以最大的敬師禮相見，跪拜膝行老師坐前，請先生教導。他說：弟子很早就想請先生當面指點，可是老師太忙，沒有時間，所以不敢冒失，今天趁此機會，請老師開示。

老子說：看你高興的樣子，抬眼仰望。（跪於師前未叫抬頭，不敢張望）誰還敢與你居處相交。要知太白會有瑕玷，盛德有似不足。

陽子居一聽臉色大變，有點掛不著。回答說：敬遵師命就是了！

這家客棧，送往迎來都十分客氣禮貌，店家男的拿席子，女的拿手巾梳子。住店的客人各就各位。設席有條不紊。就寢後爐灶息火以防火災。相反的，有些地方小旅舍，客人爭搶席位。

【註】陽子居，姓陽名戎，字子居。

沛　沛邑。

邀：約也，請也。玉篇云求也。抄也。

盥漱，洗臉漱口，盥洗亦可云洗澡沐浴。

巾櫛　毛巾，過去沒有毛巾，是用布。三尺布擦汗洗臉為巾。櫛，是梳理之意，巾櫛之意，是整肅儀容。

膝行　是尊師最高禮節，即是用膝蓋跪地在七步距離跪下，用膝走路，行到師父身前。莊周數用此大禮。

睢睢　郭厂ㄟˊ　亦音ㄒㄩ　盱盱ㄒㄩ又ㄒㄨˊ又ㄒㄧ，廣雅云：睢睢盱盱元氣也。而汝也。言汝與元氣合德，去其矜驕，誰復能同此心解異郭義。

案睢盱。出自易經，豫卦盱豫，疏「盱謂睢盱，睢盱者喜悅之貌」。那末應言，看你那麼高興的樣子，比較親切，用驕矜傲曼解，有虧老子修養。

【解】 此章應是尊師重道的標準禮數，有為有守，不可踰越。以太白若辱，盛德若不足傳道。以避席避灶言小心謹慎。以店家夫婦迎賓執席持巾握櫛言處人之道。

列御寇　第二十八

　　列御寇之齊。中道而反，遇伯昏瞀人。伯昏瞀人曰：
奚方而反？曰，吾驚焉，曰，惡乎驚？曰，吾嘗食於十
饗，而五饗先饋。伯昏瞀人曰；若是則汝何為驚已。曰，
夫內誠不解。形諜成光。以外鎮人心，使人輕乎貴老。而
整其所患。夫饗人特為食羹之貨。多餘之贏，其為利也
薄，其為權也輕。而猶若是。而況萬乘之主乎！身勞於
國，而知盡於事，彼將任我以事。而效我以功。吾是以
驚。

　　伯昏瞀人曰：善哉！觀乎。女處己，人將保女矣。無
幾何而往。則戶外之屨滿矣。

　　伯昏瞀人北面而立。敦杖蹙之乎頤。立有間不言而
出。賓者以告列子。列子提屨跣而走。暨乎門。曰，先生
既來。曾不發藥乎！曰，已矣！吾固告女曰，人將保女。
果保女矣！非使人能保女。而女不能使人無保女也。而焉
用之感豫出異也。必且有感，搖而本才，又無謂也。與女
遊者，又莫女告也。彼所小言，盡人毒也。莫覺莫悟，何
相孰也。巧者勞，而知者憂，無能者，無所求，飽食而遨
遊，汎若不繫之舟，虛而遨遊者也。

　　【譯】列御寇到齊國去，中途返回；在路上遇見伯昏瞀人。
伯昏說：你為何半路折返呢？列子回答說：我有點害怕？

　　伯昏說：幹嗎大驚小怪的！

　　列子說：我經嘗去喝豆漿，十家中有五家都敬奉我免費。

伯昏說：若是如此，又有什麼可驚懼的呢？

列子說：我內心誠執之情尚未化解。光芒外露，以外表去鎮服人心。對敬我之心勝過敬老。叫我如何承受得了！這不是在惹禍嗎？賣羹湯的人，小本經營，賺點蠅頭小利，對我如此厚愛，他們又無權無勢，叫我怎麼面對他們！內心當然惶恐呀！

現在鬧到這樣，何況萬乘大國的君主，為國家操勞。知道我的事後，他要委任我去作事，為他效勞，建立事功，所以我更加不安。

伯昏說：那好極了，美事一樁。就看著辦吧！你的處境很好，有人保舉你。

二人邊談邊走。沒有不少時刻便到了列子的家。一看不得了！賓客滿門，屋外放滿了鞋履。伯昏瞀人沒有進去，站在那兒，將手扙一豎，雙手疊掌，下顎靠在手背上，向北方凝望了一會，慢悠悠的向大門走去。

這時被客人發現，通知列子。列子趕緊出來，匆匆忙忙把鞋子套上，趕忙追出去。到了大門口追到伯老，列子說：先生既然來到舍下，尚未開藥發單就走。對不起朋友吧？

伯昏說：我已經放言了！有人會保舉你。果然不出意外，那麼多人都在保舉你。並不是你要他們來保舉你。是你不能使他們不得不保舉你。這是用不著奇怪的。也不是討人歡心的異聞。若是有意安排，那就動搖了本性，就沒有意義了！與你交遊密切的人，沒人告訴你。他們所說的話，都是些小知小識，沒多大幫助。所謂巧者勞力，智者勞心。沒有能力的人，無所需求，吃飽了便漫遊天下。無心之人如泛舟四海，不知涯岸。虛靜遨遊混沌，混同河漢斗牛之光。

【註】伯昏瞀人　音茂ㄇㄛ又音ㄨㄟ　人名

惡ㄨ丶

十饕ㄐㄧㄤ　本亦作漿。司馬云饕讀曰漿，十家漿店。

先饋　饋遺也。王云皆先饋進於己，饋贈也。

不解，音ㄒㄧㄢ丶　通懈。司馬音懈。

形諜ㄊㄧㄝˊ　郭云便僻也　說文云閒也。

成光　司馬云形諜於衷，成光華也。

貴老　謂敬重列御寇，過於敬老人。

而鼇ㄓㄧ　亂也。

為食ㄕ丶　贏ㄧㄥˊ　萬乘ㄕㄥˋ　而效本又作校ㄍㄠ丶

保女曰ㄨˇ　司馬云保附也。　無幾ㄐㄧˇ

敦杖ㄅㄣ丶　司馬云豎也。

蹙之ㄓㄛˊ　皺眉也。

賓者　本作儐　通客之謂也。

跣而ㄒㄧㄢˇ

發藥　司馬本作廢。云置也。是指導、指教、指示之意，不是處置、處方，是謙詞。

搖而本性　釋文作才。

小言　言不入道，故曰小言。

人毒，以其多患，故曰人毒。

莫覺莫悟，何相執也。彼不敢告汝。汝又不自覺，何期相執哉，王云小言為毒。曾無告語也。執誰也，謂誰將親愛者，既無告語，此不相親愛之至也。

而知ㄓ丶　智也。

飽食　釋文無飽字。

遨遊　釋文作敖遊。

汎若ㄈㄢˋ

鄭人緩也，呻唫裘氏之地，祇三年，而緩爲儒，河潤九里，澤及三族。使其弟墨。

【譯】鄭國有一位緩氏，在裘氏的地方唸書，讀了三年，他就成了儒生。這下可不得了！地方上出了一個讀書人。鄰里街坊都感到光榮，一家三代都受到恩澤。但是他要弟弟去學墨家。

【註】緩ㄏㄨㄢˇ　司馬云：緩名也。

呻ㄕㄣ　釋文吟詠。學問之聲也，即言讀書的聲音。

崔云呻誦也。本亦作吟，今呻吟亦云痛苦的呼喚。

裘氏　地名崔云裘儒服也。

之地　崔本作之地，蛇云地，蛇者山因茶種也。

案　崔本將之地用形容詞解。即言之字形的土地，是什麼地方才有如此形式的地貌呢？那就是種茶的山田。以句形求解，則是裘氏的地方，之是指示字。

河潤九里　釋文：河從乾位來，乾陽數九也。解乾卦也罷乾策也好，與河潤何干。九里河只不過是形容這一地帶。以聚落論，九里範圍內有個聚落，故河潤九里，應言鄰里鄉儻都感到光彩。古代讀書人很少以致一個鄉還沒有幾位知識份子。何況一個聚落，兩三代人有個讀書人。並不是沒有的。那有現代人這麼好。使其弟墨。釋文：謂使緩弟翟成墨也。

儒墨相與辯，其父助翟。十年而緩自殺。其父夢之曰：使而子爲墨者予也。闔胡嘗視其良，既爲秋柏之實矣。
夫造物者之報人也。不報其人，而報其人之天。彼故使彼。夫人以己爲有異於人，以賤其親。齊人之井飲者相

捽也。故曰今之世皆緩也。自是有德者，以不知也。而況
有道者乎！古者謂之遁天之刑。

【譯】因爲他那個時代，儒墨爭辯不休。他的父親是墨翟信
徒，是站在墨家這邊說話。十年後緩氏自殺了。他父親夢見他
說：當初你幫助墨家，沒把我當兒子看待，我死後，你也沒有來
我墳地看看。現在已經墓木已拱，秋柏森森。

啊！造物主對報應。不是報應在人身，而是報應在人的先
天。使他們彼此之間產生相互的應驗。有許多人都自以爲異於常
人。所以才發生親人相賤、朋友相殘。大家都是共飲一口井水的
人，卻互不相讓，反而相爭。所以說：今天的社會上像緩氏這樣
的人還不少呢？自己得到了很多，卻不自知。何況有道德的人！
古人說，這是忘了天理，遭受報應的天殺遁刑。

【註】闔胡嘗視其良　闔語助詞，胡何也。良者，良人斥緩
也。言何不試視緩墓。墓地已秋柏之實矣！良或作埌，音浪冢也。

相捽ㄔㄨㄟˋ　言造井之人有鑿井之功。而捽飲者，不知泉
水的天然也。喻緩不知翟天然之墨。而忿之捽。

不知ㄓㄥˋ　通智。

聖人安其所安，不安其所不安。衆人安其所不安，不
安其所安。莊子曰：知道易。勿言難。知而不言，所以之
天也。知而言之，所以之人也。古之人天而不人。

【譯】聖人安於天命，不曲就於人事。衆人是被動的，不得
不安其分。莊子說：知道容易。不言很難。知而不言是天性。知
之能言，是人事。古人是法天明德，不是人爲言喻。

【註】所安　陳注：所安者屬天。所不安者屬人。

眾人安其所不安，陳注：聖人純任自然。常人動多勉強。

知道易、勿言難。陳注：純乎天者道也。運知尚易，忘言斯難。

之天也，之人也。陳注：之天者聖，之人者凡。趨向不同，語默自異。知者不言，言者不知之天之人。

朱泙漫學屠龍於支離益，單千金之家，三年技成。而無所用其巧！

【譯】朱泙漫向支離益學屠龍的功夫。化了千金的家財，學了三年，技藝完成，可是沒辦法使用他的技巧。

【註】朱泙漫　支離益皆借名。

單ㄉㄢ　猶殫也。釋文盡也。

千金之家　本一作賈，又作價　音嫁ㄐㄧㄚˋ

三年技成　學了三年，技術完成。

自古學藝，都以三年為期，百業學徒通用。

陳注：屠龍不易，學至能成，神乎技矣。大道始於有作，終以無為。

聖人以必不必，故無兵。眾人以不必必之。故多兵。順於兵故行有求。兵恃之則亡。

【譯】聖人能將必然之事，化作無事；故沒有兵爭。大眾則是把不必爭論的當成必須爭鬥的事看待，所以兵禍不斷。若動以武力爭奪就嚴重了！以兵力自恃的人，最後死於兵凶。

【註】聖人以必不必　所謂一理安天下，聖人處事，是將必

然性轉化為理性，使衝突能和平解決。

　　眾人以不必必之　一般社會大眾，則是雞毛蒜皮的事，斤斤
計較，恐怕事態不能擴大，愈演愈烈。最後弄得兵戎相見。

　　兵恃之則亡　自恃武力的人，最後還是死在兵禍。

　　【陳註】天下之兵起於爭。人心之兵起於必。於固必之私，
滌除淨盡，則虛己養和。

　　小夫之知，不離苞苴竿牘。敝精神乎蹇淺。而欲兼濟
道物。太一形虛。若是者迷惑於宇宙。形累不知太初。彼
至人者，歸精神乎無始。而甘瞑乎無何有之鄉！水流乎無
形，發泄乎太清。悲哉乎女為？知在毫毛而不知大寧！

　　【譯】普通知識分子，像一個童子肩上竹竿一頭掛著兩策
書，一頭掛著荷葉飯苞。精疲力盡的到處亂跑。淺薄之學，大言
不慚，還要兼善天下，道濟蒼生。不知太乙清虛之旨迷惑於宇宙
中打轉，勞形累贅，不知太初為何？

　　以一個至人來說，精神是歸元在未始之前，甘暢醉心在渺冥
不知是身處何地。無憂無慮，無牽無罣，無生無死，飄緲輕盈，
消遙於無疆之休。這即是流水無形，悠遊太清的精神樣貌。很可
惜，你的作為，只是毫末之端的小事，不知太寧，太乙、清虛歸
元的根本所在。

　　【註】小夫　指普通人。之知　知識也。小夫之知，普通的
知識分子。

　　苞苴　指飯苞，如粟米、糕點、饅餅之類，用荷葉、山芋、
蕉葉苞裏帶著出外作吃食。苴是疏麻，如粟米，可當芝麻用。苞
苴　亦指賄賂之意。

竿牘　指把書掛在竹竿上扛著走。

敝精神塞淺。精神疲敝，學問淺薄。

兼濟道物，指兼善天下，道濟人心。

太一形虛　陳注：以合於太一之始，無形之妙。

太一本無形，亦非虛，只一指也。歸元定一乎！

【解】修道者，至某一層次後，精神狀態到達不知所止，不知所爲的完全自由境界。因不知其名與處所，故言甘瞑乎無何有之鄉。

　　宋人有曹商者，爲宋王使秦，其往也。得車數乘。王說之。益車百乘，反於宋。見莊周曰。夫處窮閭阨巷，困窘織屨，槁項黃馘者，商之所短也。一悟萬乘之主，而從車百乘者，商之所長也。

　　莊子曰：秦王有病召醫，破癰潰痤者，得車一乘，舐痔者得車五乘；所治愈下，得車愈多，子豈治其痔邪，何得車之多也。子行矣！

【譯】宋國有一個人名叫曹商，被宋王派去秦國。去的時候有數輛車伴隨；回來時增加到百輛車架。宋王十分高興，說他辦事能幹，他對此事心高氣傲，自認這趟任務很成功。他對莊子說：我不像有些人住陋巷大雜院，窮到打草鞋賣，餓到面黃飢瘦，頸子乾癟，這是曹商的短處。我一想，還是伴隨萬乘大國之君，侍從車子就有百乘。這是我曹某人的長處。

　　莊子一聽，反唇相譏，毒舌濫言，痛罵姓曹的不知廉恥！莊說：秦王有病求醫，下召徵治，凡有人能夠破癰潰痤，賞車一輛。舐痔瘡的償車五輛。凡能治癒下的瘡毒得車更多，你大概是

去秦國舐痔瘡吧！所以得了這麼多車。你給我滾吧！曹商被罵得頭都抬不起來，夾著尾跟跟蹌蹌的快跑！

　　附：此章為什麼兩千多年來常被人引為笑譚？因為這是窮人與趨炎附勢者最佳的對比，成為民間困窘朋友的清涼劑。莊子固窮的精神也是千古第一。

　　【註】為ㄨㄟˋ　宋王　司馬云偃王。使秦ㄕㄧˋ　數ㄕㄨˋ

　　乘ㄕㄥˋ　王說ㄩㄝ　阨ㄜˋ　窘ㄐㄩㄣˋ　槁ㄎㄠˋ　項ㄒㄧㄤˋ李云槁項贏瘦貌，司馬云項槁立也。即言頸子乾枯，瘦削如枯槁般，皮皺骨露。

　　黃馘ㄍㄛ　徐ㄎㄤˋ　爾雅云獲也。司馬云謂，面黃熟也。即言面黃飢瘦，營養不良。

　　秦王　司馬云秦惠王。

　　痤ㄐㄩˋ　ㄓㄛˊ　長有濃的櫛子，臀部的坐瘡，但莊子之言癰潰痤者則非一般的櫛子。而是癰疽發後皮已裂開，紅腫處長出像石榴子的顆粒。故加了潰子。潰即是已經潰爛了！

　　舐ㄊㄧㄢˇ　用舌舐抵物。如貓狗舐物。字又作舓ㄕˋ

　　愈下本亦作俞。

　　痔ㄓˋ　痔瘡也。

　　魯哀公問乎顏闔曰：吾以仲尼為貞幹。國有其瘳乎！曰，殆哉，圾乎！仲尼方且飾羽而畫，從事華辭，以支為旨，忍性以視民，而不知不信。受乎心宰乎神。夫何足以上民。彼宜女與，予頤與誤而可矣。今使民離實學偽！非所以視民也。為後世慮，不若休之，難治也，施於人而不忘，非天布也。商賈不齒，雖以事齒之，神者弗齒。

【譯】魯哀公問顏闔：我把仲尼視為國家棟樑。對國家能有多大的幫助嗎？

顏闔回答說：危險呀！危險。仲尼是一個依樣畫葫蘆的人，只說些乖面唐璜的話：是將支節當成大經。以修身忍性待民，連自己都作不到，誰會相信他。幹事情要能使人心服口服，劍及履及。像他這樣如何取得民心？他與你相處，只是一些支撐場面的空話，能行得通嗎？騙點俸祿去頤養自己。這是誤國。今天教老百姓脫離現實，去學一些虛偽末節的東西怎能強國呢？他根本不知民情，若為後世著想，還是讓他早日退休吧！你的難處，是與他恩誼交互難以忘懷，就不同於天布施化的公允。如同商賈富戶，讀書人不齒他。但應以事實考量，不要再理他，神者弗齒還是原諒他，請他回家安養頤年吧！

【註】癙イㄡ　俞也　圾ㄐㄧˋ　危也。

飾羽而畫　指依樣畫符。

華辭　美言華辭，說好聽的話。

彼宜女ㄖㄨˇ與　與你交誼相好。

予頤與　給他給養。

離實學偽　脫離現實，學些沒用的東西。

不齒　不必且齒，引為不理他，瞧不起他。古代讀書人瞧不起商人。

天布　天的布施，指公平自然，不去計較。

【解】此章對顏闔之言，並非莊子杜撰，而是春秋亂世是十分現實的。故孔丘週遊列國，無人用他。最後到越國，勾踐如迎大賓，十里長亭相迎，最後不但不用還漏夜逃跑，否則老命都保不住。還是乖乖回山東老家當教書先生。因他的學說陳腐，在動亂時代沒有急效。不切實際。道家雖然無為遁世。但在動亂時代

挺身而出，有謀略、有智慧、有手段，故能救急。但功成身退，遁世遠揚，離開是非政治圈。儒家戀位，重階級。自限禮法匡架，不能活用，更無法大起大闔。

爲外刑者，金與木也。爲內刑者，動與過也。宵人之離外刑者，金木訊之。離內刑者，陰陽食之。夫免乎外內之刑者，惟眞人能。

【譯】講五行生尅。外刑是金尅木。反之木生火，火尅金。以內刑尅論陽盛則動。陰過則靜。在夜間行功人來說，外刑相尅離火生於木，火尅金，而金反則尅木，以內生尅論，離爲陽火，刑尅陰火。但陰陽消長如日月之朔晦。若能避免金木日月相尅，惟有有真人才有此能耐。

【解】日陽也，月陰也。日離火，月水也。陰也。金肺也，木肝也。坎離是丹家還丹的主要道術金生水，金液還丹的目的所在。木生火是肝火助肺金（氣）化液的能源。

孔子曰：凡人心險於山川，難於知天。天猶有春秋多夏且暮之期，人有厚貌深情；故有貌愿而益。有長若不肖，有順儇而達，有堅而縵，有緩而釬，故其就義若渴者，其去義若熱。故君子遠使之而觀其忠。近使之而觀其敬，煩使之，而觀其能。卒然問焉而觀其知。急與之期而觀其信。委之以財而觀其仁。告之以危而觀其節。醉之以酒而觀其則。雜之以處而觀其色。九徵至不肖人得矣！正考父一命而傴，再命而僂、三命而俯，循牆而走。孰敢不軌，如而夫者。一命而呂鉅，再命而於車上儛，三命而名

諸父。孰協唐許。

【譯】孔子說：人心險惡，猶如行險於深山惡水。很難了解他的內心。天有春夏秋多早晚可分辨。對人的觀察，也可看到一些端倪。有的人長得寬厚，重情感！有的像貌忠厚卻內有驕氣。有的一看就知是奸滑不肖之徒。有的馴順內裏明達。有的是外剛內柔。有的看似遲頓，但內在急躁。所以有的人就義若渴。熱血沸騰，慷慨赴義。對用人的考核也有一些法則可循。派他到遠處去辦事，可以觀察到他的忠誠度。派他就近作事，觀察他的敬業精神。派他艱鉅的任務，可看出他的能力。派他即期任務，可考察出他的信用。委任他經管錢財，可考察他的廉潔。派他去擔任危險任務，可觀察到他的氣節。勸他喝酒，醉後是否失態，還是內心清明。使他男女混雜相處，觀察他是否好色。以此九事去考核一個人，不肖之徒便會現出原形。

正考父受一命時（公士），躬著背迎命，再受上命（大夫），彎腰低頭承接。三受命（卿）俯身不敢仰視，小心依牆慎步急行。誰敢越軌行事，可是一般人士，受了一命，馬上就驕傲起來。再受欽命，還沒回家，在車上就手舞腳蹈，浮誇失態。三受卿命，六親不認，直呼叔伯姓氏。像用到如此的小人，如何能協同唐堯許由的禪讓政策呢？

【註】釋文　宵人　王云非明正之徒。謂之宵小之人也。

訊之　釋文作訊　音信ㄒㄧㄥˋ　訊應是傳抄之誤。

愿ㄩㄢˋ　音願　廣雅云謹謹慤也。解：忠厚貌，鄉愿。

有長ㄓㄤˇ　若不肖　釋文：外如長者，內不似也。應釋為不肖的小人。有順，王作慎。

儇　釋文作懁　音環ㄏㄢˊ　又ㄒㄩㄥˋ　徐音絹　三蒼云急

腹也。王云研辨也。外慎研辨，常務質訥。

　　縵ㄆㄧㄢˋ　又ㄨㄧㄝˋ　李云內實堅外如縵也。

　　銒ㄏㄢˊ　又ㄎㄢ　急也，一云情貌相反，陳注：急躁。

　　其知ㄓˋ　通智　其側　陳本作則，應以則為當。則規則也。規矩也。所謂酒醉心明白。若藉酒裝瘋，鬧酒、亂性，忘身之徒均不可用。

　　正考父音甫ㄏㄨˇ　宋湣公之玄孫，弗父何之曾孫，陳本注：孔子十世祖。

　　而傴ㄩˇ　而僂ㄌㄡˇ　駝背　弓背也。

　　三命　即誥命也，一命公士，再命大夫，三命卿相。

　　而夫ㄏㄨ　郭云凡夫也。

　　呂鉅　矯貌，大聲傲氣。

　　埶協唐許　協同也，唐唐堯也，許即許由。皆崇讓者也。言考父與凡夫誰同於唐許也。

賊莫大乎德，有心而心有睫。及其有睫也。而內視，視而敗矣。凶德有五，中德為首。何謂中德，中德者也。有以自好也，而吡其所不為者也。窮有八極達有三必。形有六府。美髯長大壯麗勇敢，八者俱過人也。因以是窮。緣循，偃佹、困畏不若人。三者俱通達，知慧外通，勇動多怨。仁義多責。達生之情者傀，達於知者肖，達大命者隨，達小命者遭。

【譯】所謂賊心是破壞德的最大敵人。有心就有心機（睫），因有心機，便有入主為先的私心。故內視即敗德主因。

　　戕德有五凶。以中德為禍首。什麼是中德呢？是從自己喜好

為比尺裁量。窮盡八方，明達三要。六腑深藏時有形藏。長鬚飄然，身強壯麗，勇敢過人。這八方面都有過人之處。則是運道困窮。以因緣相遇，能伸能曲，膽識不如人。三方面都能通達，則運勢亨通。智慧顯露在外，遭忌。勇敢衝動則遭怨。太過仁義則被責難。能夠豁達生命的人必定大方。以智巧用人則不誠。能夠活到天命的人是隨和守分。不及壽命天數的是小人遭殃。

【註】睫ㄐㄧ世　眉睫也。於心睫則動。陰符人心機也。故機通捷。睫捷也。

內視　審視內心，而敗　敗壞，因心不淨，仍有紛擾。

凶德　患害道德。即損害道德。有五言口耳鼻舌心。

中德為首　指心　自好、偏愛，是從心中偏私而來。

窮八極　指四方八面，宇宙六合。

達有三要　顯達三要素，機緣、實力、時運。

形有六符，誠正信義仁愛　不必暴露於外，至要是出於內心。

美鬚長大壯麗勇敢，這八個字是外表一看就知，缺乏內涵，故而窮困。

緣循　即隨緣而化，不強求。

偃佚　待機而動，韜光養晦。若老驥伏櫪。

困畏　不怕困頓一時。　不若人。即表面不如人。

通達　通情達理。

知慧　通智，即智慧也。

多怨　多遭怨懟。　多責　多方責難。

者傀ㄎㄨㄟˊ　郭徐ㄏㄨㄟˊ　字林ㄍㄨㄟˊ　云偉也。

大命　即天命。

小命　是運勢。

陳注：勉人求道，解心去睫，洞澈本根。

　　人有見宋王者。錫車十乘，以其十乘驕**稺**莊子。莊子曰：河上有家貧。恃緯蕭而食者。其子沒於淵，得千金之珠。其父謂其子曰：取石來鍛之。夫千金之珠，必在九重之淵，而**驪**龍頷下，子能得珠者，必遭其睡也。使**驪**龍而寤，子尚奚微之有哉。今宋國之深，非直九重之淵也。宋王之猛，非直**驪**龍也。子能得車者，必遭其睡也。使宋王而寤子為**螫**粉夫。

　　【譯】有一個人見了宋王之後，賞賜他十乘車。這位先生以為他很了不起，拿此事在莊子面前眩耀。莊子對他說：河邊有一戶貧人家，靠編織蘆蓆筐縷生活。有一天他的兒子潛入深淵，得到一粒千金明珠。他父親對兒子說：你去拿塊石頭把它給砸了。你知道嗎？千金明珠，必定是藏在九重深淵，是在驪龍的下顎下面，你得到這棵珠子，必定被他錘死。待牠睡醒之後，一見明珠不在，你還有小命嗎？今天宋國之深重，何止九重之淵。宋王的凶猛，豈止驪龍，你能得到如此多的車。必遭錘死。待他醒來，你已經變成灰飛了。

　　【註】驕稺ㄐㄧ丶又ㄔㄧ／　李云自驕而稺莊子也。稺ㄓ丶言幼稚，稺通稚。幼也，晚也。幼稚言不通常理。

　　緯蕭　即蘆葦、蕭荻，緯　通葦。本亦作葦，言織蕭以為畚賣之營生。

　　鍛之ㄉㄨㄢ丶　槌破之。

　　驪龍黑龍，螫音躋ㄐㄧ丶　莊子言螫粉是也。碎、雜等。

　　或聘於莊子，莊子應其使曰，子見乎犧牛乎！衣以紋繡，

食以芻菽，及其牽而入於太廟，雖欲爲孤犢，其可得乎！

【譯】有聘莊子爲任時。莊子回應使臣說：先生有見過犧牛嗎？給牠披上錦繡紋氈，餵牠乾草大豆。養肥之後，時間一到，牽入太廟作爲牲禮。到那時想作一頭孤獨的牛公也不成。

【註】其使ㄕˋ　使臣，委任使臣。

衣以一　如衣裳、衣服，此衣言服，披服之意。

食以ㄕˋ音嗣，餵食。

芻菽　釋文本作叔，芻草料，菽大豆，餵牛是用連葉帶筴的青豆。若用大豆，需水泡後方可，否則不能返芻。

大廟　通太即太廟也。帝王的家廟。

莊子將死，弟子欲厚葬之。莊子曰：吾以天地爲棺椁，以日月爲連璧，星辰爲珠璣，萬物爲齎送。吾葬具豈不備邪！何以如此？弟子曰：吾恐烏鳶之食夫子也。

莊子曰：在上爲烏鳶食，在下爲螻蟻食，奪彼與此，何其偏也。以不平平。其平也不平。以不徵徵，其徵也不徵。明者唯爲之使。神者徵之。夫明之不勝神也久矣！而愚者，恃其所見入於人。其功外也。不亦悲乎！

【譯】莊子臨死之前，弟子們商量應厚葬老師。莊子知道以後說：我以天地爲棺椁，（現代有棺無椁）以日月爲連璧，星辰爲珠璣，以萬物爲祭禮，難道我的葬具還不完備嗎？

弟子說：我們恐怕烏鴉鳶鷂食你的大體。

莊子說：在上被烏鴉食，在下被螻蟻食。你們這樣作。是奪去了牠們的權利，是很偏心的作法。以如此不公平的待遇視爲公

平。是不公平的，這是平也不平。天有不測風雲，以不測去徵信，那就是不如不徵信。明瞭此一點才不會受物使之累。徵兆則是神奇的。雖然聰明練達，但你無法勝過神力。這是很久的事了。但是愚魯之人僅以個人淺見去評比他人。所得的效果，是表面功夫。你說：可悲不可悲哩！

【註】棺椁，棺木，棺材也。椁即棺木外木。亦有石椁，亦有數層椁者。今日大家只用棺，很少用椁。

珠璣　指小珠子。

齎　齎ㄐ一ˋ业，ㄐ一ˊ通齊，亦作賫，注行道所用也。

注將衣食之具以自隨也。此文可解為殉葬器物。

鳶ㄩㄢ　又稱鷂，似鷹，體較小，尾剪狀。較鷹靈活。

烏　即　烏鴉。

螻蟻　指螞蟻　蟲蛆。

奪彼與此，奪取彼方供給此方。

徵　徵兆，徵信，徵測。

明者唯為之使，陳注：見外物而為之使役。應唯明者為之使。唯有明白人才會使用。

神者徵之　陳注：不待測，而無不測也。應言事前就有徵兆即如神示。

明之不勝神久矣。陳注：明者私智，神者虛靈。

明達是知識智慧，神是靈性的感應。

恃所見入於人，陳注：凡事只知助以人為。應言將自己的主見強加於人。即是不客觀。故言其外功也。即是知識淺薄，對事理不深入透澈。

陳解　無則入有，解乃歸真，抱道如添圍，豈復計及葬具乎！

【**解**】道家飛昇、屍解，羽化成仙、成神，不但不用葬具。消失何處？無人能知！所謂丟棄臭皮囊。

天下　第二十九

　　天下之治方術者多矣。皆以其有爲。不可加矣！古之所謂道術者。果惡乎在。曰，無乎不在。曰：神何由降，明何由出，聖有所生，王有所成。皆原於一，不離於宗，謂之天人。不離於精，謂之神人，不離於眞謂之至人，以天爲宗，以德爲本，以道爲門，兆於變化，謂之聖人。以仁爲恩，以義爲理，以禮爲行，以樂爲和，薰然慈仁，謂之君子。以法爲分，以名爲表，以參爲驗，以稽爲決。其數一二三四是也。百官以此相齒，以事爲常，以衣食爲主。蕃息畜藏，老弱孤寡爲意。皆有以養，民之理也。

　　【譯】治國的方法很多，大都是急功好利，倡言立竿見影，爭奪豪強的政策。以方術詐取暴征者不可勝數。古人以王道治國的政治，今天已經沒有了！真的沒有了嗎？也不盡然。譬如說，神從何而降，光明怎麼產生，聖人又如何產生。王道如何成就，都是出於一元。萬不離宗。應該說是自然天成的。叫天人與精神合化爲一的，稱他是神人。以真見性的可稱他爲至人。以天理爲宗祖，以德爲根本，以道爲出入門戶，隨联兆爲變化的，稱他爲聖人。以仁愛爲恩，以義行爲理，行事合乎禮儀，以樂藝唱和諧調社會大眾。薰薰然有慈悲仁德的風範，稱他爲君子。

　　以法分權立制，以名實爲職別。以參議糾彈爲監督。以稽核考績爲決策。從一二三四數事中的校核，便可得出正確方案。作爲國家決策。使文武百官都能唇齒相依。國家行政正常推行。以民生爲主，衣食第一。茲息生利，儲蓄弢藏。使老弱孤寡殘疾都

有養。這樣社會安定人心平靜安樂。

【註】雜技曰方術，如醫藥卜筮　占驗，本文之方術，是言地方的治術，非方技也。因古代是從部落到邦國，對人民治理有地域風土不同，在作為上有不同的政策。故莊周稱其方術。亦可言旁門左道。非治國大道。古之道術，言古代治國是王道。戰國則是霸道。

果惡乎在　白話，疑問句，真的沒有嗎？惡音烏

不離ㄌㄧˊ　注不離離性。　兆於本或作逃。　為行ㄒㄧㄥˊ

薰然　許云反溫和貌，崔云以慈仁為馨聞也。薰然，薰薰然。如飲酒半醉，若醒若醉，身心迷茫舒泰的感覺，真性顯露之時。

以參本又作操，ㄑㄠˊ　宜也　參驗　言參考驗證。

以稽ㄐ考也　核校也　查考也

蓄息ㄒㄢˊ　即茲息

畜ㄕㄜˋ　通蓄　儲蓄也。藏ㄔㄤˊ　畜藏，積蓄弢藏。

由降ㄐㄧㄤˋ　降臨　降下

精ㄐㄧㄥ　以道家言　精即精氣，精氣者元氣也。元氣，生生之氣，為純陽、強陽、盛陽，謂元精、元陽也。故為人之至純、至正、至靈，以精化神也。

原於一　一氣也，強陽之氣也。

不離宗　宗一氣所生，故為宗祖。

謂之天人　指純性天一所生之人謂天人。

不離精，煉氣化精，煉精化神，化神入虛，神靈化生之人謂神人。

不離於真　真性也，如嬰兒，如尺素，如白璧的純真本性。此類人物，謂之至人。

宗天德本於道門知兆瑞窮變化者為聖人，即承先啟後，識時大用，知機變能大決，濟世救人者為聖人。能行仁義，知禮樂「ㄩㄝ」者為君子，俗說知書達禮，謙讓慈懷者為君子。

以法為分，指政事應立法分權。

以名為表　指以名位爵祿表彰職位。

以參為驗　指參議（考）（評議）作為驗證。

以稽為決　指以稽核考核，決定人事。

民之理也　ㄌㄧˇ即言順也　理順，百姓順服也。

古之人其備乎配神明醇天地，育萬物，和天下，澤及百姓，明於本數，係於末度。六通四闢。小大精粗，其運無乎不在。其明而在數度者。舊法世傳之史。尚多有之。其在於詩書禮樂者，鄒魯之士。搢紳先生，多能明之。詩以道志。書以道事，禮以道行。樂以道和。易以道陰陽。春秋以道名分。其數散於天下。而設於中國者。百家之學，時或稱而道之。

【譯】古人的創制建設都很完備，德配神明。對天地醇和，育化萬物，和諧社會，恩澤百姓。通曉根本的數據。控管在連係適度即可。通達六合四方。對大小精粗的考量運行。是以職分能力有明白的畫分。舊有的法令，參照歷史典章。現在留存的，都存藏在詩書禮樂之中。像鄒邑魯國的士人，搢紳、老師，都很明瞭懂得。詩是言志的經典。書經是記載歷史事故。禮記是國家社會人民的行儀規範。音樂是禮儀慶典風俗祭祀的共舉，和樂的交際。易經的陰陽變化，天時地利人和的參證學說。春秋是歷史名分的褒貶。還有許多散見在天下，是中國人創立的學說；一般都

說是百家之學，有時是為人稱道的。

【註】其備乎　內外都很完備。

配神明　能德配神明的高遠。

醇彳ㄣˊ　釋文作醇　和也　醇本為美酒純正順口之意。

四辟　即四闢　釋文四辟　本作四闢　言四方也。

鄹ㄓㄡ　孔子父親的封邑。

道ㄉㄠˋ志　志願也。表現自己的志願。

易變　言變以道陰陽，通鬼神，測人事，斷禍福。但易亦百經之首，通天文，言術數，明醫理，修道德，盡人事，自然法理博學之基。

搢紳ㄕㄣ　紳腰帶也。古代的仕人，插笏（朝片）於紳故曰搢紳，後因仕宦之家稱搢紳。集解李奇曰搢插也。插笏於紳，紳大帶也。索隱，姚氏云「搢當作縉」。周禮搢讀薦，亦進也。

詩書禮樂春秋為儒家五經。

諸子百家，到漢書歸為九流十家。

天下大亂，賢聖不明，道德不一，天下多得一察焉，以自好，譬如耳目鼻口，皆有所明。不能相通。猶百家眾技也。皆有所長，時有所用。雖然不該不偏，一曲之士也。判天地之美。析萬物之理。察古人之全。寡能備於天地之美。稱神明之容。是故，內聖外王之道，闇而不明。鬱而不發。天下之人，各為其所欲為。以自為方。悲乎！百家往而不反，必不合矣。

【譯】戰國時代天下大亂，賢聖不清，時代黑暗，黑白難分。以致道德混淆，言說不一。當時的所謂政治家、思想家，都

是一察之士，以自己的好惡去行事。譬如耳目口鼻，看似長得清楚，有那麼回事，但是不能相通。各自閉塞了！百家眾技亦是如此淤塞，一無用處。應該說，各家有各家長處。到某一時機都有用處，是不應該偏廢的。不幸由單門節學的人士長權，那能判讀天地的美善，分析萬物的理數。觀察到古人的全貌。只能看到天地一隅美象，怎可稱神明的容貌。由於缺乏大肚包容，內聖外王的大道晦闇不明。鬱悶難能發揮，天下的人，各自為陣，為私欲利行，以自我方法治世。可憐呀！百家的學說從此沒落了！沒有融合的機會了！

【註】闇ㄋ丶　昏暗不明。　鬱ㄩ丶　愁悶　閉塞。

必不合矣　陳注：愈趨愈遠。

中國歷史上天下大亂的時代，春秋戰國為第一期，五胡亂華是第二期，五代十國是第三期。研究國史的人都知道，春秋戰國的亂世，產生了中國思想的黃金時代，數百年後，成全了秦國的大一統。第二期南北朝思想混亂，消極思想，放任主義，存在主義大混戰。儒道思想推演產生了唐代的文化輝煌時代。五代十國僅百年，佛道混雜演化，道釋不分。故宋代無積極進取精神，安享文化成果，故國力最弱。覆亡於蒙古的鐵蹄之下。此為易數乎，天衍之術乎！有誰能知。

後世之學者，不幸不見天下之純，古人之大體。道術將為天下裂。不侈於後世，不靡於萬物，不暉於度數，以繩墨自矯，而備世之急。古之道術，有在於是者。墨翟禽滑釐。聞其風而說之。為之大過，已之大順。作為非樂，命之曰節用。生不歌，死無服。墨子汎愛兼利而非鬥。其道不怒，又好學而博。不異，不與先王同。毀古之禮樂，

黃帝有咸池。堯有大章，舜有大韶，禹有大夏。湯有大
濩，文王有辟雍之樂。武王周公作武。古之喪禮，貴賤有
儀，上下有等。天子**棺槨**七重。諸侯五重，大夫三重，士
再重。今墨子獨生不歌，死不服，桐棺三寸無槨。以爲法
式。以此教人，恐不愛人。以此自行，固不愛己。未敗墨
子道。雖然歌而非歌，哭而非哭。樂而非樂。是果類乎！

【譯】很不幸，後世的學者，看不到天下的純樸面；古人的
整體思想大道。以道術治世，天下將崩裂。對後世不可奢言，不
靡費萬物。暉光度數難明。僅以繩墨自我矯正。而應世備急的方
略，可言爲古人道術的，恐怕當今之世。只有墨翟，禽滑釐。他
的主張，已經風行一時了！大家都很樂意跟從他。可是他的作法
太過火了。已經超過自己的負荷？沒有快樂可言。命名叫節用。
生不嘔歌，死不服喪。墨子主張泛愛兼利，不武非攻。他的道是
忍性不怒。教民好學博通，鐵定規制。不可異動。與古代帝王不
同。毀棄古代的禮樂教化。以樂典來說：黃帝有咸池樂章，堯有
大章之曲，舜有大韶之樂。湯有大濩之章，文王有辟雍之樂。武
王周公作有武樂。

再講到喪禮，貴賤分明，上下等級不可錯亂。儀節有緒。如
天子駕崩，棺槨七重。諸侯五重，大夫三重，士再重。今天墨子
打破舊制，生不唱歌作樂，死不服喪，只用三寸厚的桐木作個棺
材板草草下葬。成爲他的法制規定。以這樣的制度教民，恐怕不
是愛民吧！以這樣對待自己，亦非愛護自己吧！不能敗壞墨子的
道。因他也是一家正道言論。雖然也有唱歌，但不像唱歌，亦有
哭喪，但不像哭，缺乏悲戚。也有作樂但沒音樂意義。果然是如
此啊！（以諷言。弄得大家哭笑不得，人生還有什麼快樂可言）

【註】不侈彳ˇ　如奢　不暉　崔本作渾。

不靡ㄇㄧˇ ㄇㄧˊ　如披靡　靡倫。

自矯ㄐㄧㄠˇ　矯正、矯校

墨翟　宋大夫尚儉素，所謂磨頂放踵，兼愛非攻，墨家創始人。

禽滑音骨　又ㄏㄜˋ ㄏㄨㄚˊ　釐ㄌㄧˊ墨字弟子，不順五帝三王之樂，嫌其奢。

而說ㄩㄝˋ　通悅　喜悅也

大過　音太ㄊㄞˋ　大通太　舊也，太多太少。即超過與不及之意。

大順或作循。

度眾ㄊㄛˋ

非樂節用，墨經第二篇篇名。

汜ㄈㄢˋ　釋文作氾ㄙˋ

愛兼利　化同己儉，汜愛兼利。

未敗或作毀墨子是一家之正，故不可以敗也。崔云未壞其道。

非歌　生應歌，而墨以歌為非也。注：人生嘔歌行樂，是生活調劑，亦是樂教以和的教育思想。

樂而音洛ㄌㄛˋ　喜悅、快樂。

　　其生也勤，其死也薄，其道大觳。使人憂，使人悲，其行難為也。恐其不可為聖人之道。反天下之心。天下不堪。墨子雖獨能任。奈天下何，離於天下，其去王也遠矣。墨子稱道曰：昔者禹之湮洪水。決江河而通四夷九州也。名川三百，支川三千，小者無數，禹親自操橐耜，而

九雜天下之川。腓無胈，脛無毛。沐甚雨，櫛疾風，置萬
國，禹大聖也。而形勞天下也。如此，使後世之墨者，多
以裘褐爲衣。以跂蹻爲服。日夜不休。以自苦爲極。曰不
能如此，非禹之道也。不足謂墨，相里勤之弟子。五侯之
徒，南方之墨者，苦獲已齒，鄧陵子之屬。俱誦墨經，而
倍譎不同，相謂別墨。以堅白同異之辯相訾。以觭偶不仵
之辭相應。以巨子爲聖人。皆願爲之尸，冀得爲後世，至
今不決。

【譯】他們生的時候非常勞苦勤奮，死了以後下葬很簡約單
薄。他的道滯礙很大，使人很擔憂，很悲苦，推行十分困難，恐
怕無法成爲聖道。因爲他違反天下人心，太過艱苦難忍。墨子個
人能如此忍受苦勞，他又能奈何天下人嗎？這是脫離人間現實的
作法。遠離古代王道的精神。

墨子號稱，他是承繼夏禹苦行的大道，大禹在洪水湮沒時
代，疏通九河，跑遍四夷九州。有名的河川三百，支流三千，小
的無數。親自操舟砧石挖土，決堤排水。來回數次才把所有大小
河川完全疏通，使水患解決。腿上腳上的毛都磨光了，在滂沱大
雨，強風襲擊中，忍飢挨餓，不顧生死，三返家門不入，安置萬
國人心，是何等偉大。所以說：禹王才是天下的大聖人。爲天下
人勞形吃苦，大德可配天地的。

由於這樣的刻苦精神，使後世崇信墨子的人，都簡樸節約，
穿獸皮麻布，足穿木屐草鞋。日夜不休息，自甘勞苦極限。若不
這樣，就不是禹道信徒。亦不能稱是墨子弟子。墨家重鎮相里
勤。是當時推行墨法的得力人士。他率領弟子在五諸侯國實施墨
政。在南方的墨子信徒，有苦獲、已齒、鄧陵子等人。都是崇尚

墨經的。但變化不同，甚有過之無不及的。稱之為別墨派。以堅白同異的詭辯相互譏諷，以奇偶不勃的巧言相回應。以墨家聲望高的為鉅子，封為聖人。大家都願意供奉崇拜他。希望能將他的精神傳諸後世。所以至現在仍有不少墨家信徒。

【註】大觳ㄈㄨˊ　注觳　無潤也。即言滯礙難行也。

其行ㄒㄥˊ　注：以成其行同。即成就他的行動。

能任　音壬ㄖㄣˊ

湮洪水音因一ㄣ又一ㄢˋ，沒也，掘地而注之海。使水由地下也。引禹之險同己之道。

支川　或作支流。

自操ㄔㄠˊ ㄑㄠˊ

橐ㄊㄛˋ　釋文作橐，應是傳抄之誤橐即槁。以橐為橐，是字形之誤，故為傳抄筆誤。何以。崔郭均音託，橐的正音。橐ㄏㄠ枯也。橐是正字。本義冶鐵風箱謂橐。崔云囊。因原始的風箱是皮囊所作。據此原理作橐篲，橐篲是抽水器。如今之幫浦。若解釋成大禹背著行囊，手拿耙子去治水也說得通。若釋為橐篲抽水決堤泄洪也說得通。但切不可說是盛土具。

耜音似ㄕˋ　釋名耜似也。耒耜，耒是柄，耜是插，農具。古耒耜均以木為之後世耜用金。耕地用耜，耜為二齒長尺許。耙五齒七寸。耜亦名插。

釋文的解釋。釋名耜似也。似齒斷物。三蒼云耒頭鐵也。崔云極也。司馬云盛水器也。

而九音鳩ㄐ一ㄡ　本亦作鳩，聚也。

雜　本或作糅音同。崔云所治非一，故曰雜。陳注：九通糾，糾雜，使之縱橫相入也。

腓音肥又ㄈㄨㄟ　無胈ㄅㄛˊ又ㄆㄛˋ又ㄈㄞˋ　脛ㄐㄥˋ又ㄒㄥˋ

裘褐、皮毛為裘，麻布曰褐，即穿獸皮粗服（麻衣）

跂蹻　跂木屐，蹻草鞋。

相里勤ㄒㄧㄤ　司馬云墨師也，姓相里名勤。

而倍　郭音佩　又ㄆㄨㄟ丶　譎ㄐㄩㄝˊ　崔云決也。

相訾　音紫ㄓˇ　訾議，諷決之意。亦言詆毀。

以觭音寄ㄐㄧ丶上下角交錯曰觭，兵家布陣常用之式，不仵
音誤，徐音五仵同也ㄨˇ

巨子向崔本作鉅，向云墨家號其道理成者，為鉅子，若儒家
之碩儒。

之尸，尸位，奉祀的神祉。墨家巨子被奉為神主。

冀得ㄐㄧ丶　希望也

不決ㄐㄩˋ　通絕，不決不絕也。能繼續之意。

墨翟，禽滑釐之意則是。其行則非也。將使後世之墨
者。必自苦以腓無胈，脛無毛，相進而已矣！亂之上也，
治之下也。雖然，墨子之眞天下之好也。將求之不得也。
雖枯槁不舍也。才士也夫。

【譯】以墨子與禽滑釐的思想來說：是正確的。但是施行的
方法是不對的。將來後世的墨家，必定是自苦勞形，腿腳無毛。
互相比賽誰能吃苦的局面。對治道來說，是上亂無章，下治無
法。整個亂了套，如何能治國牧民呢？雖然墨子的立意精神很
好，是求之不得的事。但過餘勞苦，無人受得了！將來不會再有
人承繼的。雖是枯木不捨，人們還是懷念他。

【註】意則是，言立論正確

行則非　施行的方法是錯誤的。

相進而已　相互推行比賽也。

亂上　上層人士亂了套，因墨家無上下之分，大家集體勞動中的收穫，得到足夠的生活資料就很滿足了！以此表白，正大光明的為人。

才士　陳注：亦可謂豪傑之士也。言有才幹的能人名士。

不累於俗，不飾於物，不苟於人，不忮於眾，願天下之安寧以活民命，人我之義畢足而止，以此白心。

【譯】不受世俗牽絆，不以物質矯飾，作人不苟且，不嫉妒，希望天下和平安康，大家都能安居樂業，生活能自給自足，溫飽有餘就夠了用這種觀念表示治世的主張，自成一派的人如下：

【註】累ㄌㄨㄟˇ　牽累也。不飾ㄕˋ　矯飾。美飾，表飾，虛飾也。

不忮ㄓ　逆也，司馬、崔云害也。字書云很也，又ㄓˋ又ㄐㄧˋ韋昭音洎。

白心崔云明白其心也。白或作任。

古之道術，有在於是者。宋鈃，尹文。聞其風而悅之。作為華山之冠以自表。接萬物以別宥為始。語心之容，命之曰心之行。以聏合驩，以調海內，請欲置之以為主。見侮不辱，救民之鬭。禁攻寢兵，救世之戰。以此周行天下，上說下教。雖天下不取，強聒而不舍者也。故曰上下見厭而強見也。雖然：其為人太多，其自為太少。曰，請欲固置五升之飯足矣。先生恐不得飽。弟子雖饑不

忘天下。日夜不休，曰：我必得活哉。圖傲乎救世之士哉。曰，君子不忘苛察。不以身假物。以爲無益於天下者。明之不如己也。以禁攻寢兵爲外。以情欲寡淺爲內。其小大精粗，其行適至是而止。公而不黨，易而無私。決然無主，趣物而不兩。不顧於慮，不謀於智，於物無擇，與之俱往。

【譯】古代的道術家，有傳繼到現在的，如宋鈃、尹文。聽到他的名聲，大家都很高興，被稱爲華山的冠冕。均平不論高低。接物待人無分彼此，一律看待。說心裏的話不虛矯，以衷心篤行應命。和合歡欣。調和海內大眾。故世人都視他們爲主宰。他們的主張是見侮不辱，強調一個忍字。遏止人民好鬪之心。禁止侵犯攻擊他人。作爲救世休兵止戰的方法。以這種思想傳播天下，使高層倡導，下級宣教百姓。雖然不被當世諸侯採用，仍然有很多人強調捨不得放棄。所以上下厭惡交相互責。雖然他們對他人付出過多，對自己反而太少。欲望甚小，只求有五升米煮飯給老師吃就滿足了！學生雖然饑餓難飽，也不會忘記天下的責任。日夜勤勞不休息，誓言我必須活下去。企圖傲視那些自命救世主的狂人。又說：君子爲人不可苛求嚴酷，不以人身當物化。要有精神生活，以無爲益利天下人。很明顯的過往都不如意。以禁攻寢兵爲止戰策略。以清心寡欲爲內修功夫。凡對大小精粗的事務，推行到適可而止。不可過當，對公務不可結黨營私，重大決策不能專斷獨攬。處理事務，不可三心二意。不必顧慮太多，以免猶豫不決。大小事務沒有選擇餘地，只要一肩承擔就行了！

【註】宋鈃　通刑。尹文　即尹文子，崔云：齊宣王時人著書一篇，漢書列爲名家。若以孫卿言宋子言黃老之學。應列道

家。漢書藝文誌則列小說家。

　釋文本作鈃，音形，徐厂ㄥˊ　郭音堅ㄐㄩㄢ　以莊子文意，二人應列為道家。

　華山之冠，華山頂上均平作冠，象之表己心均平也。宥為始，始首也，崔云以別善惡，宥不及也。

　聏　崔本作聏音而，郭音餌，司馬云色原貌。崔郭王云和也，聏和萬物，物合則歡也，亦云調也。

　合驩，以道化物和而調之合意則歡。應言水乳交融，或如交歡和樂之貌。驩通歡。

　上說ㄕㄛˋ　ㄒㄩˋ　下教，上謂國主也。悅上之下教也。一云說猶教也，上教教下也。

　聒ㄎㄨㄛ ㄍㄨㄚ　謂強聒其耳而語也。即語音嘈雜

　厭ㄐㄧㄢˋ ㄩㄢˋ　為ㄩㄟˋ　圖傲ㄨㄢˋ ㄠˋ

　苛察　音河，一本作苟。其行ㄒㄧㄥˊ

　不當　崔本作黨。云至公無黨也。

　易而無私　陳注：易坦易也。　應言易更動也。又變遷也。即謂不為私利而改變主意。或言為私利易策。

　決然無主　陳注：決去係累，而無偏主。應言決策不主觀獨斷。

　趣物而不兩。陳注：趣趨也，隨事而趨不生兩意。應言對事務的執行，沒有意見。

　不顧於慮　不應顧慮太多。不謀於智。言不要智巧。

　於物不擇　應言對事務沒有選擇餘地。

　與之俱往　陳注：於物無所決擇，惟與之順其自然而行。應言只有勇往直前。沒有迴避的想法。

古之道術有在於是者。彭蒙、田駢、慎到。聞其風而

悅之。齊萬物以爲首。曰天能覆之，而不能載之。地能載
之，而不能覆之。大道能包之，而不能辯之。知萬物皆有
所可。有所不可。故曰選則不**徧**。教則不至。道則無遺者
矣！是故，愼到棄知去己。而緣不得已。泠汰於物。以爲
道理。曰：知不知，將薄知而後憐傷之者也。謑髁無任。
而笑天下之尙賢也。縱脫無行。而非天下之大聖。椎拍輐
斷，與物宛轉。舍是與非，苟可以免。不師知慮，不知前
後，魏然而已矣。推而後行，曳而後往。若飄風之還，若
羽之旋。若磨石之隧；全而無非，動靜無過。未嘗有罪，
是何故。夫無知之物。無建己之患。無用知之累。動靜不
離於理。是以終身無譽。故曰：至於若無知之物而已。無
用賢聖。夫塊不失道。豪傑相與笑之曰。愼到之道，非生
人之行，而至死人之理；適得怪哉！

　　【譯】古人道術流傳到今日的，有彭蒙、田駢、愼到等。聞
風心悅相從的人不少。他們的學說，以齊萬物爲首要。認爲天能
覆蓋大地萬物，但無法負載大地。地能承載萬物，但不能被覆。
大道能包容萬物，但不能辯論。知道萬物都有原由，但亦有不週
全的地方。所以說：選材適用在不偏不倚，有時是教育無法達到
的。道是週遍萬物無遺的至理。故此愼到主張棄智捨己。緣由不
得已相應物。冷靜汰滯觀物，以爲大道的理論。知與不知，一知
半解，不如不知。在淺薄知識中的行爲，是會傷害到近鄰鄉親，
迨禍他人，這不是負責的作爲。還笑天下尙賢的遺風。放任狂縱
無羈的行爲。並不是天下的大聖人。能夠圓潤推移，接物宛轉。
捨棄是非。免於爭執惡鬪。不考慮智謀，亦不必知前瞻後。巍然
獨立而已。推己及人然後行，曳前導正方勇往。如此力行躬身的

作為。猶如飄風回還，羽毛輕旋，如隧石擊火，一擦即燃，全無是非爭執。動靜相宜無患。就不會有罪過累身。這是什麼道理呢？即是無知致物，方能免於造成禍患，沒有利用智慧的牽累，動靜都以理為準。所以終身沒有毀譽，平安一生。所以說，猶如無知的草木相似而已。那還需要賢聖幹嗎？只要心中大塊噫氣尚存，大道是不會消失的。

豪傑賢士相互譏笑。慎到倡言的道，不是活人能推行的，是死人的理論。真是奇怪啊！

【註】田駢　齊人，游稷下，號天口駢，漢書列道家。慎子名到，先申韓，申韓稱之。漢書列法家。

彭蒙　田駢之師，倡不言之教。應入道家。

不偏音ㄆㄧㄢ丶　不至本作不王，無遺　本亦作貴。

去己ㄐㄩˇ　冷音零ㄌㄧㄥˊ

汰音泰ㄊㄞˋ　徐ㄊㄞˊ　郭云冷汰猶聽放也，一云冷汰猶沙汰也。謂沙汰使之冷然也，皆冷汰之歸於一，以此為道理也。或音裔，又音替。

謰ㄒㄧ　又音奚，又ㄋㄧㄝ　文云恥也。羞惡也。

髁ㄋㄛ　膝骨，郭云謰髁，訛倪不正貌，王云謂謹刻也。應言謰髁謂不靈活。轉換不靈，即笨拙。

無任釋文無所施任也。王云雖謹刻於法，而猶能不自任，以事事不與眾共之，則無為尚賢，所以笑也。

縱脫無行，釋文本作橫復無行。陳注：縱放脫略，不事行檢。即言行為放縱，行事不檢點。

椎拍輐斷。輐ㄨㄢ丶又ㄎㄨㄢ丶　徐ㄏㄨㄢ丶云圓也。斷ㄉㄨㄢ丶又ㄊㄨㄢ丶方也。王云椎拍輐斷，皆刑截者所用。以王弼之言推之，應是刑具。以字詞引證，即板枷。方有椎（鎖也）拍（合

也）軘（頭頸圓孔），斷（中斷分為兩片）。

　　不師知ㄓ、通智。魏ㄨㄟ然　通巍，即巍然。

　　之還音旋ㄒㄩㄢˊ又ㄏㄨㄢˊ　回也。

　　磨石之隧。打火的隧石，即火鐮。以鋼片擊擦打，隧石冒出火花以紙媒相接，便成為火種。古時田野山林外出之人隨身打火器。

　　全而無非。指隧石能引火，但終身可用。能保全身。沒有過錯。所以能動靜無過，動靜不離。用隧石形容道，可全身保命，無是非，無牽累。真是妙用。

　　夫塊ㄎㄨㄞ、　指大塊噫氣，獨立不移。如孟子之言正氣也。陳注：塊者塊然而無知也。

　　田駢亦然。學於彭蒙，得不教焉。彭蒙之師曰：古人道人。至於莫之是，莫之非而已矣！其風窢然，惡可而言，常反人，不聚觀，而不免於魭斷。其所謂道非道，而所言之不韙，不免於非，彭蒙、田駢、慎到不知道。雖然概乎皆嘗有聞者也。以本為精，以物為粗，以有積為不足。澹然獨與神明居。

　　【譯】田駢亦是如此，他是學彭蒙的道，謂不言之教。彭蒙的老師曾經說過。古代有道的人，點化世人去除是非爭論。不講是非，大家就平安無事了。凡是非之事猶如一陣飄風，過去就沒事了，又何必去爭論呢？所以不必再說了！這樣的說法，是與常人相反，一般人對是非觀念，必須爭個曲直。但他們的想法卻與大家不同。這樣的想法，未免有點瓴勿武斷。他所說的道不像道，所說的避韙，也不太正確？

　　可以說彭蒙、田駢、慎到，都是不知大道真理的人，雖然他

們過去也常有聞道的演說；才知以本為精一的大言，以外物為粗
俗，以有積聚是不足取的觀念，能澹然澄明獨立精神與神明共通。

　　【註】窔　釋文：字亦作罳，又作闉，ㄩ丶門檻也。ㄋㄧㄝ丶
又ㄏㄜ丶，又ㄏㄜ丶向郭云逆風聲。指如荷荷風聲吹過。

　　惡可音烏ㄨ。

　　不聚觀　釋文本作不見觀。

　　於魭ㄨㄧㄢˊ　斷ㄉㄧㄢ丶　郭云魭斷無奎角也。一本無斷
字。

　　齳ㄏㄨㄟ丶　ㄨㄟˇ　是也。

　　槩乎ㄎㄞ丶　概ㄍㄞ丶　大概，言普通之意。

　　澹然ㄉㄢˊ　ㄓㄢ丶　淡薄，清淡。

　　與神明居　言與神明共處，謂相通也。

　　以本為精，以物為粗，以有積為不足，淡然獨與神明居。
　　古之道術有在於是者；關尹、老聃，聞其風而悅之，
建之以常無有。主之以太一。以濡弱謙下為表。以空不毀
虛萬物為實。關尹曰，在己無居，形物自著。其動若水，
其靜若鏡，其應若響，芴乎若亡，寂乎若清。同焉者和；
得焉者失。未嘗先人，而常隨人。

　　【譯】以天地之大本為精微，以外物為粗略，有積藏為不
足，以心裡淡泊，獨立與天地神明同在。古代道術，流傳到現在
的，有關尹、老聃，講到他們的風範，大家都很高興。他們的思
想是建立在常、無、有三個字。主張太一學說。以濡弱謙下為外
表。以空虛不毀萬物為實。關尹的說法是：「在己不居，形物自
著。其動若水，其靜如鏡，其應若響，芴乎若亡。寂乎若清，同

焉者和，得焉者失。未嘗先人，需常隨人」。

【註】關尹　即關令尹喜也。或云尹喜字公度。即函谷關的鎮守使，故稱關令尹。

老聃　即老子也。為喜著書十九篇。

濡ㄖㄨˊ　ㄌㄜˋ　謙下ㄒㄧㄚˋ　若響ㄒㄧㄤ　苟音忽ㄏㄨ疏忽也。

谿ㄒㄧ　相爭也。之垢ㄍㄡˋ　污垢，恥辱　之垢　敝病也。

者和ㄏㄜ和平、和順、共和　陳注和光同塵。

得者失　陳注保此道者，不欲盈，故已得而不自得也。未嘗先人，而常隨後人，言不爭先恐後，時常以讓人為先，自願隨後，以示謙讓。

老聃曰：知其雄，守其雌，為天下谿。知其白，守其辱，為天下谷。人皆取先，己獨取後。曰受天下之垢。人皆取實，己獨取虛。無藏也故有餘。歸然而有餘，其行身也徐而不費。無為也而笑巧。人皆求福，己獨曲全。曰苟免於咎。以深為根。以約為紀。曰：堅則毀矣，銳則挫矣。常寬容於物。不削於人。可謂至極。

【譯】老子說：知道強陽，亦要守著陰雌。這是卑下守常的道理。知道光明面，還須守著黑暗面。這是虛守的法門。人人都想爭先，惟我願意屈居在後。我願承受天下人的垢病，也不怨天尤人。人人都想爭取實利。我卻獨取虛空。沒有畜藏於私，故有餘裕。巍巍然精神充沛。所以行事不急不徐。輕鬆自在，不費力氣。無為不作笑巧用有為。人人都在追求福報，我獨委曲求全。那末即可免去咎責。以深遠植根心地。以自約守己為紀綱。要知道堅硬容易損毀。銳利是容易挫敗的。時常記著寬厚包容，不可

剝削他人。這是行道至美的終極目標。

【註】歸ㄨㄟ通巍，本或作魏。

知雄守雌　陳注：能而隱於不能。應言守常於虛，有以待之。

天下谿ㄒㄧ　陳注：虛下待輸，有而不積也。

知白守辱　陳注：潔而不為自潔。謂捨身守玉，潔而不辱。亦云被褐懷玉。

天下谷，陳注：居虛受感應而不藏也。有水曰谿，無水曰谷。

以深為根　陳注：以微妙玄通，深不可測為根柢。

應言道根的深遠，築基深固。因歸根復命是道家目的。

關尹、老聃乎！古之博大眞人哉。芴漠無形，變化無常，死與生與，天地並與。神明往與，芒乎何之。忽乎何適。萬物畢羅。莫足以歸。

【譯】關尹與老聃是古代的博大眞人。以寂寞無形，變化無常，對生歟死歟，與天地並歟，與神明往歟，都在渺渺冥冥中出入。在渾沌溟濛中週游，萬物畢羅殆盡，也不足以知其歸元深處。

【註】寂寞無形　陳注：清虛而無象。

變化無常　陳注：往來無體。

死生天地神明與　言不知生死與天地並立，與神明往來。非凡人也。而是大德神明。

死與　虛字。通歟。以下　三與均同歟！

芴　茫然，如芒芒，恍忽之際　元嘉本作寂。

古之道術有在於是者。莊周聞其風而悅之，以謬悠之說：荒唐之言，無端崖之辭。時恣縱而不儻。不以觭見之

也。以天下沈濁，不可與莊語，以巵言爲曼衍。以重言爲眞，以寓言爲廣。獨與天地精神往來，而不敖倪萬物。不譴是非。以與世俗處。其書雖瓌瑋，而連犿無傷也。其辭雖參差。而諔詭可觀，彼其充實，不可以已！上與造物者遊，而下與外死生，無終始者爲友。其於本也。弘大而闢。深閎而肆。其於宗也。可謂稠適而上遂矣！

　　雖然，有應於化而解於物也。其理不竭，其來不蛻。芒乎昧乎！未之盡者。惠施多方。其書五車，其道舛駁。其言也不中，厤物之意。曰至大無外，謂之大一。至小無內，謂之小一。無厚不可積也，其大千里，天與地卑，山與澤平。日方中方睨。物方生方死。大同而與小同異，此之謂小同異。萬物畢同畢異。此之謂大同異。南方無窮而有窮。今日適越而昔來。連環可解也。

　　我知天下之中央。燕之北越之南是也。汜愛萬物。天地一體也。惠施以此爲大觀於天下。而曉辯者，天下之辯者，相與樂之，卵有毛。雞三足，郢有天下，犬可以爲羊、馬有卵，丁子有尾。

　　【譯】古代道術具有真理存在的，至今仍爲人津津樂道的。莊周也樂聞其風範，並以不同詞藻推崇其大德鴻旨。雖然有的不盡情意，甚至荒唐無稽，辭章隨性，不著邊際。時而恣縱狂放不羈。但內容鴻闊不偏，以滔滔天下混濁不清，惟莊周放言立論。從街談巷議之言，到曼衍天下大道。以重言直入真理，以寓言擴大思想界域。獨與天地精神往來。與萬物平等看待，不以偏頗私受。不譴責他人是非。仍同世俗共處，不標新立異。他的書雖有奇特詭異之處，但無傷大雅。他的詞藻雖然參差不齊。但神秘變

化可觀。內容充實，是無以復加的。

　　上與造物主同遊，而下則度外於死生與無終始爲友。文章的意旨弘大曠達。錯綜通達深遠。至於他的宗旨，可以說是恬切貫通，上下有遂，行文如行雲流水。雖然，他以順應自然去化解玄疑。但說理無窮，宗旨不變。尙有晦闇不明，未盡言宣的。

　　惠施雖與莊周爲文友，言論各有主張，亦是學富五車的知識分子，但他的道比較駁雜。言論難以中的。譬如說對物理的剖析。如「至大無外，謂之大一」。「至小無內，謂之小一」。上句堪用，下句則混淆。缺乏清析理路。又說：「無厚不可積也，其大千里」。既然是無厚不可積，怎能大餘千里，這不是相互矛盾嗎？「天與地卑，山與澤平」。天地皆卑，山澤均平，說理含混，既失度量名敎，亦無觀止辨識。又說：「日方中方睨，物方生方死」。「大同而與（歟），小同異。此之謂小同異」。如此的說法：真的成了大同小異，成了差不多先生。毫無立說的價值可言。「萬物畢同畢異。此之謂大同異」。萬物畢竟相同，但結果仍是不同。此說即是大方向是相同亦相異。若以此思維辯證。真理不明。虛實無間。「南方無窮而有窮。今日適越而昔來」。連環可解。南方無窮而有窮，語意不明在今日適越而昔來。既然是指越國或越地，那有無窮之國。過去來過越國今天再來，其意在那。如此辨解能解開連環套嗎？「我知天下中央，燕之北，越之南是也」。因你站的位置，北方是燕國，南方是越國。所以你即是中央。這完全是自我爲中心。不知天高地厚。太極無極之有道也。並說他是汎愛萬物，天地一體也。若知渾元玄妙，言天地一體可也。但惠施的大觀天下的說法格局太小，思路不清，說理不明，辯論失據。能通曉辯論的人，都樂於同他辯論。譬如，蛋長毛，雞有三隻足。楚國有郢都才有天下。狗可以叫羊。馬會生

蛋，蟾蜍會長尾巴。

【註】謬悠　釋文謂若忘於情實者也。言荒遠無稽也。

荒唐　釋文謂廣大無域畔者也。

而儻ㄉㄤˇ ㄔㄤˋ 觭ㄧˇ ㄒㄧˊ　ㄑㄧˊ音羇ㄐㄧ　上下不齊。

莊語　郭云莊，莊周也。即言莊周語意也。一云莊端也。一本作壯，云大也。以卮ㄓ　不敖ㄠˊ ㄠˋ

倪音詣ㄧˋ　不譴ㄑㄧㄢˇ　責問　瓌ㄏㄨㄞˊ　同瑰　特異

瑋ㄨㄟˇ　玉名　廣韻　珍奇也　瓌瑋　珍稀之寶也

連犿ㄏㄨㄢ　本亦作抃ㄏㄨㄢˋ　ㄩㄢˊ又ㄅㄧㄢˋ　李云皆宛轉貌。一云相從貌　謂與物相從，不違故無傷也。

諔ㄔㄨˋ　音俶ㄊㄧˋ　詭譎也

而辟　本作闢　開豁也。深閎而肆，深精深，閎虛廓，肆者縱任之意。

稠音調ㄊㄠˊ　本亦作調。

不蛻ㄊㄨㄟˋ　脫變也。蜩蛻為蟬之貌。不蛻即不變，言沒有變化。

芒乎昧乎　釋文本作汪汪乎。亦茫然之意也。

惠施，即惠子名。五車ㄔㄜˋ ㄐㄩ　舛ㄔㄨㄢˇ ㄔㄧㄣˇ　駁ㄆㄛ

不中ㄓㄨㄟˋ　厤古歷字，亦作歷。物之意，言不中理，但以意經歷于物，而懸揣之耳。

至大無外，謂之大一。至小無內謂之小一。司馬云無外不可一。無內不可分。故謂之一也。天下所謂大小皆非形。所謂一二非至名也。至形無形，至名無名。無厚不可積也，其大千里。司馬云：物言形，為有形之外為無，無形與有相為表裏。故形物之厚盡於無，無厚無，厚與有同一體也。其有厚大者，其無厚亦大。高因廣立有因，無積則其可積。因不可積者，苟其可積。何

但千里乎。

天與地卑，地與澤平。李云以地比天，則地卑於天。若宇宙之高，則天地皆卑。天地皆卑，則山與澤平矣。

日方中方睨音詣　斜視，陳注：日既晨則睨視，而晨由中來。是方中方睨。

物方生方死。陳注：死由生兆。是方生方死也。李云：若轉樞循環，自相與為，前後始終無別。則生死存亡與之何殊也。

大同而與小同異，此之謂小同異。陳注：大同小同，同中有異，大小各具端倪。是於物之分處論同異也。故謂之小同意。

萬物畢同畢異，此之謂大同異。陳注：同則盡同，異則盡異，萬類更無區別。是於物之合處論同異也。故謂三大同異。

釋文：同體異分故曰小同異。如生死禍福，春夏秋冬晝夜動靜變化等。

南方無窮而有窮。陳注：謂之南已有涯涘。

司馬云四方無窮也。李云四方無窮，故無四方上下。亦云知四方無窮，形不盡形色。與色相盡也。

今日適越而昔來。陳注：知有越時，心已先到。

司馬云：彼日猶此日，則見此猶見彼也彼猶此見，則吳與越人交相見矣。

連環可解也。司馬云：夫物盡於形，形盡之外則非物也。連環所貫，貫於無環，非貫於環也。若兩環不相貫，則雖連環，故可解也。（若以解連環喻事，應是解鈴尚須繫鈴人。若以智論，則是巧技。一般雜耍者均可解。）文的本意，應是事物雖然環環相扣，但有用時亦須解套獨有。

我知天之中央，燕之北，越之南是也。司馬云燕之去越有數，而南北之遠無窮。由無窮觀有數，則燕越之間未始有分也。

天地無方。故所在為中，循環無端，故所行為始也。

汎愛萬物，天地一體也。陳注：天地非大，我非小。以上乃惠施與人辯之話端也。李云日月可觀，而目不可見，愛出於身，而所愛在物。天地為首足。萬物為五臟，故肝膽之別，合於一人。一人之別合於一體也。今謂天地萬物一體，其來有自，無天時地利，萬物從何而生，化育萬物者天地，萬物生存空間在於天地。故不可須臾離也，以一體相連可也。

惠施以此為大觀於天下。陳注：謂於物理，獨見其大。釋文：自以為最也。言惠施以以上的言論，認為自己對天下萬物的見解論說，已經是很透徹的了！

曉辯　字林云辯慧也。應言通曉辯論的人士。

樂ㄌㄜ、　樂之　樂意也。喜歡之貌。

卵有毛至一尺之捶，日取其半，萬世不竭止是名家與惠施論辯的言論。按漢書：公孫龍子，惠施均列為名家，尹文子說齊宣王，早於公孫龍子。

火不熱，山出口，輪不輾地。目不見，指不至，至不絕，龜長於蛇，矩不方，規不可以為圓，鑿不圍柄。飛鳥之景，未嘗動也。鏃矢之疾，而有不行不止之時。狗非犬，黃馬驪牛三。白狗黑，孤駒未嘗有母，一尺之捶，日取其半。萬世不竭。辯者與此與惠施相應。終身無窮。桓團公孫龍，辯者之徒。飾人之心，易人之意。能勝人之口，不能服人之心。辯者之囿也。惠施日以其知與人之辯。特以天下之辯者為怪。此其柢也。

然惠施之口談，自以為最賢。曰天地其壯乎！施存雄而無術。南方有倚人焉！曰黃繚。問天地所以不墜不陷。

風雨雷霆之故。惠施不辭而應。不慮而對。徧爲萬物說。說而不休。多而無已。猶以爲寡。益之以怪。以反人爲實，而欲以勝人爲名。是以與衆不適也。弱於德，強於物。其途隩矣！由天地之道，觀惠施之能。其猶一蚉一虻之勞者也。其於物也何庸。夫充一尚可。曰愈貴道幾矣！惠施不能以此自寧，散於萬物而不厭。卒以善辯爲名。惜乎！惠施之才，駘蕩而不得。逐萬物而不反。是窮響以聲。形與影競走也。悲乎！

【譯】 火不熱，山出口，輪不蹍地。目不見，指不至，至不絕，龜長於蛇。矩不方，規不可以爲圓，鑿不圍柄，飛鳥之影未常動也。鏃矢之疾，而有不行不止之時，狗非犬，黃馬驪牛三。白狗黑。孤駒未嘗有母。一尺之捶，日取其半。萬世不竭。（此節的論辯，以指名初始論。某些地方仍有缺失。以物種物性物質言，大多荒且硬拗。甚至無理取鬧，非詭辯家應有的行徑，故不譯述。）

當時他們以這些不成熟的材料與惠施論辯。辯論得沒完沒了！大家都在瞎扯。當時有名的辯士如桓團，公孫龍子等，如此的論辯，只是蒙蔽人心，欲改變他人的意念。可以搪塞一般人的嘴巴。但不能臣服社會的人心。這是辯士所受限的門檻。

惠施日以繼夜與他們論長道短，是很奇怪的，也許這即是惠施無法改變的本性罷了！然而惠施的言談口才，自以爲是一代時賢，言論壯闊如天地。惠施是一位有雄心壯志的人，但治學卻沒有方法，譬如南方有一位傳奇人物，名叫黃繚。問他天地爲什麼不會墜下陷落。他說是因爲有風雨雷霆的原故。惠施沒有與他一般介識去應對。不考慮即是對的。但是他卻對萬物的議論十分有興趣。喋喋不休，多了就沒有價值了！猶如自我獨樹一幟，以怪

異奇譚爲廣聞，反對世俗的現有觀念，作爲取勝揚名的手段。所以與眾不同，在道德方法較薄弱。但在唯物方面甚爲強勢，他的前途受了不少波折，對於唯物的崇尙是何等的庸俗。

從天地大道來觀察惠施的行徑，好像是一隻蚊蟲牛虻的勞苦奔波。在學術界能有他的一席地位，還算是可以的。若以貴道大家來說：還尙差一疇。惠施不專致於道學，把心思散落在物論追求。最後只落得善辯舌人之名。實在是很可惜的。以惠施的才華，錯失學術路線，像驚馬狂奔。逐萬物於深淵，無法回頭。只是空響虛名，如影隨形，白忙一生，真的很悲傷啊！

【註】卵有毛　司馬云胎卵之生必有毛羽。毛氣成毛，羽氣成羽。雞三足　司馬云雞兩足所以行。而非動也。故行由足發動由神御之。

郢有天下。釋文：郢楚都也。李云九州之內，於宇宙之中，未萬分之一也。雖郢方千里，亦可有天下也。犬可以為羊。司馬云：名以名物，而非物也。如未琢之玉，鄭人曰璞。周人曰璞腊。

馬有卵　李云形之所託，名之所寄。皆假耳，非真也。

丁子有尾　丁子蟾蜍也。李云夫萬物無定形，形無定稱。陳注：楚人呼蝦蟆為丁子。無尾，實為有尾蝌蚪所化。

火不熱　司馬云木生於水，水生於木，木以水潤，火以木光。金寒於水，而熱於火。

山出口　司馬云形聲氣色合而成物。律呂以聲兼形。玄黃以色兼質。呼於一山一山皆應。形聲並行，猶人之有口耳。　陳注：空谷傳音。

輪不蹍地，本又作跈。司馬云地平輪圓，則輪之所行跡也。陳注：蹍地何以輪轉。

目不見　陳注：目必假光，是不見也。

指不至　陳注：至則不須指矣。

至不絕　陳注：以為既至，不知此外無窮。

龜長於蛇　陳注：龜形短命長。

矩不方。陳注：天下自有方，非矩方也。

規不可以為圓　陳注：天下自有圓，非以規也。（以上各條注解，均涉牽強附會。）

鑿不圍柄　陳注：柄自入之耳。鑿未嘗圍之。（若言鑿柄均人為之具，其名為虛設之詞可也）

飛鳥之影未嘗動也　陳注：鳥動也，非影動。

鏃矢之疾而有不行不止之時，三蒼云矢鏑也。司馬云形分止勢，分行形分明者。行遲勢分明者。行疾目明無形分。無所止。則其疾無間，矢疾而有閒者。中有止也。質薄而可離，中有無及者也。

狗非犬　司馬云：狗犬同實異名。名實離，則所謂狗異於犬也。陳注：大則曰犬，小則曰狗。實一物也。

黃馬驪牛三。司馬云：牛馬以二為三。曰牛、曰馬，曰牛馬之形三也。曰黃、曰驪、曰黃驪，色之三也。

孤駒未嘗有母。李云駒生有母孤，則無母孤稱立。則母名去也。

白狗黑　陳注：黑白人所名耳。烏知白之不當名為黑乎。司馬云白狗黑目，亦可為黑狗。

一尺　一本無一字　之捶　釋文作棰，捶動詞，棰名詞。捶打擊也。棰工具耳。曰取其半萬世不竭。司馬云棰杖也。若其可析，則常有兩，若其不可析，其一常存。故曰萬世不竭。

桓團　李云　人姓名。

天地其壯乎！司馬云：惠施唯以天地為壯於己也。

施存雄而無術。司馬云意在勝，而無道理之術。

倚人　本或人畸，李云異也，即言傳奇人物。

黃繚 李云賢人也。

不墜ㄓㄨㄟˋ 不陷ㄒㄧㄢˋ 隩ㄩˋ水邊的曲處。李云深也，謂其道深 陳注迂曲非大道也。

愈貴 李云自謂所慕。愈貴近於道也。

駘李音殆，蕩 駘者放也。放蕩不得也。

郭象之注論：其大體真，可謂得莊生之旨矣。郭生前歎膏梁之塗說：余亦晚睹貴遊之妄談。斯所謂異代同風。何可復言也。或曰莊惠標濠梁之契，發郢匠之模。而云其書五車，其言不中何也。豈契若郢匠。褒同寢斤而非之言如此之甚者也。曰夫不失欲極有教之肆，神明其言者。豈得不善其辭，而盡其喻乎！莊生振徽音於七篇。列斯文於世，重言盡涉玄之路。從事發有辭之敘，雖談無貴辯而無虛唱；然其文易覽。其趣難窺，造懷而未達者，有過理之嫌，袪斯之弊，故大舉惠子之辯云也。

【讀後】大多學者言天下篇文章寫得好，完全表現了莊子的思想整體性。但亦有人懷疑是郭向偽作。亦有人認為是向秀整理後為郭象竊取。再潤筆，飾以完整性。若以六朝玄學的造詣言，郭象算是大家之一。不但文筆好修為也不錯，故能深入。但修為最好的是葛洪。其抱樸子言，從爐鼎到內丹仍有間隙。對莊學之言不能貼切。故郭象能執其學理深入。以天下之文論，對戰國思想的闡述十分正確的。如對儒家詩書禮樂刻板應世，不知通變，不合時宜。對墨家苦行精神備置推崇，但作法太過苛求，使人不如牛馬。抹殺人性，最後必敗。唯對道家視為真神，大道真宰為人性精神的核心。對名法的實用性，缺乏精神為中心思想，以外物扼殺人權。最後以惠施情誼反射學術重心。勸教世人惜才惜福。其意深長，趣味無窮。（郭象行文是六朝之風，流暢輕快）

本篇在釋文列於末篇。陳本則列於第二十八篇。

讓王 第三十

堯以天下讓許由，許由不受，又讓於子州支父，曰：以我爲天子，猶之可也。雖然我適有幽憂之病。方且治之未暇。治天下也。夫天下至重也，而不以害其生，又況他物乎？唯無以天下爲者，可以託天下也。舜讓天下於子州支伯。子州支伯曰：予適有幽憂之病，方且治之未暇，治天下也。故天下大器也。而不以易生此有道者，之所以異乎俗者也。

舜以天下讓善卷。善卷曰：子立於宇宙之中，多日衣皮毛、夏日衣葛絺。春耕種，形足以勞動。秋收斂身，足以休食。日出而作，日入而息，逍遙於天地之間，而心意自得，吾何以天下爲哉。悲乎，子之不知予也，遂不受；於是去而入深山，莫知其處。

舜以天下讓其友，石戶之農，石戶之農曰，捲捲乎，后之爲人葆力之士也。以舜之德爲未至也。於是夫負妻戴攜子以入於海，終身不反也。

【譯】堯將天下讓給許由，許由不願接受。於是又讓給子州支父。子州支父說：以我爲天子，當然可以的。不過我有幽隱的疾病，正在擔憂病情的發展，現在治療都來不及，那還有時間去作其他的事。要知道，治理天下，是多麼重大的任務，不能夠傷害天下蒼生，及其他萬物都能得到保障。只有對天下有無爲而自化的大德者，方可把天下大任委託給他。

舜把天下讓給子州支伯。子州支伯曰：我患有隱疾，憂心忡

忡，正在治療期間，沒有閒功夫管其他的事。治理天下，那麼了得，這是天下名器，要有移風易俗的大德賢士方可承擔此大任。

舜再把天下讓給善卷。善卷說：我立身在宇宙中，冬天穿皮毛；夏天穿麻葛；春天耕田種地，勤勞努力的工作。秋天收穫儲藏以後，好好的休息，能足食安養。對於日出而作、日入而息的工作，是多麼自在逍遙。悠遊於天地之間，我已經是悠然自得，心滿意足了！我為什麼要去自找麻煩呢？可悲呀！你根本不了解我的為人；所以拒絕接受。逃入深山，不知居住何處。

舜再把天下讓給朋友，此人是石戶地方的一位農友。農友對他說：如此緊要的大事！你知道我的為人，應當保薦一位有力人士才行。認為舜的德業尚未完成。於是背著妻子，拼了家當，牽著兒子，移居海外，終身都沒回來。

【註】子州支父　音甫ㄈㄨˇ　李云支父字也。即支伯也。案歷史子州之父是堯時人，應與堯年齡相近。至舜時應該是老丈了。舜不會將天下交給一位比他大很多的人。其次古人稱謂，是案長幼來分大為伯，二為仲，三為季。準此，支伯應是支父的大兒子才合邏輯。

幽憂之病。王云謂其深固也。隱疾，可稱幽病，隱憂，是很難啟齒的地方。最普遍的是痔瘡。

善卷　李云姓善名卷。

石戶本亦作后。之農，李云石戶地名。之農，農人也。

捲捲　音權ㄑㄩㄢˊ　郭音ㄐㄩㄢˊ　眷，用力貌。

葆力　音ㄅㄠˇ通保，亦作保。

以入於海　司馬云：凡言入者，皆居其洲島之上，與其曲隈之中也。

　　大王亶父居邠，狄人攻之，事之以皮帛而不受，事之以犬馬而不受。事之以珠寶而不受。狄人之所以求者，土地也。大王亶父曰：與人之兄居，而殺其弟，與人之父居而殺其子；吾不忍也。子皆勉居矣。為吾臣與為狄人臣，奚以異。且吾聞之，不以所用養害所養。因杖筴而去之民相連而從之。遂成國於岐山之下。夫大王亶父可謂能尊生矣！能尊生者，雖富貴不以養傷身。雖貧賤，不以利累形。今世之人，居高官尊爵者，皆重失而見利。輕亡其身豈不惑哉。

　　【譯】太王亶父，居於邠州，受到狄人侵襲，給他皮毛布帛，狄人不要，給他犬馬，他們也不要，給他珠玉還是不要。狄人入侵的目的，是佔領土地。太王亶父對百姓說：與他人的兄長相居處，他會殺了他的弟弟。若同他的父親同住一塊，他會殺死他的兒子。我不忍心。你們不能勉強與這些人共處。雖然作我的臣民與作狄人的臣民，好像沒有什麼分別。但是我聽說：我不能因為你們對土地供養而害了你們自身的生命。因此，亶父以手杖在地上敲了三下，驅策人民離開居地，大家齊心合力，遷居到南部，岐山下面成立新的國家。

　　像太王亶父這樣的首領人物，是珍惜人民生命，尊重他們的生活。能夠尊重生存的人，對富貴不以資養而傷身，對貧賤不能以利益去累形，可是今天的人，身居高官大位，都重視自我的損失，以利益為優先。所以輕身自毀，豈不是使人疑惑難解嗎？

　　【註】太王亶父　即周文王之祖，古公亶父，初居豳，（邠）為戎狄所侵，國人欲戰而王不忍殺，乃遷居於岐山之下。豳人皆從之。豳ㄅㄧㄣ通邠。

不以所用養害所養。釋文：地所以養人也。今爭以殺人，是以地害人也。人為地養。故不以地故害人也。

因杖策ㄅㄜˋ　釋文本作筴ㄅㄜˋ　ㄐㄧㄚˊ

相連　司馬云連讀輂

岐山　陝南山名，是古代兵家要地。

不以養傷生，不以利累形。王云富貴有養，而不以昧養傷身，貧賤無利，而不以求利累形也。

越人三世弒其君，王子搜患之，逃乎丹穴。而越國無君，求王子搜不得，從之丹穴。王子搜不肯出，越人薰之以艾。乘以王輿。王子搜援綏登車，仰天而呼曰：君乎！君乎！獨不可以舍我乎！王子搜非惡為君也，惡為君之患也。若王子搜者，可謂不以國傷生矣！此固越人之所欲得為君也。

【譯】越國三世弒殺了越王，王子搜恐怕受害，逃跑了，躲進挖丹沙的洞裏。越國沒有君王，四處尋找王子搜，都沒尋獲。後來終於找到了！可是他躲在丹洞中不肯出來。越人用艾草煙薰，將他從洞中逼出來，坐上輿車。在王子搜登車時，仰天大聲高呼！國王呀！國王。為什麼要我去幹這個苦差事呢？還是饒了我吧！王子搜並不是真的不想當國王。而是怕當國君引來的禍患。像王子搜如此的人。可以說，不要因有國而傷害生靈。這就是越人欲想得到的君王。

【註】王子搜ㄙㄡ又ㄙㄠ又ㄒㄣㄡㄧㄡ　李云王子名，淮南子作翳。

丹穴　爾雅云南戴日為丹穴。丹穴即挖丹沙的洞穴。丹沙，

即硃沙，越國是主要產地。以下文反證，艾薰，即用艾草煙薰洞中躲藏的人或動物。煙薰火燎獵捕法以艾，即艾草。王輿一本作玉輿。

援　攀援也。而呼！ㄏㄨ

韓魏相與爭侵地。子華子見昭僖侯。昭僖侯有憂色，子華子曰：今使天下書銘於君之前。書之言曰：左手攫之，則右手廢。右手攫之則左手廢。然而攫之者必有天下，君能攫之乎？昭僖侯曰：寡人不攫也。子華子曰：甚善，自是觀之兩臂重於天下也，身亦重於兩臂。韓之輕於天下遠矣！今之所以爭者，其輕於韓，又遠於君。固愁身傷生，以憂戚不得也。僖侯曰：善哉，教寡人者眾也。未嘗得聞此言也。子華子可謂知輕重矣。

【譯】韓國與魏國相互爭奪土地。子華子求見韓國昭僖侯。昭僖侯面上有憂色。子華子說：今天請大家在君王面前立下書契，文書內容是，左手得來，右手廢，右手得來左手廢。當然攫獲的人會掌握天下。但是君王能夠攫獲嗎？昭僖侯說：我不爭攫了！子華子說：這樣很好。從這點看，兩臂重於天下了！身亦重於兩臂。韓國不必去爭奪天下，今天所爭的是他人輕視韓國，臣民又遠離國君。這才是愁身傷生的大患，如此憂戚傷神是不得已啊！

僖侯說：很好，指教寡人的人很多，從未聽到像你這麼好的諍言。子華子是知道事件輕重的人。

【註】子華子　司馬云魏人也。

昭僖侯　司馬云韓侯。

攫ㄐㄧㄝˋ又ㄐㄩㄝˋ又ㄕㄨㄝˋ　李云取也。

廢　李云棄也。司馬云病也。一云攫者援書銘，廢者斬右手。

其輕於韓又遠天下　言輕視韓國，遠離天下。

韓之輕於天下遠矣　應言韓人輕視天下還很遠呢？

　　魯君聞顏闔，得道之人也！使人以幣先焉！顏闔守陋
閭，苴布之衣，而自飯牛。魯君使者至，顏闔自對之使
者。曰此顏闔之家與？顏闔對曰：此闔之家也，使者致
幣。顏闔對曰：恐聽者謬而遺使者罪，不若審之使者，還反
審之後來，求之則不得已。故若顏闔者，眞惡富貴也。故
曰道之眞，以治身其緒；餘以爲國家，其土苴以治天下。

　　由此觀之，帝王之功。聖人之餘事也。非所以完身養
生也。今世俗之君子，多危身棄生以殉物。豈不悲哉。凡
聖人之動作也。必察其所以之。與其所以爲。今豈有人於
此，以隨侯之珠，彈千仞之雀。世必笑之。是何也。則其
所用者重，而所要者輕也。夫生者，豈特隨侯之重哉。

　　【譯】魯君聽說顏闔是一位得道的賢人，派人帶著錢幣先去
看看他。顏闔的住處十分簡陋，粗布麻衣，粗茶淡飯，自炊自
食，以賣牛爲生。魯君的使臣到來，看到如此窮困的環境，對顏
闔說：這就是顏闔的家嗎？顏闔說：這是我的家。使臣把帶來的
錢送給顏闔。顏闔說：恐怕你聽錯了，這錢是送給你的吧！不要
弄錯了！你得好好想想，若是搞錯了！回去會受罪的。我看你還
是拿回去，審查清楚再來。旁人對這樣的事，求之不得，怎麼還
往外推。像顏闔這樣的人，真的厭惡富貴？所以說：道在真，以
修身進德之餘，爲國家服點務，以簡單樸實治國平天下。由此看
來，帝王的功績反而是聖人的餘事，不是保身養生的方法。

　　可是今天世俗的君子，大家都爲了物質奢華，捨身賣命去追求。豈不是很悲哀嗎？凡是聖人的動作，必定觀察事件的目的是什麼？應當怎麼去作。今天有人如此審慎將事，好似用隨侯珍珠去打千仞高處的山雀。世人必認爲這是笑話。爲什麼？因所用的東西太貴重了！一般人都輕賤生命，並不止於隨珠的貴重價值。換句話說：即是重利輕命的思想，不懂人生的真正價值。

　　【註】魯君一本作魯侯，李云哀公也。

　　苴音麤徐ㄑㄩ　李云有子麻也。本或作麤非也。

　　飯牛　按春秋甯戚衛人，終德不用而商賈，宿齊東門外，桓公夜出，甯戚方飯牛而歌。故飯通販，販賣也與范雎飯牛同。

　　家與ㄩ歟也，虛字。而遺，饋贈也。復來ㄏㄨㄛˋ再來。

　　緒餘　司馬李云緒者殘也，謂殘餘。

　　土苴ㄔㄚˋ又ㄆㄚˋ又ㄒㄧㄚˋ　ㄊㄨˇ　苴ㄔㄧㄚˇ又ㄓㄧㄚˇ司馬云土苴如糞草也。李云苴糟魄也，皆不真物也。一云土苴無心之貌。知二人云皆非真物，以無心之貌言又有何異。

　　土苴者　苴是麻布，土苴，是未經漂染捶製的生麻布。是民間窮戶弊體粗衣也。

　　必察其所以之　王云聖人真，以持身餘以為國。故其動作必察之焉。所以之者，德所加之方也。所為者，謂所以待物也。動作於此，不必察也。

　　謬ㄇㄧㄡˋ　錯誤也　而遺使者。一ㄟ遺　饋贈也。

　　審之ㄕㄣˇ　審查　審慎，復ㄈㄨˋ來，再來也。

　　棄生ㄑㄧˋ　棄同。

　　隨侯之珠。案淮南子說山「和氏之璧，隨侯之珠」。史記：鄒陽傳：「隨侯之珠，夜光之璧」。言皆為天下珍寶。

　　彈千仞之雀ㄉㄢ　此彈是動詞，言射也。用珠作彈，彈

（射）擊也。彈打之意。雀，鳥也。山鵲（山娘、藍鵲），喜
鵲。隨侯之重，言隨侯最重要的夜明珠寶物。

　　子列子**窮容貌**，有**饑色**。客有言之鄭子陽者。曰列禦
寇有道之士也。居君之國而**窮**。君無乃為不好士乎！鄭子
陽即令官遺之粟。子列子見使者，再拜而**辭**使者去。子列
子入，其妻望之而**拊心**曰：妾聞有道者之妻皆得佚樂。今
有饑色，君過而遺先生食。先生不受，豈不命邪！子列子
笑謂之曰：君非自知我也。以人之言而遺我粟。至其罪我
也。又且以人之言此。吾所以不受也。其卒，民果作亂，
而殺子陽。

　　【譯】子列子一副窮困的臉色，好像幾天沒吃飯的樣子，有
氣無力。有客人看到他的窮困，便告訴鄭子陽。他對子陽說：列
禦寇是有道之士，住在貴國如此窮苦。先生是好賢禮士的領袖。
於是鄭子陽立即派官府送粟米去週濟他。列子接見了使官，再三
辭謝子陽的美意，不接受他這份施捨。
　　列子回到屋內，他的妻子發話了！看她手拊胸膛，我聽說：
有道德的人，他的妻小都是很閒適逸樂的。可是我卻餓得面黃饑
瘦；臣相派人送粟來，你不接受，這豈不是苦命嗎？列子笑笑的
對妻子說：子陽並不是自己知道我的為人。只是聽旁人說我的困
境，才派人送粟周濟，這不是罪責我嗎？又是聽人的傳言，所以
我不接受。最後的結局，果然是人民作亂，殺了鄭子陽。
　　【註】鄭子陽，子陽是鄭國的宰相。
　　拊心　用手拊著胸膛。
　　君過ㄎㄛˋ　本亦作遇。

作亂　釋文本作難。

殺子陽　子陽嚴酷罪者，無赦舍人折弓。畏子陽，怒責因國人逐猘狗。而殺子陽。淮南子氾論：「畏罪而恐誅，因猘狗之驚，以殺子陽。」猘　瘋狗，狂犬也。

楚昭王失國，屠羊說走而從於昭王，王反國，將賞從者。及屠羊說；屠羊說曰：大王失國，說失屠羊。大王反國，說亦反屠羊，臣之爵祿已復矣。又何賞之有，王曰強之！屠羊說曰：大王失國非臣之罪。故不敢伏其誅，大王反國非臣之功，故不敢當其賞。王曰，見之。屠羊說曰：楚國之法，必有重賞。大功而復得見，今臣之知不足以存國。而勇不足以死寇，吳軍入郢。說畏難而避寇，非隨大王也。今大王欲廢法毀約；而見說此，非臣之所以聞於天下也。王謂司馬子綦曰，屠羊說居處卑賤，而陳義甚高，子其為我延之，以三旌之位。屠羊說曰：夫三旌之位，吾知其貴於屠羊之肆也。萬鍾之祿，吾知其富於屠羊之利也。然豈可以貪爵祿，而使吾君有妄施之名乎！說不敢當，願復反吾屠羊之肆，遂不受也。

【譯】楚昭王失國，郢都淪陷，屠羊說追隨昭王逃走。戰事平定後；昭王返回都城。獎賞隨從人員。頒賞到屠羊說時；屠羊悅說：大王失國並不是臣下的罪，故不敢伏誅殺的重罪。大王返國亦不是臣下的功勞，所以不敢接受這份獎勵。昭王說：你有見解。屠羊說：按照楚國的法律，必有重賞，是指對國家有重大功勞的人臣。今天臣下的智謀不足以保國安民。以勇氣來說，還不足赴死就義。賊寇吳軍，攻入我郢都，悅畏難逃走！賊寇的侵

入，才與大王共難。今天大王要廢法毀約，用不實的小事來勛獎我，這不是臣下願意傳聞天下的。

　　昭王見屠羊悅的堅拒態度。十分欣賞他的節操。對司馬子綦說：屠羊悅居住的地方十分卑賤，他的陳義很高，你去延攬他，以三公的爵位聘請。屠羊悅對司馬說：請你回去告訴國君。我知道三公名位高貴，比我所住的市井陋舍猶如天遠。萬鍾的俸祿，我知道是很大的財富，對我屠羊來說：是乞丐變員外。但是我不能因為貪食國家爵祿，使國君有徇私妄施的罵名。我不能接受這份恩典，請奉還大王。我屠羊悅的破屋尚可避風雨，謝謝厚愛。

　　【註】楚昭王　名軫　平王之子。

　　屠羊說　屠羊複姓，說名，讀悅，楚之賢人。

　　從ㄗㄨㄥˋ者　強之ㄑㄧㄤˇ　見之ㄒㄧㄢˋ　之知ㄓˋ智。

　　入郢ㄧㄥˇ即哀郢，郢都，楚國都城，今湖北荊州。民國沙市。為我ㄨㄟˋ

　　三旌　三公位也。司馬本作三珪，云謂諸侯之三卿，皆執珪也。妄施　隨便施用。未依法行事。

　　原憲居魯，環堵之室，茨以生草，蓬戶不完，桑以為樞，而甕牖二室，褐以為塞，上漏下濕，匡坐而弦。

　　子貢乘大馬，中紺而表素，軒車不容巷，往見原憲。原憲華冠縰履，杖藜而應門。子貢曰：嘻先生何病？原憲應之曰：憲聞之無財，謂之貧，學而不能行謂之病。今憲貧也非病也。子貢逡巡而有愧色。原憲笑曰：夫希世而行，比周而友，學以為人，教以為己，仁義之慝，輿馬之飾。憲不忍也。

【譯】原憲居住在魯國時，家塗四壁，簡陋不堪，是一間茅草屋，說它是蓬戶還不夠格。以桑枝作戶樞，以破甕作窗戶，用麻布作窗帘。屋頂漏水，上漏下濕，根本不能住人。可是原思卻席坐彈弦自娛，真是黃蓮樹下彈琴，不知其苦，也可說是苦中作樂。有一天，子貢騎著大馬，衣綴光鮮，內穿絲袍，外罩素衣，一副富貴氣派。由於原思家小路窄，高軒大車無法進去。子貢只得步行前去扣門。原憲戴個樹皮小帽，穿一雙半截鞋，腳跟都露在外面。手持藜杖應門。子貢一看，他那副窮酸像；感歎的噓了一聲。啊！先生有什麼病痛。原憲回答他。憲聽說：沒有錢財，就是貧窮，學業不能用，就是病。今天我原憲是窮，但不是病。子貢看看四週空蕩蕩，覺得很愧疚。原憲笑笑的說：先生腳步甘貴，屈駕光臨，不忘過去同窗共席的友情，十分感謝！我們求學是為作人，教育自我；不是為仁義的虛偽，車馬高軒的裝飾人生，我原憲不忍心去作為的。

【註】原憲　宋人，居魯即子思，亦名原思，孔門弟子，清靜守節，貧而樂道。孔子卒，憲退隱於衛。

子貢　孔門弟子　姓端木名賜。子貢其字也。有口才能料事，又善貨殖，家累千金。

茨ㄘ丶　即蓋屋的茅草。

蓬戶　簡陋的茅屋。

桑以為樞，司馬云屈桑條以為戶樞也。俗稱笆摺子門（即用藤條或竹片編織的門）。

甕牖　司馬云破甕為窗。（案古代板築，泥牆開窗，稱甕牖）

褐《ㄜ丶　郭音葛，或作褐。葛是野生藤類植物。其根可入藥，可製粉吃用。皮可織布。葛布較麻布生硬，一般言褐布，是粗麻布。土苴是未捶碾的生布。

為塞　司馬云以褐衣塞牖也。

匡坐而弦，司馬云匡正也，案弦謂弦歌也。

中紺　李云紺為中衣，加素為表。即袍服外加罩衫。

華冠　以華木皮作帽。

縰履，木或作絻，并下曳縰同。應是草編拖鞋，俗稱半截鞋。

杖藜。以藜為杖也，藜有刺藤木，可作杖。

應門　即應聲開門。　逡巡，張目四望也。

希世而行，司馬云希望也。非也。應言希罕的行程。即言，你很難來我家。真是非常希罕。（希罕——是詞、古音、民間俗語，意即難得、尊貴）

　　曾子居衛，縕袍無表，顏色腫噲，手足胼胝，三日不舉火，十年不制衣，正冠而纓絕，捉衿而肘見。納履而踵決。曳縰而歌，商頌聲滿天地。若出金石，天子不得臣，諸侯不得友。故養志者忘形，養形者忘利。致道者忘心矣！

　　【譯】曾子居住在衛國，穿一件破絮棉襖，顏色灰樸樸，穿在身上有些臃腫，胼手胝足，很不合身。窮得三天沒開火，冷灶潑壁。十年沒有作一件衣服。戴的帽子，纓絡都沒有，生活捉衿見肘，穿一雙破鞋，足跟都露在外面。拖著破鞋在那兒高歌，唱的是商頌。歌聲昂揚頓挫，聲震屋瓦，鏗鏘有力。歌詞：「天子不得臣，諸侯不得友……」。

　　這麼說來，養志的人忘形。養形的人忘利。致力於道的人忘心。曾子可說是難得的名士。

　　【註】曾子姓曾名參字子輿　孔門弟子，為人至孝。

　　縕袍　敗絮棉袍，論語云衣敝縕袍是也。司馬云謂麻縕為

絮。非也。麻不能為絮，只有絲與棉才可為絮。

　　腫　釋文本作種。腫即臃腫，破絮棉衣加身，看起來好像似臃腫病態。

　　手足胼胝业　言手足粗糙，手上長了繭皮。十分勞苦貌。

　　捉衿而見肘，言衣破爛，提起衣襟，手肘都露出來了！後人引為生活拮据困難之意。

　　孔子謂顏回曰：回來家貧，居卑胡不仕乎。顏對曰：不願仕，回有廓外之田五十畝，足以給飦粥，郭內之田十畝，足以為絲麻，鼓琴足以自娛。所學夫子之道者，足以自樂也。回不願仕。孔子愀然，變容曰：善哉！回之意丘聞之知足者，不以利自累也。審自得者。失之而不懼。行修於內者，無位而不怍，丘誦之久矣！今於回而見之是。丘之得也。

　　【譯】孔子對顏回說：回呀！你來時家景貧苦，身居卑下，不如入仕為官吧！爭取點名位利祿。顏回說：我不願作官，我在城外有五十畝地，勤耕儉用，全家足可糊口。在戶外還有十畝地，可植桑種麻，穿衣不成問題。閒時可以操琴自娛。從老師學道德文章，足可以自樂澄懷。所以回不願作官。

　　孔子聽後眉毛一皺，臉色改變說：很好很好！孔子說：回的意見，我聽後十分知足了！不以利拖累自身，反省自己所得到的，失去了也沒什麼可留戀。對內修明德的人來說：沒有權位就不會有偽作的心。我孔丘是念之再茲很久了！今天見到顏回表現，是十分正確的。我算是滿有心得的。

　　【註】飦业ㄋˊ　或作饘，廣雅云糜也。一云　家語謂厚

粥。ㄓㄡ　自樂ㄌㄜˋ

　　愀ㄑㄠˇ　徐ㄓㄧㄡˇ　又ㄑㄧㄠ　又ㄓㄧㄡˇ　李音秋，ㄑㄡ ㄧㄠˊ
一本作欣釋欣然較合情理。

　　不怍ㄓㄜˋ　爾雅云慙也，又音昨。

　　中山公子牟，謂瞻子曰：身在江海之上，心居乎魏闕
之下。奈何？子瞻曰：重生，重生，則利輕。中山公子牟
曰：雖知未能自勝也。瞻子曰：不能自勝，則從神無惡
乎！不能自勝，而強不從者，此之謂重傷，重傷之人，無
壽類矣！魏牟萬乘之公子也。其隱巖穴也，難為於布衣之
士雖未至乎道，可謂有其意矣。

　　【譯】中山公子牟，對瞻子說：我身在江海之上，但我的心
仍然記罣魏國城闕，實在無奈。瞻子說：重生輕利不就則了嗎？
中山公子牟說：話雖這麼說，但是我無法自勝呀！瞻子說：既然
身不能自勝，不如從精神著手。自身不能勝任，而強迫去跟從就
叫重傷，重傷的人，是活不長久的。
　　魏牟（即中山公子）是萬乘之國的公子，卻隱居巖穴山林，
想作一個普通的布衣人士也很難為！雖然沒有得道，可以說也有
點意思了！
　　【註】公子牟，即魏國之公子，封為中山王，名牟。
　　瞻子　賢人也，淮南作詹。
　　魏闕　即魏國的都門。
　　重生　李云重存生之道者則名利輕。
　　能勝　讀ㄕㄥ
　　從神無惡乎　言從精神上著手，放棄名位拖累，就不會招人

忌厭。

　　無壽類　言不會長壽的。重傷則不會活很久。

　　孔子窮於陳蔡之間，七日不火，食藜羹不糝，顏色甚
憊，而弦歌於室。顏回擇菜，子路、子貢相與言曰：夫子
再逐於魯，削**迹**於衛，伐樹於宋，窮於商周，圍於陳蔡，
殺夫子者無罪，藉夫子者無禁。弦歌鼓琴未嘗絕音，君子
之恥也。若此乎！顏回無應，入告孔子，孔子推琴，喟然
而嘆曰：由與賜細人也。召而來，吾語之。子路子貢入。
子路曰：如此者，可謂窮矣！孔子曰：是何言也。君子通
於道之謂通，窮於道之謂窮。今丘抱仁義之道，以遭亂世
之患，其何窮之為。故內省而不窮於道，臨難而不失其
德；天寒既至，霜雪既降，吾是以知松柏之茂也。陳蔡之
隘，於丘其幸乎！孔子削然而反琴而弦歌。子路扢然執干
而舞。子貢曰：吾不知天之高也，地之下也。古之得道
者，窮亦樂，通亦樂，所樂非窮通也。道德於此，則窮通
為寒暑，風雨之序矣！

　　【譯】孔子受困在陳國與蔡之間，七天沒有開火炊食。窮困
到只有山蔬野菜為羹，連藜藿嫩葉汆水，碎米相糝都沒有。大家
都很疲憊，但孔子卻在室內彈琴唱歌。顏回在擇野菜。子路與子
貢兩人在報怨；老師再被趕出魯國，不敢經過衛國，在宋國大樹
下休息，被人把樹都砍掉，差點命都沒了！在商周沒人打理。現
在被圍困在陳蔡，殺老師的人無罪，藉故攻奸老師的沒人禁止。
還在弦歌鼓琴窮作樂，真是君子不知羞恥。莫以為勝。顏回聽到
沒則聲。進去報告孔子說二人在發牢騷！孔子聽後，把琴放下；

感喟的嘆了口氣說：想不到他們竟然如此不懂事，小人一般見識！你去叫他們進來，我有話說。他們兩人進到室內，子路忍不著，脫口而出：像今天這個情況，可說是窘迫不已了！孔子說：你這是什麼話？君子通達大道就叫亨通。窮處無德就是道窮。我孔某人今天懷抱仁義大道。不過是遭逢亂世的禍患，怎麼能說是窮極呢？我內心反省並未窮於大道。在如此爲難的時候，並未失德喪志。天氣寒冷到來時，自然會下霜降雪。我當然知道松柏爲什麼並茂。陳蔡受困反而是我的幸運。孔子說完，反身執琴操弦歌聲嘹亮。子路躍身而起拿木桿跳起棍舞。子貢說：我真不知天高地厚。古代的得道高人，窮也快樂，亨通也快樂，他的快樂不是寄望在環境的窮通，而是因爲他們高尙的道德如此。對窮通的看法，不過是寒暑風雨的自然現象吧了！

【註】不火食　元嘉本無火字。

藜羹不糝　言用藜藋的嫩葉煮食，沒有米糝雜其間，所謂清湯寡水，不算是羹。糝了碎米或粟米，煮的羹，是濃稠的。

甚憊ㄅㄞˋ　十分疲憊、睏倦也。

伐樹於宋　孔子與弟子在宋國的樹下習禮，宋國司馬桓魋欲殺孔子，伐其樹，孔子遂行。

藉ㄐㄧˇ　毀也即詆毀，又云陵藉，陵辱也，一云鑿也。

揭穿也。或云係也，干係貌。

語之ㄩˋ　語喩，諭曉也。

臨難　遭遇困難，或言禍患。

之阨　音厄ㄜˋ　ㄞˋ　困境也。

削然　李云反琴聲亦作梢，消音也。

扢ㄒㄧㄝˊ　又ㄐㄩˊ　又ㄩˋ　李云奮舞貌，司馬云喜貌。

執干　干楯也。干即棍，是古代武器之一。所謂干戈是言打

仗，干是木桿，戈是金屬鏃矢。楯是牌，禦敵護身的藤牌，或皮製。以子路的行徑來說，不可能帶戰鬥武器，防身的棍棒，佩劍可能是有的。

亦樂ㄌㄜˋ　快樂之貌。

故許由虞於潁陽，而共伯得於共首。舜以天下讓其友，北人無擇，北人無擇曰：異哉，后之為人也。居於畎畝之中，而遊堯之門，不若是而已，又欲以其辱行漫我，吾羞見之。因自投清冷之淵。

【譯】許由隱於潁水之陽，自得其樂，暢快為生。共伯退隱，居住在共首山，是那麼逍遙自在。舜將天下讓給北人無擇。北人無擇說：奇怪了！我的為人很簡單，居處在農田水利中的鄉下農人，只是平常無事，在唐堯的門下走動不過如此而已，為什麼用這種方法來漫待我！我羞於見人，因此投身清澈冰冷的深淵，以示終身清白。

【註】娛於潁陽　釋文本作虞陽。廣雅云虞安也。

於潁陽一本作娛，娛樂也。

共伯　司馬云共伯名和脩，其行、好賢人。諸侯皆以為天子不聽。周屬王難，干位十四年，周宣王立，退隱共首山。共首山，言共山之首，共丘山在今河南共縣西。

畎畝　司馬云：壟上曰畝，壟中曰畎。

清冷之淵，山海經云在江南。一云在南陽郡西鄂山下。若以今之地理位置言有可能是丹陽。

湯將伐桀，因卞隨而謀，卞隨曰：非吾事也。湯曰：

孰可曰吾不知也。湯又因瞀光而謀，瞀光曰：非吾事也。湯曰：孰可曰吾不知也。湯曰：伊尹何如？曰：強力忍垢，吾不知其他也。湯遂與伊尹謀，伐桀剋之。以讓卞隨，卞隨辭曰：后之伐桀也。謀乎我，必以我爲賊也。勝桀而讓我，必以我爲貪也。吾生乎亂世，而無道之人，再來漫我，以其辱行，吾不忍數聞也。乃自投椆水而死。

【譯】商湯準備征伐夏桀，與卞隨商量。卞隨說：此事與我無關。湯說：怎麼可以說，我不知道啊？湯又去找瞀光議謀；瞀光說：不關我的事？湯說：怎麼可以說，我不知道呢？湯又說：你看伊尹如何？瞀說：此人耐力很強、能忍辱負重，其他我就不知道了！商湯就去與伊尹共同策畫，伐桀獲得成功。湯想把天下禪讓給卞隨；卞隨說：在伐桀的過程中，若是由我籌謀策畫，必定有人說我是國賊，戰勝了夏桀，把天下讓給我；必定以爲我是貪心的人；我生在亂世，又沒有道行，再來漫罵我，侮辱我的行爲，我不忍心聽到大家的指責。卞隨投身椆水自殺了！

【註】卞隨夏代高士。隨荀子成相作隋。莊子此段話，呂氏春秋離俗原文引用。投潁水一本作桐，陳本作椆。ㄓㄡˊ徐音同，又ㄊㄨㄥˇ　又音封ㄈㄥ　本又作稠，司馬本作洞水在潁川，一云在范陽郡界。

瞀光　夏人，荀子作牟光，莊子作瞀光，好琴。湯放桀，以天下讓之，不受，負石自沉蓼水而匿，後四百餘年，武丁時復見，武丁欲以為相，不從，復隱去。

強力　李云徂兵須力。

忍垢　司馬云垢辱也。李云弒君須忍垢也。

湯又讓瞀光，曰知者謀之，武者遂之，仁者居之，古之道也。吾子胡不立乎？瞀光辭曰：廢上非議也。殺民非仁也。人犯其難，我享其利，非廉也。吾聞之曰：非其義者，不受其祿，無道之世，不踐其土，況尊我乎？吾不忍久見也。乃負石而自沉於盧水。

【譯】湯又將天下讓與瞀光。瞀光說：智者出策謀畫，武功好的人，躬身出馬，仁德的人方可居上位。這是古來即有的道統。你爲什麼不自立呢？瞀光辭謝不受。並說：廢上逐放是會遭人非議的。殺害人民是不仁的行爲，他人遭難，我享受利益，是不廉潔的。我聽人說過，不是義行可風，不能接受爵祿，無道亂世，不能入其境。何況尊我上位，我不忍此事長久下去，於是瞀光背負大石自沉盧水。

【註】知者ㄓˋ通智。

其難ㄋㄢˋ 死難也，受害。

盧水ㄌㄨˊ司馬本作盧水，在遼東西界，一云在北平郡界案荀子，負石自沉蓼水而匿。

昔周之興，有士二人，處於孤竹，曰：伯夷，叔齊，二人相謂曰：吾聞西方有人似有道者，試往觀焉！至於岐陽，武王聞之，使叔旦往見之。與之盟曰：加富二等，就官一列，血牲而埋之。二人相視而笑曰：嘻！異哉？此非吾所謂道也。昔者神農之有天下也。時祀盡敬而不祈喜，其於人也。忠信盡治，而無求焉！樂與政爲，政樂與治爲治，不以人之壞自成也。不以人之卑而自高也。不以遭時而自利也，今周見殷之亂，而遽爲政，上謀而下行貨，阻

兵而保威，割牲而盟以爲信，揚行以說眾，殺伐以要利。
是推亂以易暴也。吾聞古之士，遭治世不避其任，遇亂世
不爲苟存。今天下闇，周德衰，其竝乎！周以塗吾身也，
不如避之以絜吾行，二子北至於首陽之山，遂餓而死焉！
若伯夷、叔齊者，其於富貴也。苟可得也。則必不賴，高
節戾行獨樂其志，不事於世，此二士之節也。

【譯】過去的年代，周朝興起的初期，有二位義士。住在孤
竹的地方，一位是伯夷，另一位叫叔齊。二人討論當時的時勢：
聽說西方有一位好似行王道的領袖人士。我們不妨去看看，到了
岐山南部，周武王知道了！派他的叔父周公旦去與二人相會，希
望與二人結盟，以過去二人的俸祿加富二等，列爲一品大官。殺
牛爲誓埋約。二人相視一笑！嘻！嘻！奇怪呀！這不是我們想像
的有道明君。古代神農能有天下，對祭祀時節，以萬分敬意進
行，並不對個人有所祈望，喜愛人民，盡量以忠信治國。沒什麼
要求，和樂行政，人樂政各治道妥適，不會因爲他人敗壞，自己
成功，也不會因他人卑下，才顯出自己的尊高。不會因時勢混
亂，竊取私利。可是今天西周看到殷商亂象，遽然自我興政，在
上者籌謀，由下屬去執行。阻止貨物流通，以兵力強壯保持聲
威。殺牲誓盟爲召信，宣揚自我行狀以邀悅群眾，利用戰爭圖謀
私利。推說亂世假藉暴力。我聽說古代的士人，遭逢亂世不推委
責任，遇亂世也不會苟活。今天下陰闇，周德哀危。二者相間。
周已經污染了我的身體，不如避隱山林，保護我的名節。二人於
是北走首陽山。因恥不食周粟，餓死山上。像伯夷、叔齊這兩位
義士，若貪圖富貴，可以苟且偷生。那末就不是高節義士，此種
乖戾的行爲，則是自我樂意的志氣，不願與濁世並存，是二位義

士的氣節。

【註】案商，伯夷是孤竹君墨胎初之子，名元，或作允。其父將死遺命立其弟叔齊。父卒叔齊讓伯夷。伯夷曰「父命也」逐逃去，叔齊亦不肯立而逃。周武王伐商，夷齊叩馬而諫、及勝商，有天下，夷齊恥食周粟，隱於首陽山，採薇而食。餓死山上。

孤竹國　司馬云孤竹國，在遼東令支縣界。

血牲　一本作殺牲，司馬本作血之以牲。

以說ㄩㄝˋ　悅也。故被ㄆㄧˊ

篡ㄔㄨㄢˋ　篡奪也。搶奪也。唐云或曰讓王之篇：其章多重生，而務光二三子自投于水何也。答曰：莊書之興存乎？反本，反本之由，先于去榮，是以，明讓王之一篇，標傲世之逸志，旨在不降以屬俗，無厚生以全身。所以時有重生之辭者。亦歸棄榮之意耳。深於塵務之為弊也。其次者，雖復被褐啜粥保身而已。其全道尚高，而超俗自逸，寧投身於清冷，終不屈於世累也。（此舊集音有聊復錄之於義，無當也。）

讓王篇應視為守窮全道，守節行道，行義明道，絜身守志，可以說莊周完全把自己行道思想表達了！自己也堅守志節不渝，未嘗以貧困一生，懈怠了言論的推廣。

盜跖　第三十一

　　孔子與柳下季為友，柳下季之弟名曰盜跖，盜跖從卒九千人，橫行天下，侵暴諸侯！穴室樞戶，驅人牛馬，取人婦女，貪得忘親，不顧父母兄弟！不祭先祖，所過之邑，大國守城，小國入保，萬民苦之。孔子謂柳下季曰：夫為人父者，必能詔其子，為人兄者，必能教其弟；若父不能詔其子，兄不能教其弟，則無貴父子兄弟之親矣！今先生世之才士也。弟為盜跖，為天下害，而弗能教也。丘竊為先生羞之；丘請為先生往說之。柳下季曰：先生言為人父者，必能詔其子，為人兄者必能教其弟。若子不聽父之詔，弟不受兄之教，雖今先生之辯將奈之何哉！且跖之為人也。心如涌泉，意如飄風，強足以拒敵，辯足以飾非，順其心則喜，逆其心則怒；易辱人以言，先生必無往。孔子不聽，顏回為馭，子貢為右往見盜跖，盜跖乃方休卒，徒太山之陽，膾人肝而餔之。孔子下車而前見謁者。曰魯人孔丘聞將軍高義。敬再拜謁者，謁者入通。盜跖聞之大怒。目如明星，髮上指冠。曰此夫魯國之巧偽人孔丘非邪！為我告之，爾作言造語，妄稱文武。冠枝木之冠，帶死牛之脅，多辭謬說；不耕而食，不織而衣，搖唇鼓舌，擅生是非，以迷天下之主。使天下學士不反其本。妄作孝弟，而徼倖於封侯富貴者也。子之罪大極重，疾走歸，不然我將以子肝益晝餔之膳。

　　【譯】孔子的朋友柳下季，下季的弟弟是有名的盜匪，他手

下的嘍兵有九千多人，橫行霸道，四處打劫，侵擾各國，穿牆越戶，驅趕牛馬，擄人婦女，貪得無厭，六親不認，不顧父母兄弟親情，也不祭拜祖先。所過的地方，大國守城，小國獻貢，弄得老百姓苦不堪言。

孔子對柳下季說：凡是作父親的人，必定可以感詔他的兒子，作兄長的也必定可以教導他的弟弟！如果說作父親的不能感詔兒子，作兄長的不能教導弟弟；那末父子兄弟的親情就沒有了！今天柳先生是我們魯國的人才。弟弟作強盜，為害天下人都不能教導，我孔丘為先生感到羞恥。孔某人願意與你走一趟，去勸說他改邪歸正。

柳下季說：先生所說：為人父必定可以感詔兒子。為人兄的必定可以教導弟弟。如果他兒子不聽父親的詔喚，弟不受兄長的教誨。雖然，今天孔先生是有名的辯才，但你又能奈何他嗎？而且盜跖的為人很極端。心是泉湧無限，意念卻是捉摸不定；好強鬥狠，天不怕，地不怕。他的辯才也不是那麼簡單，可以黑白顛倒，誰也說不過他，順著他的心意，他很高興，如果違背他的想法，一定暴怒，很容易傷人。我勸孔先生還是不去的好？

孔子不聽，由顏回駕車，子貢為右驂。前往盜跖的山寨。盜跖正好休息期間，與他的徒眾在泰山南部烤人肝膾食。孔子來到營前，報名求見，與守將說：我是魯國孔丘，聽說將軍是義氣豪傑，特來拜謁，請求通融。一會門兵把話稟報盜跖，盜跖聽後大怒，二目圓睜像明星，怒髮沖冠，暴跳如雷。這個匹夫是魯國的奸偽小人，孔丘是嗎？你回去告訴他：「他造謠生事班弄是非，妄稱文武雙全，戴一頂鵲巢鳥冠。係一條牛脅勒帶，人不像人，鬼不像鬼，一天到晚，專門打胡亂說，謊言滿天飛，好逸惡勞，不事耕種，專吃閒飯。既不繅絲，也不織帛，專穿現成衣服，舌

燦蓮花，唇如蟬翼，振動不停，專擅愿事生非。麻醉天下王侯；使天下的學士不知人的根本。妄想推行什麼孝悌禮義，是一個投機政客，想倖進封侯拜相。他的罪惡滔天，事不可饒，叫他趕快滾蛋，否則我會拿他的心肝當早餐？

【註】柳下季，即柳下惠，姓展，名獲，字季禽，一云字子禽，居柳下而施德惠，一云惠謚也。一云柳下邑名，案左傳云，展禽是魯僖公時人，至孔子生八十餘年，至子路之死，百五六十年，怎麼可能與孔子為友言是莊周寄言。

盜跖ㄓˋ　李奇注：漢書云跖，秦之大盜也。

從卒　即言嘍兵（小強盜）。

樞戶　司馬云，破人戶樞而取材物。言打家劫舍。

入保，鄭注：禮記曰小城曰保。

能詔：教也，感詔，詔告，告誡之言。

竊為ㄑㄧㄝ　竊是我的謙稱，是文書傳統的用詞。

說之ㄕㄨㄟˋ　說客也。

飄風　如風吹似的，捉摸不定。

易辱　容易受到侮辱。

太山　釋文本作大讀太。膾ㄍㄨㄞˋ　餔ㄆㄨˊ字林云日申時食也。（即晚餐）

枝木之冠，司馬云冠多華飾也，如木之枝繁。莊周造句罵人，應言木枝亂條如喜鵲之巢，不像名士高官貴胄的大冠。

帶死牛之脅　司馬云：取牛皮為大革帶，應言像一條死牛般脅前還勒有一條皮帶。言引為死要面子的人。

孝弟音ㄅㄧˋ　本亦作悌。

而徼　釋文本作儌，應而徼　倖。取巧之意。

繆說，陳本作謬說，荒謬言論。

　　孔子復通曰：丘得幸於季願望履幕下。謁者復通盜
跖，曰：使來前孔子趨而進，避席反走，再拜盜跖，盜跖
大怒，兩展其足，案劍瞋目，聲如乳虎！曰：丘來前，若
所言順吾意則生，逆吾心則死！孔子曰：丘聞之凡天下有
三德，生而長大，美好無雙，少長貴賤，見而皆說之，此
上德也。知維天地能辯諸物，此中德也。勇悍果敢聚眾率
兵，此下德也。凡人有此一德者，足以南面稱孤矣！令將
軍兼此三者，身長八尺二寸，面見有光，唇如激丹，齒如
齊貝。音中黃鐘，而名曰盜跖，丘竊為將軍恥，不取焉，
將軍有意聽臣，臣請南使吳越，北使齊魯，東使宋衛，西
使晉楚，使為將軍造大城數百里，立數十萬戶之邑，尊將
軍為諸侯，與天下更始，罷兵休卒，收養昆弟，共祭先
祖。此聖人才士之行，盜跖大怒曰：丘來前夫可規以利，
而可諫以言者，皆愚陋恆民之謂耳。今長大美好人見而說
之者。此父母之遺德也。丘雖不吾譽吾，獨不自知邪？且
吾聞之好面譽人者，亦好背而毀之。今丘告我以大城眾
民，是欲規我以利。而恆民畜我也，安可長久也。城之大
者，莫大乎天下矣。堯舜有天下，子孫無置錐之地。湯武
立為天子，而後世滅絕，非以其利大故邪！且吾聞之古
者，禽獸多，而人民少，於是民皆巢居以避之。晝拾橡
栗，暮棲木上，故命之曰有巢氏之民。古者民不知衣服，
夏多積薪，冬則煬之。故命之曰，知生之民，神農之世。
臥則居居。起則于于，民知其母，不知其父，與麋鹿共
處，耕而食，織而衣，無有相害之心。此至德之隆也。然
而黃帝不能致德，與蚩尤戰於涿鹿之野！流血百里，堯舜

作立群臣，湯放其主，武王殺紂；自是之後，以強凌弱，以眾暴寡。湯武以來，皆亂人之徒也。今子脩文武之道，掌天下之辯，以教後世縫衣淺帶，矯言偽作，以迷惑天下之主，而欲求富貴焉！盜莫大於子。天下何故不謂子爲盜。丘而乃謂我爲盜跖，子以甘辭說子路，而使從之。使子路去其危冠，解其長劍，而受教於子，天下皆曰孔丘能止暴禁非，其卒之也。

【譯】孔子再通報說：孔丘有幸，承蒙你兄長季先生的願望，來到貴幕下請求謁見。把話傳達到盜跖。盜跖說：叫他進來。孔子進帳，按禮數前去，避席位退走再拜盜跖虎座。盜跖不但不受禮，反而站了起來叉開兩足，大發雷霆，按劍瞋目，嘯聲如幼虎！說：孔丘你過來，你說話要小心點，說得好，我放你一條生路，說得不好，我要你的小命！

孔子說：我孔丘聽說：凡天下有三德，人生長大美好無雙；少長無論貴賤，人見人愛，這就是上德。智通天地能分辨萬物，是中德的明人。勇悍果敢，能聚眾領兵，此是下德，凡是擁有一德的人，都可以南面稱孤道寡，作一方之王。貴將軍兼有此三德；身高八尺二寸是多麼威武，滿面紅光，二日炯炯有神，唇如朱丹，齒白如扁貝。聲如洪鐘大呂，如天神下凡，今天淪爲盜寇；我孔丘真爲先生叫屈。爲什麼不取天下稱王；若將軍願聽我的勸導，行走正道問鼎天下，我願車前馬後，聽將軍使喚，作一名遊說使臣。南去遊說吳越，北去齊魯，東使宋衛，西遊晉楚。請他們爲將軍建造一座大城，擁有數百里土地，建立數十萬戶的邑地。尊稱將軍爲諸侯！給天下改革現況，創新局面，息兵休卒，免去戰爭之苦。把收養結夥的兄弟共同祭拜祖先靈位，這才

是聖人賢士的行徑，是天下人的願望。

盜跖大怒：高聲的說：孔丘，你過來，怎麼可以利誘勸我。可以用言語去諫議的人，都是一些鄙陋愚蠢的小老百姓；今天我長得如此像貌堂堂，人見人愛，是父母遺德，天生如此。孔丘雖然讚譽我一些場面話；卻不知我的為人啊！我也聽人說：當面對你恭維說好話，背後卻在詆毀你。今天孔丘的說法，以大城眾民引誘我以利規勸，使固居生民畜養我，真的能安享長久嗎？城池再大，也大不過天下。堯舜有了天下，子孫沒有立錐之地。商湯、周武立為天子。他的後代滅絕，並非在於大利的原故，我對歷史也有一些自我見解。遠古時代，禽獸多，人民少，於是人皆居住在樹上，以避免毒蛇猛獸的侵害。白天撿拾橡栗為食，晚上住在樹上的草窩裡。故命名為有巢氏之民。上古時代的人，還不知穿衣服，夏天多積柴薪，冬天生火取暖，稱為知道生存的人民。到了神農時代，才有睡臥起居的地方，大家都睡在一起，男女雜交，只知有母親，不知父親是誰。麋鹿共處一室，耕作而食，織布縫衣，沒有傷害他人的心，這才是至德隆替的時代。

然而到了黃帝的時代，不修正德，與蚩尤大戰於涿鹿之野，血流百里，鬼哭神號，是多麼恐怖的一場劇烈的戰爭！堯舜建立國家，分權任職，設有爵祿，君臣等敘。商湯放逐夏桀，武王誅殺殷紂。從此以後，都是以強凌弱，以眾暴寡。商湯、周武以來，都是些亂世魔王統治天下。今天你脩文講武的大道，掌控天下的辯言謬說，以教後世縫衣束帶。矯言偽作，迷惑天下人主，追求榮華富貴。今天世上最可怕的強盜，就是孔丘了！天下人為什麼不說你是強盜，反而說我是盜跖？是因你的甜言蜜語，使子路的皮冠變成儒巾，放下長劍到你學堂聽課。天下人都說孔丘能夠制止暴力，防止是非，可是結果如何？

【註】知維ㄓˋ智　勇悍　飆悍也　激丹　如搽了口紅。

齊貝　整齊如扁貝。音中ㄓㄨㄟˋ　南使ㄕㄧˇ　數百ㄕㄨˇ

罷兵ㄆㄧㄚˋ　解散軍隊。

共祭　讀ㄍㄨㄥ　恒民一本作順民。

吾譽ㄩˊ　贊譽也。稱頌也。

橡栗　橡樹的子實。煬　炊也，生火之意。

蚩尤　神農時諸侯，興建武力軍事的創始人。案田野調查，是西南三苗始祖，圖騰是虎，黃帝是龍，故有龍爭虎鬥，龍虎鬥的成語。今天雲貴仍崇奉為神祖。

涿鹿　本又作濁，司馬云，地名，故城今在上谷郡西南八十里。即今河北省涿縣。

武王殺讀ㄕˋ　縫衣　釋文作撞。淺帶，縫帶使淺狹。以文意言，非腰帶淺狹，應言使後世子孫思想淺薄。孔丘之論偏狹。對歷史認證不周全。

矯言ㄐㄠ　矯飾巧辯的言詞。

說子路ㄩㄝˋ　喜悅也。

去其　讀ㄑㄩ　趨使也。其卒ㄗㄨˊ　結果，死亡，兵卒。

危冠　李云危高也。子路好勇，冠似雄雞，形背負豭牛，用表己勇也。豭ㄐㄧㄚ　雄豬也。引申為豭牛，公牛也。

　　子路欲殺衛君而事不成，身菹於衛東門之上，是子教之一至也。子自謂才士賢人邪！則再逐於魯，削**迹**於衛，窮於齊，圍於陳蔡，不容於天下。子教子路菹此患。上無以為身，下無以為人子之道。豈足貴邪！世之所高，莫若黃帝。黃帝尚不能全德，而戰涿鹿之野，流血百里。堯不慈，舜不孝。禹偏枯，湯放其主；武王伐紂，文王拘羑

里，此六子者，世之所高也。孰論之，皆以利惑其眞。而
強反其情性，其行乃甚可羞也。

【譯】子路欲刺殺衛君，謀事不成，反而受誅，把他屍首掛
在衛都東門上視眾，要不是你的教育失敗，怎會釀成如此悽慘的
大禍。你不知羞恥，自任是當今賢士聖人。再次被趕出魯國，衛
國不許你經過他的國門，到齊國受到冷落，沒人打理你。在陳蔡
途中被人把你當土匪，圍困得愁眉苦臉，假裝鎮定，差點沒餓
死，天下之大，竟沒有你孔丘容身之地；你有什麼資格來勸諫
我。你教導的學生子路受害，對上不能保身，對下又不能行人子
之道，這算是義行身貴嗎？

世上最崇高的大人物，應算是黃帝吧！黃帝都不能夠全德美
譽，與蚩尤爭戰涿鹿郊野！腥風血雨，染遍數百里星空草木，是
一場大屠殺。堯不仁慈，舜不孝順，禹王偏激，磨滅善性。湯逐
放夏傑，武王伐紂。文王被拘囚羑里。這六位歷史人物，都是世
間有崇高地位的聖賢。如果嚴格的推論，皆是受到利益的誘惑，
而失去了真性。強橫蠻幹，反其道而行，忘了人情性善。也可說
這種強烈的作爲是不合乎人性的。

【註】身菹ㄐㄩ　鹽菜。言將屍首用鹽醃，免其臭。

堯不慈，言不授位於子。

文王拘羑里，言紂王拘禁文王，周公廿年。今之易經六十四
卦，即是周公在羑里囚禁中研究完成的。

可羞　本又作惡ㄨ、

世之所謂賢士，伯夷、叔齊，辭孤竹之君，而餓死於
首陽之山。骨肉不葬。鮑焦飾行非世，抱木而死。申徒狄

諫而不聽，負石自投於河。爲魚鼈所食。介子推至忠也，自割其股以食文公。文公後背之子推怒而去。抱木而燔死。尾生與女子期於梁下，女子不來，水至不去，抱梁柱而死。此四者無異於磔犬流豕。操瓢而乞者。皆離名輕死。不念本養壽命者也。

【譯】世間所說的賢士，如伯夷、叔齊兩兄弟；孤竹國的君王都讓別人去幹。自己逃走隱遯。可是最後餓死首陽山。沒有人去爲他們收屍，暴屍山野狼叨狗啃。鮑焦廉潔荷擔採樵，拾橡子充飢，最後抱樹枯立餓死。申徒狄諫言國王不聽，負石投河自殺以明志。卻爲魚鼈大餐。介子推是個忠臣，割下大臂的肉給晉文公吃，後來兩人意見不合，一怒之下跑到山上去抱木自焚燒死了！尾生與女子相約橋下會面，女子沒來，尾生痴等，洪水淹來，尾生抱著橋柱活活的淹死，這四位先生好像是狂犬流豬，拿只破瓢的乞丐，都是不重名位，輕身傷死的可憐蟲。不想念自身的根本是養命長壽，去作無爲的犧牲。

【註】釋文注：負石自投於河　申徒狄將投於河，崔嘉止之曰：吾聞聖人仁士，民父母，若濡足故不救溺人可乎。申徒狄曰：不然。昔桀殺龍逢，紂殺比干，而亡天下，吳殺子胥，陳殺泄冶而滅其國，非聖人不仁不用故也。遂沈河而死也。

　　以食尸ㄕ　燔死ㄈㄢ　燒死也

　　尾生　一本作微生，戰國策作尾生高，高誘以為魯人。

　　磔ㄓㄜ　磔廣雅云張也。磔敖不馴也。狂傲之意，流豕言亂竄，不受拘束，狂放不拘。

　　操瓢，言拿著葫瓢。念本或作卒。

世之所謂忠臣者，莫若王子比干，伍子胥，子胥沈江，比干剖心，此二子者，世謂忠臣也。然卒爲天下笑，自上觀之，至於子胥比干皆不足貴也。丘之所以說我者，若告我以鬼事，則我不能知也。若告我以人事者，不過此矣！皆吾所聞知也，今吾告子以人之情，目欲視色，耳欲聽聲，口欲察味，志氣欲盈，人上壽百歲，中壽八十，下壽六十，除病瘦死喪，憂患其中，開口而笑者，一月之中，不過四五日而已矣。

天與地無窮，人死者有時，操有時之具，而託於無窮之間。忽然無異騏驥之馳過隙也。不能說其志意，養其壽命者，皆非通道者也。丘之所言，皆吾之所棄也。亟去走歸，無復言之，子之道，狂狂汲汲，詐巧虛僞事也。非可以全眞也，奚足論哉。

【譯】天地是無有窮盡的。人的生死是時間的限制，亦有生具壽考，寄託在無窮不定的天數，竟其一生，匆匆忙忙，猶如快馬過隙，瞬間即逝，不能暢意遂行志趣。長養壽命，都是沒想通爲人的道理何在。如孔丘對我講的這番話，都是我所遺棄的糟粕，不值一文。你還是趕快回去吧！沒什麼可以再說的了！你所倡言的儒道，是狂妄空忽，奸詐巧言虛僞謊稱的糖衣，是不知人性真理的本質。沒有再討論的必要。若還碟碟不休，後悔都來不及。

【註】無復　不必之意。

狂狂　狂妄奢求　狂妄盲目。

汲汲　匆忙之意　不知所措。

詐巧　奸詐巧飾，虛僞，虛假，不誠實。

　　孔子再拜，趨走出門，上車執轡，三失目芒，然無見色若死灰。據軾低頭，不能出氣，歸到魯東門外；適遇柳下季。柳下季曰：今者闕然數日，不見車馬有行色。得微往見跖邪？孔子仰天而嘆曰：然！柳下季曰：跖得無逆女意若前乎？孔子曰：然；丘所謂無病而自灸也。疾走料虎頭，編虎須，幾不免虎口哉！

　　【譯】孔子拜別盜跖，趕快走出寨門，上了馬車，手執韁繩，鞭策奔馬，喪魂落魄，面無人色，目瞪口呆，嚇得鐵青，全身癱瘓，垂頭喪氣，軟搭搭的靠著車把子。回到魯國東門外，適巧遇見柳下季，柳下季說：怎麼？這幾天都沒見到你，車馬也不在家，是否私訪愚跖去了！孔子仰天嘆了一口氣說：是的，我去了！柳下季曰：是否跖有得罪你的地方，不聽你的勸告？孔子說：我真是無病自灸，灼傷自身。要不是跑得快，差點成了虎口飼料，還想摸虎頭撚虎鬚。能逃出虎口，已是幸運的了！

　　【註】三失　三讀閃ㄕㄞˇ　芒然ㄇㄤˊ　不知所措。

　　編虎　音鞭，又ㄆㄧㄢ　徐ㄈㄧㄢˋ　釋文本作扁

　　幾不音祈ㄑㄧˊ　可去　去讀ㄑㄩ

　　子張問於滿苟得曰，盍不爲行，無行則不信，不信則不任。不任則不利，故觀之名，計之利，而義眞是也。若棄名利，反之於心，則夫士之爲行，不可一日不爲乎！滿得苟曰：無恥者富，多信者顯，夫名利之大者，幾在無恥而信。故觀之名，計之利。而信眞是也。若棄名利，反之於心；則夫士之爲行，抱其天乎！子張曰：昔者桀紂貴爲天子，富有天下，今謂臧聚曰，女行如桀紂，則有怍色；

有不服之心者，小人所賤也。

【譯】子張問滿得苟說：什麼是不可少的德行，但不去行使，就是不能信實。沒有信實，就不去使任；沒有任職，那來利益。由此看來，有名位（任職）才有利益可言，這個說法是正確的。若放棄了名利。回復自我靜心。那末天下士人吃什麼？不得不追求一份差事！滿苟得說：無恥的人，富有才是信實的利市鬼，高官顯爵是名聲顯赫的。幾乎都是些無恥之徒而獲得實利。由此看來，名利才是最現實的。如果拋棄名利，反回自我本心，那末，士人的德行，就只有抱定天賦了！

子張說：過去夏桀、商紂都是貴為天子，富有天下的君主，多麼威風，那麼顯赫。可是今天你對一個市井臧否的小人說：你的行為像桀紂，他馬上給你翻臉，很不服氣你的說法。為什麼會被小人都瞧不起呢？

【註】子張，孔子弟子，子琴張。

滿得苟　人名，假名，盍ㄏㄜˊ　何不

為行ㄒㄧㄥˋ　德行

臧聚　司馬云：謂臧獲盜濫竊聚之人。

有詐ㄓㄚˋ　欺騙

仲尼墨翟窮為匹夫，今謂宰相，曰子行如仲尼墨翟，則變容易色，稱不足者。士誠貴也。故勢為天子未必貴也。窮為匹夫，未必賤也。貴賤之分，在行為之美惡；滿苟得曰：小盜者拘，大盜者為諸侯。諸侯之門義士存焉！昔者桓公小白，殺兄入嫂，而管仲為臣。田成子常殺君竊國，孔子受幣論，則賤之行，則下之，則是言行之情悖。

戰於胸中，不亦拂乎！故書曰：孰惡孰美，成者爲首，不成者爲尾。

　　子張曰：子不爲行，即將疏戚無倫，貴賤無義長幼無序，五紀六位，將何以爲別乎！滿苟得曰：堯殺長子，舜流母弟，**疏**戚有倫乎？湯放桀，武王伐紂，貴賤有義乎！王季爲適，周公殺兄，長幼有序乎！儒者僞辭，墨者兼愛，五紀六位將有別乎！且子正爲名，我正爲利，名利之實，不順於理，不監於道，吾日與子訟，於無約曰，小人殉財，君子殉名，其所以變其情易其性。則異矣！乃至於棄其所爲，而殉其所不爲，則一也。故曰，無爲小人，反殉而天，無爲君子從天之理，若枉若直，相而天極，面觀四方，與時消息，若是若非，執而圓機，獨成而意與道徘徊，無轉而行，無成而義，將失而所爲，無赴而富，無殉而成，將棄而天。比干剖心，子胥抉眼，忠之患也。直躬證父，尾生溺死，信之患也。鮑子立乾，勝子不自理，廉之害也。孔子不見母，匡子不見父，義之失也。此上世所傳，下世之所語以爲士者。正其言，必其行，故服其殃，離其患也。

　　【譯】仲尼、墨翟窮困如匹夫，今天對宰相說：你的行事作風與孔子、墨子一樣很了不起？他馬上露出笑容，謙稱，你過獎了！我是微不足道的。所以說讀書人要誠事敬業，才會受人敬佩，即如勢大權重如天子，也未必受人恭維。雖窮窘如匹夫也未必是下賤。凡是貴賤的分別，是在於你德行的好壞。

　　滿苟得說：小盜被拘押，大盜則爲諸侯。但侯門常有義士。過去齊桓公小白殺兄聚嫂，管仲作丞相。田成子殺君竊國，自立

齊王。孔子受幣的傳說：都是輕賤的行為，亦是言行不一的悖理行為。這種事在心裏成為天人交戰，是抹不去的陰影。故古書上說，善惡美譽，是以成敗而論。成者為王，敗者為寇，自古如此。

子張說：你沒有德行，親朋戚友都會疏遠你，無知倫常，不講長幼，不講五常、不言六親，有何分別？

滿苟得說：堯殺長子，舜流放母弟，他有疏遠親戚，講求倫常嗎？湯放逐夏桀，周武王伐紂，他有貴賤義氣嗎？周公是老三，殺了兄長，算什麼長幼有序。儒學都是專說假話，墨子兼愛沒有親疏。與五紀六位有何干係？況且你一天到晚在自正正名，實際上是為利尅實。不合情理，不鑑真道。我被你的說詞爭訟，幾無寧日。於無約說：小人為財喪命，君子為名赴死。所以改變了他的本性與情素；正反異性。才會放棄自己應當的作為，去殉難於不應該作的事。這不是完全一樣嗎？所以說，無為的小老百姓，反而殉於天職，無為的君子是從天理行事。是枉誕，還是真理，有天淵之別。面對四方觀察，靜聽時情消息，不論是非，執著固己，圓滿機樞，獨慎己意行道，不能徘徊無轉觀望。謀事不成他的意義就消失了。你所應為的一定要作到。致富無殉所得，將受天譴。比干剖心，子胥挖眼，是愚忠引來的禍患。直躬舉證父罪，尾生守約溺死，都是守信的災禍，鮑焦抱木枯死，勝子餓死，是尙廉潔身的結果。孔子不見母，匡子不見父失去了孝心義行。這都是上一代傳下來的故事，告訴今天的儒士們，以言行合一，不苟行事，最後結果，是自己遭殃，受到禍害。

【註】桓公　即齊桓公，未執政前名為小白，一般稱公子小白，是齊襄公的弟弟，襄公無道，與管仲出奔莒城，襄公被弒，回國即位，任管仲為相，九合諸侯，一匡天下。

堯殺長子　崔云堯殺長子考監明

舜流母弟　弟謂象也。孟子云舜封象於有庳，不得有為於其國；天子使吏治其國，而封納貢稅焉，故謂之放也。不監　本亦作鑑。

鮑子立乾，司馬云鮑子名焦，周末人，汙（污）時君不仕，採疏而食，被子貢羞辱，棄疏抱木餓死明志。

勝子不自理，一本理作悝，又作申子自理，或云謂申徒狄抱甕之河也。一本作申子不自理，謂申子也。以上各家之言，可能勝　通申，那末勝子即申子，亦即申徒狄較妥，因前有言申徒狄之事。

孔子不見母，李云未聞？案史記孔子世家其父叔梁紇與顏氏女野合而生孔子有關。叔梁紇正室是魯施氏女。

匡子不見父　司馬云：匡子名章，齊人，諫其父，為父所逐，終身不見父。案此事見孟子。離婁下「匡章通國皆稱不孝焉！」以孟子之言，匡章不應當規勸父親，責善是朋友的行為，子責善是愈越倫常行為。父子鬧翻，拋妻棄子逃走了事，終身沒有奉養父母，所以大不孝。

直躬　按姓苑云楚人直躬之後。晉之先有直柄。

樂意ㄌㄜˋ　知不ㄓˋ

無足問於知和曰：人卒未有不興名就利者，彼富則人歸之，歸則下之，下則貴之，夫見下貴者，所以長生安體樂意之道也。今子獨無意焉？知不足邪！意知而力不能行邪！故推正不忘邪。

知和曰：今夫此人以為與己同時而生。同鄉而處者，以為絕俗過世之士焉？是專無主正，所以覽古今之時。是非之分也，與俗化世，去至重，棄至尊，以為其所為也。

此其所以論長生安體樂意之道，不亦遠乎？慘怛之疾，恬愉之安，不監於體，怵惕之恐，忻懽之善，不監於心，知爲爲而不知所以爲；是以貴爲天子，富有天下，而不免於患也。

無足曰：夫富之於人無所不利。窮美究勢，至人之所不得逮，聖人之所不能及，俠人之勇力而以爲威強，秉人之知謀以爲明察；因人之德以爲賢良，非亯國而嚴若君父。且夫聲色滋味權勢之於人，心不待學而樂之，體不待象而安之，夫欲惡避就固，不待師此人之性也。天下雖非我，孰能辭之。

知和曰：知者之爲，故動以百姓不違其度，是以足而不爭，無以爲，故不求不足。故求之爭四處而不自以爲貪，有餘故辭之，棄天下而不自以爲廉，廉貪之實，非以迫外也；反監之度勢，爲天子而不以貴驕人。富有天下而不以財戲人，計其患，慮其反以爲害於性，故辭而不受也。非以要名譽也。

堯舜爲帝而雍，非仁天下也，不以美害生也。善卷，許由得帝而不受，非虛辭讓也。不以事害己也。此皆就其利，辭其害，而天下稱賢焉！則可以有之，彼非以興名譽也。

【譯】無足問知和，他說：人畢竟沒有不追求名利的，如果他富有了，他人就會追隨他，跟隨他雖然低下一些，但也跟著貴氣起來，那麼，所見的下貴人士，能夠長生保平安，何樂而不爲，這也算是求生之道吧！可是今天你不作如此想法，真是不知足啊！意念智能都不足怎麼行歟！這叫推正不忘邪——須自度才智能力，不可莽撞行事。

　　知和說：今天的人以爲你和我都是同時代所生，共同相處在這塊土地上。自認爲是超塵絕世的人物。是不世之人。以專家自視，能通今博古，是非分明，自有見地。與世俗薰風同化，失去了人身的至重與至尊。以爲他的作爲是長生保命，樂意的生存道理。那還差得遠啊？慘淡經營，甜美甘愉的安樂，不鑑人心本體；矚目驚心，欣喜懽暢的時候，並非從內心發出。只知去作，但不知爲什麼會這麼去作。雖然貴爲天子，富有天下，不免遭到最後的禍患。

　　無足說：富有的人無往不利。至美至勢的權力萬能，聖人也無法作到的。聖人亦有作不到的事，如俠士的勇力威猛，有過人秉賦，智謀超人明察秋毫的銳敏。從人的行爲道德，可以看出他的賢良。並不是他享有國祚，嚴如君父。凡人對於聲色享樂，滋味美好，權勢利害，不必學習，自然都會。不形象顯現他就安然嚮往。作了壞事，他自有一分迴避辯辭，這些都不需老師教導，他天生就會，所以說這是人性。天下都說我的不是。我爲什麼對他不假以辭色？

　　知和曰：智者的德行，是爲百姓著想，經過忖度的。所以能滿足他們的需求，不會發生爭論的。沒有作爲的德行，是不求，亦不足。而有所求的人就會四處爭奪！自己以爲不貪，即是有餘。就不會有人講話。廉潔的事，是從自身作起。關於廉能貪瀆的事件，並不是外在的迫使，應反觀內心對形勢度量的拿捏。所以即使貴爲天子，也不可驕傲臨人。縱使有天下的財富，亦不可戲弄世人。要考慮禍患的由來，反而傷害了人的真性。因此產生辭讓之心，不接受利己循私。並不是沽名釣譽啊！

　　堯舜爲帝時，並非以仁爲天下，而是不以美譽去傷害生靈。善卷，許由得帝位不受；並不是虛辭假意，而是怕事傷害自己。

這即是就其利，辭去害的想法。天下人都稱許他們是賢德的人，是可行的道理，並不是興名揚譽。

【註】慘怛　即慘淡，形容詞　艱辛之意，疾，急也。

窮美　窮猶盡也。即至美之意。

究勢　釋文本作埶音ㄕˋ　一音一ˋ　究竟也。

俠人　俠士，俠客　欲惡ㄨˋ　要名一ㄠ

長陌ㄛˋ　ㄞˋ困苦　管釋文本作筦ㄍㄨㄢˋ　籥ㄩㄝˋ　一本作壎箎。（樂器）

無足曰：必持其名，苦體絕甘，約養以持生，則亦久病長陌而不死者也。

知和曰：平為福，有餘為害，物莫不然，而財其甚者也。今富人耳，營鐘鼓管籥之聲，口嗛於芻豢醪醴之味。以感其意，遺忘其業，可謂亂矣。俠溺於馮氣，若負重而上也，可謂苦矣！貪財而取慰，貪權而取竭，靜居則溺，體澤則馮，可謂疾矣！為欲富就利，故滿若堵耳。而不知道，且馮而不舍，可謂辱矣！財積而無用，服膺而不舍，滿心戚醮，求益而不止，可謂憂矣！內則疑劫請之賊，外則畏寇盜之害，內週樓疏，外不敢獨行，可謂畏矣！此六者，天下之至害也。皆遺忘而不知察；及其患至，求盡性竭財單，一反一日之無；故而不可得也。故觀之名則不見。求之利則不得，繚意絕體而爭，此不亦惑哉。

【譯】無足說：欲保持名節，必定勞苦其身，難有甘美的生活，只得節約養生，時日一久病痛折磨，陌運纏身，是一個半死不活的人。

　　知和說：平安就是福，有餘則有害，莫過財物；尤其在金錢方面危害最烈，今天有錢人的奢侈享樂，笙歌漫舞，山珍海味，沈迷在聲色犬馬中，忘了自身的本業。可說生活亂了套，過著烏煙瘴氣的生活，像背負重物爬山，氣都喘不過來，可以說是苦呀！貪財去追求享樂，貪權位挖空心思，竭力追求，靜居下來，像深陷泥沼中，動彈不得，像氣喘固疾般抽蓄拖延老命。為了致富圖利，充耳不聞，不知趨吉避凶，還在那裡死要錢，抓捉不放。真是人生最大的恥辱啊！累積財富，不用在有意義的地方，還死死的綁在褲腰帶上，滿心焦戚，想求更多的利益，又耽驚受怕，錢放在家裡，內怕小偷，外怕強盜，在家緊張過日，在外不敢獨行，處處都得提心吊膽。憂戚驚疑畏懼六字，是人心疾病的最大患害，該遺忘的自己卻不知檢點。等到禍患來臨，沒有以善舉散盡財產，認真反省，一旦失去時機，追念都來不及。到時名沒有了，利也跟著化成灰。何必為了名利去勞心喪志，失去善根本性呢？這即是世人大惑不解之處吧！

【註】口噲ㄒㄧㄢˋ　言物哽在喉。如猴子食物一樣。

侅溺　徐音礙ㄍㄞˋ　飲食至咽為侅，一云偏也。

於馮氣，馮音憤ㄈㄣˋ　憤滿也。言憤畜不通之氣。

取慰，慰亦作畏。不舍　通捨。

戚醮ㄐㄧㄠˊ　ㄑㄠˊ又ㄗㄧㄠˊ　李云顦顇也，焦悴。

疑劫ㄒㄧㄝˋㄑㄧㄝˋ　釋文作刧。

內周樓疏　李云重樓內匝踈軒外通，謂設備守具。

財單　音ㄉㄢ　ㄩㄇㄠˋ　本或作斳音祁ㄑㄧˊ

繚　理也　纏繞，縫衣用斜針謂繚。

　　故推正不忘邪，釋文忘或作妄，言君臣但推尋正道不忘，故

不用富貴邪，為智力不足，故不用邪！

　　無足，知和皆假托人名。辯名利與人生十分透澈，人人皆好名爭利；但名利之害，最可怖的是失去人性，獸性狂發，貪得無厭，以道德闡揚人性，節約靜心平安即是福，追求名利物欲，最後身敗名裂。應知足常樂，平淡一生，才是長生養命之道。

說劍　第三十二

　　昔趙文王喜劍，劍士夾門而客三千餘人。日夜相擊於前，死傷者歲百餘人，好之不厭，如是三年，國衰諸侯謀之。太子悝患之，募左右曰：孰能說王之意止劍士者，賜之千金。左右曰：莊子當能。太子乃使人以千金奉莊子。莊子弗受。與使者俱往見太子曰：太子何以教周，賜周千金。太子曰：聞夫子明聖，謹奉千金以幣從者。夫子弗受，悝尚何敢言。莊子曰：聞太子所欲用周者，欲絕王之喜好也。使臣上說大王，而逆王意，下不當。太子則身刑而死，周尚安所事，金乎！使臣上說大王，下當太子，趙國何求而不得也。太子曰：然，吾王所見唯劍士也。莊子曰：諾周善爲劍。太子曰：然，吾王所見劍士，皆蓬頭突鬢，垂冠曼胡之纓，短後之衣，瞋目而語難，王乃說之，今夫子必儒服而見王，事必大逆。莊子曰：請治劍服，治劍服三日，乃見太子。太子乃與見王，王脫白刃待之。莊子入殿門不趨，見王不拜。王曰：子欲何以教寡人。使太子先曰：聞大王喜劍，故以劍見王。王曰：子之劍何能禁制，曰：臣之劍，十步一人，千里不留行，王大說曰：天下無敵矣！莊子曰：夫爲劍者，示之以虛，開之以利，後之以發，先之以至，願得試之。王曰：夫子休就舍，待命令設戲請夫子。

　　王乃校劍士七日，死傷者六十餘人，得五六人，使奉劍於殿下，乃召莊子。王曰：今日試使士敦劍。

　　莊子曰：望之久矣！

王曰：夫子所御杖長短如何？曰：臣之所奉皆可，然，臣有三劍唯王所用。請先言而後試。王曰顧聞三劍。曰，有天子之劍，有諸侯劍，有庶人劍。王曰：天子之劍如何？曰天子之劍，以燕谿石城爲鋒，齊岱爲鍔，晉魏爲脊，周宋爲鐔，韓魏爲鋏，包以四夷，裹以四時，繞以渤海，帶以常山制以五行，論以刑德，開以陰陽，持以春夏，行以秋冬，此劍直之無前，舉之無上，案之無下，運之無旁，上決浮雲，下絕地紀；此劍一用匡諸侯天下服矣！此天子之劍也。

文王芒然自失，曰諸侯之劍何如？曰：諸侯之劍，以知勇士爲鋒，以清廉士爲鍔，以良賢士爲脊，以忠勝士爲鐔，以豪傑士爲鋏，此劍直之亦無前，舉止之亦無上，案之亦無下，運之亦無旁，上法圓天，以順三光，下法方地，以順四時，中和民意，以安四鄉，此劍一用，如雷霆之震也。四封之內無不賓服，而聽從君命者矣！此諸侯之劍也。

王曰：庶人之劍何如？曰：庶人之劍，蓬頭突鬢，垂冠曼胡之纓，短後之衣，瞋目而語難，相擊於前，上斬頸領下決肺肝，此庶人之劍，無異於鬥雞，一旦命已絕矣！所無用於國事，今大王有天子之位，而好庶人之劍。臣竊爲大王薄之。

王乃牽而上殿，宰人上食，王三環之。

莊子曰：大王安坐定氣，劍事已畢奏矣。於是文王不出宮，三月劍士皆服斃其處也。

【譯】過去趙文王喜歡劍，於是劍士如林，擠爆了侯門，常

客三千多人，日夜不停在文王身前拚鬥，一年死傷百多人，三年下來，國是日下，諸侯乘機欲取趙國。太子悝耽心國事危急；對左右的人說，誰能夠勸諫國王停止擊劍有喪邦的危亡？賞賜他黃金千兩。左右從人都說：莊子有此能耐，於是太子派遣使者帶著千金去請莊子遊說，可是這個窮光蛋，卻拒收如此大禮。要使臣把錢帶回去，個人大搖大擺的跟著來使去見太子。對太子說：太子大人有什麼事找莊周，還賞賜千金。

太子說：聽大家說夫子高明賢德。所以恭謹奉上千金請求指教，可是老師不接受，你教我趙悝如何開口。

莊子說：聽來使說，太子想用莊周去勸說大王，改變現在的喜好。使臣去遊說大王，我看此事有點不太妥當，如果逆犯了大王的意旨，搞不好太子會身受刑戮，我莊周卻安然無事。黃金呢？成了禍殃，使臣上去遊說大王，是太子與趙國人民愛國的願望，是求之不得的事。

太子說：當然，這是我們作下屬的臣民應當作的事，可是我們國王只見劍士？

莊子說：假設我莊周也是善劍的人呢？

太子說：我王所見的劍士，都是蓬頭垢面，滿臉鬍渣，鬢毛突出，巾冠歪斜，纓絡不全，衣襦掛腰，兩目圓睜，說話像吵架，粗野不文的莽夫。大王就喜歡他們這個調調兒。而今先生穿著一身儒服，必定與大王大逆其道，不但見不到王面，還會遭不測禍患。

莊子說：那就給我縫製一身劍士服罷。三天後，劍士服製好去見太子；太子引領莊子去見大王。王已脫下劍衣裸劍白光刺眼，杖於手中在那兒等待莊子到來。莊子進入殿門停著不前，看見大王也不參拜。

　　文王說：你有什麼話想對我說？莊子請太子先說。臣聽聞大王愛劍，故以劍拜見大王。

　　文王說：你的劍有何能耐可禁制強敵。

　　莊周回說：我的劍可以十步傷人，千里不留人，煞是威力驚人。

　　大王高興的說：那末是天下無敵了！

　　莊子說：凡是能用劍的人，先給他虛幌一招，讓他一步，隨即發難，劍及履及，讓他驟手不及；願不願意試試看。

　　文王說：先生請先回館舍休息，等待命令來一場搏擊好戲，到時再請教夫子。

　　趙文王於是在校場選拔武功高強的劍士與莊子一決雌雄，經過七天的比鬥之後，死傷劍客六十多人，只剩下五六位頂尖高手。

　　這時派下屬奉劍文王殿前，請莊夫子前來與他們比式高下。莊周來到趙王殿前，文王發話了！今天試想請先生與劍士們切磋切磋，看看誰的劍技高超？

　　莊子說：我已經嚮往很久了！

　　文王說：夫子喜歡用長劍還是短劍。

　　莊周說：臣下沒有選擇，長短皆行！我只聽大王的命令就行了！我有三劍可用，請大王定奪，請讓我先把這三柄劍的特性說完，再來試劍也不遲。

　　文王說：我倒想聽聽你懷有那三劍？

　　莊子說：有天子劍，有諸侯劍，有平民劍。

　　文王說：那你就先說一說，什麼是天子劍吧！

　　莊周回答說：我所說的天子劍，是以燕谿，石城為鋒鏑，以齊國泰岱為劍刃，晉魏二國為劍背，以周宋兩國為劍鼻。以韓魏二國為劍鞘，包函四夷在內。隨應四時變化，圍繞渤海，以常山為劍帶，以五行尅制之術用劍，以刑名道德示威儀，動以陰陽推

演，開春夏化育的功能。核秋冬之實，此劍是無往不利，無人可以抵擋。高舉擎天，放手無下不服，運劍舞空，可上決浮雲，下絕地上綱紀，誰能善用此劍，天下諸侯匡服，統一大業，這就是天子劍的無比威力！

文王聽得目瞪口呆，不知該怎麼說？那末諸侯劍又是怎麼著？

莊子說：諸侯劍嗎？是以勇士為鋒，以清廉官吏為鍔，以賢良人士為背景，以忠臣聖明人士為鐔鼻，以豪傑俠士為劍鋏，此劍也是鋒厲無比，無人敢當。亦能有擎天之力，服下的威，使用起來，可以法天用事，如日月星的光亮。亦能湊四時運轉，調和民意，安定鄉邦，此劍一出，如雷霆萬均，四境以內，無人不得不服，都能聽從君命。這就是諸侯劍。

文王說：那末庶民劍又如何呢？

莊子曰：庶人劍，蓬頭亂髮，鬍鬢糾扎，鬢毛如刺，歪戴巾冠斜穿衣，挽袖斷褸，瞪目凶暴，很難用語言去打理，說不上三句，便劍拔弩張，打鬧起來，凶狠無比。出劍不是上指頸勃，便是直刺心肝。這就是庶人的劍。形如鬥雞，一旦死了，對國家毫無用處，今天大王有天子的地位，卻喜歡用庶人的劍道。好像與大王的身分地位有些不相稱吧。

於是文王牽著莊子的手，走上殿堂，命御饍房準備宴席款待。並在席前繞了三圈，表示驚異，坐立不安。

莊子請文王安坐，定氣凝神，不必激動，多加靜思，所論劍舉事奏請完畢，敬謝大王。

經莊子這麼一說，文王不出宮門，靜思治國大道。三月以後，劍士們忿怒不服，皆自斃客舍。

【註】趙文王，司馬云惠文王也。名何，武靈王之子。後莊子三百五十年，洞紀云：周報王十七年，趙惠文王元年。如案歷

史莊子與趙惠文王對值之言是假藉的，故本篇應是後人捏造，是何時何代很難考證，郭象刪整，改寫是可能的。——因史記已有篇名。

悝　文王太子名

說王ㄩㄝˋ　ㄕㄨㄟˋ　勸說，遊說

以弊從　一本作以幣從軍。

突鬢，司馬本作賓，云讀作鬢。

垂冠　言欲將門，把冠壓低也。

曼胡　司馬云曼胡之纓，謂麤纓無文理也。

纓　以武士巾言，應是纓子，非纓絡，或者是耳花。

曼胡　應作鬘亂解，已非初時形貌。

短後之衣，言將後襬提左角插入腰帶中。以便打鬥受羈絆。

瞋目ㄔㄣ　瞪大眼睛，凶暴之像。

乃說ㄩㄝˋ　與見，高興與他見面。

王說　本作王脫，應是說之誤。

千里不留行，司馬云：千步與人相擊，輕殺之。故千里不留於行也。以上下文之意，應言：十步之內取下首級，千里之內逃不過我的劍下。既然是王侯，那用自己親手去殺人，只要一聲令下，千里之內的劍士立刻下手，誰能逃得過他的刀劍之下。

乃校　司馬云考校，取其勝者也。校本作教。校即校場，是練武比武的地方。校讀ㄐㄧㄠˋ　用教字是錯誤的。

士敦　司馬云敦斷也。試使用劍斷裁也。截應為裁。

士敦　言敦對，對決之意。試　試驗也，比試（式）

燕谿　地名，在燕國，石城，在塞外，今內外蒙交界。

鍔　劍刃也　鐔　三蒼云劍口，徐謂劍鐶，司馬云劍鉕。三家之說均可商榷，應以鼻較宜。因鼻是劍尖。從春秋越劍始，沒

有在劍尖鑽孔，裝環，飾珥的記錄，刀鈎常有之。

　　三環音患，釋文：環ㄏㄨㄢˋ　繞也。聞義而愧，繞饌三周，不能坐食。

　　服斃　司馬云：忿不見禮，皆自殺也。

　　此篇雖然是託莊之言而作，但寫得十分精彩。因有大志大智慧，才有魄力，有魄力才能改造社會，以仁德安天下，是何等大言，千絲萬縷，志在一握，大道至也。

漁父　第三十三

　　孔子遊乎緇帷之林，休坐乎杏壇之上，弟子讀書。孔子弦歌鼓琴，奏曲未半；有漁父者，下船而來，鬚眉交白，被髮揄袂，行原以上，距陸而止。左手據膝，右手持頤，以聽曲終，而招子貢，子路二人俱對，客指孔子曰：彼爲何者也。子路對曰：魯之君子也。客問其族？子路對曰：族孔氏。客曰：孔氏者，何治也。子路未應？子貢對曰：孔氏者，性服忠信，身行仁義，飾禮樂，選人倫；上以忠於世主，下以化於齊民，將以利天下，此孔氏之所治也。又問曰：有土之君與？子貢曰：非也。侯王之佐與！子貢曰：非也，客乃笑而還。行言曰：仁則仁矣！恐不免其身苦心勞形以危其眞，嗚呼！遠哉，其分於道也。

　　【譯】孔子帶領一群學生，出遊作野外教學。走到江濱一座黑森林，孔子坐在土堆上，像設置的講壇，學生圍繞坐前讀書，孔子張琴撫弦，輕哼曼唱，正唱到一半的時間。船上走下一位老漁夫，鬍鬚眉毛全白了！捲起袖管，沿著水際上岸，走到陸地時停了下來，坐在地上，左手撫膝，右手托頤，靜聽孔子所奏樂章，聽完以後，他招手請子貢，子路過來對話。漁翁用手指著孔子，問他們二人，他是何人。子路說：他是我們魯國的君子。漁翁說：他姓啥？子路說：他世族是孔氏。漁翁說：孔氏是治學何門，子路答不上來。不便開口。子貢回答老翁。孔氏所治的學問，是以忠信爲本，力行仁義風範，以禮樂化民，重人倫。對上忠於君主，對下教化全民庶人。爲天下將來興利；這即是孔氏所

治的大道。老翁說：那末他是有土地的君王嗎？子貢說：沒有！
老翁再問：他是王侯的輔佐大臣嗎？子貢說：也不是。漁翁哈哈
一笑返回船上。臨走之前留下兩句話：「仁則仁矣！恐不免其身
苦心勞形以危其真。」嗚呼！遠哉！「其分於道也」──仁雖愛
仁，恐怕他一生白忙一場，可悲呀！差得遠呀！他把道德折半分
裂何其不智啊？

【註】漁父，即漁翁，捕魚的老翁。父ㄈㄢˇ　元嘉本作有
漁者。一云是范蠡（臆測之言）

緇帷ㄓ　ㄨㄟˊ　言如黑幄（幕）引為茂密森林。一本或作惟。

杏壇　司馬云：澤中高處也。李云壇名。孔子講學處稱杏
壇。今曲阜孔林大成殿前。

休坐乎杏壇之上，應言臨時在樹林中設講座。

須眉　即鬍鬚眉毛。交白鬚眉皆白的老人。

揄袂ㄩˊ　ㄇㄟˋ　即捲袖，挽袖，將袖管捲起來。

距陸ㄐㄩˋ　李云距至也。陸地，在水邊陸地上停止。

飾禮　本又作飭音敕

以下化於齊民　李云齊等也。許慎齊等之民也。如淳云齊民
猶平民。普通的老百姓，一般社會人士。元嘉本作化於齊民。

君與ㄩ　虛字，此為疑問句。

以危　或作偽

其分　本又作介，司馬云離也。分離了大道。是承以危其真
而來。

子貢還報孔子。孔子推琴而起；曰其聖人與？乃下求
之至於澤畔；方將杖拏而引其船，顧見孔子。還鄉而立。
孔子反走再拜而進。客曰：子將何求？孔子曰：曩者先生

緒言而去。丘不肖，未知所謂？竊待下風，幸聞咳唾之
音，以卒相丘也？客曰嘻，甚矣！子之好學也。孔子再拜
而起，曰丘少而脩學。以至於今六十九歲矣！無所得聞至
教。敢不虛心。客曰：同類相從，同聲相應，固天之理
也。吾請釋吾之所有，而經子之所以，子之所以者人事
也。天子諸侯，大夫庶人，此四者，自正治之美也。四者
離位而亂莫大焉，官治其職，人憂其事，乃無所陵，故田
荒室露，衣食不足。徵賦不屬，妻妾不和，長少無序，庶
人之憂也能不勝任，官事不治，行不清白，群不荒怠，功
美不有，爵祿不持，大夫之憂也。廷無忠臣，國家昏亂，
工技不巧，貢職不美，春秋後倫不順，天子諸侯之憂也。
陰陽不和，寒暑不時，以傷庶物。諸侯暴亂，擅相攘伐，
以殘人民，禮樂不節，財用窮匱，人倫不飭，百姓淫亂，
天子有司之憂也。今子既上無君侯有司之勢，而下無大臣
職事之官，而擅飾禮樂，選人倫以化齊民，不泰多事乎！
且人有八疵，事有四患。不可不察也。非其事而事之，謂
之總（摠），莫之顧而進之，謂之佞。希意道言，謂之
諂。不擇是非而言，謂之諛，好言人之惡，謂之讒，析交
離親；謂之賊，稱譽詐偽，以敗惡人，謂之慝，不擇善
否，兩容頰適，偷拔其所欲，謂之險。此八疵者，外以亂
人，內以傷身，君子不友，明君不臣。

【譯】子貢回去報告孔子，將經過情形稟明。孔子推開古
琴，站了起來說：他是一位聖人啊！於是走到水澤的岸邊，見漁
翁已撐竿引船將要離岸，看見孔子到來，轉身回岸。孔子退步前
進，並再拜以禮求見。退步老翁身前，轉身低頭再拜。老漁翁

說：先生有什麼事想求教於我？

孔子說：方才老先生有緒言留下，孔丘愚昧不知就裡，愚下身居下風，很榮幸締聽夫子片言半語高論，以開孔丘茅塞。

老漁翁很高興，嘻嘻一笑，很好，很好！先生很好學，真是了不起。

孔子再次低首拜謝，起身相對敘說：丘從少年時開始讀書習文，到現在已經是六十九歲了！還未聽聞至高的明教，敢不虛心接受夫子的教導！

漁翁說：「同類相從，同聲相應。」是古來的自然天理。我把我所知道的傾囊相授，驗證你的所作所行。你所作的是有關人事的問題。不過是天子諸侯，大夫庶人，四方面的干係吧！自己中正為人，便是作得最善美的事。可是今天，這四方的關係，位置錯亂，是最大問題？本來嗎，設官分職，各治其事。可是人事紛擾，不得安位，弄得田地荒蕪，房舍破敗，衣食不足，賦稅沈重苛刻。妻妾不和，長幼失序，老百姓的憂患難解。誰都受不了！官箴敗壞，行事不清不白，群臣下屬荒疏怠職，沒有美好的功績。士大夫一天到晚耽心爵祿不保，宮廷中沒有忠臣，國家昏亂，工技粗糙，貢職物品不精美。自春秋以後，倫緒不順，紊亂無章，天子諸侯憂心忡忡。陰陽不和，寒暑不能調和應時，物產銳減。諸侯為了糧食爭地盤，相互殺伐，殘民以逞，為禍天下。禮樂不節制，反而奢華無度。以致國家財政空虛，人倫不飾（飭）鬻兒賣女，百姓淫亂，是天子與行政長官的憂患。

今天的孔先生，你既無君主王侯的權力，更無推行政事的政府，那來權勢陵人顯其威望，你門下只有幾個窮學生。既無大臣職事之官，還在那裡吹彈禮樂之章，高喊選人倫以化全民，你算那門子的權威，這不是狗咬耗子，多管閒事嗎？

　　並且人有八疵，事有四患，不可不詳察明瞭。不是你的事，你去插一角，是謂無知的老總。顧盼進取，叫妄佞。愛說好聽的話，就叫諂媚。不擇是非的人，是阿諛。好說人的短處，是叫讒言。朋友斷交，親戚離散，即是賊。表面奉承贊譽，背後惡整，詐偽逢迎的人，就叫陰毒。不辨善惡，兩張面孔，偷桃抱李，謂之險惡。凡犯此八疵症候群的人，對外可以擾亂人心，對內則可傷身。所以君子不會與他交朋友，明君也不會任用他。

　　【註】杖拏ㄋㄠˊ司馬云橈也。杖拏，是將船撐離岸邊之意，意即正要登船離去。

　　鄉而讀向ㄒㄧㄤˋ　或作嚮。

　　緒言：猶先言也。開頭語。

　　竊待或作侍，竊是下對上的謙稱。

　　咳ㄎㄜˋ唾ㄊㄨㄛˊ　似吐口水貌。表示尊重對方的說話，即使是吐口水也是金玉良言。

　　相丘ㄒㄧㄤˊ　意言請看看我可不可以教導。

　　曰嘻ㄒㄧ　之好ㄏㄠˋ　喜好也。丘少ㄕㄠˋ

　　而經子之所　經營也，司馬云經理也，言你所經治的學說。正治ㄓˋ治理政事也。

　　不屬ㄓㄨㄛˋ　不明確之意。不勝讀ㄕㄥ　行不ㄒㄧㄥˊ　工技ㄐㄧˋ貢職或作賦

　　春秋後倫不順　言對天子朝覲不及等第（比序）即倫序不相稱。

　　不飭音敕ㄔˋ本作飾又本作節

　　不泰　本又作大音太

　　八疵ㄔ之總本又作摠李云謂監也。

　　稱譽ㄩˊ贊美也。善否ㄆㄧˋ惡也，臧否也。

　　惡人ㄨˋ即害人也。之慝，陰毒之意，暗中害人。

兩容頰適，釋文：善惡皆容顏貌，調適也或作顏，應謂雙面
人。指此人有兩張臉皮。見鬼說鬼話，見人說人話。言陰險狠毒者。

　　所謂四患者，好經大事，變更易常。以挂功名，謂之
叨專。知擅事，侵人自用。謂之貪。見過不更，聞諫更
甚，謂之狠。人同於己，則可不同於己。雖善不善，謂之
矜。此四患也。能去八痴，無行四患，而始可教已。

　　【譯】我所說的四大禍患：好大喜功，變動易常以功名為
重，此人即是叨專營私之徒。以智謀擅覽其事，侵人策略自用。
是謂貪否。有過不改，經人勸諫反而變本加利，這種人叫心狠手
辣。他人與己相同，但是你絕不能與我相同，雖然是好事，他卻
弄成壞事一莊。此種人叫矜持寡念。這即是人事中的四患。如果
能去除八疵，無四患的行為，你才有資格去教人。否則你只會磨
嘴皮，不知躬身力行，如何去教人呢？

　　【註】以挂音ㄎㄚˋ別也又音ㄋㄨㄟ　之叨ㄌㄠ叨專也。
　　之狠　譯文作很，讀ㄏㄣˇ

　　孔子愀然而歎再拜而起。曰丘再逐於魯，削迹於衛，
伐樹於宋，圍於陳蔡，丘不知所失，而離此四謗者何也。
客悽然變容曰：甚矣！子之難悟也。人有畏影惡迹而去之
走者。舉足愈數而迹愈多，走愈疾，而影不離身。自以為
尚遲。疾走不休，絕力而死。不知處陰以休影，處靜以息
迹，愚亦甚矣！子審仁義之間，察同異之際，觀動靜之
變，適受與之度，理好惡之情，和喜怒之節，而幾於不免
矣！謹脩而身，慎守其真，還以物與人，則無所累矣！今

不脩之身，而求之人，不亦外乎？

【譯】孔子臉色凝重，歎了一口氣，站起來再次拜謝！並說：我孔丘再被逐出魯國，不敢涉足衛國，避蔭設壇教學，被宋人伐樹驅趕。誤爲楊虎，圍困在陳蔡之間，幾乎餓死？我孔丘還不知檢點，脫離這四大謗言是何道理？

老漁夫感慨萬端，以同情的悽慘面色說：好吧！這樣你一時還想不通的難處。人心不能留下陰影與惡迹揮之不去。你抬腳起步，愈數足迹愈多。你走得再快，你的影子仍然是跟著你跑。自己以爲走得太慢，急起直追，最後力竭氣絕，死得也快！不知找個蔽蔭的地方，使影子消失，脩心養性，以靜息迹，是愚蠢不過的了。你在審度聽問仁義之間，察看異同之處，關於動靜的變化，有沒有掌握樞機，如何適度，受與之間能否洽如其分。對好惡情感的個人態度，有沒有合理的決斷？如何調和喜怒的情緒，有沒有適當的方法去節制。這些事故，在人事間是時常會遇到的。所以要脩身嚴謹，慎思明辨守著真性。返樸還虛，無物無欲。那末人就沒有累贅的事了！今天不脩身自持，反求外人，那真是行道的外行了！

【註】能去ㄑㄩ除也。愀然ㄑㄧㄠˇ　言心情沈重。

難語ㄩˊ　言很難比喻。本或作悟。

愈數ㄕㄨˋ　不離ㄌㄧˊ

孔子**愀然**曰：請問何謂**真**？客曰：**真者，精誠之至也。不精不誠，不能動人，故強哭者雖悲不哀，強怒者，雖嚴不威，強親者，雖笑不和，真悲無聲而哀，真怒未發而威，真親未笑而和。「真」在內者神動於外，是所以貴**

眞也。

其用於人理也，事親則慈孝，事君則忠貞，飲酒則懽樂，處喪則悲哀，忠貞以功爲主，飲酒以樂爲主，處喪以哀爲主，事親以適爲主。功成之美，無一其迹矣！事親以適，不論所以矣！飲酒以樂，不選其具矣！處喪以哀，無問其禮矣。禮者世俗之所爲也。眞者所以受於天也。自然不可易也。故聖人法天。「貴眞」不拘於俗。愚者反此不能法天而恤於人，不知「貴眞」祿祿而受變於俗，故不足惜哉，子之早湛於人，僞而晚聞大道也。

【譯】孔子臉色沈悶，有不解之意，請問老先生，什麼才是真？

老翁說：所謂真，即是「精誠」的專注至極處，不精專、不誠意，是不能感動人心的。如勉強哭泣的人，雖然悲傷，但不哀戚。強怒的人，雖嚴厲，但缺乏威嚴，勉強親和的人，雖笑臉迎人，但親和力不夠。真正的悲傷，是沒有聲音的，真正發怒的人，氣勢迫人，威不可當。真正親和的人，即使不笑，和氣自然暖人。「真」是發於內心的誠意，是神魂動魄的至高表現。在對外爲人接物是「珍貴無比的真執表露」。

在人間事理來說：事奉親長，在於上慈下孝。事命君王則忠貞不二。與人飲酒，是歡樂暢快。處喪服期，則是悲哀以待。忠貞之事，是以功勞爲主，飲酒是以快樂爲主。處喪是以哀戚爲主。事親以適當爲主，功成之美，是在不居，不露痕迹。事親在於安適，不必講求怎麼作。飲酒是找樂子，不必考究飲具。處喪在於悲哀，不必過問喪禮的等級。所謂「禮」，是世俗的行爲。「真」者是天受於人的心性。當然是不能改變的。故聖人效法上天，「貴真」不可拘泥於世俗、愚笨的人，則反此道而不能。效

法天道體恤萬民。可是很多人不知「貴真」的大道；芸芸碌碌過日子，所以世俗的人，就不會重視它。先生很早就對人事有透澈的了解，可惜聽聞大道的義理，是嫌稍晚了一點。

【註】懽樂ㄏㄢ ㄌㄜˋ 本亦作歡，懽即歡的別體。

祿祿ㄌㄨˋ 謂形見於禮也，司馬云錄領錄也。應言俸侍祿位，隨時都在改變。

蚤ㄗㄠˇ 即早，釋文作蚤。

湛ㄓㄢˊ　明析也。

丘得遇也　釋文本作過，謂得過失也。

　　孔子又再拜而起，曰今者，丘得遇也。若夫天幸，然先生不羞而比之，服役而身教之。敢問舍所在，請因受業而卒學大道。客曰：吾聞之可與往者，與之至於妙道，不可與往者，不知其道，慎勿與之，身乃無咎，子勉之，吾去子矣！吾去子矣！乃刺船而去，延緣葦間。

【譯】孔子起身再拜，很謙虛的說：孔丘三生有幸，得遇至人，如蒙先生不恥相教，願為先生執鞭提凳，躬臨教誨。敢問老先生仙鄉身居何處，弟子願聞絕學，受業大道。

老漁翁說：我聽說可與交往的人，給他深層的思考，方可了悟妙道。不能與他往還的人，是他不知大道。要謹慎的接觸，就不會有咎往，先生多勉勵，多勉勵，我走了！再見！於是登船推槳，沒入綠葦遠去！

【註】而比　謂親見比數也。應言比試，指教之意。既然甘拜下風，不吝賜教，何敢比較，論數。

乃刺ㄔˋ用槳推船入水。

顏淵還車，子路授綏，孔子不顧，待水波定，不聞拏音，而後敢乘。子路旁車而問，曰由得爲役久矣！未嘗見夫子遇人如此其威也。萬乘之主，千乘之君，見夫子未嘗不分庭抗禮，夫子猶有倨傲之容。今漁父杖拏逆立，而夫子曲要磬折再拜而應，得無太甚乎！門人皆怪夫子矣！漁父何以得此乎！

【譯】顏淵走回車前，子路牽著韁繩，孔子還站著不動，等到江中水波平定，櫓聲已經聽不到了才敢上車。子路站在車旁問夫子。由侍侯老師這麼多年，從未看見夫子遇人有如此嚴肅的禮節，即使是萬乘的國君，千乘的王侯，夫子何嘗不與他分庭抗禮，並有倨傲不可一世的威嚴。今天看見一個漁父，挂著一枝撓子，反向立在岸邊，夫子則躬腰曲背恭謹拜言應對，你不覺得太過份了嗎？同學們都覺得很奇怪！夫子爲什麼對老漁夫如此恭敬呢？

【註】波定　李云謂戰如波也。案謂船行，故水波浪起，遠去水波平定。

旁車ㄆㄤˊ　站在車旁。

萬乘ㄕㄥˋ　倨ㄐㄩˇ　傲ㄠˋ本亦作敖，倨傲、驕傲也。傲漫。

曲要一ㄠ通腰，磬折弓背也。

孔子伏軾而歎曰：甚矣！由之難化也。湛於禮義有間矣！而樸鄙之心至今未去。進吾語女，夫遇長不敬失禮也。見賢不尊，不仁也。彼非至仁，不能下人，下人不精，不得其眞，故長傷身，惜哉！不仁之於人也。禍莫大焉！而由獨擅之且道者，萬物之所由也。庶物失之者死，得之者生，爲事逆之則敗。順之則成，故道之所在，聖人

尊之，今漁父之於道，可謂有矣！吾敢不敬乎！

【譯】孔子伏在車把手上嘆息的說：什麼叫超過，是你無法化解的吧！對於禮義之方我有相當的了解，但仍有未善之處，粗疏愚魯的心到今天還未改進。你過來我告訴你。如果遇見長者不恭敬，便是失禮；遇見賢人不尊重，就是不懂仁德。他若不是至仁，就不能下看眾生。以下對上，必須要精誠虔意，才會求得真諦。所以不能太長自己的志氣，反會傷身！可惜呀！今天很少人懂得這個道理？對人不仁，會引來很大的災禍啊！有專擅的學說；並且是高深的道學，道、是萬物茲生的原由，一般生物的錯失直至死後才了解。生生的事，不可背道，勃必敗，順其自然，必定成功。所以有道的地方，聖人都得尊重。今天我們所見到的漁父是有道之士，所以吾敢不敬重他嗎？

【註】伏軾ㄕˋ　車前橫木，俗稱車把子。伏在車把上。

湛於ㄓㄢˋ　清明、了解，瞭然之意。

樸鄙ㄆㄨˋ ㄅㄧˇ　俗念未除也。

而間ㄒㄧㄢˊ　閑也。引為空閒，閑隙。

獨擅ㄕㄢˋ　專擅也。獨有的學說；專精的學門。

【讀後】漁父作莊學末篇為結論，應有其意旨，在崇孔的人來說，以為莊子攻奸孔丘的學說只知人事，不明道心！眾說偽作，非周真跡？史記記載其篇名，可證即使偽作，太史公亦認為是載道篇章。數千年來，儒道爭論不休；以余管見，中華文化能融合生民生活與精神在道學。管控政令在儒學。漁父之言是將儒道內外王之學圓融交織治人、治國、治世的大體方略，不但不能偏廢，更應如時序化育中去求真，切不可執儒不化，失去生機忘性，斲折了時代生機，民命天時。

後　　記

莊學在傳統學說方面，是一門艱深奧妙的學問，所以從漢代以來有無數爭論；由於他是著重精神面的修爲功夫。只以文理、哲學的觀念去治理，是無法走通的。在今天中國的社會，對心、物論的干格；是被鄙棄的哲理。

我很冒昧，不知天高地厚，竟然提筆敘說莊學的新義，是會被學界嗤鼻，甚致謾罵。亦許我倚老賣老，厚著臉皮不怕世人指責。但我卻有一顆赤誠的心，將數十年來的研習；從吐納到遊方的驗證，人體氣場學的態勢，各器官的氣場狀態有深入的研究；故在本書中，甘冒前人之密，洩漏一些密藏。這是內氣研習的一些心得。在外氣方面，所謂吸取山川靈氣，走過世界名川大山。所得到的印證，是人體磁場產生的聲，光、電與地磁，人、神、物的交感！在不同的場域，如名山、洞穴、寺廟、教堂，都有不同的感應靈動。故不作文字考證訓詁之學，而以實務證驗解說莊學的內涵。還望大方給予指教。

本書完成，是經過許多週折的，在千頭萬緒中作有系統的整理，在成套的演繹中被無知者打翻，弄得事倍功半。在老而無事中慢遊消遣娛情，經無數遍的整理校考，終於可以見人了！

出書關鍵是感謝文史哲彭社長的指導與支持，與全書校勘的董子戀小姐：對於編排校正的工作主持人的辛勞更是萬分感謝。

徐術修識於新北市　壬辰仲夏